21世纪经济与管理规划教材
金融学系列

固定收益证券

FIXED INCOME SECURITIES

陈 蓉 郑振龙／主编

北京大学出版社
PEKING UNIVERSITY PRESS

图书在版编目(CIP)数据

固定收益证券/陈蓉,郑振龙主编.—北京:北京大学出版社,2011.9
(21世纪经济与管理规划教材·金融学系列)
ISBN 978-7-301-15632-2

Ⅰ.①固… Ⅱ.①陈…②郑… Ⅲ.①证券交易-高等学校-教材
Ⅳ.①F830.91

中国版本图书馆CIP数据核字(2011)第181198号

书　　　名：固定收益证券
著作责任者：陈　蓉　郑振龙　主编
策　划　编　辑：张　燕
责　任　编　辑：李　娟　张静波
标　准　书　号：ISBN 978-7-301-15632-2/F·2874
出　版　发　行：北京大学出版社
地　　　址：北京市海淀区成府路205号　100871
网　　　址：http://www.pup.cn
电　子　信　箱：em@pup.cn　　　QQ:552063295
新　浪　微　博：@北京大学出版社　@北京大学出版社经管图书
电　　　话：邮购部62752015　发行部62750672　编辑部62752926　出版部62754962
印　　刷　者：三河市北燕印装有限公司
经　　销　者：新华书店
730毫米×980毫米　16开本　22.25印张　395千字
2011年9月第1版　2020年8月第8次印刷
印　　　数：14601—17600册
定　　　价：38.00元

未经许可,不得以任何方式复制或抄袭本书之部分或全部内容。
版权所有,侵权必究
举报电话:010-62752024　电子信箱:fd@pup.pku.edu.cn

金融学系列编委会

(按姓氏拼音顺序)

陈雨露	中国人民大学
戴国强	上海财经大学
姜波克	复旦大学
史建平	中央财经大学
易　纲	北京大学
杨胜刚	湖南大学
叶永刚	武汉大学
郑振龙	厦门大学

前 言

每年给学生开"固定收益证券"课程时,教材的选择总困扰着我们。正如华尔街数量金融大师伊曼纽尔·德曼(Emanuel Derman)在其著名的自传《宽客人生》中所说,在股票的天地里,市场直觉远比数学重要;而只有掌握了复杂的金融分析和数学技术,才能真正理解固定收益证券组合。现代固定收益证券涵盖的内容,早已超越人们通常所认知的债券,拓展至复杂多变的利率衍生产品。而要学习固定收益证券,到期收益率与麦考利久期仅是最粗浅的内容,利率期限结构的静态与动态模型是至少应掌握的分析技术,遑论高级固定收益产品定价模型和风险管理技术。然而多年来我们一直没有找到一本能将固定收益证券领域的传统知识与最新发展加以融汇贯通的教材。2010年,我们终于决定自己动笔,根据多年教学和研究的心得,力求编写一本我们心目中的好教材。

基于这一出发点,本教材的最大特色就是内容框架上的全面性和前沿性。在第一章"固定收益证券概述"之后,全书可分为初级部分(第二章—第六章)和高级部分(第七章—第九章)。

初级部分涉及固定收益证券的四类基本内容:基本固定收益证券的分析与定价(第二章—第三章)、静态利率期限结构模型(第四章)、利率风险管理初步(第五章)和固定收益证券资产组合管理(第六章)。从近年本科教学的发展来看,金融学本科生在"金融学"、"投资学"和"金融工程"等课程上都会大量接触到债券和衍生产品的基本知识,因此我们将债券和简单利率衍生产品(包括利率远期、利率期货和利率互换)作为基本固定收益证券分别在第二章和第三章中加以介绍,讲授其定价分析的基本方法。

第四章的静态利率期限结构模型涵盖了三大要点:利率期限结构的主成分分析和因子分析、静态利率期限结构理论和静态利率期限结构的拟合技术。第五章的利率风险管理讨论的是久期和凸性等最基本的利率风险管理工具和方法。第六章的固定收益证券资产组合管理则分别介绍了保守型、积极型和对冲型的固定收益证券组合管理策略。

高级部分主要针对硕士生,讲授固定收益证券前沿领域中的基本知识:利率期限结构动态模型(第七章)、利率期权定价(第八章)与高级利率风险管理(第九章)。在第七章中,读者将会了解以下四个方面的主要内容:动态利率期限结构模型的基本原理框架、仿射利率期限结构模型、HJM(Heath, Jarrow and Morton)分析框架及常见的无套利动态利率模型以及动态利率模型的参数估计与校准。第八章介绍了如何运用第七章中所学习的动态利率模型为常见的债券期权、含权债、利率顶、利率底、利率互换期权等利率衍生产品定价。第九章则主要涉及两个方面的高级利率风险管理知识:期权调整价差和固定收益证券的 VaR 分析技术。

与其他固定收益证券教材相比,本教材的特别之处在于第四章和高级部分(尤其是第七章)。首先,第四章对主成分分析技术、因子分析技术和利率期限结构拟合技术进行了详尽的介绍,对传统的预期理论进行了深入的分析。这在其他固定收益证券教材中是非常少见的。其次,第七章至第九章的内容在现代固定收益证券分析中具有重要的作用,但大部分固定收益证券教材或者没有这部分内容,或者语焉不详,通常以专门的"利率模型"著作形式出现,而我们将其作为本教材的重点之一,与传统固定收益证券内容相结合,希望为读者提供固定收益证券分析的全面视角。最后,在第七章中,我们对高度复杂的动态利率期限结构模型进行了前所未有的归纳和总结。与一般文献将其分为均衡模型和套利模型不同,在阅读大量文献的基础上,在多年教学、研究和应用过程中,我们认为从仿射动态利率模型和 HJM 分析框架两个角度进行介绍,能更好地帮助读者理解动态利率期限结构。接下来,第七章第四节对动态利率模型参数的估计与校准、第八章利率期权定价和第九章高级利率风险管理,均能够帮助读者进一步理解第七章那些抽象和高度复杂的动态利率模型究竟如何在市场中运用,解决实际问题。

除了全面性和前沿性,本教材的另外两个特色是:

实用性。本教材力求贴近市场实际,特别是中国市场。第一章对全球和中国的固定收益证券市场做了详细、深入的对比介绍;在全书中,凡是能使用国内市场数据与案例阐述的知识,本教材尽量采用国内的第一手资料。我们希望这样的安排能让读者在学习理论知识的同时能够充分了解固定收益证券市场,特别是中国市场的实际运作情况。

易读性。本教材强调复杂数学知识和理论模型的经济含义与市场直觉,讨论力求简洁扼要、深入浅出,并最大限度地使用案例辅助,详细说明关键性的操作细节。我们希望通过基本原理、市场直觉、运作机制和案例运用相结合的方式,能够帮助读者激发学习兴趣,提高学习效率,培养对固定收益证券的感性认识。在学习时,建议读者参照书中的内容,自己再动手完成一遍案例的内容,这将会大大有利于理解相应的知识,培养实际动手能力。

总之,本书可以作为金融工程和金融学专业的本科生和研究生教材,以及理论研究和实际工作者的参考书。本书内容较多,任课教师在教学时可根据自身情况进行取舍。为方便教师使用本书,我们制作了讲义幻灯片,放在郑振龙教授的个人主页(http://efinance.org.cn)上供大家下载。这个网站上还有大量的固定收益证券和金融工程资料,包括我们的研究团队按照研究领域收集整理的固定收益证券学习和科研资源。我们将利用这个平台为本书的使用者提供进一步的后续服务,包括新的习题、相应的定价和风险管理软件代码等。为了方便教师布置和批改作业,我们还将通过电子邮件向教师提供习题答案。

本教材由厦门大学陈蓉教授和郑振龙教授主编,负责制定教材写作大纲、写作规范和行文风格,并对全书做了逐字逐句的修改和总纂。吕恺、邓弋威和刘杨树三位博士生参与了全书的写作,王磊博士生参与了第七章附录的写作。感谢方昆明、龚继海、莫天瑜、柯鸿、柳文波、张晓南、陈焕华、戴嵩、吴江宏、王路跖、苏闻兴、王园园等同学在本书写作过程中和担任固定收益证券课程助教时提供的帮助,感谢厦门大学金融系对我们工作的支持,感谢北京大学出版社的张燕和李娟等编辑为本书写作和出版所做的辛勤工作,她们的耐心包容和专业细致常让我们感动和惊讶。

由于水平所限,本教材的不当和错漏之处在所难免,敬请广大读者谅解,并欢迎各位读者批评指正。以下 Email 地址恭候您的意见与建议:aronge@xmu.edu.cn 和 zlzheng@xmu.edu.cn。

陈 蓉 郑振龙

2011 年 8 月于厦门大学

21世纪经济与管理规划教材

金融学系列

目 录

第一章　固定收益证券概述 …………………………………… (1)
　　第一节　理解固定收益证券 ……………………………… (3)
　　第二节　基础性债务工具 ………………………………… (8)
　　第三节　固定收益证券衍生品 …………………………… (21)
　　第四节　结构型债务工具 ………………………………… (32)
　　第五节　固定收益证券市场 ……………………………… (44)

第二章　债券价格与收益率 …………………………………… (59)
　　第一节　货币的时间价值 ………………………………… (61)
　　第二节　利率 ……………………………………………… (64)
　　第三节　债券定价 ………………………………………… (71)
　　第四节　债券的收益率分析 ……………………………… (78)
　　第五节　债券的报价 ……………………………………… (87)
　　附录 ………………………………………………………… (90)

第三章　利率远期、利率期货与利率互换 …………………… (93)
　　第一节　利率远期 ………………………………………… (95)
　　第二节　利率期货 ………………………………………… (99)
　　第三节　利率互换 ………………………………………… (111)

第四章　利率期限结构：静态模型 …………………………… (133)
　　第一节　利率期限结构概述 ……………………………… (135)
　　第二节　利率期限结构变动的因子分析 ………………… (140)
　　第三节　传统的利率期限结构理论 ……………………… (143)
　　第四节　利率期限结构的拟合 …………………………… (147)
　　附录 ………………………………………………………… (164)

第五章 利率风险管理 (167)
  第一节 利率风险的度量 (169)
  第二节 基于久期和凸性的利率风险管理 (179)

第六章 固定收益证券组合管理 (185)
  第一节 保守的组合管理策略 (188)
  第二节 积极的组合管理策略 (203)
  第三节 对冲型组合管理策略 (221)

第七章 利率期限结构:动态模型 (231)
  第一节 动态利率模型概述 (234)
  第二节 仿射利率期限结构模型 (246)
  第三节 HJM 分析框架与无套利模型 (262)
  第四节 动态利率模型参数的估计与校准 (280)
  附录 (285)

第八章 利率期权定价 (291)
  第一节 债券期权 (293)
  第二节 可赎回与可回售债券 (297)
  第三节 利率顶和利率底 (302)
  第四节 利率互换期权 (307)

第九章 高级利率风险管理 (313)
  第一节 期权调整利差分析法 (315)
  第二节 在险值 (322)

参考文献 (343)

21世纪经济与管理规划教材

金融学系列

第一章

固定收益证券概述

学习目标

在学习完本章之后,你应该能够理解和掌握:
- 固定收益证券的定义、分类及其主要风险特征;
- 债务工具的基本要素;
- 主要债务工具的基本特征;
- 远期利率协议、利率期货、利率互换和利率期权的基本特征;
- 结构型产品的定义;
- 资产证券化的一般流程和主要产品;
- 固定收益证券市场的主要机制;
- 全球固定收益证券市场概况。

固定收益证券(fixed income securities)是一类重要的金融工具。我们在日常生活中经常听说的国债、公司债以及在2007年美国次贷危机爆发后引起全球关注的抵押贷款支持证券(mortgage-backed securities, MBS)等产品都属于固定收益证券的范畴。为什么投资者会选择投资固定收益证券？如何评估固定收益证券的价值？如何管理投资固定收益证券所面临的风险？在固定收益证券市场不断演进，特别是中国固定收益证券市场迅速发展的背景下，这些问题日益引发人们的普遍关注。当你读完本书时，我们希望你能对这些问题给出清晰、全面且准确的答案。

本章的目的是帮助你从整体上了解固定收益证券的本质、风险特征、具体产品和市场状况。在第一节中，我们将对固定收益证券的本质特征、涵盖范围及其风险特征进行介绍；第二节至第四节进一步讨论了三类固定收益证券的含义和具体特征；第五节则对全球固定收益证券市场的基本状况进行了描述。

第一节 理解固定收益证券

在本节中，我们将学习究竟什么是固定收益证券，并初步认识其风险特征。

一、固定收益证券：定义与范畴

固定收益证券是承诺未来还本付息的债务工具以及相关衍生产品的总称。早期的债务工具相对简单。以一张普通的10年期、本金100元、票面利率6%、每半年付息一次的固定利率国债为例，在未来10年内，其投资者每半年都将收到固定利息支付3元，并在10年后收到本金100元，其未来收益是确定的，"固定收益"即源自此意。然而，随着证券新品种的不断涌现，很多债务工具的收益都不再是固定的。例如，如果在前述的10年期国债合约中加入一个发行者可在第5年末按110元提前赎回的权利条款，则该债券从第5年开始的现金流就不再是固定的了,但"固定收益"的名称一直延续下来。现在,债务工具以及相关衍生产品都被纳入固定收益证券的范畴。

具体来看,图1.1给出了现代固定收益证券涵盖的范围及其基本分类。其中,第一列为基础性债务工具,按剩余期限是否超过一年,基础性债务工具又可分为资本市场工具和货币市场工具。第二列为衍生产品,对于债务工具而言,影响其风险收益特征的两大要素为利率和信用,因此利率衍生品与信用衍生品也属于固定收益证券的范畴。第三列则比较特殊,是将基础性债务工具及相关衍生产品进行结构拆分和重组后形成的结构型债务工具。由于这些产品仍具有债务工具的特征和性质,因此仍属于固定收益证券的范畴,但其风险和收益特征往往与基础性债务工具存在较大的差异。具体来看,根据结构设计的不同,结构型债务工具又可大致分为两类:嵌入衍生产品的债务工具和资产证券化产品。

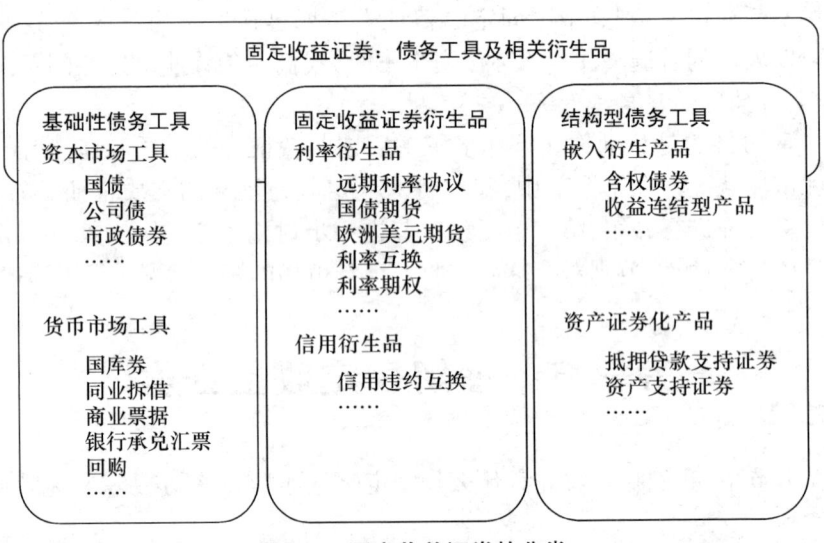

图1.1　固定收益证券的分类

由于影响债务工具未来收益的两大要素分别为利率和信用,因此固定收益证券的分析、定价与风险管理基本都围绕这两大问题展开。但由于信用定价与风险管理问题非常复杂,需要专门讨论,因此本书与大部分固定收益证券教材一样,集中关注固定收益证券的利率敏感性问题并深入展开,而对信用问题仅作简单介绍。

二、固定收益证券:风险特征

很多人认为固定收益证券能够提供相对稳定的现金流回报,往往将其视为无风险或低风险证券。但事实上,投资固定收益证券同样也面临一系列潜在风险,包括利率风险、再投资风险、信用风险、流动性风险、通货膨胀风险、赎回风险以及波动率风险等。

(一) 利率风险

作为利率敏感性证券,利率风险(interest rate risk)是固定收益证券最重要的风险之一。以普通债券为例:我们在第二章中就会看到,债券的价格与利率呈反向变动关系,当利率上升时,债券价格下降;而当利率下降时,债券价格上升。这意味着利率的变动将给固定收益证券的价格带来不确定性,这就是利率风险。

(二) 再投资风险

除了会对证券价格产生直接影响,市场利率的变动还可能为固定收益证券的投资者带来再投资风险(reinvestment risk)。以前文第一个例子中的普通固定利率债券为例,一个投资了1 000张该债券的投资者每半年都将收到3 000元现金,需要对其进行再投资以获取投资收益。如果市场利率下降,其再投资收益显然将趋于减少,这种不确定性就是再投资风险。显然,债券剩余期限越长,每期现金流入越多,再投资风险越大。

(三) 信用风险

除利率风险之外,信用风险(credit risk)是投资固定收益证券时所面临的另一个重要风险。现代固定收益证券可能给投资者带来两类信用风险:一是债券发行者信用问题导致的风险,这一风险可能源于债务人不能如约履行按期还本付息义务,也可能源于债务人信用等级下降导致的债券市场价值下跌;二是固定收益证券衍生产品交易对手不履约带来的风险,由于衍生品交易为零和游戏,一方的盈利对应着另一方的亏损,亏损的一方可能不愿或者无法履行事先约定的义务,从而给盈利方带来损失。但一般来说,人们在提及固定收益证券的信用风险时,多指前一种信用风险,而将后一种信用风险称为"对手风险"(counterparty risk)。

对一国居民而言,国债一般不存在信用风险,经常被称为"无风险债券"[1]。

---

[1] 需要特别指出,"无风险债券"仅仅指不存在信用风险,并不意味着投资国债的回报一定是确定的或没有风险的。因为即使没有信用风险,投资国债仍可能受到利率风险、再投资风险和流动性风险等的影响。

购买含信用风险的固定收益证券时,投资者必然要求额外的收益以弥补信用风险可能造成的损失,这部分额外的收益率被称为信用差价(credit spread)。当债券发行人的偿债能力变弱,或者整体经济形势恶化时,信用价差往往会扩大。

市场参与者往往通过外部的信用评级来评估固定收益证券的信用风险状况。标准普尔(Standard & Pool's)、穆迪(Moody's)和惠誉(Fitch)是全球最主要的三家信用评级机构,负责实施并动态更新对债券的评级。以标准普尔的评级体系为例,AAA级为债券的最高评级,此类债券的偿债能力极强,基本不存在信用风险,例如国债;BBB级以上的债券被称为投资级债券(investment grade);BB级以下的债券被称为投机级债券(speculative grade),信用风险较高,投资者要求的信用差价较高,因而往往又被称为高收益债券或垃圾债券;D级为违约债券。为更精确地度量信用风险,对AA到B之间的五档评级,标准普尔还辅之以"+"、"-"符号,进一步说明同一等级内债券信用状况的细微差别。表1.1展示了标准普尔和穆迪的信用评级体系。

表1.1 国际债券信用等级

类别	信用状况	标准普尔	穆迪*
投资级债券	债务人偿债能力极强,几乎无信用风险。	AAA	Aaa
	债务人偿债能力很强,信用风险较AAA级略高。	AA+、AA、AA-	Aa1、Aa2、Aa3
	债务人偿债能力强,但经济环境的变化有可能对偿债产生负面影响。	A+、A、A-	A1、A2、A3
	债务人有足够的偿债能力,但经济环境对偿债的影响较A级高。	BBB+、BBB、BBB-	Baa1、Baa2、Baa3
投机级债券	债务在短期内较安全,但在长期面临一定的不确定性,可能影响到债务的足额偿还。	BB+、BB、BB-	Ba1、Ba2、Ba3
	信用风险较BB级高,但债务在短期内依然是安全的。	B+、B、B-	B1、B2、B3
	债务的偿还当前存在不确定性。	CCC	Caa
	债务的偿还当前存在高度不确定性。	CC	Ca
	债务的偿还当前存在高度不确定性,极有可能出现无法偿债的情况。	C	—
	债务人已出现违约。	D	C

* 在穆迪评级中,数字越大代表信用等级越低。例如,A1级的债券信用风险要小于A3级的债券。

与市场风险相比,由于信用事件不会频繁有规律地发生,信用风险的可观察数据通常较少,不易获取,因此比较难以进行数量化测度与管理。

(四) 流动性风险

流动性的概念包括市场流动性(market liquidity)与融资流动性(funding liquidity)两个层面。市场流动性指的是资产的变现能力。当固定收益证券的交易不活跃时,投资者变现不易,从而产生流动性风险。一般而言,新发行的[①]、期限较短、信用等级高的债券流动性较好。当市场情况恶化,特别是出现经济危机时,投资者将特别偏好流动性高的证券,导致流动性好的债券相对流动性差的债券出现溢价,产生"追逐流动性"效应(flight to liquidity)。融资流动性则指金融机构或投资者融通资金进行持续交易的能力。当投资者持有衍生品头寸或进行卖空交易时,融资流动性的变化也有可能带来额外的风险。由于此类交易往往采用逐日盯市(marking-to-market)的结算制度,投资者每日的盈亏将反映在其保证金账户的变化中。一旦投资者出现大幅亏损,其现金头寸不能达到补足保证金账户的最低要求时,投资者的衍生品头寸将被按照市价强行平仓。

(五) 其他风险

利率风险、再投资风险、信用风险和流动性风险是投资固定收益证券时最主要的四类风险。然而对某些特殊情形或某些工具而言,投资固定收益证券还会面临若干其他风险,主要包括通货膨胀风险、赎回风险和波动率风险等。

通货膨胀风险,又称购买力风险,是指通货膨胀率的变化影响固定收益证券的实际购买力,从而给投资者的实际财富水平带来的风险。例如,投资者购入年息票率为7%、每年付息一次的10年期债券,债券面值为1 000元,这样,该投资者每年可以获得70元现金,期末得到1 000元本金。但如果未来通货膨胀率上升到8%,投资者每年的息票收入还不足以抵减因币值下降引致的损失。对固定利率的固定收益证券来说,剩余期限越长,往往通货膨胀的影响越大。与固定利率的固定收益证券相比,通货膨胀连结债券(inflation-indexed bond)由于按照通胀率调整本息,通货膨胀风险较小。

赎回风险是专门针对发行时有赎回条款的固定收益证券而言的。赎回条款(call provision)指的是固定收益证券的发行人有权在证券到期前以事先约定的价格购回全部或者部分的在外流通证券。当利率大幅走低时,债券的发行人可能会选择(以市场的低利率)借新债还旧债,赎回已发行的息票率较高的证券,转而发行息票率较低的证券,以降低利息支出。而对投资者来说,此时提前赎回得到的现金不得不以较低的利率进行再投资,从而降低了整个投资期的平均回报。因证券的强制赎回给投资者带来损失的可能即被称为赎回风险。

波动率风险是针对利率期权和含有期权的固定收益证券而言的。预期(利率)波动率的变动会影响期权价值,进一步会影响固定收益证券的价值,相应产

---

① 在很多债券市场上,都存在这样一个现象:即使剩余期限相同,新发行债券往往比更早发行债券的收益率低,一般认为,这是因为前者流动性较好。人们通常将其分别称为新券(on the run)和旧券(off the run)。

生的风险就是波动率风险。

除了以上风险,如果投资者购买外国的固定收益证券,还将面对到期汇率的不确定性,即汇率风险;如果投资者所享受的税收待遇发生变化,还会面临税收风险,等等。一些不具普遍性的风险,本书就不再一一赘述。

需要说明的是,投资固定收益证券时,投资者面临的最重要的两大风险为与利率有关的风险(包括利率风险和再投资风险)、信用风险。但由于信用风险的分析和管理内容丰富且非常复杂,因此本书集中分析利率相关的风险。因此在本书中如无特别说明,我们讨论的都是无信用风险、无流动性风险等其他风险的情形。

第二节 基础性债务工具

从本节到第四节,你将会逐渐熟悉图1.1中列出的三类固定收益证券:基础性债务工具、相关衍生产品以及结构型债务工具。在本节中,你将首先了解债务工具的基本要素,即常见的此类产品合约应包括哪些条款;之后,我们将分别介绍几类典型的基础性债务工具。在第三节学习完利率衍生产品的基础知识后,我们将在第四节谈谈较为复杂的结构型债务工具。

一、债务工具的基本要素

债务工具是债务人对未来还本付息的一种承诺。其基本要素包括:发行条款、到期条款、计息条款、还本条款与含权条款。

(一) 发行条款

发行条款载明了发行人的身份、处所、担保的种类、发行的市场、计价的货币单位等。一般而言,债务工具的发行人大体分为三类:中央政府及其下属部门、地方政府和公司。相应地,债券可以分为政府债券(如各国的国债)、政府机构债券(如美国的联邦机构债)、地方政府债券(如美国的市政债券)和公司债。债务工具的发行人是信用评级的核心依据之一,因为债务的偿还与债务人的持续经营能力密切相关。在无担保的情况下,债务工具的评级完全取决于发行人的信用水平,而在有担保或抵押的情况下,担保人的信用水平以及抵押物的价值都会影响到债务工具的评级。

外国居民发行的以本国货币计价的债券被称为外国债券(foreign bond)。例如,国际金融机构在中国发行的人民币债券("熊猫债券")就属于外国债券。

与之类似的还有日本的"武士债券"、美国的"扬基债券"、英国的"猛犬债券"和西班牙的"斗牛士债券"等。与此对应的一个概念是欧洲债券(Eurobond),指的是与债券发行地计价货币不一致的国际债券,例如在新加坡发行的以美元计价的债券。欧洲债券起因于 20 世纪 60 年代美国的金融管制。一方面,大量的外国投资者难以在美国发行债券,但却迫切需要美元贷款;另一方面,一些机构(例如石油输出国和欧洲国家)拥有大量美元需要投入资本市场,于是在欧洲市场上出现了在美国境外以美元计价的债券,这就是欧洲债券的起源。时至今日,"欧洲"并不是指狭隘的地理概念,欧洲债券泛指在一国发行但以外币计价的国际债券。

(二) 到期条款

到期条款约定了债务工具的到期日,也就是债务人履行完还本付息义务的时刻。与之联系密切的一个概念是剩余期限(time to maturity)[①],指的是当前时刻至到期日的时间长度。剩余期限是债券和货币市场工具定价中最关键的参数之一,即使其他所有条件不变,债务工具的价值也会随着剩余期限的缩短出现确定性的变化,最终回归面值(face value),即债务的本金。债务工具的剩余期限还能影响其当前价格的波动性。在第五章中我们将会看到,给定其他因素不变,债券的剩余期限越长,收益率的变化对债券价格的影响越大,从而微小的收益率变动就可以造成债券价格较大幅度的波动。

(三) 计息条款

计息条款载明了债务工具计息的相关事宜。计息条款包括:息票率(又称票面利率)、计息频率、计息日惯例以及一系列与利息计算相关的日期。

根据计息方式不同,债务工具可分为贴现式和附息式。采取贴现发行时,投资者持有债券期间没有利息收入,但债券的发行价格往往低于债券的面值(例如 100 元面值,剩余期限 1 年的债券以 95 元的价格发行),因此贴现发行的债券常常也被称为零息票债券。货币市场工具常以贴现式发行,例如美国国库券。附息票债券发行时则附有息票,息票载明了每期支付的利息占本金的比率,即息票率(coupon rate),中长期债券多为附息票债券。

附息票债券又可分为固定利率债券和浮动利率债券。例如,面值为 100 元、息票率为 6% 的债券每年利息收入为 6 元,这种固定息票率的债券被称为固定利率债券(fixed rate note)。浮动利率债券(floating rate note,FRN)的息票率则依据事先约定的某一个变动的参照指数进行定期调整。最常见的情形是选择某一市场利率为参照指数。例如,美元债券经常以伦敦银行间市场同业拆放

---

① 有时也称为存续期。

利率(London interbank offer rate, LIBOR)和美国联邦基金利率(federal funds rate)为浮动基准,中国人民币债券常用的浮动基准则有上海银行间同业拆放利率(SHIBOR)、中国银行间7天回购利率和人民币一年期定期存款利率。

假设在2009年7月2日有一只2年期面值为100元的浮动利率债券发行,利息每年支付两次,票面利息为6个月SHIBOR。该债券投资者在2010年2月2日收到的利息是由2009年7月2日的6个月SHIBOR确定的,2010年7月2日收到的利息又将由2010年2月2日的6个月SHIBOR确定,以此类推。图1.2给出了该债券利息支付的示意图。

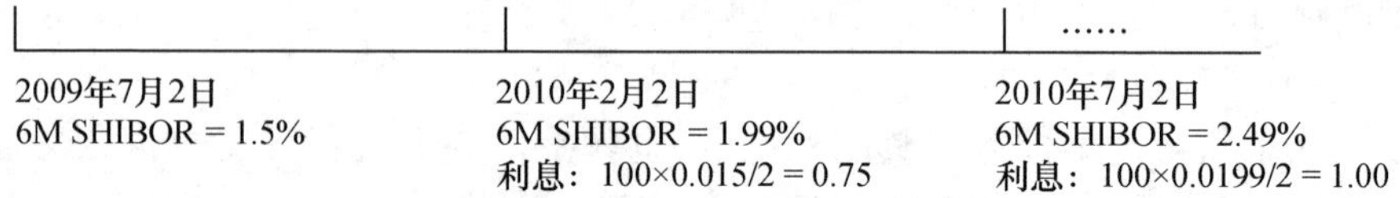

```
|                              |                              |      ……
2009年7月2日                   2010年2月2日                    2010年7月2日
6M SHIBOR = 1.5%              6M SHIBOR = 1.99%              6M SHIBOR = 2.49%
                              利息:100×0.015/2 = 0.75          利息:100×0.0199/2 = 1.00
```

图1.2　浮动利率债券的利息支付

事实上,利率的浮动规则可以更加复杂。一般的利率浮动规则可以写作:

$$债券票面利率 = a + b \times 浮动基准 \quad (1.1)$$

图1.2所示的情况显然是式(1.1)在 $a=0$ 且 $b=1$ 时的特例。实际上,式(1.1)中的 a、b 两个参数既可以大于0,也可以小于0。特别地,当 b 小于0时,这种浮动利率债券被称为逆向浮动利率债券(inverse floater)。

与息票率一起共同决定债务工具每期利息支付数额的参数还有计息频率 n,即一年计息 n 次,或每 $1/n$ 年计息一次。例如,面值为100元、息票率为6%的债券每年总利息支付为6元。如果计息频率为1,则每年计息一次,每次支付利息6元;如果计息频率为2,则每半年计息一次,每次支付利息3元。美国的中长期国债每年计息两次,欧洲大部分国家的国债每年计息一次,中国国债的计息频率不确定。

计息日惯例(day count convention)指的是将债务工具存续期内的任意一段时间间隔换算为标准时间单位年的计算方法。常用的计息日惯例有实际/实际、实际/365、实际/360以及30/360几种。专栏1.1可以帮助你理解不同计息惯例之间的差异。

专栏1.1　10天等于多少年?

假设今天是2008年2月24日,债券的下一个计息日是2008年3月5日,用日历日(calendar dates)计算,还有10天到下一次付息。那么按照债券的交易规则,这10天换算为年应当如何计算呢?

最直观的计算方法无疑是实际/实际,即每个月的天数和当年的总天数均按照实际的日历日计算。2008年2月24日至2008年3月5日实际的日历日为10天,2007年3月5日至2008年3月5日的实际日历日为366天,因此,按照实际/实际规则计算,我们得到的答案为 10/366 = 0.0273224 年。

现在我们换一种计算方法:30/360法。按照这一算法,每个月不论实际天数为多少均按照30天处理,每年不论实际天数为多少,均按照360天处理。在这一计算法下,2008年2月24日至2008年3月5日共有11天,按这一规则计算的答案为 0.0305556 年。以此类推,按照实际/365算法,答案为 0.0273973 年,按照实际/360算法,答案为 0.0277778 年。

10天等于多少年? 在债券计算中,不同的算法将给出不同的答案。为了使得不同计息日规则下报出的利率可比,就需要进行转换。因此在债券报价时,计息日惯例也是一个要考虑的参数。我们将在第二章中更详细地讨论这一问题。

此外,还有一系列与债务工具交易和计息相关的日期概念。公告日(the announcement date)指债券公告发行的日期;结算日(the settlement date)指交易债务工具后实际交割的日期;起息日(the interest accrual date)指开始累计利息的日期;首次支付利息日(the first coupon date)则指债务工具首次支付利息的日期。

(四) 还本条款

不同国家设定的单位债券面值(即本金)是不同的,例如一张美国债券面值通常为1 000美元,而一张中国债券面值常为100元人民币。

根据还本方式的不同,债务工具可分为到期一次偿付和债券存续期内分期偿付。大部分债务工具的还本方式为到期一次还本。分期偿付的偿还方式在银行贷款[①]以及相应的资产证券化证券中更为常见。我们将在第四节更仔细地讨论资产证券化问题。

(五) 含权条款

发行条款、到期条款、计息条款和还本条款是债务工具必不可少的四大要素,含权条款则并非存在于每一只债券中。含权条款赋予了债券的发行人或投资者某些额外的权利,例如赎回条款(call provision)、回售条款(put provision)、转换条款(convert provision)和交换条款(exchange provision)等。具体内容我们

[①] 事实上,银行的存款和贷款本身就是债权债务工具,因此从本质上说也属于固定收益证券的范畴。

放到第四节加以介绍。

在了解债务工具的基本要素之后,我们将以美国和中国的债券市场为例,介绍主要的基础性资本市场工具与货币市场工具。选择美国的原因在于美国拥有全球品种最丰富、交易最活跃、交易量最大的债券市场,对全球固定收益证券市场的影响巨大。

二、资本市场工具

在这个部分,我们主要根据发行者的不同,分别介绍政府债券、政府机构债券、地方政府债券与公司债等中长期资本市场债务工具。

(一)政府债券

政府债券通常被称为国债,是由一国财政部发行的以国家政府信用作担保的债券。传统上,国债几乎不存在信用风险,由国债报价计算出的利率经常被用做市场的基准无风险利率。但从2009年开始的欧洲债券危机表明:国债同样可能存在信用风险,其风险大小与政府的财政偿付能力密切挂钩。

美国拥有世界上最大、流动性最好的国债市场。美国国债分为国库券(treasury bill)、中期国债(treasury note)和长期国债(treasury bond)三种,对应期限分别为1年以内①、2、3、5、7、10年和30年。美国的中期国债和长期国债均为固定利率的附息票债券,每半年付息一次,部分中期国债与长期国债还带有可赎回条款。从1997年开始,美国财政部推出了通货膨胀连结债券(treasury inflation protection securities,TIPS)。该债券的本息按照消费者物价指数进行调整,为投资者提供了管理通货膨胀风险的金融工具。此外,从1985年开始,美国财政部还推出了国债的本息分离交易方式(separate trading of registered interest and principal of securities,STRIPS),允许将一份国债拆成由若干个息票和一个本金构成的零息票债券组合。关于该交易方式的原理和应用,我们将分别在第二章和第六章有所涉及。

与美国市场相比,中国的国债市场发展较不成熟,产品相对单一。按计息方式分,中国的中长期国债有到期一次还本付息和附息票两种发行方式。除2000年、2001年发行过少量浮动利率债券外,目前市场上可交易的附息票国债都是固定利率债券。

按照流通方式划分,中国目前的国债主要包括记账式国债和储蓄国债。记账式国债不需印制券面及凭证,而是利用账户通过电脑系统完成国债发行、交

---

① 因此,国库券属于货币市场工具,我们将在后文货币市场的部分详细介绍。

易及兑付的全过程。记账式国债可以记名、挂失,可以在银行间市场、证券交易所和银行柜台进行交易,是我国目前最主要的国债形式;储蓄国债是面向个人投资者发行的国债,其特点在于可记名、可挂失,但不能上市流通,是财政部为满足个人长期储蓄性投资需求、偏重储蓄功能而设计发行的。储蓄国债又可分为传统凭证式和电子凭证式①,前者以填具"国债收款凭证"(凭证上记载购买人姓名、发行利率、购买金额等内容)的形式记录债权,而后者则以电子方式记录债权。此外,中国很长一段时间曾发行过无记名国债,即实物国债,以实物券面的形式记录债权。该类债券目前已基本退出流通环节,仅有极少量的投资者持有未兑付的无记名国债。

表 1.2 给出了一只 2009 年发行的中国国债的实例。

表 1.2 中国国债实例

债券名称	2009年记账式附息(三十一期)国债	债券简称	09 附息国债 31
债券代码	090031	上市市场*	银行间债券
债券类型	国债	上市日期	2009-12-09
期限(年)	5.00	发行价格(元)	100.00
债券面值	100	发行规模(亿元)	273.9
票面利率	2.9000	息票品种	附息
利率类型	固定利率	年付息次数	每年付息 1 次
利率说明	2.90%	付息日说明	每年 12 月 3 日付息,节假日顺延
起息日期	2009-12-03	到期日期	2014-12-03
是否增发	否	偿还方式	到期偿付
发行公告日	2009-12-02	发行起始日期	2009-12-02
发行终止日期	2009-12-07	发行费率(%)	0.1
招投标日期*	2009-12-02	招标方式	混合式
计划发行总额(亿元)	260	竞争性招标总额(亿元)*	260.00

* 关于国债的上市市场与招标发行过程将在第五节予以介绍。
数据来源:Wind 资讯。

(二) 政府机构债券

政府机构债券指由一国中央政府部门(除财政部外)或其所属机构发行的债券。在美国,这部分债券一般被称为联邦机构债券(federal agency securities)。例如,提供居民住房抵押贷款的联邦国民抵押贷款协会(Federal National

---

① 通常,市场习惯将传统凭证式储蓄国债称为凭证式国债,而将 2006 年 6 月底首发的电子凭证式储蓄国债称为储蓄国债。

Mortgage Association,简称 Fannie Mae)与联邦住房贷款抵押集团(Federal Home Loan Mortgage Corporation,简称 Freddie Mac)、提供小额农业信贷服务的农场信贷系统(Farm Credit System)等都发行联邦机构债券。联邦机构债券的偿付以机构自身的盈利作保证,其信用并不一定得到美国政府的担保。因此,这些债券并不能完全算做无风险债券,但往往具有较高的信用等级。

在中国,虽然没有明确意义上的政府机构债券,但中央政府部门所属机构、国有独资企业或国有控股企业所发行的企业债以及三大政策性银行(国家开发银行①、中国农业发展银行和中国进出口银行)所发行的政策性金融债,信用级别都极高,从性质上说都具有政府机构债券的特征。

(三) 地方政府债券

地方政府债券代表地方政府的信用。地方政府发行债券,一方面可用于弥补暂时性政府支出与收入的不平衡,另一方面则用于长期性的资本投资如修建学校和道路基础设施,或是弥补政府赤字。传统观点认为,地方政府债券的信用风险仅次于国债和中央政府机构债券,属于低风险投资品种,但美国历史上也曾经出现过地方政府破产的"桔县事件"。为了吸引投资者购买地方政府债,发行者往往采用税收优惠的政策。例如在美国,大部分的市政债券,利息收入不必缴纳联邦所得税,有的甚至还可以免除州政府和地方政府的税收。

在美国,地方政府债券被称为市政债券(municipal securities)。按照偿债资金来源,美国的市政债券又可分为两类:普通义务债券(general obligation debt)和收入支持债券(revenue bond)。前者是由地方政府信用提供完全支持的,是以地方政府的全部税收收入为担保发行的债券;后者则是以地方政府特定投资项目的回报为保证发行的债券,偿付资金可能来源于机场、港口、道路、天然气管道和水利等基础设施的收入,也可能来源于大学、医院等公共设施的收入。

1993 年以前,中国曾经存在过一定数量的地方债券。1993 年,国务院禁止了地方政府的发债行为。在其后的十几年中,地方政府不能直接通过债券市场融通资金,但偶尔也通过信托等方式为大型项目筹措资金。2009 年,中国放开对地方政府发行债券的限制,由财政部代发、地方政府偿付的 2 000 亿元地方政府债券相继发行并上市交易。

(四) 公司债

公司债是企业为筹措资金而发行的债券。由于公司经营风险较大,在投资公司债时,人们最关注的是其信用风险。按照偿债的优先等级不同,公司债可分为优先债(senior debt)、一般性的债务和次级债(subordinate debt)。进入清算

---

① 2008 年 12 月之前国家开发银行为政策性银行,之后已转型为商业银行。

阶段时,公司首先偿付优先债,之后偿付一般性的债务,随后偿付次级债,最后才分配股权。因此,对同一家公司来说,优先债的信用风险最低,而次级债的信用风险较高。

在公司债中,值得一提的是中期票据(medium term note,MTN)。早期的中期票据是从期限上来定义的,主要功能是弥补短期商业票据和长期公司债券的空挡。1982年美国证监会公布415规则即货架注册规则(shelf registration)之后,中期票据市场出现了革命性的变化。根据该规则,发行人对未来一定期限内拟发行的中期票据向证监会申请一次性注册后,在规定的时间和金额内就可以自由选择每一次的发行时间、规模、条款和发行方式。目前中期票据不断创新,其条款设计更为灵活多变。例如,目前市场上很多中期票据中都嵌有各种衍生品,相应形成了结构型票据(structured note),该票据是第四节介绍的结构型产品中的重要组成部分。

由于中国经济改革的特殊历史背景,中国的公司债市场比较特殊,种类繁多。其中,由中央政府部门所属机构、国有独资企业或国有控股企业发行的债券称为企业债,进一步分为中央企业债和地方企业债;由金融机构发行的债券分为政策性金融债、商业银行债券、特种金融债券①、非银行金融机构债券和证券公司债等。但严格意义上来说,不少企业债和金融债往往有着极强的政府信用性质,并不属于真正意义上的有信用风险的公司债。2007年,中国开始了真正的公司债试点交易。公司债与早期企业债的区别在于:公司债的发债主体必须是股份有限公司或有限责任公司,并没有限定发债主体的所有制形式;而早期的企业债并没有限制发债主体的治理结构,但要求发债主体必须为国有经济体。2008年,中国市场出现中期票据,具有法人资格的非金融企业也可经监管当局一次注册批准后,在注册期限内连续发行中期债券。

三、货币市场工具

货币市场上交易的是剩余期限小于等于一年的债务工具。除了为投资者提供短期的资金融通场所,货币市场还具有非常重要的政策意义:一国的中央银行可以通过在货币市场上买卖政府债券,调节货币供应量,影响市场利率。这就是所谓的公开市场业务。

在这个部分,我们仍然以美国与中国为例,对几种最常见的货币市场工具

---

① 特种金融债券是指经中国人民银行批准,由部分金融机构发行的,所筹集的资金专门用于偿还不规范证券回购债务的有价证券,是为特殊目的而发行的金融债。

进行介绍。表1.3给出了中美两国主要货币市场工具的对比情况。

表1.3 中美两国主要货币市场工具对比

美国市场	中国市场
同业拆借	同业拆借
国库券	短期国债、中央银行票据
商业票据	短期融资券
汇票	汇票
大额可转让定期存单	—
回购	回购

(一) 同业拆借

同业拆借市场最早源于存款准备金政策的实施和票据清算的需要,早期参与者多为商业银行。一方面,不少国家的中央银行对商业银行有最低存款准备金的要求,但各银行由于清算业务和日常收支数额的变化,总会出现某些银行存款准备金多余,而另一些银行准备金不足的现象,因此银行和银行间就存在同业的短期资金调节需求;另一方面,在票据结算过程中,各银行在轧平票据交换差额时,也容易出现部分银行头寸不足的现象,因而有必要向头寸多余的银行借入短期资金。这两方面的需求都催生了银行间同业拆借市场。

时至今日,很多国家同业拆借市场的参与者都已拓展到各类合规金融机构。① 金融同业之间通过短期同业拆借来灵活调节短期资金头寸,互济余缺。由于参与者众多,交易量大,借期短,这个市场对资金供求关系的变化极其敏感,既是金融机构调节自身资金余缺的重要场所,更是揭示一国银根松紧最为敏感的指示器。

世界上最著名的同业拆借市场是伦敦银行间同业拆借市场,由英国银行家协会(British Bankers' Association,BBA)组织。BBA的独立机构选定若干家国际性金融机构,对全世界的10个币种、15种期限(从隔夜到12个月)报出借入(bid)和拆出(offer)利率。报价银行有义务按照他们自己的报价成交,向市场提供资金。BBA对这些报价进行调整并取平均,最后得到每日的伦敦银行间同业拆借市场借入利率(London interbank bid rate,LIBID)和伦敦银行间同业拆借市场拆放利率(LIBOR)。LIBOR是全球最重要的货币市场基准利率,在金融资产定价中起到关键作用。②

---

① 由于商业银行资金量大,其仍然是同业拆借市场最重要的参与者。
② 需要指出的是,由于信用评级机构对大型金融机构的评级往往为AA级,因此LIBOR并不是无风险利率,而是反映国际市场金融机构资金成本的市场利率。

在美国,联邦储备委员会(美联储)各会员银行相互拆放的这种同业短期资金被称为联邦基金(federal funds),相应形成的同业拆借利率被称为联邦基金利率。该利率与美联储的贴现率为美国的两大基准利率。

中国的银行间同业拆借市场成立于1994年,全名为中国外汇交易中心暨全国银行间同业拆借中心,参与者包括商业银行、政策性银行、基金、证券公司、保险公司等金融机构以及社保基金、资产管理公司等。2007年,中国推出了自己的银行间同业拆放利率——上海银行间同业拆放利率(Shanghai interbank offered rate,SHIBOR),共有八个期限的利率报价。SHIBOR 的计算和报价方式与 LIBOR 类似,但最大的区别在于,目前 SHIBOR 的报价不具有成交义务。

(二) 短期国债与中央银行票据

短期国债是一国财政部发行的、到期期限小于等于一年的短期债务凭证。短期国债为政府提供了短期资金来源,更重要的是,它是一国中央银行进行公开市场业务的交易工具。

在美国,短期国债被称为国库券,其主要到期期限有4周、13周、26周和52周几种。美国国库券是贴现发行的,其价格是以贴现率(yield on a discount basis)的方式报出的,因此在估算收益率方面有点复杂。例如,如果一只3个月期的美国国库券价格为98元,则其报出的贴现率为

$$\frac{100-98}{100} \times 4 = 8\%$$

但事实上,该债券持有者在这3个月内的真实年收益率是

$$\frac{100-98}{98} \times 4 \approx 8.16\%$$

中国的短期国债也是贴现式国债,到期期限主要有0.25年、0.5年、0.75年和1年几种。与国外市场不同的是,中国的短期国债以真实收益率或真实价格报价,并不需要做额外的转换。由于中国的短期国债发行量较小,人民银行不得不发行中央银行票据(简称"央票"),作为公开市场业务的交易工具。[①] 很多分析师关注央票市场的变化,从中捕捉中央银行货币政策的重要信息。

(三) 商业票据与短期融资券

商业票据(commercial paper,CP)属于本票[②],是由高信用等级的企业和金融机构发行的无担保短期债务凭证。由于没有担保,商业票据的偿付完全凭借发行者的信用,因而只有信用度极高的企业才有可能发行。在国际市场上,商业票据到期日从1天到270天不等,多采取贴现式发行。由于发行者信用很

[①] 部分央票的存续期超过一年,最长可达3年。
[②] 本票是出票人签发的、承诺自己在见票时无条件支付确定的金额给收款人或者持票人的票据。

高,期限很短,因此尽管没有担保,一般情况下商业票据的融资利率仍低于银行利率,从而为高信用公司低成本筹措短期资金提供了灵活的手段。商业票据募集到的资金一般被用于满足流动资金、收购和到期债务还款的需求。

20世纪80年代,CP市场的迅速发展导致了银行短期贷款客户的不断流失,《巴塞尔协议》下的资本金约束又导致银行无法一味扩大贷款规模来与CP市场竞争。作为一个解决方案,银行业开发出了资产支持商业票据(asset-backed commercial paper,ABCP)。ABCP与传统商业票据的共同之处在于它也是短期本票,其到期期限一般在90天到180天之间;ABCP的特殊之处在于它不是无担保的,而是以一定的金融资产为担保发行的。其一般操作流程是:希望以一定金融资产进行抵押融资的金融机构将这些金融资产出售给具有破产隔离性质(bankruptcy-remote)的特殊目的机构(special purpose vehicle,SPV)①,SPV再以这些金融资产为抵押发行ABCP,也就是说,ABCP的偿还由这些金融资产未来的现金流作保证。这些金融资产早期主要是贸易应收账款、消费信贷应收账款、汽车与设备租赁及贷款等相对短期的资产。由于这些资产和贷款被出售给SPV,银行的资产负债表不会相应膨胀,从而可以在不受资本金的约束下发展这些资金融通业务。

ABCP的最大风险在于资产与负债的流动性错配,其管理者的重要任务是匹配抵押资产的未来现金流与商业票据本身的偿付需求。尤其是后来,ABCP的担保资产逐渐发展到房地产抵押贷款等长期资产,出现了以ABCP的短期资金来源为长期资金融资的趋势。当市场认为ABCP是一个安全投资品时,ABCP易于销售且融资成本较低,此种"借短贷长"的操作模式盈利颇丰;但当市场对房地产贷款等担保品的质量出现担忧时,ABCP销售大幅下降,金融机构就不得不将用做担保品的金融资产变现以应对流动性需求,这就是2007—2008年在美国市场发生的事实。可以看出,从本质上说,ABCP是资产证券化产品。在第四节中,我们将会进一步对ABCP与其他资产证券化产品之间的异同进行更详细的讨论。

在中国市场上,没有商业票据的说法,我国的《票据法》把票据分为汇票、本票和支票,而本票只指银行本票,而且我国银行发行本票的量很少。但从2005年开始,在中国市场上流通的短期融资券与商业票据在本质上是一样的,都是由信用度较高的非金融企业和证券公司发行的无担保短期债务凭证。

(四)汇票

汇票是由出票人签发、委托付款人在见票时或者在指定日期无条件支付确

---

① 这些SPV没有任何其他资产负债,其成立的唯一目的就是购买这些金融资产并以此抵押发行ABCP,从而保证这些金融资产与金融机构其他资产负债的风险隔离。

定的金额给收款人或者持票人的票据,多为商业流通和贸易过程中开具的未来收款凭证。在付款日之前,持票人可以将其在市场上转让,从而形成相应的流通市场。在货币市场上流通的多为经过承兑的短期汇票。承兑是指汇票承兑人①承诺在汇票到期日支付汇票金额的票据行为。一旦经过承兑,承兑人和出票人对汇票承担连带责任,因而有助于提高汇票的信用等级,促进流通。根据承兑人的不同,汇票又可分为商业承兑汇票(commercial acceptance bill)和银行承兑汇票(bank's acceptance bill)。

在国际金融市场上,银行承兑汇票一度非常流行,银行汇票的二级市场也是货币市场最重要的子市场之一。但随着其他替代融资工具的出现和更广泛的使用,银行承兑汇票已经逐渐减少。与之相比,目前在中国票据市场上交易最活跃的仍是银行承兑汇票和商业承兑汇票。

(五) 大额可转让定期存单

与传统的定期存单相比,出现于 20 世纪 60 年代的大额可转让定期存单(negotiable certificates of deposit,NCD)的不同点在于存单不记名,并可在二级市场上流动转让。一旦定期存单可流通转让,存款人提前变现时就无须损失已存期限内的定期利息,而是可以合理价格在市场上出售,提高了流动性,大大增加了定期存款的吸引力。当然,由于本质上是商业银行的信用,NCD 的投资者需要承担商业银行违约的信用风险。

目前,由于储蓄存款执行实名制,中国市场没有开展大额可转让定期存单的交易。

(六) 回购

顾名思义,回购(repurchase agreement)就是在按约定价格卖出某一证券的同时,约定在未来特定时刻再按特定价格将该证券买回。以交易者甲和乙之间签订的一笔 1 个月期的回购协议为例,其具体操作过程可以用图 1.3 表示,假设双方以面值 1 亿元、市值 1.05 亿元的国债为标的债券。

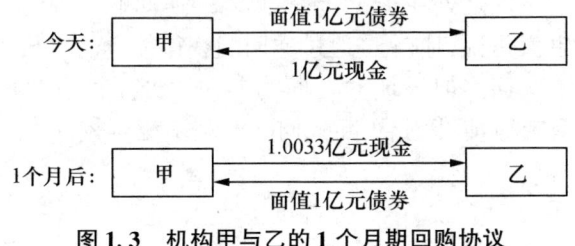

图 1.3 机构甲与乙的 1 个月期回购协议

---

① 我国《票据法》规定,承兑人只能是汇款人。

从交易形式上看,甲乙双方今天一次性签订了两笔交易:今天甲向乙卖出债券,1个月后按约定价格购回债券,"回购"的名称即由此而来,其中甲称为正回购方,而乙则称为逆回购方。换个角度看,整个回购协议是由一笔今天发生的债券即期交易和1个月后发生的债券远期交易构成的。

在现实市场中,同样是如图1.3的交易过程,根据逆回购方对债券是否有处置权,回购又可分为质押式回购和买断式回购。

我们先来看看质押式回购。假设机构甲急需1个月的短期资金,手中持有面值1亿元、市值1.05亿元的国债。如何利用这笔国债获得短期资金?当然,甲可以选择到银行用该笔债券进行质押贷款。但另一个更灵活的选择是进入回购市场,找到交易对手乙签订上述1个月期的回购协议。表面上看,交易双方是进行了债券的出售和购回,但从本质上看,整个交易过程相当于甲以债券为担保品,从乙处获得了1亿元的短期贷款。由于交易的真正目的是融资而非债券交易,因此在这1个月期间,债券是作为融资担保品被冻结在清算公司的,乙对其买到的债券并不具有处置权,因而此种回购被称为质押式回购。也正是由于质押式回购的目的是融资,因此回购协议中最重要的不是买卖债券的绝对价格,而是甲在这1个月中支付的融资成本:$(1.0033 - 1)/1 \times 12 = 3.96\%$,这一利率被称为1个月的回购利率。

尽管质押式回购与银行的质押贷款很类似,但它是以市场化交易的形式出现的,随时都可能有不同需求的交易者进入市场询价报价并成交,从而形成了包括隔夜、7天、1个月等不同到期期限的回购品种。由于市场化程度高、交易灵活,各种期限的回购利率对市场资金状况非常敏感,成为反映市场资金状况松紧的重要指标。目前,质押式回购是我国货币市场上交易量最大的品种,由于对市场状况反映充分且信用风险相对较低,回购利率经常被用做中国市场的短期基准利率。

买断式回购(也称为开放式回购)的整个操作过程同样可用图1.3描述,但其与质押式回购的不同之处在于,买断式回购的逆回购方获得在回购期中标的债券的处置权。也就是说,他(她)通过逆回购获得债券后,可以在市场上卖出,然后在回购到期前买回。但该债券在回购期间内产生的利息收益仍归正回购方。由于处置权具有价值,因此买断式回购的利率相对较低。

第三节 固定收益证券衍生品

在本节中,你将对固定收益证券中的衍生品有初步的了解。正如第一节中谈到的,债券衍生品、利率衍生品和信用衍生品都属于固定收益证券的范畴,但本书暂不涉及信用衍生产品。因此,在这里我们仅依次介绍以下四类固定收益证券衍生品:利率远期、利率期货、利率互换以及利率期权,阐述各类产品的基本特征和基本结构,为后续各章深入探讨固定收益证券衍生品的定价和风险管理奠定基础。

一、利率远期与利率期货

(一) 远期与期货概述①

从本质上说,远期(forward)与期货(futures)都是双方约定在未来一定时间,按照约定的价格买卖一定数量的某种资产的合约,其基本性质是相同的。在合约中,未来将买入标的资产的一方被称为多方(long position),而未来将卖出标的资产的一方被称为空方(short position)。显然,到期时如果资产价格上升,合约多方获利、空方亏损;资产价格下跌,则合约空方获利、多方亏损。到期价格比协议价格涨跌多少,交易双方即盈亏多少。因此,远期和期货实际上都是一种赌约(bet),交易双方"赌"的是未来价格会高于还是低于今天合约中事先约定的价格,看多者买,看空者卖。图 1.4 是远期(期货)头寸到期时的盈亏图,其中 K 为协议价格,P_T 为到期时价格。

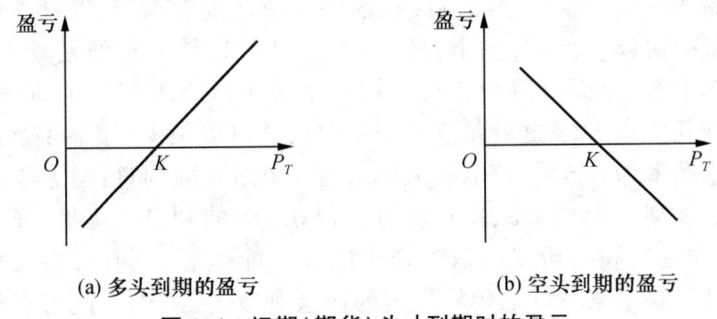

(a) 多头到期的盈亏　　　　(b) 空头到期的盈亏

图 1.4　远期(期货)头寸到期时的盈亏

---

① 由于本书并非专门介绍衍生产品的教材,因而仅对必需的衍生产品一般知识作简要介绍。如希望了解更多相关内容,可参阅郑振龙和陈蓉(2008)。

远期与期货的区别在于其交易地点和交易机制不同。远期合约采取的是场外交易(over the counter, OTC)和非标准化合约,合约规模、交割价格、交割时间、交割地点等条款都由交易双方协商决定。这一安排的优势在于交易的灵活性,双方完全可以根据自己的需求量体裁衣,这一特点非常适合固定收益证券大宗交易的性质。此外,OTC 交易往往较易规避监管。但 OTC 交易的不足之处在于:合约转让不易,流动性较差,同时对手风险较高。

期货则是在交易所进行的标准化交易。标准化的合约条款载明了合约规模、到期时间、最小价格变动值、交易中止规则和交割条款等要件,保证了合约的流动性;由交易所组织的集中交易与统一清算减少了交易的对手风险。期货交易最重要的特征在于其保证金和逐日盯市制度。在期货交易开始前,期货的买卖双方都必须在保证金账户内存入足额的初始保证金,在每天期货交易结束后,交易所和清算所都会按照每天的清算价格进行盯市结算,将投资者每日的账面盈亏转化为真实盈亏,并相应调整保证金账户。如果保证金账户的余额低于维持保证金的水平,则投资者必须及时追加保证金,否则将被强行平仓。保证金制度和逐日盯市制度在很大程度上降低了交易的对手风险。

(二) 利率远期与利率期货

以债券和利率产品作为标的资产的远期和期货就是利率远期和利率期货。

1. 利率远期

主要的利率远期产品有远期利率协议和债券远期。其中,债券远期通常交易量较小,而且其原理与债券期货基本相同,因此我们主要介绍远期利率协议。

远期利率协议(forward rate agreement, FRA)是买卖双方同意从未来的某一时刻开始的一定时期内按照协议利率借贷一笔数额确定、以具体货币表示的名义本金的协议。例如,一个打算在 3 个月后贷款 1 年的借款人,由于担心到时利率上升,今天可以和银行签订一个 3 个月后 1 年期的贷款合同,事先约定贷款利率为 6%,这就是远期利率协议。可以想象,如果 3 个月后真实的市场贷款利率为 6.5%,该借款人就节省了 0.5% 的利息;但若 3 个月后真实的市场贷款利率为 5.9%,银行就可多得 0.1% 的利息。可见,通过事先约定利率,订立远期利率协议的双方未来既有可能盈利,也有可能亏损。但双方今天就已经将未来贷款的价格锁定为协议利率,借款人借此可以规避利率上升的风险,贷款人则可以规避利率下跌的风险。因此 FRA 是重要的利率风险管理工具。

2. 利率期货

利率期货(interest rate futures)是指以债务工具或利率作为标的资产的期货合约。1975年10月,世界上第一张利率期货合约——政府国民抵押协会抵押凭证(Government National Association Certificate)期货合约在芝加哥期货交易所(Chicago Board of Trade,CBOT)诞生。尽管由于交割对象比较单一,流动性不强,其发展受到一定限制,但在当时已经是一种重大的创新,开创了利率期货的先河。在那之后,为了满足投资者规避短期利率风险的需要,芝加哥商品交易所(Chicago Mercantile Exchange,CME)先后于1976年1月和1981年12月推出了13周美国短期国库券期货合约(13-week T-bills futures)以及3个月期欧洲美元定期存款期货合约(Euro-dollar futures),当时都获得了巨大的成功。此外,在利率期货发展历程上,另外一件具有里程碑意义的重要事件是1977年8月22日,美国长期国债期货合约(30 year U.S. treasury bonds futures[①])在CBOT上市,满足了对中长期利率风险进行保值的广大交易者的需要,也受到了普遍的欢迎。

美国利率期货的成功开发与应用,引起了其他国家的极大兴趣。1982年,伦敦国际金融期货交易所(London International Financial Futures and Options Exchange,LIFFE)首次引入利率期货,1985年东京证券交易所也开始利率期货的交易。随后,法国、澳大利亚、新加坡等国家也相继开办了不同形式的利率期货合约业务。中国香港地区则于1990年2月7日在香港期货交易所正式推出了香港银行同业3个月拆放利率期货合约。到目前为止,利率期货已经成为全球金融市场上成交量最大、地位最重要和产品种类最丰富的期货品种。

现在,美国的芝加哥商品交易所集团(CME Group)[②]和英国的LIFFE(现为NYSE EURONEXT的子公司)是全球主要的利率期货交易场所,每个交易所均提供多种不同标的资产的利率期货合约。

根据期货合约到期时标的固定收益证券的剩余期限长短,利率期货可分为短期利率期货和长期利率期货。短期利率期货是以(期货合约到期时)期限不超过1年的货币市场利率工具为交易标的的利率期货,其典型代表为在CME交易的3个月欧洲美元期货;长期利率期货则是以(期货合约到期时)期限超过1年的资本市场利率工具为交易标的的利率期货,其典型代表为在CME交易的

[①] 30年是指该国债发行时期限为30年,目前美国财政部发行的长期国债均为30年期。为简要起见,本书中我们与市场惯例相同,统一使用长期国债来指代30年国债,用长期国债期货来指代30年国债期货。

[②] 芝加哥商品交易所集团(CME Group)是当今世界上最大的场内利率衍生品交易机构,旗下拥有四家声誉卓著的交易所:芝加哥商品交易所(CME)、芝加哥期货交易所(CBOT)、纽约商业交易所(NYMEX)和纽约商品交易所(COMEX)。

长期美国国债期货。

欧洲美元期货合约的交易双方在合约中约定的是未来期货到期时,3个月期的欧洲美元定期存款利率。所谓欧洲美元,是指存放于美国境外的非美国银行或美国银行境外分支机构的美元存款,这个市场的利率就是LIBOR。因此,欧洲美元期货的交易双方实际上赌的是未来的3个月期美元LIBOR究竟有多高。因此,从本质上讲,欧洲美元期货与远期利率协议是非常相似的,都是对未来市场利率的约定。

与远期利率协议及欧洲美元期货不同的是,长期美国国债期货的标的资产是期货合约到期时剩余期限长于15年的不可赎回的美国国债。因此,其交易双方约定的是标的债券在未来期货到期时刻的价格,看多者买入期货,看空者则卖出期货。

可见,利率远期和利率期货的本质,都是在OTC市场或交易所市场上,事先约定未来的利率或债券价格,并根据自己的预期进入相应的头寸方向。预期正确就盈利,预期错误则亏损。在第三章中,我们将对这两类衍生产品的具体条款、结算、定价与应用进行更为详尽的讨论。

二、利率互换

利率互换(interest rate swap,IRS)是这样一种衍生品:其交易双方约定在未来的一定期限内,根据同种货币相同的名义本金交换现金流。在最传统的利率互换中,互换双方的一方现金流按照固定利率计算,另一方则按照浮动利率计算。例1.1给出了一笔虚拟的互换交易例子。

例1.1 运用利率互换管理企业的利率风险

2010年9月1日,某企业借入一笔浮动利率贷款,本金1 000万美元,贷款期限为1年,参考利率为3个月期LIBOR,每3个月利率浮动一次。为规避利率上升的风险,该企业与银行签订了一笔1年期的利率互换协议,每3个月交换一次现金流,互换利率为3%。在利率互换中,企业支付固定利息,收到浮动利息;银行则相反。表1.4给出了该企业在这笔互换交易中的现金流。由于在利率互换中收到的浮动利息可以直接用于支付贷款利息,可以看出,加上上述互换交易后,该企业每期的利息支出实质上已转变为固定的。

表1.4 利率互换中的现金流

时间	3M LIBOR	收到浮动利息 （万美元）	支付固定利息 （万美元）	净现金流 （万美元）
2010年9月1日	2.80%	—	—	—
2010年12月1日	2.95%	1 000×2.80%/4=7	1 000×3%/4=7.5	−0.5
2011年3月1日	3.12%	1 000×2.95%/4=7.375	1 000×3%/4=7.5	−0.125
2011年6月1日	3.48%	1 000×3.12%/4=7.8	1 000×3%/4=7.5	0.3
2011年9月1日	—	1 000×3.48%/4=8.7	1 000×3%/4=7.5	1.2

我们将在第三章中详细讨论利率互换的有关问题。

三、利率期权

（一）期权概述

期权合约（option）赋予其购买者在规定期限内按约定价格（称为行权价或执行价格，striking price）购买或出售一定数量某种资产的权利。买入期权者称为期权多头，卖出期权者称为期权空头。也许你已经注意到，无论最终是盈是亏，远期和期货合约到期时，其交易双方都必须履约结算，双方的权利义务是对等的。与之相比，期权合约最大的特点在于其权利与义务的不对称性：在支付期权费（premium）之后，期权多头可以行权或弃权。市场状况有利时就行权；市场状况对其不利时就弃权，从而至多亏损期权费。反过来，期权空头收取期权费之后，就出售了相关的权利而只剩下义务，无论期权多头是否决定行权，期权空头都必须无条件配合。

按照赋予权利的不同，期权可分为看涨期权与看跌期权。看涨期权（call option）赋予期权多头按行权价买入资产的权利。反过来，看跌期权（put option）则赋予期权多头按行权价出售资产的权利。按照期权多头行权的时限划分，期权又可分为欧式期权（European option）和美式期权（American option）。欧式期权的多头只有在期权到期日才能行权，而美式期权允许多头在期权到期日前的任何时间执行期权。另外，还有一些期权的执行时限是到期日前的某一段时间，属于比较特殊的期权。

例1.2和例1.3分别给出了看涨期权和看跌期权的一个例子，帮助读者理解期权。

例 1.2 债券看涨期权

以一个行权价为 105 元、期权费为 4 元的债券看涨期权为例,期权到期时多头的回报(不考虑期权费)和盈亏(考虑期权费)分布如图 1.5(a)所示。在图 1.5 中,实线代表期权的盈亏,虚线代表期权的回报,P_T 代表期权到期时标的资产的价格。

可以看到,期权到期时,标的债券价格若高于行权价 105 元,多头必然执行期权,按 105 元买入债券获利,债券价格比 105 元高多少,多头就获得多少回报;若债券价格低于 105 元,多头必然放弃权利,回报为零。由于不考虑期权费,看涨期权多头的回报如图中的期权回报线所示,105 元以下为零,105 元以上则以 45 度角向右上方延伸。

在计算盈亏时,我们需要考虑付出的期权费成本(为方便分析,我们不考虑利息成本,下同)。因此,看涨期权多头的盈亏线相比回报线要向下平移,平移量正是多头所支付的期权费 4 元。值得注意的是,105 元仍然是看涨期权多头是否行权的转折点,但只有当债券价格涨到图中 A 点 109 元(我们称之为"盈亏平衡点",等于执行价格加期权价格)上方时,期权多头才开始盈利。

由于期权合约是零和游戏(zero-sum game),期权多头和空头的回报和盈亏正好相反,据此我们可以画出看涨期权空头的回报和盈亏分布,如图 1.5(b)所示。

可以看出,看涨期权多头的亏损风险是有限的,其最大亏损是期权费,而其盈利可能是无限的。相反,看涨期权空方的亏损可能是无限的,而其最大盈利是期权费。期权多头以较低的期权费为代价换取较大盈利的可能性,如同买了一个保险,这也是期权费在英文中与保险费为同一个词的主要原因;而期权空方则为了赚取期权费冒着大量亏损的风险。

例 1.3 债券看跌期权

以一个行权价为 95 元、期权费为 3 元的债券看跌期权为例,期权到期时多头的回报和盈亏分布如图 1.5(c)所示。

可以看到,期权到期时,标的债券价格若低于行权价 95 元,多头必然执行期权,按 95 元卖出债券获利,债券价格比 95 元低多少,多头就获得多少回报;若债券价格高于 95 元,多头将弃权,回报为零。由于不考虑期权费,其回报如图中的期权回报线所示,95元以上为零,95元以下则以45度角向左上方延伸。

在计算盈亏时,由于考虑了期权费成本,看跌多头的盈亏线相比回报线也要向下平移3元。与看涨期权类似,95元仍然是期权多头是否行权的转折点,但只有当债券价格跌到图中A点92元盈亏平衡点下方时,期权多头才开始盈利。

看跌期权也是零和游戏,多空的回报和盈亏也正好相反,因此看跌期权空头的回报和盈亏分布如图1.5(d)所示。

可以看出,看跌期权多头的亏损风险是有限的,其最大亏损是期权费,但其盈利可能并非无限,当标的资产价格为零时看跌期权多头的盈利最大,等于行权价减去期权费。看跌期权空方的盈亏状况与多方刚好相反,盈利为有限的期权费,亏损也是有限的,其最大限度为行权价减期权费之差。

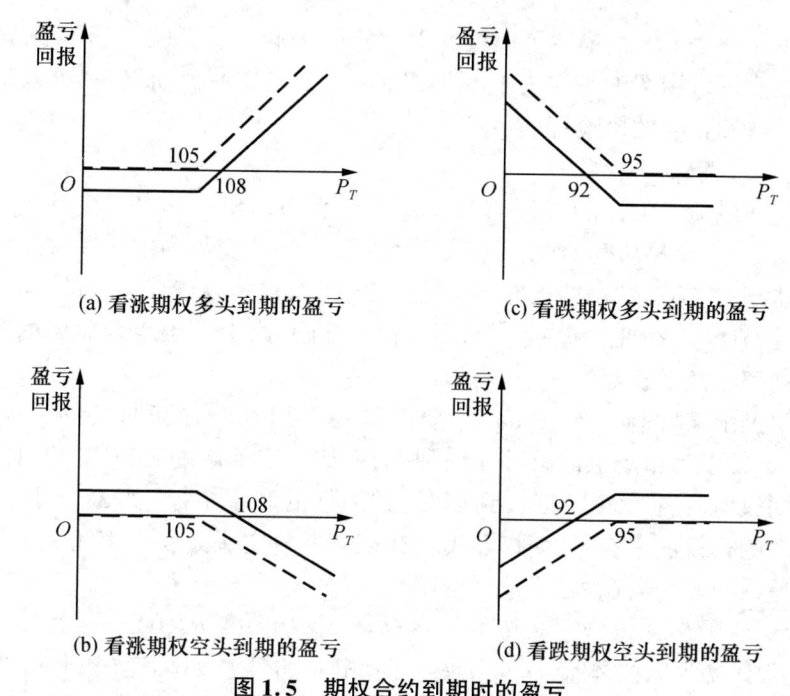

图 1.5 期权合约到期时的盈亏

除了回报与盈亏分布图,还可以用公式来描述期权到期的回报与盈亏状况。表1.5给出了欧式期权到期回报与盈亏的计算公式。

表1.5 欧式期权多空到期时的回报与盈亏

头寸	到期回报公式*		到期盈亏公式
	公式	分析	
看涨期权多头	$\max(P_T - X, 0)$	若到期价格 S_T 高于 X，多头执行期权获得差价；否则放弃期权回报为零。	$\max(P_T - X, 0) - c$
看涨期权空头	$-\max(P_T - X, 0)$ 或 $\min(X - P_T, 0)$	若到期价格 S_T 高于 X，多头执行期权，空头损失差价；否则多头放弃期权，空头回报为零。	$-\max(P_T - X, 0) + c$ 或 $\min(X - P_T, 0) + c$
看跌期权多头	$\max(X - P_T, 0)$	若到期价格 S_T 低于 X，多头执行期权获得差价；否则放弃期权回报为零。	$\max(X - P_T, 0) - p$
看跌期权空头	$-\max(X - P_T, 0)$ 或 $\min(P_T - X, 0)$	若到期价格 S_T 低于 X，多头执行期权，空头损失差价；否则多头放弃期权，空头回报为零。	$-\max(X - P_T, 0) + p$ 或 $\min(P_T - X, 0) + p$

* 表格中 X 为行权价，P_T 为到期资产价格，c 和 p 分别为欧式看涨期权费和看跌期权费。

图1.5和表1.5都描述了期权的本质特征。事实上，只要一个金融产品的回报和盈亏可以用图1.5或表1.5加以表达，它就是一种期权，都可以运用期权分析方法和相应的风险管理手段。

(二) 主要利率期权

以利率或债券为标的资产的期权都属于利率期权。利率期权是最复杂的期权产品之一，交易所和OTC均有交易，其中以OTC交易为主。

具体来看，OTC利率期权的结构复杂多变，而且多以奇异期权的形式出现。最简单的OTC利率期权包括利率上限、利率下限、由上下限组合而成的利率双限以及利率互换期权等。

利率上限又称利率顶(cap)，本质上是一系列利率看涨期权(caplet)的组合，它的标的多为市场上的某种浮动利率，例如一定期限的LIBOR。具体来看，在支付期权费后，在第 i 个期权到期时，如果标的利率指标(如3个月LIBOR)超过约定的行权利率水平，期权多头就有权从期权空头处获得市场利率与行权利率之差，否则就弃权。其回报可以用

$$M \times (T_{i+1} - T_i) \times \max(R(T_i, T_{i+1}) - R_X, 0) \quad (1.2)$$

表示。其中 M 为名义本金，$T_{i+1} - T_i$ 表示相应的计息期长度(以年为单位)，$R(T_i, T_{i+1})$ 表示 T_i 时刻剩余期限为 $T_{i+1} - T_i$ 的市场利率(年利率)，R_X 表示利率顶中约定的行权利率(年利率)。例1.4给出了一个利率上限的例子。

例1.4 运用利率上限管理利率风险

2005年9月1日,某企业借入一笔浮动利率贷款,本金1 000万美元,贷款期限为3年,假设参考利率为6个月期LIBOR加上1%,每6个月利率浮动一次。为规避浮动利率上升可能给企业带来的额外利息支出,该企业买入一份利率上限,其名义本金为1 000万美元,参考利率为6个月期LIBOR加上1%,行权利率为6%,期权期限也为3年。表1.6列出了该企业的利息成本状况。(为集中说明利率顶的本质特征,这里暂不考虑期权费,而且仅计算年化的利率和成本。)

表1.6 企业贷款与利率上限利息成本(每1美元)

时间	6M LIBOR	贷款利率成本(年) 6M LIBOR + 1%	利率上限回报(年) $\max(R_i - R_X, 0)$	真实利息成本(年)
2005.9.1	3.99%	—	—	—
2006.3.1	4.98%	4.99%	0	4.99%
2006.9.1	5.42%	5.98%	0	5.98%
2007.3.1	5.33%	6.42%	0.42	6%
2007.9.1		6.33%	0.33	6%

可以看出,由于购买了利率上限,当市场6个月期LIBOR上升导致浮动利率贷款的利息成本超过6%时,利率上限的获利刚好与利息成本的上升相抵,从而使得企业的融资成本始终不会超过利率顶的行权利率,这就是"上限"和"顶"的含义。

显然,与FRA相比,利率上限同样可以管理融资时的利率风险。但区别在于,当市场利率低于行权利率时,期权多头可以放弃行权,享受到低利率的好处。

利率下限又称利率底(floor),刚好与利率顶相反,它是一系列利率看跌期权(floorlet)的组合,标的也是市场上的某种浮动利率。组合中的第 i 个利率看跌期权到期时,利率下限的多头将获得

$$M \times (T_{i+1} - T_i) \times \max(R_X - R(T_i, T_{i+1}), 0) \quad (1.3)$$

的回报,其中字母含义同前。$\max(R_X - R(T_i, T_{i+1}), 0)$ 表示到期时,如果实际市场利率低于协议利率,利率顶的多头将获得利率差异的部分;如果实际利率较高,则利率顶的多头将弃权。

利率双限(collar)是利率顶多头和利率底空头的组合。例1.5在例1.4的

基础上进行了拓展，给出了一个利率双限的例子。

例1.5 从利率上限到利率双限

假设例1.4中的企业在借入上述浮动利率贷款的同时，不仅购买了上述利率上限，还出售了一份期限、频率和名义本金都与之相同的利率下限，参考利率也是6个月期LIBOR加上1%，行权利率为5%。那么该企业的利息成本状况将如表1.7所示。（这里也暂不考虑期权费，而且仅计算年化的利率和成本。）

表1.7 企业贷款与利率上限利息成本（每1美元）

时间	6M LIBOR	贷款利率成本(年) 6M LIBOR + 1%	利率上限回报(年) $\max(R_i - R_X, 0)$	利率下限回报(年) $-\max(R_X - R_i, 0)$	真实利息成本（年）
2005.9.1	3.99%	—			
2006.3.1	4.98%	4.99%	0	−0.01%	5%
2006.9.1	5.42%	5.98%	0	0	5.98%
2007.3.1	5.33%	6.42%	0.42	0	6%
2007.9.1	—	6.33%	0.33	0	6%

可以看出，由于又出售了利率下限，当市场6个月期LIBOR较低导致浮动利率贷款的利息成本低于5%时，在利率下限上的亏损将导致企业的融资成本始终不会低于利率底的行权利率，这就是"下限"和"底"的含义。这样，同时购买利率底和出售利率底，实际上将使得企业的融资成本始终处于利率上限和利率下限之间，从而形成了"利率双限"。

需要说明的是，为了说明问题，本例有意将利率底设定为不合理的5%。现实市场上，投资者通常会精心选择利率双限的"顶"和"底"水平，使得购买利率上限支出的期权费刚好与出售利率下限收入的期权费相互抵消，从而构造出一个零成本(zero-cost)组合。如果选择得当，贷款期限内参考利率始终没有达到下限，则投资者就可以免费获得一个利率上限，降低融资成本。

最后，如果上限与下限水平相同，利率双限就退化成一系列简单的远期利率协议。

利率互换期权(swaption)赋予了期权多方以约定的利率和名义本金，在约定的期限内进行利率互换的权利。互换期权又分为支付方互换期权(payer swaption)和接收方互换期权(receiver swaption)。其中,支付方互换期权多头的权利是,在未来的某个约定时间内有权利选择是否按照事先约定的固定利率成为一个互换的固定利率支付方(同时收到浮动利率);相应地,接收方互换期权则使得其多头在未来的某个约定时间内有权利选择是否按照事先约定的固定利率成为一个互换的固定利率接收方(即浮动利率支付方)。

最后,场内交易的利率期权主要包括债券期权、利率期权和利率期货期权。在全球各大交易所如美国的 CME 集团、泛欧-伦敦交易所、东京证券交易所、法国期货交易所、新加坡国际金融交易所等,都有利率期权在交易。从到期期限看,场内利率期权涵盖了从 90 天至 30 年不等的期限;从标的资产来看,只要有利率期权交易的国家,其交易所基本都拥有以该国基准利率为标的的利率期权。很多交易所交易的利率期权多为相应的利率期货的期权。为了让读者对场内交易的利率期权有更直观的认识,我们在表 1.8 中列示了 CME 集团提供的利率期货和利率期权交易品种,并在表 1.9 中给出了 30 年美国国债期货期权的主要条款。

表 1.8 CME 集团可交易的利率期货与利率期权产品

产品类别	期货	期权
短期利率产品	3 个月欧洲美元期货 1 个月欧洲美元期货 30 天联邦基金利率期货 3 个月联邦基金利率期货	3 个月欧洲美元期货期权 30 天联邦基金利率期货期权 3 个月联邦基金利率期货期权
国债产品	2 年国债期货 3 年国债期货 5 年国债期货 10 年国债期货 30 年国债期货 超长期国债期货	2 年国债期货期权 3 年国债期货期权 5 年国债期货期权 10 年国债期货期权 30 年国债期货期权
利率互换类	5 年利率互换期货 7 年利率互换期货 10 年利率互换期货 30 年利率互换期货	5 年利率互换期货期权 7 年利率互换期货期权 10 年利率互换期货期权 30 年利率互换期货期权

数据来源:CME 集团网站(http://www.cmegroup.com)。

表1.9 美国长期国债期货期权合约的主要条款

项目	说明
标的资产单位	1份特定到期日的美国30年期国债期货。
执行价格	执行价格最小变动为1点。最小执行价格区间以最接近当前国债期货价格的平价为中心,上下变动各30个价格。
行权方式	美式期权,可在最后一个交易日下午6:00前的任意营业日行权。如无特别声明,实值期权(in-the-money)到期时将被自动行权。
价格最小变动单位	1/64点,折合为1份合同15.625美元。
合约到期月份	共5个月份,包括接下来的3个月和随后两个季月(即每个季度的最后一个月)。如2011年8月时可交易的期权合约分别为2011年9月、10月、11月、12月和2012年3月合约。
最后交易日	期权合约月份前一个月的最后一个使得该月剩余营业日超过2个的星期五。以2011年11月合约为例,由于日历上的最后一个周五2011年10月28日之后只有1个营业日,因此该合约的最后交易日为2011年10月21日。
期权到期时间	未行权的期权合约在最后交易日的下午7:00到期(本合约时间均为美国中部时间)。
交易时间	公开竞价市场:周一至周五早7:20至下午2:00; CME全球电子市场:周日至周五下午5:30至次日下午4:00。

第四节 结构型债务工具

结构型债务工具是金融工程技术在固定收益证券领域应用的直接产物。该类产品是将基础性的债务工具、衍生产品及其他金融资产进行积木式的拆分或组合,改变原有债务工具的回报结构而形成的,由此创造出的新产品能够满足投资者不同的风险收益偏好。由于仍采取债务工具的形式,因此此类产品仍属固定收益证券;但由于结构设计复杂多变,其产品的风险收益特征往往与基础性债务工具相去甚远,因此往往被列为单独的投资品种加以讨论。

由于设计灵活且功能强大,结构型产品在市场中分布很广,例如在前两节中就曾谈到,公司债中的中期票据现在一般都有结构性设计,ABCP实质上是资产证券化产品,等等。现实市场中的具体结构型产品数不胜数。但无论以何种形式出现,固定收益证券领域的结构性设计在本质上大体可分为两类:在债务工具中嵌入衍生产品和资产证券化。嵌入衍生产品的最常见形式就是在普通债券中嵌入相对简单的期权,如可赎回、可回售、可转换和可交换等权利,从而形成含权债券(bonds with embedded option);嵌入衍生产品的另一类设计则是将固定收益证券的收益通过一些特殊的衍生产品与其他资产相连结,形成收益连结型债务工具。资产证券化(asset securitization)则是将未来具有一定现金流的资产进行重新分拆和打包组合,将流动性较差的资产转化为流动性较高的固定收益证券上市交易。很多高度复杂的产品会同时包含这两大类中的多种结构性设计。

下面我们对其中的主要结构性设计及其原理逐一加以介绍。

一、在债务工具中嵌入衍生产品

如前所述,在债务工具中嵌入衍生产品的设计主要可分为两大类:含权债券与收益连结型产品。

(一)含权债券

1. 可赎回与可回售

可赎回是指债券的发行人有权在到期前的特定时刻以事先约定的价格将债券买回。含有这一条款的债券即可赎回债券(callable bond)。可回售则与之相反,是指债券的投资者有权在到期前的特定时刻按照事先约定的价格将债券卖还给发行人。债券加上这一条款后,就成为可回售债券(puttable bond)。

在实际操作中,可赎回债券和可回售债券在发行后经常有一段锁定期(lock-out period),只有在锁定期后赎回条款和回售条款才开始生效。赎回和回售的价格既可以是确定的常数,也可以是一个变化的数值。例如,对于一只10年期的可赎回债券,面值为100,其赎回日程规定如下:锁定期为两年,也就是赎回条款从第三年才开始生效。第三年和第四年的赎回价格为110,第五年和第六年的赎回价格为107,第七年和第八年的赎回价格为105,第八年后,赎回条款失效。可回售债券的情况与此类似。

在正式学习利率与债券关系等固定收益证券的基础知识之前,深入讨论可赎回与可回售这两种期权会给读者造成一定的困惑。因此在这一章中,我们仅从直觉上大致加以理解。以一只5年期且第4年底可赎回的债券为例,在第4年末,如果市场利率大幅走低,债券的发行人会发现,此时以市场的低利率发行1年期债券,筹到的资金用以提前赎回原先票面利率较高、还剩一年到期的旧债券,就可以降低这一年的融资成本,市场利率下降多少,他将节省多少利息;反之,如果第4年末市场利率上升,放弃赎回显然是最优选择,最后一年的融资成本仍将保持在原先较低的票面利率上。由此可见,可赎回债券中实际上蕴涵了一个以市场利率为标的的期权,发行人是这个期权的多头,处于有利的地位。反过来,可赎回债券的投资者除了拥有债券,同时还是该期权的空头,在期权上处于不利的地位,因为当市场利率下降时,该债券将被提前赎回,此时收回的本金不得不以较低的新利率进行再投资,从而降低了整个投资期内的平均投资回报。

可回售债券的情况则正好与可赎回债券相反。以一只5年期且第4年底可提前回售的债券为例,在第4年末,如果市场利率大幅上升,投资者会发现,将债券以约定的价格提前卖还给发行人是一个有利的选择,因为收回的资金可以较高的新利率再次对外投资,提高整个投资期的平均投资回报;反之,如果第4年末市场利率下降,放弃回售是最优选择。可以看出,在可回售债券中,除了拥有债券,投资者还持有一个利率期权的多头,而发行人则持有该利率期权的空头。

总之,可赎回债券和可回售债券实际上都是在债券中嵌入一定的利率期权后形成的。在后面章节中我们会看到,由于利率和债券价格的确定性关系,利率期权本质上也可视为债券期权,因此这两种结构型产品也可认为是在债券中嵌入一定的债券期权后形成的。在可赎回债券中投资者处于期权空头,因此将获得期权费收入;在可回售债券中,投资者处于期权多头,应支付期权费。因此,对于信用等级、剩余期限和票面利息都相同的债券来说,可赎回债券的价格理应低于可回售债券。反过来说,如果一只可赎回债券和一只可回售债券拥有同样的信用等级和剩余期限,如果想让价格相等,可赎回债券的票面利息理应高于可回售债券的票面利率。

可赎回和可回售条款在美国的公司债中应用极为普遍,甚至连部分的长期美国国债都有可赎回条款。在中国,可赎回和可回售条款目前主要存在于企业债和金融债中。

2. 可转换和可交换

可转换是指债券的投资者有权在到期前的特定时刻以一定的转股价将一定量的债券转为同一公司发行的普通股。嵌入可转换条款的债券就被称为可转换债券(convertible bonds,简称"可转债")。可以想象,在可以转股时,如果转股价低于该股票的当时市价,也就是说,可以按较低的转股价买到价值较高的股票,投资者必然选择行权转股;如果转股价高于股票市价,投资者当然不会选择转股,从而放弃行权。因此,可转债等于在普通债券中嵌入了一个以转股价为执行价格、以股票为标的的认股权证[①],其中投资者为权证多头。

无论对发行者还是投资者来说,可转债都是一个颇受欢迎的金融工具。对公司而言,在债券中嵌入以投资者为多头的认股权证有助于提高债券的吸引力;同时,由于投资者是权证多头,需要支付期权费,可转债的息票率往往较低,这有助于公司降低融资成本;最后,由于可转债有将债券转为股票的可能性,发

---

① 准确地说,可转债中嵌入的是认股权证而非股票期权。关于认股权证与股票期权的区别,请参见郑振龙和陈蓉(2008)第162—163页。

行可转债有助于公司降低资产负债率。对投资者而言,可转债也是一项有吸引力的投资。当股票市价较高时,由于转股可能性大,可转债对股票的价格极为敏感,表现出类似股票的特性;而当股票市价较低时,转股可能性小,可转债表现出更多债券的特性。这意味着与投资普通股相比,可转债的风险较低;而与投资债券相比,可转债的收益较高。总之,可转债兼具债券和股票的特性。当可转债未被转为股票时,它依然具有债券相对较低的风险和相对股票的偿还优先性;但可转债的投资者也没有完全放弃对于公司长期收益的要求权,当投资者预期公司有良好的成长空间时,他可以将所持债券转为股票。

但与此同时,可转债也是一个复杂性很高的产品。例如,外国金融市场上的可转债通常规定固定的转股比率,因此其转股价是随机的。在可转股时,转股价等于与可转债其他条款相同的普通债券(被称为可转债的债券基,bond floor)当时的市价除以转股比率,这一点使得可转债中的认股权证比一般的认股权证要难以分析。中国的可转债产品设计则更为复杂,并不规定固定的转股比率,而是事先约定转股价格,但公司有权对转股价格进行调整,例如当股价较低时对转股价格进行向下修正。这意味着,债券的发行方享有额外的期权。此外,很多可转债中往往内嵌了更多其他的期权,例如再加入可赎回条款和可回售条款等,从而大大提高了可转债分析的难度,使得可转债成为分析难度最大的金融产品之一。

与可转债相关的一个结构型产品是可分离债。可分离债也是普通债券和认股权证的组合,但与可转债中的债券和认股权证始终组合在一起不同,可分离债发行之后,就被分拆为普通债券和认股权证,分别在债券市场和权证市场上交易。这种可分离的设计大大降低了产品分析的难度。目前在中国市场上既有可转债,也有可分离债。

此外,与可转换非常相似的一种内嵌期权是可交换期权。两者的区别在于,交换条款是投资者有权将手中持有的债券换成另一家公司发行的普通股。因此,可交换债券是普通债券与其他公司股票期权的组合。

在现实市场上,不少著名的产品分解后其实就是前述几种期权与普通债券的组合。例如,美林证券(Merrill Lynch)[①]于1985年推出的流动收益期权票据(liquid yield option note,LYON)就是一种长期(通常为15—20年期)、可回售、可转换的零息票债券。

(二)收益连结型产品

所谓收益连结型产品,是指固定收益证券未来的收益是与某个事先设定的

[①] 美林证券于2008年9月14日被美洲银行收购。

资产价格挂钩的。例如,一个 5 年期债券的投资者利息收益为

$$\max\left(\frac{S_T - S_0}{S_0}, 0\right)$$

其中,S_0 和 S_T 分别为债券发行日与到期日的标准普尔 500 指数。可见,该债券的回报与标准普尔 500 指数的走势挂钩。当然,如果股市下跌,该债券仍然是保本的。显然,这也是一个普通债券与期权的组合,形成了一种股票连结型产品。

又如,一种常见的设计是当参考利率(如 LIBOR)在特定期限内落入指定的区间(如3%—4%)时,债券的投资者可以获得一个较高的固定利率,其他情况下利率则为零。这显然是一种利率连结型的产品,通常被称为"区间票据"(range note),它实际上是普通债券和一种奇异期权[①]的组合,是一种利率连结型产品。

以此类推,当债券的回报通过一些特殊的衍生产品与股票价格变动、利率变动、汇率变动和商品价格变动挂钩时,就形成了股票连结型产品、利率连结型产品、货币连结型产品与商品连结型产品。现实市场上,类似的结构性产品设计繁多,无法逐一描述。由于此类收益连结型产品的设计重心在于嵌入各种奇异衍生产品,挂钩对象五花八门,而固定收益证券的共性反而被相对削弱,因此不是本书的分析重点,仅在此作一介绍。

二、资产证券化产品

(一) 理解资产证券化

资产证券化就是将资产打包在一起,以证券的形式出售、获得现金的过程。

在资产证券化过程中,之所以要将资产转换为证券的形式出售,主要原因是原先的资产不易出售。这可能是由于原先的资产流动性较差,例如银行发放中长期房地产抵押贷款后,出于各种原因,希望将其出售获得现金。但由于资金规模大、资产非标准化、对投资者专业能力要求高等原因难以形成发达的二级市场,大大降低了投资者的购买意愿和贷款的转让速度。转换为证券之后,由于规模被拆细、产品标准化、存在二级流通市场,流动性大大增强,出售的速度和价格同时都可得到提升。在这种情况下,资产证券化的过程实质上是一个将低流动性资产变为高流动性资产的过程。资产不易出售的另一种可能是其

---

① 标准的欧式期权和美式期权被称为香草期权(vanilla options),比这些常规期权复杂的期权被称为奇异期权(exotic options),如障碍期权、亚式期权和彩虹期权等。

信用等级、未来的现金流结构、风险结构等不符合投资者的需求,资产证券化的过程就是对其现金流和风险结构进行重组,转换为符合投资者需求的证券出售。

在资产证券化过程中,这些资产之所以能够被证券化,是因为未来有可预期的、相对稳定的现金流。例如,在房地产抵押贷款到期之前的每个月,都会有来自还款人的计划本金偿还、利息偿付和提前偿还的本金。这样,就可以这些资产未来的现金流作为担保发行证券。证券投资者未来收到的定期回报,就源于这些原始现金流。在21世纪初资产证券化最兴盛的时期,华尔街上曾有一句话:"只要有现金流,就把它证券化。"尽管过于极端,但却非常形象地概述了资产证券化的这一本质特征。因此,只要有未来现金流的资产,例如各类贷款、债券等,都可作为证券化的对象。

在资产证券化过程中,资产以证券形式销售至投资者手中,不仅意味着未来的现金流将由投资者获得,也意味着资产相关的风险也转由投资者承担。为了将资产顺利地转化为证券出售,需要一些特殊的制度设计和产品设计,尽可能地降低风险,提升证券的吸引力。其中关键性的设计包括:

第一,风险隔离。大多数资产证券化案例中,都要设立一家新的实体(即SPV),资产的原始持有者将要被证券化的资产(下称"基础抵押资产")真实出售(true sale)给SPV,SPV再以该资产未来的现金流作为抵押发行证券,用发行收入支付资产购买价格。SPV最大的特征在于,其业务和资产负债都仅仅来源于该项基础抵押资产和相应发行的证券,从而保证了资产证券化的风险与资产原持有人的其他风险完全隔离。此外,其他的风险隔离手段还包括在整个资产证券化流程中引入其他中介,例如引入服务商管理基础抵押资产(例如原始贷款的还款事宜),引入受托人负责处理原始资产和证券的各期现金流,以保证资产和相应现金流的安全性。

第二,信用增强(credit enhancement)。在资产证券化过程中,如果基础抵押资产的信用度较低,相应发行的证券的信用等级也必然不高。为了提升证券的信用等级,吸引投资,提高销售价格,在证券发行前往往需要经过一个信用增级过程。在实际操作中,既可以经由第三方金融担保还款或购买信用违约互换等方法来实现外部信用增级,也可以通过安排储备资金(reserve funds)、实行超额抵押(overcollateralization)或设计证券的优先/次级结构(senior/subordinated structure)等方法来实现内部信用增级。其中,储备资金是指将证券的发行收入或是基础抵押资产每期现金流收入中的一部分截留下来作为储备,从而为未来的损失提供一定的担保。超额抵押是指基础抵押资产的总额高于发行的证券总金额,超额部分也可以为未来的损失提供一定的担保。优先/次级结构是最重要的内部信用增级技术。简单地说，就是将基础抵押资产衍生出来的证券划分为不同的级次(tranches)，等级较高的证券持有人能够优先获得流入的现金流，从而提升了这部分证券的信用等级。例1.6中的图1.6很直观地解释了这一设计。

例1.6 资产证券化中的优先/次级结构

假设某SPV以本金总额为1亿元的大量贷款构成的资产池为抵押发行5年期的证券，各级次的证券分别发行了500万元、2 000万元和7 500万元，票面利率分别为30%、10%和6%。在未来5年内，资产池中每一期的现金流将优先用于保证级次3的证券偿付，其次是级次2和级次1。只有在高等级的证券偿付完成之后，剩余的现金流才能用于偿付级次低的证券。这样，基础抵押资产有任何损失首先由低级次的证券吸收，从而为高级次的证券提供了来自证券内部的保护。

通常来说，级次3的证券称为高级层(senior tranches)，常被评为AAA级，因而利率最低；级次2的证券次之，称为中间层(mezzanine tranches)，多被评为BBB级；级次1的证券被认为风险与股票类似，往往无法获得评级，但利率较高，具有高风险、高收益特征，称为权益层(equity tranches)，经常由基础抵押资产的原始权益人自身持有。

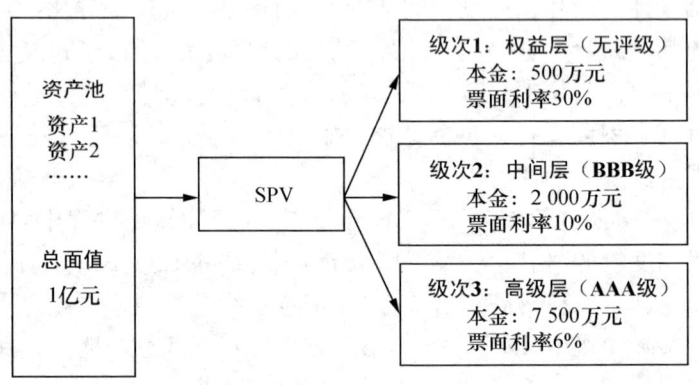

图1.6 资产证券化中的级次

在实践中，优先/次级结构的具体形式是多种多样的。例如，将优先级证券设计为较早到期，或者按照给定进度计划表非等比例地将基础抵押资产提前偿付的现金流在优先级和次级之间重新分配等。整个层次的划分也可以更加细化,中间层可能包括数层,信用评级也各有不同,以满足投资者对风险、收益和到期期限的不同偏好,提高证券的吸引力。

总的来看,整个资产证券化的流程可以用图1.7描述。值得注意的是,图中的发起人可能是基础抵押资产的原始权益人,也可能不是。当一家非金融企业是原始权益人且考虑证券化其资产,如贸易应收账款时,常常会请一家更为专业的提供咨询服务的金融机构作为发起人发起证券化过程。而证券的发行人通常就是SPV。

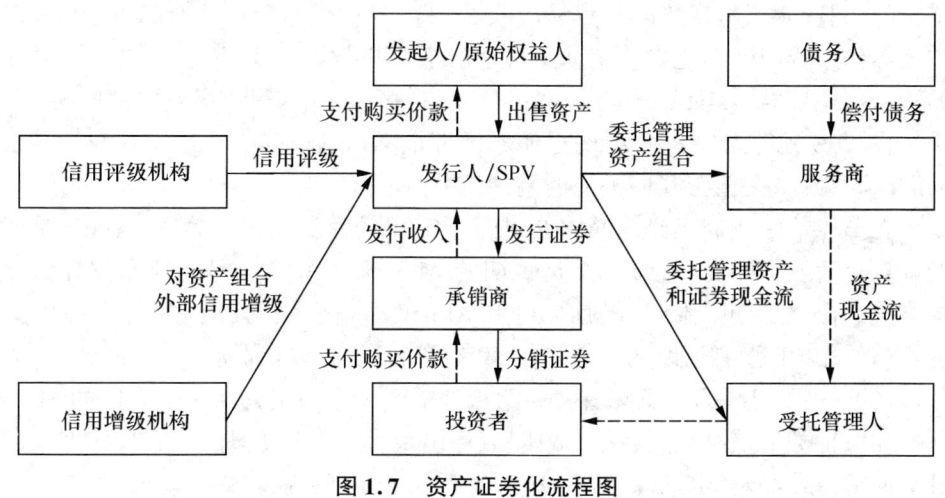

图1.7 资产证券化流程图

(二) 资产证券化产品

资产证券化的结果就是创造出大量具有相应特征的固定收益证券[①],种类繁多。

最早的资产证券化产品是以房地产抵押贷款作为原始抵押资产发展起来的抵押贷款支持证券(MBS)。根据证券设计的不同,MBS又可进一步分为抵押过手证券(mortgage pass-through securities)、担保抵押证券(collateralized mortgage obligation,CMO)和剥离式抵押支持证券(stripped mortgage-backed securities,SMBS)等。其中,抵押过手证券是MBS的最基本形式,其特征在于不做任何级次设计,所有证券都具有相同的级别,并按比例分享基础现金流的分配,没有进行现金流、风险和收益的再分配。与之相反,CMO是为发行出来的证券划分不同级次,每期的基础现金流按一定规则分配给不同级次,从而构造出不同风险、收益、现金流和到期期限特征的债券,满足投资者的多样化需求。SMBS

---

① 除了资产证券化特征,不少资产支持证券往往还嵌入各种可赎回、可回售等期权,进一步提高了此类产品的复杂性。

的基本做法则是将基础抵押资产的现金流拆细,并分别以贷款的本金收入流和利息收入流为基础发行本金证券(principal only,PO)和利息债券(interest only,IO)。

MBS 的成功推动了其他资产证券化的发展。20 世纪 80 年代,金融市场开始意识到,只要具有可预期的现金流,一项资产就可以通过资产证券化进行融资。这样,除了传统的房地产抵押贷款,其他资产,包括消费类金融信贷资产(如汽车贷款、学生信贷和信用卡应收账款等)、商用类金融信贷资产(如设备租赁贷款、制造业用房贷款以及贸易应收账款)、各种银行贷款和债券等,都可以被证券化。资产证券化自此从基于房地产抵押贷款的 MBS 拓展至更具一般性的资产支持证券(asset-backed securities,ABS)概念,并获得了爆发式的增长。

在 ABS 领域内,ABCP 和现金债务抵押证券(cash collateralized debt obligation,cash CDO)是值得我们关注的两种产品。

在第二节中我们已经对 ABCP 进行了简短的讨论。简而言之,ABCP 是资产证券化后发行的商业票据,又是短期的 ABS,某种程度上是商业票据和 ABS 的结合。但除了期限不同,普通 ABS 和 ABCP 之间还存在其他一些重要差别:

(1) ABCP 没有活跃的二级市场,其投资者通常持有到期。

(2) 一项 ABS 通常意味着将原始抵押资产一次性出售给一个专门的 SPV,所有相关证券清偿结束后,该 SPV 即清算结束,而一项典型的 ABCP 计划中的 SPV 通常持续经营,定期以新的 ABCP 发行来购买新的资产。

(3) ABS 经常有优先/次级的多层证券结构,ABCP 则往往没有级次差别,所有商业票据具有相同的风险和回报结构。

现金 CDO 则是 ABS 领域内的前沿产品。① 它与传统 ABS 的区别十分微妙:

(1) 与传统 ABS 多以一些信贷资产或应收账款作为抵押资产不同,现金 CDO 的基础资产多为一些债务工具,如各种债券(相应创造出来的证券称为债券抵押证券,即 collateralized bond obligation,CBO)和银行贷款(相应创造出来的证券称为贷款抵押证券,即 collateralized loan obligation,CLO)等。其中,大量 CDO 是基于 ABS 债券再次衍生出来的,这个过程称为再证券化(resecuritization)。例 1.7 就给出了一个 ABS CDO 的例子。

(2) CDO 的基础抵押资产之所以拓展到各种债务工具,主要原因在于,传统 ABS 的发行大多基于提高流动性、转移信用风险、融资和提高资本充足率等

---

① 市场上的另一种 CDO 是合成 CDO(synthetic CDO),是从信用违约互换进一步衍生而成,不是本书讨论的内容。

目的,而 CDO 的创造往往是出于套利的目的:发行者以较低价格购入债券等工具,经过现金流和风险重构后形成新的证券,能以较高的价格出售。

(3) 传统 ABS 的资产讲究一致性(homogeneous),要求债权性质、到期日等方面的相似性,从而使得现金流容易统一处理。但 CDO 很多时候是一个构造投资组合套利的过程,因此往往要求基础抵押资产的相异性(heterogeneous)和低相关性,以达到充分分散风险的要求。

(3) 在创造出来的不同级次证券中,传统 ABS 侧重时间级次(time tranches),而 CDO 则大多发行高、中、低不同信用质量的证券级次(credit tranches),而且原始权益人往往将低级的信用质量的证券买回。

例1.7 再证券化与 ABS CDO

从例1.6 中可以看到,通过划分不同级次,发行者可以从具有信用风险的基础抵押资产中创造出 AAA 级债券。然而占比20%的中间层债券是很难以高价出售的,因为其评级仅为 BBB。金融市场上的投资银行看到了其中的套利机会,它们在市场上以低价买入不同 SPV 发行的中间层债券,再以类似的证券化过程发行不同级次的债券。由于构造过程中,发行者采用高度分散化的中间层债券作为基础抵押资产构造组合,再加上新发行出来的高级次债券仍然有低级次债券的保护,因此再次获得 AAA 的评级。这样,投资银行就可以高价出售这些新的 AAA 债券并获得套利利润。这就是再证券化过程和相应创造出来的 ABS CDO。图1.8 描述了这一过程。

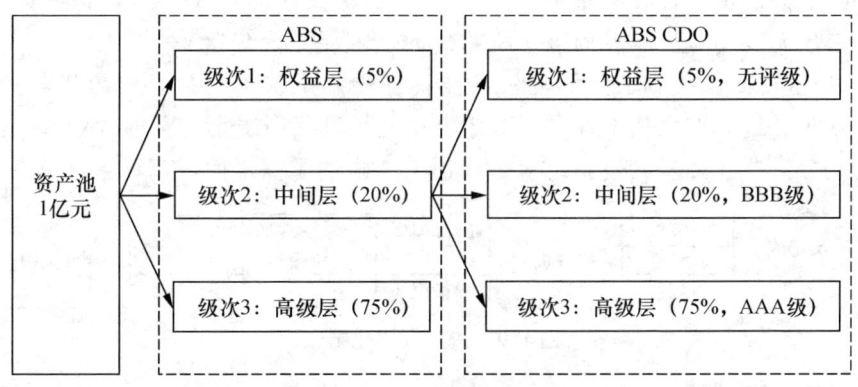

图1.8 ABS CDO 的创造过程

然而,在大的经济危机背景下,这些看似无关的中间层债券是有可能同时出现大量违约的,因为经济危机往往意味着系统性的风险爆发和传染效应。此时,新发行出来的 AAA 级债券就可能遭受损失,信用级别迅速下降。这就是 2007—2008 年次贷危机中发生的事情。

众所周知,美国有世界上最发达和成熟的资产证券化市场,上述的资产证券化产品也几乎都是最早在美国被发明出来的。资产证券化为金融机构提供了改善流动性、转移风险、降低融资成本、提高利润等益处,为投资者提供了新的投资机会与投资领域,也在很大程度上促进了市场效率的提高。同时,庞大的资产证券化市场激活了以消费信贷为主导的美国经济。然而,正所谓过犹不及,一帆风顺的市场发展导致了参与者风险意识的薄弱,对资产证券化的过度追捧导致了大量高风险资产被包装为低风险证券,充斥整个市场,由此导致了 2007—2008 年次贷危机的发生。专栏 1.2 讨论了次贷危机爆发与蔓延的原因。与之相比,中国的资产证券化业务还处在发展的初始阶段。

专栏 1.2 2007—2008 年次贷危机

2007—2008 年爆发的次贷危机带来了长达数年的经济衰退、调整,以及持续进行的金融监管改革,影响深远。那么,其爆发原因究竟何在?

2006 年之前,美国房地产市场最明显的特征有两个:第一是房地产价格的持续上升,第二则是资产证券化的广泛应用。放贷机构将大量房地产贷款卖给 SPV,SPV 以这些贷款未来的现金流为抵押发行大量不同级次的 ABS,第一次发行后的中间层债券被投资银行买走,再次发行分级次的 CDO。这些资产证券化产品最后大多成为世界各国金融机构(如银行、基金和保险)账上的资产。原因很简单,这些金融机构往往被要求只能投资于一定信用级别之上的债券,而资产证券化通过我们在例 1.6 和例 1.7 中描述的过程创造出大量的 AAA 级债券,自然成为这些金融机构追捧的对象。图 1.9 描述了基本的资产证券化链条。

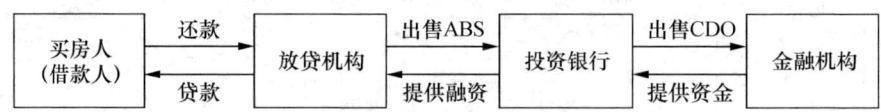

图 1.9 资产证券化链条

在这样的背景下,放贷机构日益放松了对借款人的信用要求,开始出现大量的次级贷款。所谓次级贷款,就是"三无贷款":借款人没有稳定工作,没有稳定收入,没有资产证明。放贷机构之所以敢于大量放款给这些低信用客户,原因之一当然是房地产价格上升使得即使借款人自身无力还款,房子的升值也不会给放贷机构带来损失。原因之二则是大量的资产证券化意味着这些放贷机构的盈利模式从根本上发生了变化：过去，他们的利润来源于借款人的还本付息，因此对借款人信用要求很高；而现在，由于将贷款以证券化的形式再次销售出去，放贷机构的利润来源于房地产贷款的买卖价差，贷款量越大利润越高，而风险则随证券转移到了证券持有人的手中，这自然导致放贷机构对信用风险的敏感性明显下降。

这样，在图1.9的链条下，真正承担信用风险的是链条最右端的证券投资者，如金融机构。那么，他们为什么追捧这些源于次级贷款的证券呢？主要原因是链条拉得太长，经过层层打包、分层和重新组合分拆，这些证券投资者实际上并不了解处于链条最左端的借款人的信用状况，只知道自己手中持有的是AAA级债券。而这些债券之所以能够获评AAA，是因为评级机构根据几十年数据和经验认为，中间层和权益层占比25%足以保护高等级债券不受损失，CDO中基础资产组合足够的分散性进一步保证了这些债券的安全。

然而，这种所谓的高信用等级的前提条件是经济和市场状况良好。事实上，只要房地产价格持续上升，即使最初的贷款是次级贷款，资产证券化链条上的所有人——从购房者到持有证券的金融机构——都将获取高额回报，从而进一步推动了资产证券化的爆发式发展和投资者对这些债券的追捧；反过来，资产证券化意味着放贷机构能够融到大量资金进一步放贷，推动了房地产价格的上升。两者相互推动，造就了2006年之前美国房地产市场的美好局面和资产证券化的非理性繁荣。

但是，一旦市场反转，资产证券化链条上的所有人都将承受损失。2006年之后，在美联储连续17次加息的背景下，过热的美国房地产市场泡沫开始破裂，即使是所谓的AAA级债券也难逃一劫。首先，房地产市场一旦变化，几乎没有信用基础的三无贷款损失惊人。可以想象，只要三无贷款的损失率超过5%，例如达到10%，图1.6中仅占5%的权益层无法吸收全部损失，中间层就将出现亏损，必然连累CDO中的AAA级债券。其次，市场与经济下跌的浪潮一旦开始，很多原先看起来无关的违约事件会同时发生，进一步加大损失比例。最后，即使尚未发生直接违约损失，信用等级的下调和下跌趋势中投资者对资产支持证券的抛售，也将带来资产支持证券在市值上的损失。而这些损失，都将由处于链条最右端的金融机构来承担。

一旦这些金融机构的资产开始缩水，它们的股东、债权人和市场都将感到担心。随之而来的是股票价格下跌和流动性问题（即资金周转困难）。为了应对这一局面，这些金融机构开始抛售资产换取流动性，这就是所谓的"追逐安全性"(flight to safety)和"追逐流动性"(flight to liquidity)：金融机构抛售手中的高风险资产,换取现金等高流动性和安全性的资产,以应对资产资本缩水和流动性不足的困难局面。由于世界上几乎所有大型的国际化金融机构都以不同方式、不同程度参与到之前的资产证券化浪潮中,当所有人都在抛售资产时,所有人的资产价值都将进一步缩水,整个国际金融市场陷入抛售资产、资产资本缩水和流动性枯竭的恶性循环当中。这就是2007—2008年的次贷危机。

从根本上说,次贷危机是长期良好市况下金融市场丧失风险意识的结果。

第五节 固定收益证券市场

在这一节中,你将首先熟悉一些比较重要的固定收益证券市场运作机制,之后将对世界固定收益证券市场的规模和结构等有所了解。

一、固定收益证券市场的运作机制

从发行和流通环节来看,基础性债务工具和结构型债务工具与股票一样,都需要经过一级市场的发行环节进入二级市场流通,而固定收益证券衍生品与其他衍生品一样,不需要经过独立的发行环节,直接在二级市场上开展交易。

与其他金融工具一样,债务工具在一级市场的发行方式分为私募发行和公募发行,金融中介机构承销时具体又可采取包销和代销两种方式。在发行环节,比较值得一提的是各国国债往往采用招标发行(又称为拍卖发行,auction)的方式。

以美国国债为例,美国财政部定期向市场招标投放国债,其招标方式分为非竞争性招标(noncompetitive bid)和竞争性招标(competitive bid)两种。当使用非竞争性招标时,投标人只需提交竞买的数量,而不需要提交竞买的价格;相反,当使用竞争性招标时,投标人同时需要提交竞买的价格和数量。在实际竞拍时,财政部首先满足非竞争性投标者和非公开购买者(例如美国联邦储备系统)对国债的需求,剩余额度以竞争性招标方式向市场发售。

美国国债竞争性招标以债券的到期收益率①进行竞价,按照到期收益率由低到高(等价于竞买债券的价格由高到低)进行排序,由此分配竞标者所获的债

---

① 关于到期收益率和债券价格的含义和相互关系,读者可在第二章中找到解释。

券额度。财政部在竞标中所接受的最高到期收益率(对应于最低的债券竞买价格)被称为截标收益率(stop-out yield)或最高得标收益率(high yield)。报价低于最高得标收益率的投标者将获得全额债券配售,而以最高得标收益率竞标成功的投标者将依照剩余的债券量按比例获得其投标份额。

美国国债竞争性招标的价格决定机制为单一价格拍卖(single-price auction,又称为荷兰式拍卖,Dutch auction),所有竞标成功的认购者均以最高得标收益率购买国债,国债的息票率即为使债券的到期收益率等于最高得标收益率的息票率。

在其他国家和地区,国债竞争性招标的方式不尽相同。例如,在欧洲的一些国家和地区,如荷兰和法国,部分国债的招标竞价按债券价格而非到期收益率进行;又如,有些国家的国债价格决定采用多重价格拍卖(multiple-price auction,又称美国式拍卖,American auction),投标者认购债券的收益率按照其实际报价给出,而非统一按照最高得标收益率。最终的息票率参照竞标的加权到期收益率制定。

中国的记账式国债以及国家开发银行等政策性金融机构发售的金融债也采用招标发行机制,其发行方式较为灵活。债券发行招标标的既可以是到期收益率,也可以是利差或是价格。竞买方式除采用单一价格拍卖机制与多重价格拍卖机制外,还可选用混合拍卖机制。在混合拍卖机制下,当标的为到期收益率时,全场加权平均中标收益率为当期国债票面利率,低于或等于票面利率的标位,按面值承销;高于票面利率一定数量以内的标位,按各中标标位的利率与票面利率折算的价格承销。高于票面利率一定数量以上的标位,全部落标。

和其他金融产品一样,固定收益证券的二级市场也分为场内市场与场外市场。场内市场即证券交易所,是证券集中竞价的有形场所;场外市场(over-the-counter market, OTC)是通过电子网络连接的非集中报价和买卖场所。例如,中国固定收益证券市场由上海和深圳交易所的债券交易、银行间债券市场[1]以及银行对客户的柜台市场组成,后两者都属于 OTC 市场。

从二级市场的交易机制来看,中国场内的债券交易方式与股票交易相似,都是通过交易所进行电子化的连续竞价,而银行间债券市场的交易方式有很大不同。早期银行间市场的交易包括意向报价和对话报价两种交易机制。意向报价是指交易成员向全市场或特定交易成员发出的、表明其交易意向的报价。意向报价并不能用来直接确认成交,受价方可以根据意向报价进行进一步的格

---

[1] 早期可进入我国银行间债券市场的参与主体只有商业银行,现已拓展至各类金融机构、非金融企业和各种资金集合型投资主体。

式化询价。而对话报价是指交易成员为达成交易,向特定系统用户发出的交易要素具体明确的报价,其报价本身具有要约的性质,因而受价方可以直接据此确认成交。然而意向报价和对话报价都是单向进行,不利于投资者价格信息在市场间迅速传播。为弥补这两种报价方式的缺陷,2000年中国银行间债券市场放开了双向报价,即允许交易成员就部分交易要素标准化的报价品种向全市场发出同时表明其买入与卖出或融入与融出意向的报价。尽管双向报价并不具有要约性质,与做市行为还存在一定差距,但这一报价方式的存在一方面提高了市场效率,丰富了市场信息,特别是关于市场流动性的整体信息,另一方面也为发展银行间做市商制度提供了基础。基于此,2007年中国正式推出了银行间市场的做市商机制,做市商在市场上进行连续的双向报价,并且有义务按照自己的报价进行成交。做市商的存在为OTC市场提供了连续可靠的双向交易价格序列,同时还为市场提供了稳定的流动性来源。双向报价制度与做市商交易制度目前也是国际OTC市场交易的主要方式。

二、固定收益证券市场的规模与结构

（一）固定收益证券市场与股票市场

一提到金融市场,人们往往首先想到的是股票市场。但图1.10到图1.12揭示了这样一个现实:无论是国内还是国外,无论是在基础证券还是在衍生产品市场上,固定收益证券的总量都要远远超过股权证券。这充分说明了固定收益证券的重要性。①

（二）场内市场与OTC市场

全球固定收益证券市场具有一个共同的特点:场外市场的交易量远远要大于场内市场。这是因为固定收益证券市场的参与者往往是大型的金融机构,信用风险较低,较少需要通过交易所交易机制来规避对手风险;而场外市场交易的灵活性和低廉费用能够满足它们对于大额交易的需求。作为例子,图1.13和图1.14分别给出了中国固定收益证券场内外交易规模对比和全球利率衍生产品场内场外交易的名义本金对比。

（三）美国的固定收益证券市场

在这里,我们主要介绍美国的中长期债券市场、货币市场和资产证券化市场的一些基本情况,衍生产品则放在下一部分与全球衍生产品市场一起介绍。

---

① 当然,这并不意味着股票市场不重要。通常只有优秀的公司才可能上市,这一特点注定了股权证券市场的总量不可能太大。

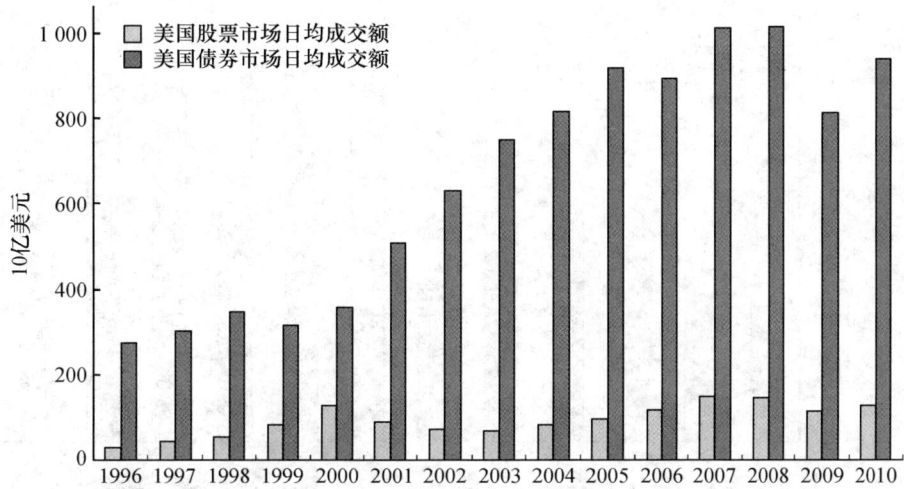

图 1.10 美国股票市场与债券市场的日均成交额(单位:10 亿美元)
数据来源:美国证券业与金融市场协会网站(http://www.sifma.org)。

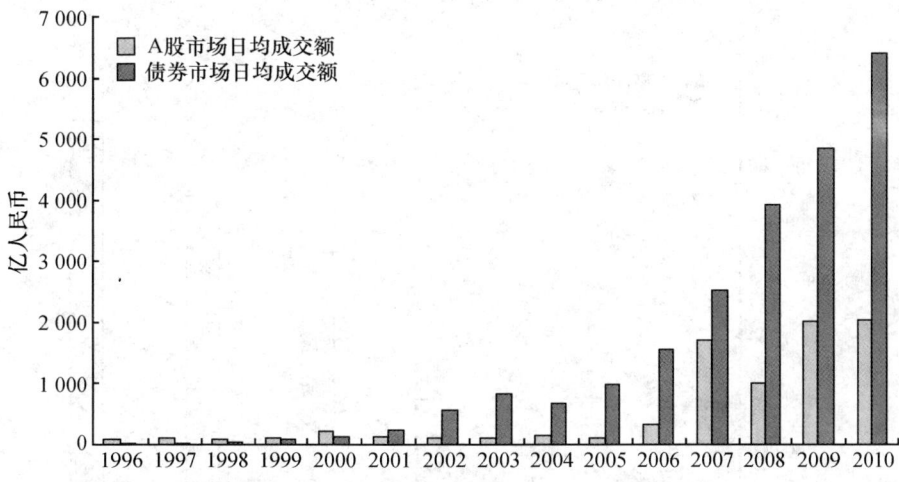

图 1.11 中国股票市场与债券市场的日均成交额(单位:亿人民币)
数据来源:Wind 资讯。

1. 美国的中长期债券市场

美国拥有全球交易最活跃、交易量最大的债券市场。从 2000 年到 2009 年间,美国的债券及货币市场债务存量增长了 1 倍。图 1.15 给出了美国债券市场的基本结构。可以看出,美国债券市场以公司债和国债为主。以 2009 年底为例,美国国债余额达 58 110 亿美元,占美国基础性中长期债务余额的 31.9%,相当于美国固定收益证券市场债务余额的 16.7%;公司债余额达 68 561 亿美

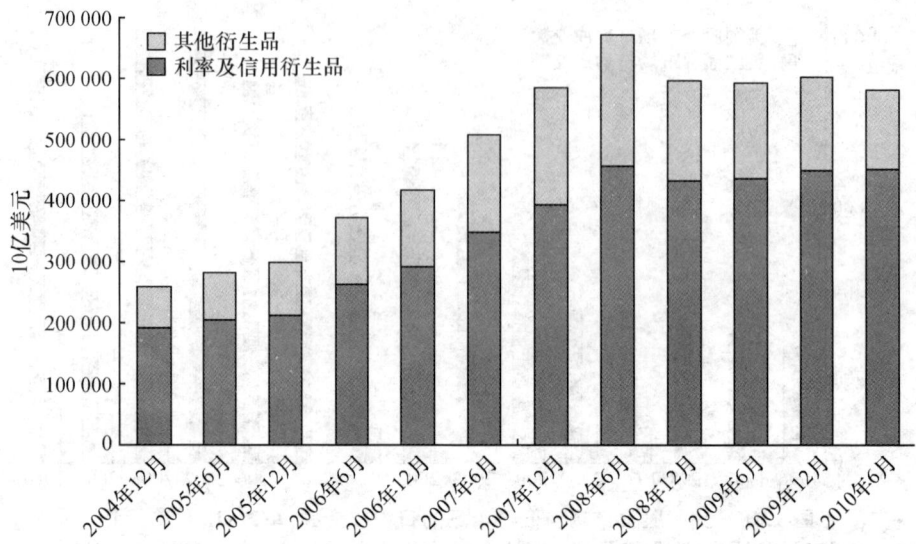

图 1.12 全球场外固定收益衍生品与其他衍生品未平仓合约①价值(单位:10 亿美元)
数据来源:国际清算银行网站(http://www.bis.org)。

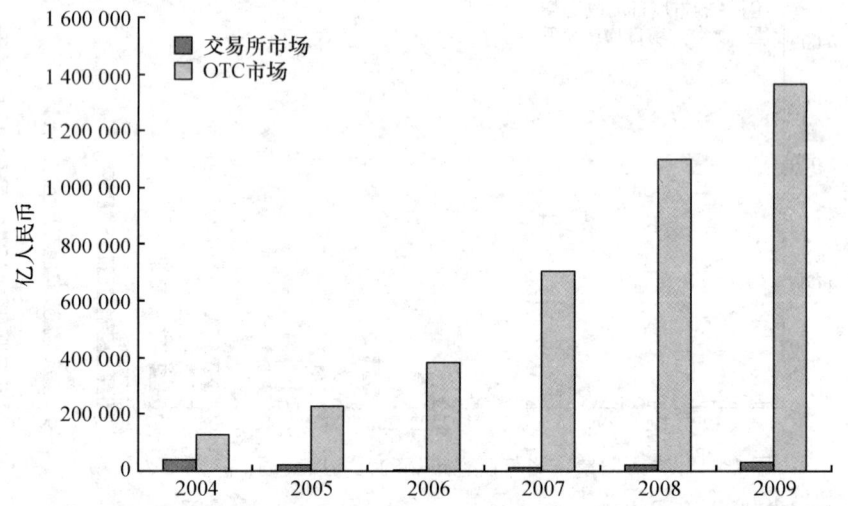

图 1.13 中国交易所市场与 OTC 市场固定收益证券的年成交额②(单位:亿人民币)
数据来源:中国人民银行网站(http://www.pbc.gov.cn)。

---

① 所谓未平仓合约(open interest),是指某种衍生产品流通在外的合约总数。
② OTC 市场中包括了银行间市场和银行对客户的柜台市场,但后者交易量极小。以 2009 年为例,银行间债券市场、交易所市场和银行柜台市场交易额的比例分别大约为 96.406%、3.59% 和 0.004%。

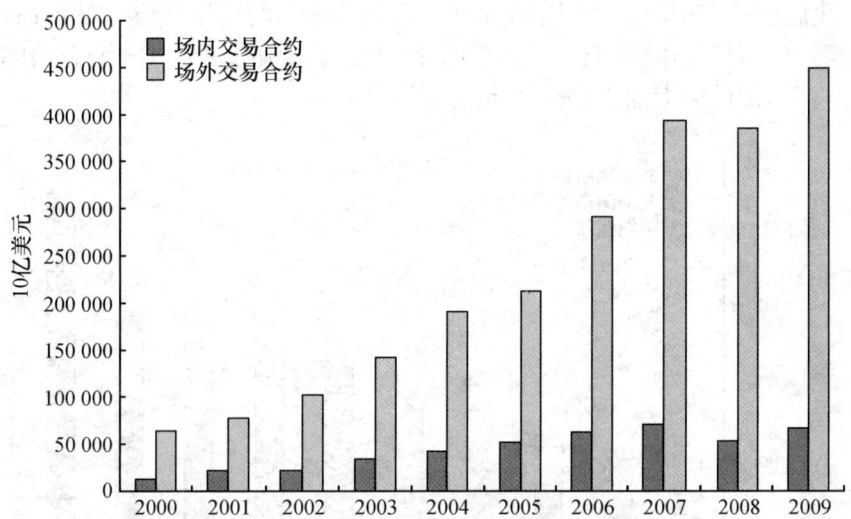

图1.14 全球场内与场外交易的利率衍生产品未平仓合约名义本金(单位:10亿美元)
数据来源:国际清算银行网站(http://www.bis.org)。

元,占美国基础性中长期债务余额的37.7%,相当于美国固定收益证券市场债务余额的29.6%。市政债券和联邦机构债券的占比较小。由于受到次贷危机影响,2008年和2009年,联邦机构债券在美国债券市场中的地位相对下降。

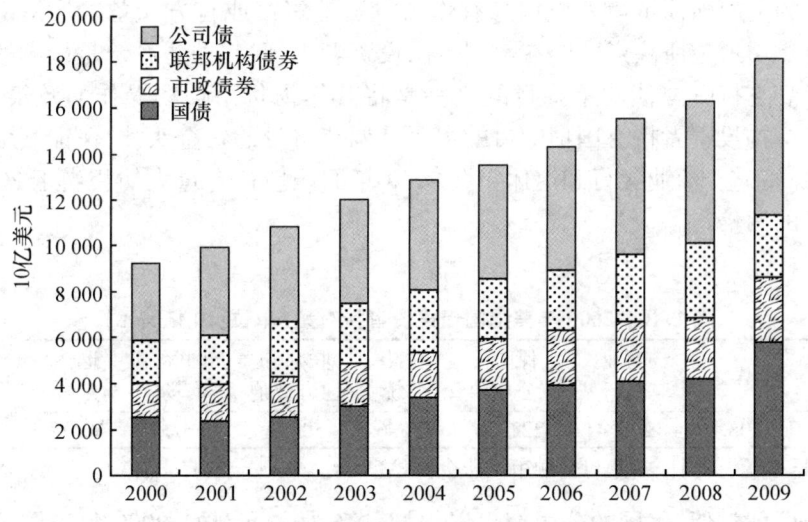

图1.15 美国债券市场余额(单位:10亿美元)
数据来源:美国证券业与金融市场协会网站(http://www.sifma.org)。

我们进一步来看看美国国债市场和公司债市场的具体结构。图 1.16 给出了美国国债市场上中期国债、长期国债和通胀连结国债的比例。显然，中期国债是美国国债市场上的主导性产品。

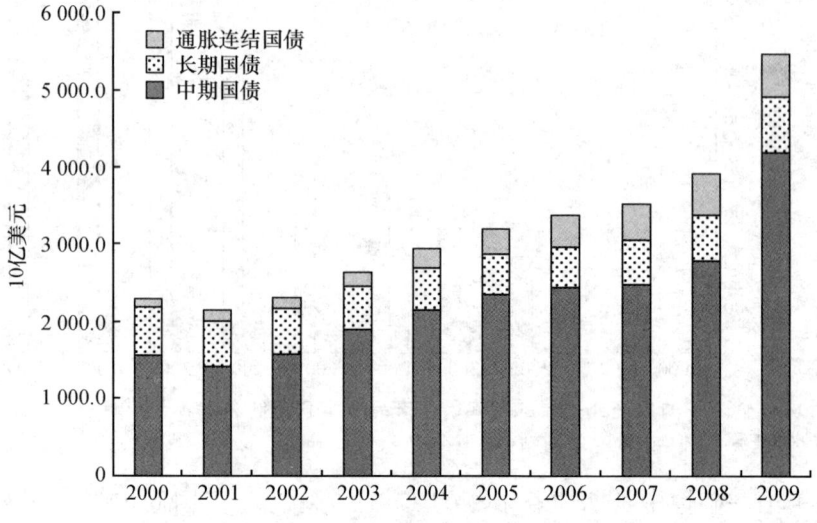

图 1.16　美国国债市场余额(单位:10 亿美元)
数据来源:美国证券业与金融市场协会网站(http://www.sifma.org)。

从表 1.10 中，你可以看到 2009 年美国国债市场的投资者构成。其中，48.5% 的美国国债被境外机构持有作为投资性资产或官方储备。这是由美元的世界货币地位所决定的。在美国本国投资者中，联邦储备系统是最大的机构投资者。它持有国债的重要目的之一是将其作为货币市场操作的政策工具。其他的机构投资者持有国债的目的主要是调节自身的资金头寸，保证其资金的安全性。基金、商业银行和退休年金 2009 年的国债持有量大约相当于 2007 年持有量的两倍。

表 1.10　2009 年美国国债投资者持有量(单位:10 亿美元)

个人	基金	商业银行	保险公司	联储系统	联邦和地方政府	国际市场	退休年金	其他
764.4	708.0	206.4	222.0	776.6	505.9	3 697.2	604.3	125.5

数据来源:美国证券业与金融市场协会网站(http://www.sifma.org)。

与国债类似，美国的公司债也以中期债务为主。例如，2009 年美国公司债的平均到期年限为 12 年。公司债的产品结构较灵活，计息方式既可以是固定利率，也可以是浮动利率；许多债券还包含可赎回等期权条款。从信用等级上看,美国的公司债以投资级为主,投机级债券占比较小。表1.11 有助于你对美国公司债市场的信用结构和产品情况有所了解。

表1.11 美国公司债市场的信用结构和产品结构(年发行量,单位:10亿美元)

年份	信用结构		产品结构				合计
			可赎回		不可赎回		
	投资级	高收益	固定利率	浮动利率	固定利率	浮动利率	
2000	553.2	34.3	196.6	16.1	166.1	208.6	587.5
2001	698.3	77.8	400.3	7.5	232.7	135.5	776.1
2002	579.5	57.2	283.4	2.7	187.8	162.8	636.7
2003	644.7	131.1	360.4	23.1	177.4	215.0	775.8
2004	642.8	137.9	238.6	31.7	207.8	302.6	780.7
2005	656.5	96.3	233.5	59.0	152.3	307.9	752.8
2006	912.3	146.6	348.3	88.0	192.4	430.2	1 058.9
2007	991.5	136.0	420.9	99.0	251.6	356.0	1 127.5
2008	664.1	43.0	352.4	57.7	185.7	111.4	707.2
2009	754.0	147.8	618.3	5.6	236.2	41.1	901.7

数据来源:美国证券业与金融市场协会网站(http://www.sifma.org)。

2. 美国的货币市场

图1.17 给出了美国货币市场的基本结构。可以看到,在美国货币市场中,

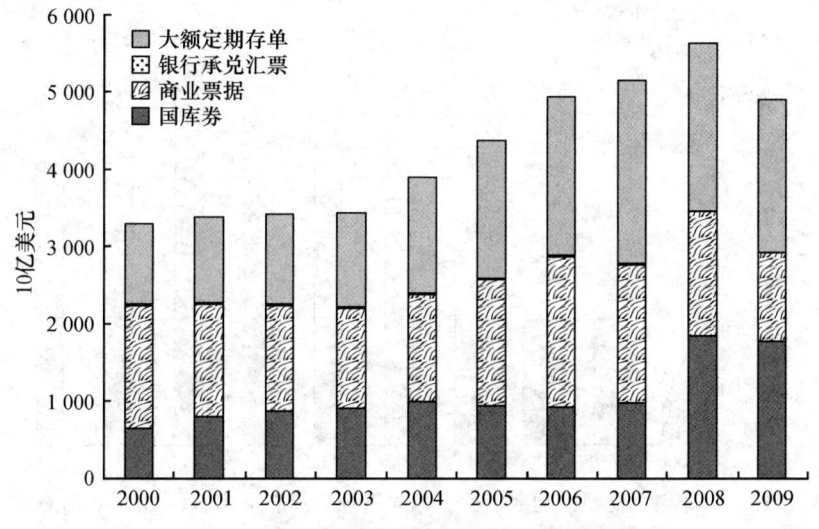

图1.17 美国货币市场余额(单位:10亿美元)

数据来源:美国证券业与金融市场协会网站(http://www.sifma.org)。

国库券、商业票据和大额定期存单占主导地位。国库券的发行量在2008年和2009年急剧增加,2009年国库券余额达17 935亿美元,显示出国库券作为中央银行货币市场操作首选工具的重要地位;商业票据的发行量在2008年和2009年出现明显下降,2009年末的余额为11 380亿美元,这主要是因为次贷危机对资产支持类商业票据带来了较大的负面影响;大额定期存单的发行量相对比较稳定,2009年末的余额为19 899亿美元。正如我们在第二节中曾指出的那样,银行承兑汇票市场近年来交易急剧萎缩,2008年和2009年交易量接近0。

3. 美国的资产证券化市场

表1.12给出了2004—2009年间美国市场资产证券化产品的余额。可以看出,2004—2007年间,美国的资产证券化产品经历了一个高速增长期,而在2007年后,由于次贷危机的影响,资产证券化业务量甚至出现倒退,尤其是在与房地产有关的资产类别中。

(四) 全球利率衍生品市场

2003—2007年间,全球的利率衍生品经历了一个急速扩张的阶段。2007年美国次贷危机爆发后,利率衍生品的扩张速度有所减缓。图1.18给出了全球场内交易的利率衍生产品的种类构成。可以看出,在场内交易中,早期利率期货的交易占主导地位,近年来利率期权成为场内交易的主要产品。

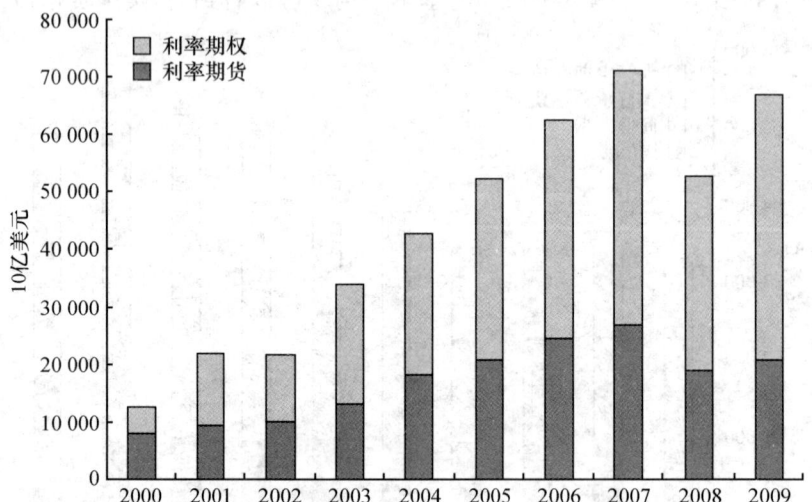

图1.18 全球场内交易的利率衍生产品未平仓合约名义本金(单位:10亿美元)

数据来源:国际清算银行网站(http://www.bis.org)。

表1.12 美国资产证券化市场的产品结构(单位:10亿美元)

年份	MBS				ABS					
	机构 MBS*	机构 CMO*	非机构 MBS**	合计	汽车贷款	信用卡应收款	家庭住房贷款	制造用房信贷	学生贷款	其他	合计
2004	3 373.7	1 024.2	1 532.6	5 930.5	232.1	390.7	454.0	42.2	115.2	593.6	1 827.8
2005	3 834.1	1 117.1	2 261.6	7 212.7	219.7	356.7	551.1	34.5	153.2	640.0	1 955.2
2006	4 459.0	1 254.1	2 922.3	8 635.4	202.4	339.9	581.2	28.8	183.6	794.5	2 130.4
2007	4 604.2	1 343.5	3 195.0	9 142.7	198.5	347.8	585.6	26.9	243.9	1 069.7	2 472.4
2008	5 075.2	1 308.5	2 716.1	9 099.8	137.7	314.1	395.5	20.0	239.5	1 565.0	2 671.8
2009	5 576.5	1 257.9	2 353.3	9 187.7	135.9	292.0	320.0	18.0	246.1	1 417.0	2 429.0

* 机构MBS指美国最大的三家住房抵押贷款机构:联邦国民抵押贷款协会、政府国民抵押贷款协会和联邦住房贷款抵押集团。
** 非机构MBS包括商业地产抵押贷款支持证券(CMBS)和住宅抵押贷款支持证券(RMBS)。
数据来源:美国证券业与金融市场协会网站(http://www.sifma.org)。

图 1.19 和图 1.20 则分别给出了全球场外交易利率衍生产品的种类构成和期限构成。

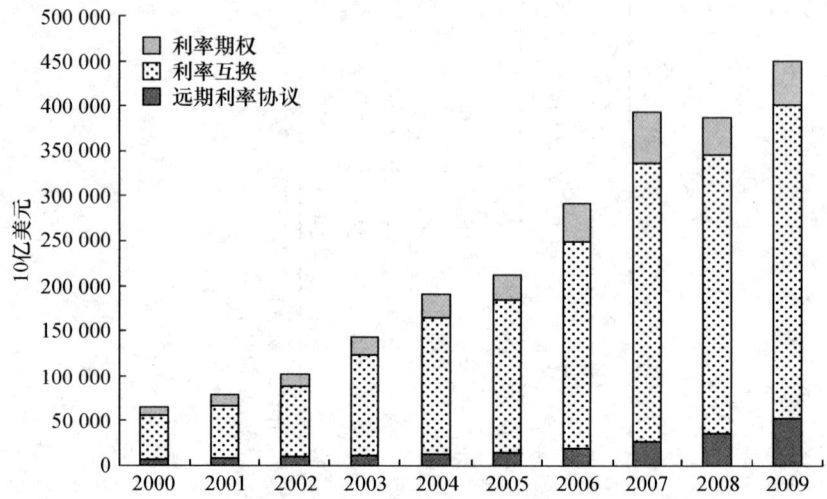

图 1.19　全球场外交易的利率衍生产品未平仓合约名义本金(单位:10 亿美元)
数据来源:国际清算银行网站(http://www.bis.org)。

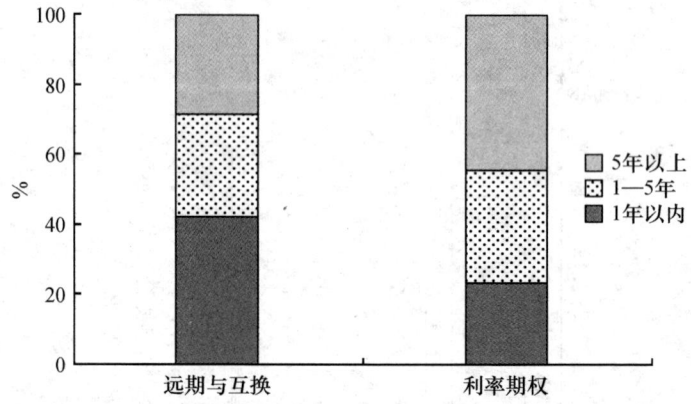

图 1.20　全球场外交易的利率衍生产品期限
数据来源:国际清算银行网站(http://www.bis.org)。

可以看出,利率互换在场外利率衍生品交易中具有极为重要的市场地位,其交易量远远超过远期利率协议和利率期权。2009 年底,全球场外市场利率互换的未平仓合约达 3 492 880 亿美元。由利率互换所隐含的互换利率也是重要的市场中长期基准利率之一。① 从到期期限上看,远期和互换以 5 年内的到期期限为主(实际上远期利率协议以 1 年内为主,互换的到期期限相对较长)。与之相比,1 年以内的短期利率期权相对较少,中长期产品占场外利率期权市场的主要地位。

(五) 中国的固定收益证券市场

与美国市场相比,中国的债务工具市场交易量较小,产品的丰富程度也较美国市场逊色,但近年来增长很快。表 1.13 给出了中国债务工具市场的基本情况。

可以看到,在中国市场上,国债依然占绝对主导。2009 年末,其债务存量占整个债务工具存量的 32.1%。中国的国债到期期限以中长期为主,1 年以内的短期国债交易量极小,限制了该品种作为货币市场工具功能的充分发挥。而作为其替代品的央行票据从 2003 年至今的发行量激增,2009 年末其债务存量占全体债务工具存量的 21.2%,显示中央银行对这一政策工具的重视。就企业的发债情况来看,企业债和金融债的比例极高,而公司债起步较晚,且目前发行量很小,显示出国有经济在中国债券市场仍占有绝对主导性地位。然而,短期融资券与中期票据的迅猛发展显示了企业利用债券融资的强烈需求。

从交易类型来看,以银行间债券市场为例,前几年债券交易多以回购为主,2009 年现券交易开始超过回购交易。图 1.21 描述了这一变化。

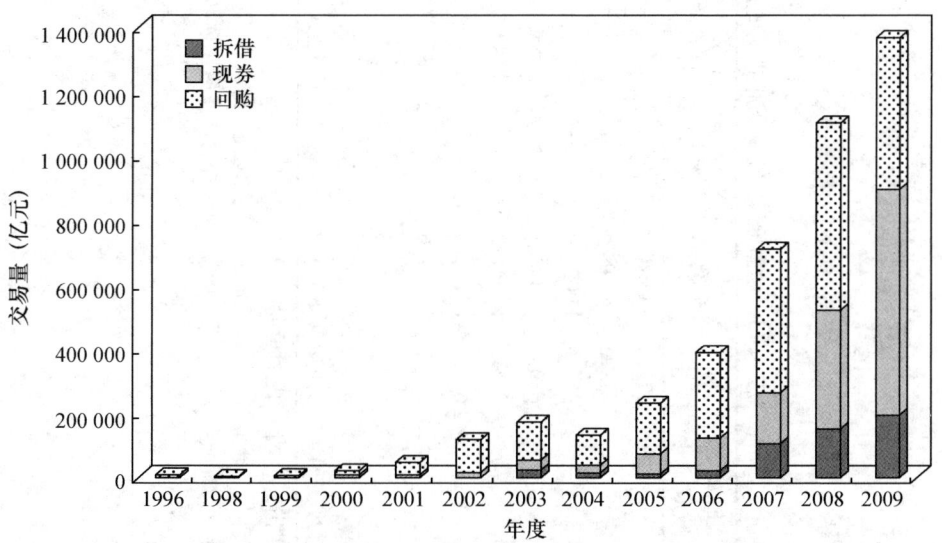

图 1.21　中国银行间债券市场成交额(单位:亿人民币)
资料来源:全国银行间同业拆借中心。

---

① 我们将在第三章中详细讨论这一问题。

表 1.13 中国债券市场和货币市场的债务工具余额(单位:亿人民币)

年份	国债*	地方政府债	企业债	金融债	公司债	央行票据	短期融资券	中期票据	资产支持证券****	可转债	可分离转债**	合计
2000	9 964.3	—	172.4	6 808.6	—	—	—	—	—	47.0	—	16 992.3
2001	12 224.3	—	271.5	8 348.6	—	—	—	—	—	45.5	—	20 889.9
2002	15 992.2	—	311.5	11 094.9	—	3 258.2	—	—	—	87.0	—	27 485.7
2003	20 519.6	—	659.5	14 496.3	—	9 242.1	—	—	—	246.5	—	39 180.1
2004	23 276.9	—	964.5	17 441.2	—	20 242.0	1 380.5	—	—	420.0	—	51 344.7
2005	26 197.6	—	1 616.5	20 845.4	—	28 882.7	2 585.6	—	58.8	392.7	—	70 733.5
2006	28 143.2	—	2 839.5	23 639.6	—	28 220.0	3 196.1	—	295.5	349.0	99.0	86 834.0
2007	45 697.1	—	4 450.5	30 777.3	52.0	40 735.0	4 193.1	—	313.9	254.8	224.8	113 186.4
2008	47 386.1	—	6 825.5	39 815.3	400.0	35 015.0	4 496.1	1 672.0	618.1	247.0	920.7	142 812.7
2009	53 087.5	2 000.0	10 919.8	48 395.9	1 038.4	—	8 649.6	—	485.8	134.8	950.7	165 173.5

* 国债中包括期限在 1 年以内的短期国债。
** 中国将可转债、可分离转债等含权债子公司以单独统计。
*** 这里的资产支持证券指所有资产证券化产品,包括住房抵押证券化产品和一般的资产支持证券化产品。这两种债券的发债主体均为公司制企业。
**** 数据未源:Wind 资讯。

中国市场最早的利率衍生品交易可以追溯到1992年12月于上海证券交易所推出的国债期货。国债期货推出之初受到市场冷遇,但进入1994年后,国债期货交易日趋活跃。然而,由于产品设计结构上的缺陷,再加上当时特殊的宏观环境,中国的国债期货市场陆续爆出恶性投机、操纵市场的负面新闻,其中最具代表性的是1995年2月23日爆发的"327国债期货事件"。同年5月,中国的国债期货试点交易被停止,至今中国依然没有场内利率衍生品市场。场外市场方面,2005年中国在银行间市场推出债券远期交易,2006年开始进行人民币利率互换交易试点,2007年推出远期利率协议交易。截至目前,中国尚没有开展单独的利率期权交易,但在债券市场上已经有不少的含权债券在发行和交易。

本章小结

1. 固定收益证券是承诺未来还本付息的债务工具以及相关衍生产品的总称,包括基础性债务工具、固定收益证券衍生品和结构型债务工具。

2. 投资固定收益证券的主要风险包括利率风险、再投资风险、信用风险和流动性风险。

3. 债务工具的基本要素包括发行条款、到期条款、计息条款、还本条款和含权条款等。

4. 按照发行主体的不同,资本市场交易的债务工具包括政府债券、政府机构债券、地方政府债券和公司债。债券的信用风险与其发行主体的偿付能力紧密挂钩。

5. 货币市场上交易的是剩余期限小于一年的债务工具,主要包括同业拆借、短期国债、商业票据、汇票、大额可转让定期存单和回购几种。

6. 主要的利率衍生产品包括利率远期、利率期货与利率期权。

7. 结构型债务工具主要包括含权债和收益连结型债务工具。

8. 资产证券化就是将资产打包在一起,以证券的形式出售获得现金的过程。

9. 一般来说,固定收益证券场外市场规模大于场内市场。

习题

1. 如何理解投资固定收益证券所面临的风险?
2. "国债是无风险债券",这种说法对吗?请以具体案例说明你的观点。
3. 如何理解回购交易的融资功能?为什么说回购交易为市场提供了卖空

债券的手段？

4. 如何理解资产证券化在次贷危机中的作用？

5. 请更新市场数据，对比分析全球和中国固定收益证券市场的结构和特点。

第二章

债券价格与收益率

学习目标

在学习完本章之后,你应该能够理解和掌握:
- 终值、现值与年金;
- 即期利率、远期利率和到期收益率;
- 现金流贴现法;
- 如何为一个固定利率债券定价,如何判断固定利率债券的投资价值;
- 固定利率债券的价格特征;
- 如何为浮动利率债券定价,如何判断浮动利率债券的投资价值;
- 浮动利率债券的价格特征;
- 净价与全价。

在本章中，你将学习到固定收益证券分析的一些基本概念和方法，并学会为最基础的固定利率债券和浮动利率债券定价。第一节围绕货币的时间价值这一命题，介绍终值、现值、年金的概念和计算；第二节则讨论和对比利率的多种相关概念；第三节和第四节分别介绍债券的定价和收益率分析；第五节简要介绍债券报价的基本规则。

第一节 货币的时间价值

一、终值和现值

由于货币可以一定的利率投资出去，因此货币具有时间价值。这意味着今天的 1 元钱与未来的 1 元钱是不等价的，从而产生了终值和现值的概念。

（一）终值

终值（future value）是今天的投资在未来某个时点上的价值。显然，终值多少将取决于初始本金、投资利率和投资期间的长度，我们可以用以下公式来计算终值：

$$FV = PV(1+r)^N \tag{2.1}$$

其中，PV 和 FV 分别表示初始本金和对应终值，N 是投资期数，r 是每期的投资利率（用百分比表示，这里假设每期的投资利率相等）。$(1+r)^N$ 表示今天的 1 元钱按复利利率 r 投资 N 期的终值。可以看出，由于可以获得投资收益率 r，终值将大于现值，具体等于现值加上所有的利息收入。

例如，假设我们以 5% 的年利率在银行存入 1 000 元，每年计复利一次（即每年利息自动滚存入本金，上一年的本息和成为下一年存款计息的本金），存期 3 年，则 3 年后我们能拿到的终值为

$$FV = 1\,000 \times (1 + 5\%)^3 = 1\,157.625(\text{元})$$

又如,假设我们以5%的年利率在银行存入1 000元,每年计复利两次(即每6个月利息自动滚存入本金,上一期的本息和成为下一期存款计息的本金),存期3年,则3年后我们能拿到的终值为

$$FV = 1\,000 \times \left(1 + \frac{5\%}{2}\right)^{3 \times 2} = 1\,159.693(\text{元})$$

可以看出,即使投资期限相同、年利率相同,每年的计息频率越高,计算出的终值越大。市场惯例总是报出年比例利率(annual percentage rate,APR),即简单地用每年计息的次数乘以每次的投资利率,因此一年计息两次的5%年利率实际上是每6个月的投资利率为2.5%,其相应的实际年收益率(annual effective yield, AEY)应该是

$$(1 + 2.5\%)^2 - 1 = 5.062\,5\%$$

较大的年收益率计算得到的终值自然也较大。

此外,在其他条件不变时,初始本金越高,投资期越长,显然终值也将越大。这一点从式(2.1)可以直接看出,就不再赘述。

(二) 现值

终值告诉我们今天的投资在将来值多少,与之相反,现值(present value)则是未来某个时点一定量的现金在今天的价值。换言之,现值是为了在将来给定时刻实现特定的金额,在今天必须投资的金额。因此,现值公式为

$$PV = \frac{FV}{(1 + r)^N} \tag{2.2}$$

其中,PV代表现值,其他符号含义与式(2.1)相同。

显然,现值小于终值。也就是说,未来的1元钱从今天的角度来看,其价值是要打折扣的。因此,式(2.2)中计算现值的过程也被称为贴现(discounting),现值也被称为贴现值(discounted value),利率r被称为贴现率(discount rate)。由于$\frac{1}{(1+r)^N}$表示未来每1元钱在每期利率均为r、投资期数为N的情况下对应的现值,所以也被称为贴现因子(discount factor)。这样,我们在计算现值时,只要先计算出贴现率r和投资期数N条件下的贴现因子,直接乘以未来的金额就可计算出相应的现值了。

例如,假设一位投资者有机会购买一种承诺在3年后支付1 158元的金融产品,该产品今天价格为1 000元,而她期望在3年间每年支付一次的年收益率达到5%。那么她应该投资于这种金融产品吗?

为了回答这个问题,这位投资者需要计算出3年后的1 158元在每年计一次复利的年利率为5%、期数为3年的情况下对应的合理现值。她可以先计算

出贴现因子为 $\frac{1}{(1+5\%)^3} = 0.864$，从而3年后的1 158元对应的现值为1 158 × 0.864 = 1 000.324元。也就是说，该投资者今天需要投资1 000.324元，才可能在3年后获得1 158元，可见该产品以今天1 000元的价格是值得投资的。

假设该投资者期望获得的回报率是3年间每年支付两次的年利率达到5%，情况就不同了。此时的贴现因子降为 $\frac{1}{(1+2.5\%)^6} = 0.862$，从而3年后的1 158元对应的现值变为1 158 × 0.862 = 998.54元，从而使得该产品今天1 000元的价格显得过高，不再是一个好的投资对象。

从式(2.2)和以上两个例子可以看出，现值同样也受到三个因素的影响：未来终值越大，现值越大；但投资期越长、实际年收益率越高，现值越小。即使投资期限相同、年比例利率相同，每年的计息频率增加时，由于实际的年收益率较高，计算出的现值也较小。

二、年金的终值与现值

所谓年金(annuity)，是指某段时间内定期发生的一系列相同金额的现金流，例如分期偿还贷款、定期支付养老金等。按每次收付款项发生的时点不同，可以分为普通年金、即付年金、永续年金和递延年金等。普通年金(ordinary annuity)是指从第一期起，在一定时期内每期期末等额收付的系列现金流，又称后付年金。即付年金(annuity due)是指从第一期起，在一定时期内每期期初等额收付的系列现金流，又称先付年金，其与后付年金的唯一区别就在于付款时点的不同。永续年金(perpetual annuity)是期限趋于无穷的普通年金。递延年金(deferred annuity)则是指第一笔现金流不发生在第一期，而是隔若干期后才开始发生的系列等额现金流，它是普通年金的特殊形式。由于基本原理相同，这里仅介绍普通年金终值和现值的计算方法。

（一）普通年金的终值

假设一位投资者预期在接下来的N期内，将在每期期末从某项投资中获得A元。她计划在每次收到A元现金流时都进行再投资至第N期期末，假设每一期的投资利率都等于r，那么N期后她将拥有多少资金？

可以看出，N期后该投资者拥有的资金总额就是该笔普通年金在N期后的终值，它等于这N笔未来的现金流在N年后的终值之和，即

$$FV_A = A \sum_{i=0}^{N-1} (1+r)^i \tag{2.3}$$

其中，A 表示每期发生的等额普通年金金额，N 为年金发生的期数，每一期的投资利率均为 r。$i=0$ 意味着这是发生在第 N 期期末的最后一笔年金，无须再投资，$i=N-1$ 说明这是发生在第一期期末的第一笔年金，距离期末 $N-1$ 期，其余以此类推。

运用等比数列的计算公式，式(2.3)可以写为

$$FV_A = A \left[\frac{(1+r)^N - 1}{r} \right] \quad (2.4)$$

中括号中的部分可以被看做在期数为 N、每期再投资利率均为 r 的情况下，每年 1 元钱的年金到 N 期末的终值，被称为年金终值因子。式(2.4)说明将年金金额乘以年金终值因子即可得出普通年金的终值。

(二) 普通年金的现值

与终值的计算相似，普通年金的现值也是通过将未来发生的所有现金流分别贴现加总得到，因此我们有

$$PV_A = A \sum_{i=1}^{N} (1+r)^{-i} = A \left[\frac{1 - \frac{1}{(1+r)^N}}{r} \right] \quad (2.5)$$

其中的符号与式(2.3)相同。其中，$i=1$ 说明这是发生在第一期期末的第一笔年金，距离今天 1 期，$i=N$ 则意味着这是发生在第 N 期期末的最后一笔年金，距离今天 N 期，其余以此类推。中括号中的部分是在期数为 N、每期贴现率均为 r 的情况下，每年 1 元钱的年金在今天的现值，称为年金现值因子。将年金金额乘以年金现值因子即可得出普通年金的现值。

第二节 利 率

在第一节的终值和现值公式中，最重要的参数之一就是利率 r。在本节中，我们将对很多人常常为之迷惑的利率相关概念进行讨论和对比，这也是固定收益领域最基础的知识之一。

给定两个利率值 5% 和 6%，我们可以简单判断哪个利率较高吗？

答案是不能。首先，从利率的经济含义来看，由于我们不知道这些利率代表的是名义利率还是扣除了通货膨胀的实际利率，不知道这些利率是有风险的投资回报率还是无风险利率，不知道这些利率对应的投资期限，因此我们无法从数字大小简单判断哪个利率较高；其次，从利率的表达方式来看，在我们知道这些利率的计息方式和时间基准之前，数字大小也难以告诉我们哪个利率较高。因此，在表达利率时，我们必须首先说明其确切的经济含义和表达方式。

一、不同经济含义的利率

（一）名义利率与真实利率

这一组概念较容易理解。名义利率（nominal interest rate）是没有对通货膨胀预期进行调整的利率，而真实利率（real interest rate）则对预期通胀率进行了调整，其公式为

$$真实利率 = 名义利率 - 预期通胀率$$

这被称为费雪方程，以20世纪早期的经济学家欧文·费雪命名。它表明在通常情况下，名义利率与预期通胀率正相关。

人们通常都关心真实利率，因为这才代表了投资所得的实际购买力。但金融市场的惯例是用名义利率来报价。因此，当人们说利率时，通常就指名义利率，而用真实利率这个术语来表示名义利率减预期通胀率后得到的利率。

（二）无风险利率与有风险利率

所谓无风险利率（risk-free interest rate）是指投资于某一项到期回报没有任何风险的投资对象而能得到的回报率。美国国债利率通常被认为是美元的无风险利率，因为人们认为美国政府基本不会出现对其负债违约的行为；在中国金融市场上，人们有时用银行存款利率，有时用国债利率作为人民币的无风险利率，因为人们相信中国的银行和政府都不会对其负债违约，当然后者由于是市场化的利率，且代表的是政府信用，因此用其代表人民币无风险利率相对较为合理。[①]

然而，正如我们在第一章中所说，在金融市场中投资时，投资者常面临着各种风险。由于大部分投资者都是风险厌恶的，因此在投资回报中承担了什么风险，他们所要求的投资收益率就应该包含相应的风险溢酬（risk premium），如市场风险溢酬、信用风险溢酬和流动性风险溢酬等。因此，

$$有风险利率 = 无风险利率 + 风险溢酬$$

例如，投资AAA级公司债所要求的收益率通常高于国债利率，高出的部分可能包括信用风险溢酬和流动性风险溢酬（公司债流动性通常差于国债流动性）。又如，投资股票所要求的收益率也高于无风险利率，根据资本资产定价原理，高出的部分应包括该股票的系统性风险溢酬。

在讨论无风险利率与有风险利率时，应注意两个问题：

[①] 实际上，郑振龙（2009）指出，从国债价格、回购市场、利率互换、远期（期货）价格与现货价格之差、债券收益率与CDS价格之差中都可提炼出无风险利率的信息。哪种方法估计得到的无风险利率更为合理可靠，目前尚无定论。

第一,无风险利率是指到期回报没有风险的回报率,这只要求该项投资的到期回报是确定的,并不意味着其每天的市场价格不能变化。例如,一个有公信力的政府到期一定会偿付其发行国债的所有承诺现金流,因此其国债对应的收益率是无风险利率,但国债每天的市场价格仍然会变化。

第二,我们在讨论有风险利率应包含风险溢酬时,指的都是预期收益率,即投资初期所要求的收益率,由于承担了风险,投资者要求的收益率当然高于无风险利率。但事后真实的收益率则不一定大于无风险利率。

(三) 不同投资期限的利率

在给定时刻,不同投资期限的利率通常都是不相等的。例如,30 年期利率意味着一次性投资 30 年的收益率,而 3 个月期利率则是一次性仅投资 3 个月的收益率,显然这两者通常不会相等。在给定时刻,不同到期期限的利率就形成了这个时刻的利率期限结构(interest rate term structure),这是固定收益证券领域中最重要的概念之一,我们将在第四章对其作详细的介绍。

(四) 即期利率与远期利率

假如今天进行一笔投资,在到期前投资者不会收到现金流,到期时才有现金流入(例如零息票债券),那么该笔投资的到期收益率就是相应期限的即期利率(spot rate)。直观地说,即期利率是以当前时刻为起点的一定到期期限的利率,它代表了此期间无现金流的投资的收益率。例如,2 年期即期利率就是今天投资到第 2 年末的利率。如果到期期限非常短,趋于零,该即期利率就被称为瞬时即期利率(instantaneous spot rate)。

与即期利率相对应的是远期利率(forward rate)。远期利率是指从未来一个时点到另一个时点之间的利率。直观地说,远期利率就是现在时刻的将来一定期限的利率。如果未来的期限趋于零,我们就得到了瞬时远期利率(instantaneous forward rate)。图 2.1 比较直观地反映了即期利率和远期利率的差异。

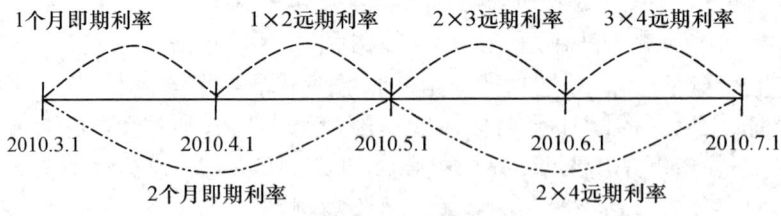

图 2.1　即期利率与远期利率

具体来看,图 2.1 表示的是 2010 年 3 月 1 日的一系列即期利率和远期利率。所有以 2010 年 3 月 1 日为起点的利率都是当天的即期利率;1×2 远期利率表示 1 个月之后开始的期限为 1 个月的远期利率;2×4 远期利率则表示 2 个月之后开始的期限为 2 个月的远期利率。

需要注意的是,当前时刻的即期利率和远期利率都是已知的。例如,图 2.1 中的 2×3 远期利率是已知的,但是当时间真正到了 2 个月后,到时候的 1 个月即期利率究竟是多少,今天我们是不知道的。也就是说,远期利率并不等于未来真正的即期利率(future spot rate),后者在当前时刻是未知的。

在这里,我们仅对即期利率和远期利率进行简单的介绍,后面我们还会多次遇到这两个概念,到时候我们将对它们进行更为深入的探讨和分析。此外,在固定收益证券分析中,还有一个非常重要的概念是到期收益率。我们将在下一节谈债券定价时专门介绍。

二、同一利率的不同表达方式

说到利率,最严谨的说法是类似"每年计两次复利的年利率"的说法。这里涉及两个要素:一是利率之前的时间单位"年",二是计复利的频率。在介绍同一利率的不同表达方式之前,首先需要明确利率的时间单位。在金融实务中,利率通常分为年利率(通常用百分比表示)、月利率(通常用千分比表示)和日利率(通常用万分比表示)等。在本书中,如无特别说明,我们用的通常是年利率。

(一) 不同的计复利频率

在利率的表达中,最重要的是计复利频率。计复利频率有单利、普通复利和连续复利三种。

1. 单利

所谓单利,是指无论期限多长,本金投资所获得的利息均不计入本金再次生息。在这样的情况下,单利的终值计算公式为

$$FV = PV(1 + Nr)$$

现值计算公式为

$$PV = \frac{FV}{1 + Nr}$$

其中,r 表示每一期的单利利率,其余符号与式(2.1)相同。我国的存款利率就是单利。在金融市场上,单利很少被使用。

2. 普通复利

普通复利是指每年计有限次复利。例如,一年计复利 4 次意味着每隔 3 个月,之前本金投资所获得的利息就计入本金,前 3 个月的本息和同时作为后 3 个月的投资本金进行计息。从式(2.1)到式(2.5)的终值和现值公式中,我们

使用的都是普通复利的计息方式。

在使用普通复利法计算现值和终值时，需要注意式(2.1)到式(2.5)中的利率 r 的时间单位和期数 N 的时间单位应该相同。例如，一年计息两次的年利率为7%，投资3年，说明单次计息期为半年，r 应该是半年利率3.5%，计息期数 N 应该为 $3\times2=6$ 个半年。又比如，要计算一笔68天后发生的现金流的现值，可以采用68天计息一次的利率作为 r，这时 $N=1$（此时1期等于68天）；也可以采用每34天计息一次的利率作为 r，这时 $N=2$（此时1期等于34天）。

随着时间推移，已发行债券的剩余期限经常不是计息期的倍数。这时运用普通复利计算债券价格通常比较令人头痛。① 例如，对于一只剩余期限18年3个月、息票率为8%（每半年付息一次）的国债，如果贴现率为6%（半年计息一次），其价格应该如何计算？这时我们显然无法一次性贴现，而要分两步：第一步，把未来的现金流按半年利率3%贴现到三个月之后，即

$$4 + \sum_{i=1}^{36} \frac{4}{1.03^i} + \frac{100}{1.03^{36}} = 125.83(元)$$

第二步，把该贴现值按三个月贴现率贴现到现在。三个月贴现率为 $\sqrt{(1+6\%/2)} - 1 = 1.4889\%$，因此该债券价格应为 $125.83/1.014889 = 125.83$ 元。

3. 连续复利

从利率 r 和期数 N 的相互关系可以看出，当计息天数不是很整齐，如68天、156天等时，为了保证 r 和 N 的内在一致性，普通复利终值和现值的计算相当麻烦。连续复利的引入可以简化这一问题。

当普通复利下每年计复利次数趋于无穷大时，我们就得到了连续复利。将式(2.1)中的复利期数 N 表达为投资年数 n 和每年复利次数 m 的乘积，即 $N=mn$，同时将每期的利率 r 表达为年比例利率 R_m 和 m 之商，即 $r=\frac{R_m}{m}$，则式(2.1)可以表达为

$$FV = PV\left(1+\frac{R_m}{m}\right)^{mn}$$

当每年复利次数 m 趋于无穷大时，我们就得到了连续复利的终值公式

$$FV = \lim_{m\to\infty} PV\left(1+\frac{R_m}{m}\right)^{mn} = PVe^{R_c n} \tag{2.6}$$

---

① 由于计算较为麻烦，本书若未特别说明，在用普通复利贴现时，通常都只考虑所有现金流时间间隔刚好等于贴现率计息周期的情况。

其中，R_c表示连续复利年利率。反过来，连续复利的现值公式为

$$PV = \lim_{m \to \infty} \frac{FV}{\left(1 + \dfrac{R_m}{m}\right)^{mn}} = FVe^{-R_c n} \tag{2.7}$$

其中，每年计复利次数m趋于无穷时的年复利利率通常被称为连续复利年利率。

在给定现值和终值的情况下，计复利频率不同的利率之间是可以互相转换的。假设R_c是连续复利的年利率，R_m是与之等价的每年计m次复利的年利率。所谓与之等价，是指两种计复利频率的现值和终值相等。这意味着

$$e^{R_c n} = \left(1 + \frac{R_m}{m}\right)^{mn}$$

从而有

$$R_c = m\ln\left(1 + \frac{R_m}{m}\right) \tag{2.8}$$

和

$$R_m = m(e^{\frac{R_c}{m}} - 1) \tag{2.9}$$

例如，一笔存款的连续复利年利率为12%，那么与之等价的一年计4次复利的年利率就是$R_4 = 4 \times (e^{12\%/4} - 1) = 12.18\%$。也就是说，如果利息是每个季度支付一次，1万元存款每个季度能得到的利息将为304.55元。此外，从这个例子中我们还可以看出，在相互等价的利率当中，计复利频率越高，利率值越小。

特别地，当$m = 1$时，

$$R_c = \ln(1 + R_1) = \ln\left(\frac{P_1}{P_0}\right) = \ln P_1 - \ln P_0$$

其中，P_0和P_1分别为1年初和1年末的资产价格。因此在金融中，连续复利利率通常也被称为对数差分收益率，普通复利利率有时也被称为百分比收益率。

由于连续复利看上去相对复杂，因此在市场中人们通常使用普通复利的利率来报价。然而在金融研究中，人们更常使用的是连续复利形式的利率。这是因为与普通复利相比，连续复利具有较多的优点。例如，在计息天数不整齐时，连续复利终值只要直接将连续复利的年利率和按年计算的计息天数相乘即可计算，无须根据计息天数调整计算时使用的利率。假设计息天数为56天，那么每1元钱连续复利的终值就是$e^{R_{56} \times \frac{56}{365}}$，相当方便。除此之外，连续复利还有相

当多的优点。① 因此,在本书中,除非特别注明,在计算时使用的都是连续复利。

(二) 年比例利率与年有效收益率

年比例利率(APR)与年有效收益率(AEY)的概念主要是针对普通复利计息法下的利率而言的。

金融市场的惯例是以普通复利下的年比例利率的方式来报出利率。例如,一年计息两次的年利率为7%意味着每6个月的利率为3.5%,一年计息12次的年利率为6%意味着每个月的利率为0.5%,等等。也就是说,APR等于每一期利率乘以每年复利次数。

年比例利率的优点在于可以很方便地在单期利率与年利率之间进行转换。但由于每一期的利息都计入下一期本金合起来生息,因此每年真正的投资收益率显然要高于年比例利率,这就是 AEY,其计算公式为

$$\left(1 + \frac{r_m}{m}\right)^m - 1$$

其中,r_m 为年比例利率,m 为每年复利次数。

(三) 不同天数计算规则下的利率

第一章中我们已经谈到,在实际市场中表达利率时,有三种不同的天数计算方式:① 实际天数/360,即计息期用实际天数计算(算头不算尾),一年以360天计算,短期货币市场工具通常采用这种方式计息;② 实际天数/实际天数,即计息期和一年都以实际天数计算(算头不算尾),中长期债券通常采用这种方式计息;③ 30/360,即无论实际天数多少,一个月视为30天,一年视为360天,这一方法在美国公司债券市场和一些欧洲债券市场使用。

在这样的情况下,即使报出的利率相同,如果天数计算规则不同,投资者实际得到的利息也是不同的。以本金 100 元、年利率 10% 为例,投资者在 3 月 1 日至 3 月 31 日期间所获得的利息,在第一种天数计算规则下为 $100 \times 10\% \times \frac{31}{360} = 0.86$ 元,在第二种计算规则下则可能是 $100 \times 10\% \times \frac{31}{366} = 0.847$ 元(闰年)或 $100 \times 10\% \times \frac{31}{365} = 0.849$ 元(非闰年),在第三种计算规则下则是 $100 \times 10\% \times \frac{30}{360} = 0.833$ 元。

为了使得不同天数计算规则下报出的利率可比,人们通常将其他天数规则下的利率转换为第二种规则下的利率,并称之为债券等价收益率(bond equivalent yield, BEY),因为中长期债券都是以该规则报出利率的。具体而言,就是

---

① 本章附录中详细分析了连续复利利率的优缺点。

对天数进行调整:第一种规则下的利率要乘以

$$\frac{360}{\text{一年实际天数}}$$

第三种规则下的利率则乘以

$$\frac{360}{\text{一年实际天数}} \times \frac{\text{计息期实际天数}}{30}$$

从而得到相应的债券等价收益率。

第三节 债券定价

在本节中,我们首先学习债券定价的基本思想——现金流定价法,然后分别讨论固定利率债券与浮动利率债券的定价。

一、现金流贴现法

现金流贴现法(discounted cash flow method),又称收入资本化法(capitalization of income method of valuation)或绝对定价法,是最基本的金融产品定价法之一,其基本思想是任何金融资产的内在价值都应该等于该资产未来现金流的现值。在这种方法下,所有金融产品定价的过程就是未来现金流贴现并加总的过程。这样,根据第一节中的现值公式,要为金融产品定价,就需要估计未来发生的现金流及其发生的时点,并根据现金流发生的期限和风险确定相应的贴现率,再运用现值公式为将来的现金流一一贴现并加总,就可计算出金融产品的合理价格。

二、固定利率债券的定价

由于未来的现金流及其发生时点确定,固定利率的不含权债券[①]是所有固定收益证券中最简单的一种,最适合用现金流贴现法为其定价,其内在理论价值就是债券未来所有现金流的现值总和,即[②]

---

① 正如第一章中提到的,本书中我们均不考虑信用风险和流动性风险,因此除非特殊说明,本书中的债券均为无风险债券。此外,我们也不考虑税收问题。

② 在计算现值和终值时,除非特殊说明,本书统一采用连续复利法,并采用 $R(\cdot,\cdot)$ 的形式表达连续复利即期利率的年利率,其中逗号前为计息期初时刻,逗号后为计息期末时刻。同时,由于本书不考虑信用风险和流动性风险,因此除非特殊说明,本书中的利率都是无风险利率。

$$V(t) = c_1 e^{-R(t,t_1)\times(t_1-t)} + c_2 e^{-R(t,t_2)\times(t_2-t)} + \cdots + c_n e^{-R(t,t_n)\times(t_n-t)} \quad (2.10)$$

其中,$V(t)$为固定利率债券的内在理论价值;t为当前时刻,t_i为该债券每次现金流发生的时刻,$i=1,2,\cdots,n$;c_i和$R(t,t_i)$则是与t_i对应的现金流和贴现率(连续复利年利率)。对大多数固定利率债券来说,$n-1$次之前的现金流通常都相等,均为票息,第n次的现金流c_n则包括最后一次票息和本金。

式(2.10)中最值得强调的是其中的贴现率$R(\cdot,\cdot)$。首先,这里的贴现率应该选用即期利率;其次,$R(\cdot,\cdot)$不仅应该反映对应现金流的货币时间价值与风险,即应该等于无风险利率加上风险溢酬,还应该反映现金流发生的时点。简单地说,t_i年后的现金流就应该按今天的t_i年期即期利率贴现。

如果已知债券价格,我们可以倒算出投资于该债券的内含收益率(internal rate of return,IRR)。其公式表达为

$$V(t) = c_1 e^{-y(t,t_n)\times(t_1-t)} + c_2 e^{-y(t,t_n)\times(t_2-t)} + \cdots + c_n e^{-y(t,t_n)\times(t_n-t)} \quad (2.11)$$

也就是说,如果我们今天出资V元购买了该债券,持有到期总的年平均收益率①将为式(2.11)中的$y(t,t_n)$,这个$y(t,t_n)$被称为t时刻将于t_n时刻到期的该债券的到期收益率(yield-to-maturity,YTM)。

在现实中,由于根据式(2.11)估计债券的合理价格需要知道所有的即期利率,这意味着我们需要知道整条即期利率期限结构,相对来说比较麻烦。基于这一点,很多投资者在估算某一债券的合理价值时,会先根据市场状况和自己的判断确定一个到期收益率,即自己投资该债券所要求的内含收益率,然后采用式(2.11)求出相应的合理债券价格。

总之,式(2.10)和式(2.11)都可以用来为所有的固定利率债券定价,如果知道准确的即期利率,式(2.10)更为精确,但式(2.11)显然更为简单。

在实际投资中,我们可以运用式(2.10)或式(2.11)求出债券的合理价格,然后与市场价格对比,判断该债券价格被高估还是低估;也可以运用式(2.11)倒算出一定价格隐含的到期收益率,与投资者要求的收益率相比,判断该债券是否值得投资。下面我们用一个例子来加以说明。

例2.1 判断债券的投资价值

一个剩余期限为2年的债券市场价格为99元,票面利率为3%,每年付息一次,面值100元。当前的1年期和2年期即期年利率分别为4%和4.5%(连

---

① 不理解为何y是内含收益率的读者可以在本章第四节关于到期收益率的讨论中找到答案。

续复利)。试判断该债券是否值得投资。

根据式(2.10),该债券的合理价格为

$$V = 3e^{-4\% \times 1} + 103e^{-4.5\% \times 2} = 97.02(元)$$

可见该债券的市场价格高于内在价值,因此不是好的投资对象。

根据式(2.11),与 97.02 元的合理价值对应的合理到期收益率应为 4.49%,然而与市场价格 99 元对应的隐含到期收益率仅为 3.47%,如果按市场价格投资,显然该债券提供的收益率偏低,同样说明它不是一个好的投资对象。

固定利率债券的一个特例是贴现发行的零息票债券。根据式(2.10),贴现发行的零息票债券的定价公式为

$$V(t) = Me^{-R(t,t_n) \times (t_n - t)} \tag{2.12}$$

也就是说,贴现发行的零息票债券的价格等于到期偿付的面值 M 用即期利率 $R(t,t_n)$ 计算得到的贴现值。如果要倒算零息票债券的到期收益率,运用式(2.11)可以看出,零息票债券的到期收益率就是相应期限的即期利率。进一步看,一个如式(2.10)的固定利率附息票债券可以视为 $n+1$ 个零息票债券的组合,前 n 个债券的本金为每次支付的利息,最后 1 个债券的本金则等于原债券的本金。美国财政部的 STRIPS 就是基于这一原理推出的。

三、固定利率债券的价格特征

从式(2.10)和式(2.11)可以看出,可能影响债券价格的因素包括面值、票面利率、付息频率和贴现率。其中,到期时间和付息频率决定了现金流发生的时点,面值、票面利率和付息频率则共同决定了每一期投资者究竟收到多少现金流。但对于给定的不含权的固定利率债券而言,只要发行者不违约,债券的未来现金流量就不会发生变化。债券价格的变化将主要来源于贴现率和(随着时间推移)剩余期限的变化。当然,最重要的还是贴现率的影响。进一步看,由于贴现率由无风险利率和风险溢酬两部分构成,这两个部分的变化都可能导致贴现率和债券价格的变动。

总体而言,固定利率债券价格呈现以下几个重要特征:

1. 固定利率债券价格与贴现率呈反向关系

从定价公式可以看出,对于给定的债券,固定利率债券价格与贴现率是反向变动的。这一点也可以从图2.2中固定利率债券价格 V 与到期收益率 y 的关系中看出。

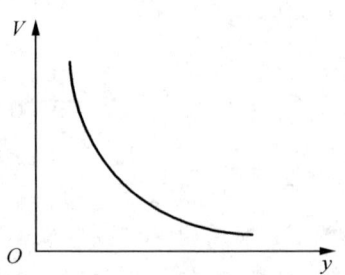

图 2.2　固定利率债券价格与到期收益率

可以从两个角度分析固定利率债券价格与贴现率的反向关系。一方面,贴现率提高表明投资者所要求的收益率上升,债券价格将下跌,才能为投资者所接受;反之,贴现率下降,债券价格将上升。例如,在经济衰退后的复苏期,利率上升,投资于固定利率债券将会遭受债券价格下跌的损失;而在经济繁荣开始陷入衰退的期间,利率一旦下降,投资于固定利率债券将获得正的资本利得。又如,如果债券发行者的信用下降,投资者将要求更高的信用风险溢酬,从而导致该债券的价格下跌;如果债券发行者的信用提升,风险溢酬降低带来贴现率的下降,该债券价格就会上升。另一方面,债券的市场价格越高(低),说明投资该债券所能获得的收益率越低(高)。

2. 对于给定的债券,贴现率下降导致的债券价格上升的幅度大于贴现率上升相同基点①导致的债券价格下降的幅度

我们用一个例子来阐释这个特点。某 5 年期的债券 A,面值为 100 元,息票率为 6%,每年付息一次。假设 5 年期的连续复利年到期收益率为 5.83%(折算成一年复利一次的年利率为 6%),运用式(2.11)可以算出该债券当前价格应为 100 元。假设到期收益率变动的绝对幅度为 100 个基点。如果连续复利收益率上升到 6.83%,运用式(2.11),可以算出该债券的价格将下降到 95.63 元,价格波动幅度为 -4.37%;反之,若到期收益率下降 100 个基点至 4.83%,运用式(2.11)可知该债券的价格将上升到 104.56 元,价格波动幅度为 4.56%。也就是说,同样 100 个基点的收益率变动,收益率下降导致的债券价格上升幅度大于收益率上升导致的债券价格下降幅度。

为什么会出现这样的现象?原因就在于固定利率债券价格与贴现率的反向关系不是一条直线,价格—收益率曲线是非线性且凸向原点的,从图 2.2 中可以看出这一特征。

---

① 1 个基点为万分之一。

3. 平价债券、溢价债券与折价债券

对式(2.11)进行一些简单的假设运算就会发现,在债券票面利率与到期收益率的计息频率相同的情况下,如果债券的票面利率等于到期收益率,债券价格将等于面值,这时债券被称为平价债券,即价格等于面值的债券;如果债券的票面利息高于到期收益率,则债券价格将大于面值,该债券被称为溢价债券;如果债券的票面利息低于到期收益率,则债券价格将小于面值,该债券被称为折价债券。

如果到期收益率始终保持不变,则随着时间的推移,平价债券的价格将始终等于面值;溢价债券的价格将随着到期日的临近而趋于下降回到面值;折价债券的价格则将趋于上升回到面值。也就是说,即使什么都没有变化,仅仅是时间的推移也可能导致债券价格的变动。

4. 其他条件相同,贴现率变动同样幅度,息票率越高的债券价格波动越小

我们继续用例子来加以说明。假设存在一个同样5年期的债券B,其他特征与债券A都相同,唯一的区别在于其息票率为9%。运用式(2.11),可以算出当到期收益率为5.83%时,债券B的价格为112.62元;当到期收益率上升到6.83%时,债券B的价格将下降至107.9元,下降幅度为4.19%,显然低于债券A的下降幅度4.37%。运用类似的计算过程,如果收益率下降至4.83%,债券B的价格将上升至117.57元,上升幅度为4.4%,也较债券A的上升幅度4.56%为低。

5. 其他条件相同,贴现率变动同样幅度,剩余期限越长的债券价格波动越大

进一步假设存在一个息票率同样为6%的债券C,其他特征与债券A都相同,唯一的区别在于其剩余期限为6年。当到期收益率为5.83%时,债券C的价格为99.98元;当到期收益率上升到6.83%时,债券C的价格将下降至94.92元,下降幅度为5.06%,显然高于债券A的下降幅度4.37%。反之,如果收益率下降至4.83%,债券C的价格将上升至105.36元,上升幅度为5.38%,高于债券A的上升幅度4.56%。

四、浮动利率债券的定价

浮动利率债券是指票面利率随事先约定的市场参考(reference)利率定期浮动的债券。由于金融市场的惯例都是期初确定利率水平、期末支付利息,一般的浮动利率债券的投资者每期收到的利息都是根据每个浮动期期初的市场参考利率确定的。由于票面利率浮动,除了下一次付息日将要支付的利息已知之外,未来的利息都是未知的。这就给我们直接运用现金流贴现法带来了困难。

事实上，如果浮动利率债券的票面利率是相应现金流的合理贴现率，浮动利率债券的定价是非常简单的，其公式为

$$V(t) = (M + K)e^{-R(t,t_1)\times(t_1-t)} \quad (2.13)$$

其中，$V(t)$ 为 t 时刻浮动利率债券的合理价值，M 为面值，K 为离当前最近的下一个付息日将收到的利息（根据本计息期初确定的市场利率水平计算），t_1 为下一个计息时刻，$R(t,t_1)$ 则为这个期间的即期利率。

式(2.13)其实是间接运用现金流贴现法的结果。在为浮动利率债券定价时，我们不再将未来每次现金流分别贴现加总，而是将未来的现金流先贴现到下一个付息日。由于票面利率总是等于贴现率，下一期之后的所有现金流在下一次付息日的现值就是面值（平价债券），再加上下一次付息日应该支付的现金流 K，贴现至今天就得到了浮动利率债券的价格。

下面我们用一个简单的例子来说明这一点。

假设今天为 2010 年 6 月 1 日，某浮动利率债券面值 100 元，半年浮动一次，票面利率为 6 个月期 SHIBOR，当前剩余期限为 15 个月。也就是说，2010 年 9 月 1 日，该债券应支付的利息按 2010 年 3 月 1 日的 6 个月期 SHIBOR 确定，这是已知的，假设为 3%（半年计一次复利）；2011 年 3 月 1 日，该债券应支付的利息是由 2010 年 9 月 1 日的 6 个月期 SHIBOR 确定的，这是未知的，我们用 r_1 表示（半年计一次复利）；2011 年 9 月 1 日，该债券应支付的利息又是由 2011 年 3 月 1 日的 6 个月期 SHIBOR 确定的，这也是未知的，我们用 r_2 表示（半年计一次复利），除此之外，该债券到时还将还本。

我们首先将 2011 年 3 月 1 日与 2011 年 9 月 1 日的债券现金流贴现至 2010 年 9 月 1 日，如果其票面利率与贴现率相同，则其现值为 100 元，计算公式如下：

$$\frac{\dfrac{100 + 100 \times \dfrac{r_2}{2}}{1 + \dfrac{r_2}{2}} + 100 \times \dfrac{r_1}{2}}{1 + \dfrac{r_1}{2}} = 100$$

在这里，为了便于理解，我们采用一年计两次复利的年利率来计算，即使转换为连续复利，结果也是一样的。

这样，在 2010 年 9 月 1 日，该债券的现金流为已知的 1.5 元利息，加上未来所有现金流的现值为 100 元，加起来贴现至 2010 年 6 月 1 日，就得到了该浮动利率债券的合理价格。这证实了式(2.13)。

从式(2.13)可以看出，如果浮动利率始终等于该债券的合理贴现率，浮动利率债券本质上是和下一个付息日就到期的零息票债券一样的。每次重新浮

动实际上都等于重新发行了一个新的浮动利率债券。例 2.2 可以帮助读者进一步理解浮动利率债券的定价。

例 2.2 浮动利率债券的定价

一个剩余期限为 9 年又 11 个月、面值为 100 元的浮动利率债券,票面利率为 3 个月期 SHIBOR 加 0.45%,票息每 3 个月支付一次。上一次付息日的 3 个月期 SHIBOR 为 2.55%(3 个月计息一次),今天的 2 个月期 SHIBOR 为 2.46%(2 个月计一次复利),试求该债券的合理价格。

由于该债券的剩余期限为 9 年又 11 个月,这意味着 1 个月前刚支付利息,2 个月后将再次支付利息

$$100 \times \frac{3\%}{4} = 0.75(元)$$

假设该债券的利差保持在 0.45% 不变,则其合理的贴现率应为 2.46% + 0.45% = 2.91%(2 个月计一次复利),转化为连续复利利率为 2.9%。那么根据式(2.13),该债券的合理价格应为

$$V = (100 + 0.75)e^{-2.9\% \times \frac{2}{12}} = 100.2642(元)$$

需要强调的是,运用式(2.13)的重要前提条件是债券的浮动票面利率始终等于该债券的合理贴现率。如果债券的浮动票面利率与贴现率不等,未来现金流在下一个付息日的现值不再等于 100 元,就不可以运用这个公式了。例 2.2 中浮动利率债券票面利率为市场参考利率加上一个利差,这种情形在市场中是很常见的。要运用式(2.13),就要求价差不发生变化,从而保证债券票面的浮动利率与贴现率始终相等。

浮动利率债券发行时选择的参考利率不同,市场就会根据该参考利率的水平、发行者的信用状况、该债券的流动性状况、该债券的税收待遇等确定不同的利差。

与固定利率债券相比,浮动利率债券的一个重要特点是,由于其票面利息通常随市场利率变动,因此实际上市场利率变动对其价值影响不大,其价格始终在面值附近波动,浮动利率债券的利率风险很小。

第四节 债券的收益率分析

在考察债券的投资价值时,与直接分析债券价格相比,更为常见的是对债券投资的收益率(yield)①进行分析。

正如例 2.1 所表明的,定价与收益率分析是一个问题的两个方面,都可用于判断债券是否值得投资。债券定价是从价格角度出发,通过理论价格与市场价格的差异判断债券是否具有投资价值;而收益率分析则是从收益的角度出发,将市场价格所隐含的预期收益率与投资者所要求的收益率相比,判断债券是否值得投资。对于给定的债券,价格与收益率是反向变动的。价格越高(低),该债券预期能提供的收益率就越低(高);反之,价格隐含的收益率越高(低),该债券的价格就越低(高)。

尽管都可用于判断债券的投资价值,但与价格分析相比,收益率分析更适合债券投资。

首先,无论是什么投资,投资者本质上关心的都是投资所带来的收益率,而非价格的绝对值。但由于股票投资未来的现金流不确定,难以根据当前市场价格推算出预期收益率,因此人们不得不转向关注股票价格。而不含权债券的未来现金流是相对确定的,可以根据当前市场价格推算出隐含的预期收益率,因此在债券市场上,人们自然更为关注债券的收益率,而非绝对价格。

其次,在不同债券之间进行比较时,与债券价格相比,债券的预期收益率更具可比性。例如,假设债券 A 和债券 B 剩余期限均为 6 年,债券 A 票面利率为 10%,每半年支付一次利息,市场价格为 124.05 元,债券 B 票面利率为 12%,每年支付一次利息,市场价格为 131.74 元。假设当前的 0.5 年、1 年、1.5 年直至 6 年的连续复利即期年利率分别为 3%、3.10%、3.20%、3.30%、3.40%、3.50%、4%、4.20%、4.50%、5%、5.50% 和 5.50%,运用式(2.10)可得债券 A 和债券 B 合理的价格分别为 124.05 元和 131.74 元。由于两个债券的市场价格都等于其理论价格,我们不能认为价格为 124.05 元的债券 A 更具投资价值。也就是说,我们无法通过比较债券价格的高低来判断其是否值得投资。而在后面我们会看到,与债券价格相比,收益率更具可比性。因此,在债券市场上,收益率分析比价格分析更受关注。

---

① 收益率具体可分为两种:投资期结束后,人们计算真实的收益率;事前作投资决策时,则使用预期收益率(expected yield)或要求的收益率(required yield)。在本节中,我们主要分析投资时债券是否具有投资价值,因此讨论的是事前的预期收益率。

下面,我们分别针对固定利率债券和浮动利率债券介绍如何进行收益率分析。

一、固定利率债券的收益率分析

预期收益率衡量的是未来预期收益与期初成本的比率。对债券来说,期初成本就是购买债券所支付的价格;债券投资的未来预期收益则包括三个部分:定期支付的现金流(通常是利息,分期偿付债券还包括摊销到每一期的本金)、资本利得和再投资收入。再投资收入是指债券投资期间现金流再投资至期末的收入,它也是由最初的债券投资在同一投资期内产生的,因此也属于债券投资带来的未来现金收益。债券初始投资的价格是已知的,而未来收益则是未知的。一个好的收益率指标应充分而准确地反映这三种不同的未来现金收益。

在市场上,根据计算方式的不同,固定利率债券的收益率指标大体可分为三类:当前收益率、到期收益率和总收益率。

(一) 当前收益率

当前收益率(current yield)的计算公式为

$$当前收益率 = \frac{每年利息收入}{债券当前价格}$$

可以看出,在三种未来收益中,当前收益率只考虑了利息收入,忽视了债券投资的资本利得和再投资收入,因而不是一个好的预期收益率指标,人们也较少使用它。

(二) 到期收益率

到期收益率是债券分析中最常用的概念之一,因此下面我们详细介绍和讨论到期收益率的内涵、优缺点及其应用。

1. 到期收益率的计算和内涵

到期收益率类指标的计算原理就是式(2.11),即使得未来现金流现值之和等于当前债券市场价格的收益率。在式(2.11)两边同时乘上 $e^{y(t,t_n) \times (t_n-t)}$,可得

$$V(t) \cdot e^{y(t,t_n) \times (t_n-t)} = c_1 e^{y(t,t_n) \times (t_n-t_1)} + c_2 e^{y(t,t_n) \times (t_n-t_2)} + \cdots + c_n \quad (2.14)$$

式(2.14)意味着 t 时刻以价格 $V(t)$ 买入债券,在 $y(t,t_n)$ 的年收益率下,投资者到期将获得 $V(t) \cdot e^{y(t,t_n) \times (t_n-t)}$,也就是该债券未来所有现金流以 $y(t,t_n)$ 分别计算至到期的终值之和,因此到期收益率 $y(t,t_n)$ 代表了一笔投资按价格 $V(t)$ 买入的内含预期收益率。

具体来看,不同债券的现金流不同,代入式(2.11),就会得到不同的收益率指标:

对于普通的固定利率债券来说，未来的每次现金流就是每一期的利息和最后一期的本息和，计算得到的 $y(t,t_n)$ 通常称为到期收益率。

对于分期偿付债券来说，未来的每次现金流则包括剩余本金的票面利息、原计划分期偿付的本金以及可能的提前偿付的本金，相应计算得到的 $y(t,t_n)$ 事实上也是到期收益率，但通常被称为现金流收益率（cash flow yield）。

对于可赎回债券来说，以较为可能的赎回日作为到期日，取相应的赎回价格作为到期面值计算得到的到期收益率被称为赎回收益率（yield to call, YTC）。有的可赎回债券有多个赎回日，选择的赎回日不同，赎回收益率也就不同，由此产生了首次赎回收益率（以合约中规定的第一次可赎回日期为到期日计算得到）和首次面值赎回收益率（以合约中规定的第一次按面值赎回的日期为到期日计算得到）等。如果在每个可能的赎回日计算相应的赎回收益率，取其最小值，就得到了最差到期收益率（yield to worst）。由于溢价债券被赎回的可能性较大而折价债券被赎回的可能性较小，因此人们通常计算溢价债券的赎回收益率和折价债券的普通到期收益率。

类似地，以较为可能的回售日作为到期日，可回售债券可以计算得到回售收益率（yield to put, YTP）和最差到期收益率。

对于整个投资组合来说，运用同样的思想，计算使投资组合的现金流现值等于组合当前市场价值的贴现率，就得到了组合到期收益率。

2. 到期收益率的优点

由此可见，到期收益率的思想在收益率分析中应用非常广泛，这主要是因为该指标综合考虑了债券投资的三种未来现金收益。从式(2.14)的右边可以看出，在到期收益率的计算中，同时考虑了每一期的现金流、今天的投资价格 $V(t)$ 与未来偿还的面值 M（包含在 c_n 中）之间的资本利得、每一期现金流按 $y(t,t_n)$ 投资至期末的利息。与当前收益率相比，到期收益率显然要科学得多。

除此之外，到期收益率与债券价格之间的一一对应关系也是它被广泛使用的原因之一。根据式(2.11)，对于给定的债券，只要未来的现金流确定，债券价格与到期收益率之间存在着一一对应的关系，报出价格和报出到期收益率是等价的。

3. 到期收益率的缺点

然而，值得注意的是，尽管同时考虑了债券投资的三种未来收益，到期收益率指标仍然只是一定条件下的承诺到期收益率，并不是预期收益率的精确指标。

从式(2.14)中可以看出，到期收益率的计算实际包含以下三个假定：① 没有违约风险；② 投资者持有到期；③ 每一期的现金流都按照 $y(t,t_n)$ 进行再投资。即使忽略违约问题，投资者购买债券时，并不总是持有到期的，常常会提前变现，这样资本利得就不再等于购买价格与到期面值之差，而是不确定的。进一步看,即使忽略违约风险并且假设投资者持有到期,真实的再投资利率也不可能总是 $y(t,t_n)$,一旦再投资利率发生变化,投资的真实收益率就会偏离到期收益率,也是不确定的。总之,由于到期收益率的前两个假定不一定成立,第三个假定在现实当中无法成立,到期收益率实际上是承诺的到期收益率(promised yield to maturity),并不是预期收益率的精确指标。

其中,由于再投资利率不等于到期收益率而导致的未来收益的不确定性,就是第一章中提到的再投资风险。债券剩余期限越长,每期的现金流越多,支付频率越高,再投资风险越大,到期收益率的精确度就越低。例如,由于票息较高,溢价债券的再投资风险就比折价债券的再投资风险大。

普通债券的到期收益率如此,复杂债券的到期收益率的准确性就更低了。例如,分期偿付债券由于本金分摊到每一期偿还,加上付息频率通常较高,而且存在提前偿付的可能,再投资风险就比一般的债券大得多,根据式(2.14)计算得到的现金流收益率与真实投资收益率的差异通常相当显著。对于可赎回债券和可回售债券来说,除了到期收益率计算时的三个假设外,在计算赎回收益率和回售收益率时还需要额外假设赎回日和回售日,其准确性会进一步降低。总之,到期收益率并不是预期收益率的准确指标。

4. 到期收益率的应用

尽管到期收益率并非真实收益率的准确度量,但在实际中人们尚未发现更好的指标来完全取代它,因此到期收益率在债券分析中应用非常普遍。下面我们分别介绍其主要应用以及需要注意的问题。

(1) 用于报价

正如前面所说,根据式(2.11),对于给定的债券,只要未来的现金流确定,债券价格与到期收益率之间存在着一一对应的关系,报出价格和报出到期收益率是等价的。而投资者通常更关心投资的收益率而非绝对价格。此外,下面我们会看到,债券价格通常不可比而到期收益率在一定条件下是可比的,因此报价成为到期收益率的一个重要用途。

(2) 用于比较债券的投资价值

在本节伊始,我们给出了一个例子,说明即使其他条件相同,利息支付不同的两个债券也是无法通过比较债券价格的高低来判断其相对投资价值的。事实上,只要信用等级、剩余期限、本金偿付方式和利息支付这几个条件中的任意一个有所差异,债券的合理价格就会不同,债券价格本身是不可比的。在这样的情况下,人们把目光转向到期收益率,希望它作为内含收益率,可以帮助我们直观判断债券的相对投资价值。

那么,不同债券的到期收益率是否可用于比较相对投资价值呢?答案是:

严格来看,只要发行者信用等级、债券的剩余期限、本金偿还方式和利息支付这四个条件中有一个条件不同,债券价格内含的到期收益率就是不同的,从而本质上也是不可比的。但是,如果其他条件都相同,只是利息支付不同,债券价格内含的合理到期收益率应当比较接近,因此人们常常对其他条件相同但利息支付不同的债券比较到期收益率,进而判断相对的投资价值。下面我们对此进行详细分析。

首先,如果发行者信用等级不同,到期收益率之间必然存在信用风险价差,因而无法直接通过简单比较到期收益率的大小来判断债券投资价值。

其次,债券的剩余期限不同,到期收益率一定也是不可比的。假设投资期为5年,现有四种候选债券:债券I息票率5%,剩余期限3年,到期收益率为9%;债券II息票率6%,剩余期限20年,到期收益率为8.6%;债券III息票率11%,剩余期限15年,到期收益率为9.2%;债券IV息票率8%,剩余期限5年,到期收益率为8%。其中债券I和债券III的到期收益率较高,但它们是否具有较高的投资价值呢?不一定。债券III的到期期限长于5年,5年后出售债券时的资本利得是不确定的,而且高票息意味着较大的再投资风险。债券I的到期期限则短于5年,3年后到期时面对着再投资风险。总之,到期收益率由于衡量的是持有到期的预期收益率,只有剩余期限相同且等于投资期限时,到期收益率才有可能用于比较不同债券的投资价值。

再次,如果本金偿还方式不同,即一个债券是分期偿付,另一个债券是到期一次性还本,从式(2.11)马上可以看出,即使两个债券都定价合理,两者的到期收益率也一定是不相等的,从而不能简单进行比较。

最后,如果利息支付不同,严格来说,到期收益率也不可比。同样以本节开始提到的债券A和债券B为例,这两个债券其他条件都相同,只是票面利息和利息支付频率不同,在各自合理的价格分别为124.05元和131.74元的情况下,由式(2.11)可得,两个债券的到期收益率分别为5.2%和5.47%。由于两个到期收益率都是合理价格倒推而得,说明它们都是合理的,债券B的到期收益率略高是因为它的票面利息较高且一年才支付一次利息,因此不能认为债券B比债券A更具有投资价值。也就是说,即使其他所有条件都相同,如果利息支付频率和每年支付的票面利息不同,到期收益率仍然是难以比较的。

但是,我们也可以看到,这两个债券的合理到期收益率是比较接近的。在实际市场中,常见的情形是其他条件都相同,包括利息支付频率也相同,但票面年利息有所不同,这样的债券到期收益率应当相差不大,如果实际市场价格内含的到期收益率差异很大,就说明到期收益率较高的那个债券相对定价过低而到期收益率较低的债券相对定价过高。

总之,其他条件相同但利息支付不同的债券的到期收益率是具有一定可比性的,但以哪一个债券的到期收益率作为比较基准呢？人们通常用平价债券的到期收益率(par yield)作为基准,认为其他条件相同但票面利息不同的债券的到期收益率应该与平价到期收益率接近,否则就存在高估或低估。但在市场上可能并不真实存在特定期限的平价债券,而从式(2.10)和式(2.11)可以看出,对于一个市场价格等于面值的债券(即平价债券)来说,其息票率就等于到期收益率。因此,n 年期平价到期收益率就是在当前的即期利率期限结构下,使得一个 n 年期附息票债券价格等于面值的票面利息。例如,延续本节开始的例子,假设当前的 0.5 年、1 年、1.5 年直至 6 年的连续复利即期利率分别为 3%、3.10%、3.20%、3.30%、3.40%、3.50%、4%、4.20%、4.50%、5%、5.50% 和 5.50%,那么 6 年期、每半年支付一次利息的平价到期收益率就应该为 5.39%(每半年计复利一次),因为

$$2.695e^{-3\%\times0.5} + 2.695e^{-3.1\%\times1} + 2.695e^{-3.2\%\times1.5}$$
$$+ \cdots + 102.695e^{-5.5\%\times6} = 100$$

(3) 用于贴现和定价

在债券定价中,人们经常用到期收益率贴现,但也常常使用即期利率贴现。这两者的区别到底何在？究竟应该用什么利率作为贴现率？这是很多人为之困惑的问题。

首先,对比式(2.10)和式(2.11)可以发现,当投资产品是零息票债券时,其到期期限的即期利率就是对应的到期收益率。事实上,即期利率就常常被定义为期间没有现金流的一笔投资的到期收益率。当该投资是附息票债券时,即期利率和到期收益率就不再相等,因为此时到期收益率是期间有定期现金流入的投资的内含收益率。总之,到期收益率代表的是一笔投资按价格 $V(t)$ 买入的内含收益率,如果该笔投资到期之前没有现金流发生,到期收益率就是即期利率。即期利率是到期收益率的一个特例。

其次,如果已知即期利率,运用式(2.10)可以算出债券的价格,再将这一价格代入式(2.11),我们就得到了该价格隐含的到期收益率。因此,n 年期债券的到期收益率实际上可以看做 0 至 n 年的即期利率期限结构的某种加权平均,是投资至期末的总的年平均收益率。反过来,n 年期的即期利率可以视为 n 年期到期收益率的边际利率。因此,如果整条利率期限结构向上倾斜,长期的即期利率一定高于同样期限的到期收益率,因为要使得平均值趋于上升,边际值必须大于平均值。基于同样的道理,如果整条利率期限结构向下倾斜,长期即期利率一定低于同样期限的到期收益率。

最后,在为债券定价时,既可以用到期收益率,也可以用即期利率作为贴现

率,但应用时必须符合两者的内在含义。具体来说,如果用的是式(2.10),其经济含义是每一笔未来的现金流都分别贴现至今加总,对于每一笔现金流来说,从今天到该笔现金流之间都没有其他现金流发生,当然必须使用反映相应期限和相应风险的即期利率进行贴现;如果用的是式(2.11),其经济含义是选择一个总的年平均收益率为所有现金流贴现,这时就应使用反映相应期限、相应风险和相应现金流结构的到期收益率作为贴现率。

其中值得注意的是,我们强调即期利率的选择必须符合相应期限和相应风险,到期收益率的选择除了相应期限和相应风险之外,还需符合相应的现金流结构。这是因为贴现率本质上是人们投资时面对未来所要求的收益率,它是预期收益率或是要求收益率的概念,因此其选择必须与现金流的期限、风险和现金流结构相匹配:首先,人们对不同期限的投资,所要求的收益率显然是不一样的;其次,未来现金流风险不同,所要求的收益率显然也不一样,正如我们在第二节中所提到的,贴现率应该等于无风险利率加上风险溢酬;最后,对于到期收益率来说,如果计复利频率不同,则相同期限和相同风险的债券的到期收益率也是不同的。一般来说,应选择同样利息支付频率的平价到期收益率作为贴现率。

(三) 总收益率

尽管到期收益率应用广泛,但其内在的缺陷始终难以克服,由此产生了总收益率(total return)的概念。在预先设定的未来利率条件下计算债券投资的未来总收入,相应得到的内含收益率就是总收益率。例 2.3 阐释了总收益率的计算过程。

例 2.3 计算总收益率

假设某债券基金经理计划投资一种剩余期限 20 年、面值 100 元、息票率 8%、每半年付息一次的债券,投资期 3 年,到期收益率为 7.84%(连续复利)。为了估计总收益率,该基金经理预测未来每次的再投资利率均为 6%(连续复利),3 年后的 17 年到期收益率估计为 7%(连续复利)。则该债券的总收益率计算如下:

首先,在 6% 的再投资收益率下,未来 3 年内该债券息票收入的终值预计为

$$4e^{6\%\times 2.5} + 4e^{6\%\times 2} + 4e^{6\%\times 1.5} + 4e^{6\%\times 1} + 4e^{6\%\times 0.5} + 4 = 25.90(元)$$

其次,在 7% 的未来到期收益率下,3 年后预计的出售价格为

$$4e^{-7\%\times 0.5} + 4e^{-7\%\times 1} + 4e^{-7\%\times 1.5} + \cdots + 104e^{-7\%\times 17} = 108.56(元)$$

因此,3 年后的总终值为 25.90 + 108.56 = 134.46(元),而该债券的今天购买价

格为

$$4e^{-7.84\%\times0.5} + 4e^{-7.84\%\times1} + 4e^{-7.84\%\times1.5} + \cdots + 104e^{-7.84\%\times20} = 100(元)$$

由此可计算出 3 年当中的预计年化总收益率(连续复利)为

$$\frac{\ln\left(\frac{134.46}{100}\right)}{3} = 9.87\%$$

折成半年复利一次的年收益率为 10.12%。

由例 2.3 可知,要计算总收益率,需要先预计未来每次现金流的再投资利率以及投资期末的到期收益率,从而估计出投资期末能获得的总的终值,其中包括债券的利息、再投资收入和出售价格,与当前的购买价格相比,即可计算得到投资期内的年化总收益率。

与到期收益率相比,总收益率的优点在于引入了计划投资期、预期的再投资利率和预期的未来市场到期收益率等因素,从而克服了到期收益率持有到期和再投资利率不变的假设,从而可能得到一个更切合实际投资状况的收益率指标;同时,由于总收益率是由到期总收入终值与当前支付价格直接计算得到,不同期限、不同本金偿付和不同利息支付的债券的总收益率是直接可比的。

然而,总收益率的缺点显而易见,它非常依赖再投资利率和未来到期收益率的假设,如果未来的利率变动与预期不符,则总收益率也难以准确度量真实的投资收益。总收益率这一内在缺陷使其仍然难以超越到期收益率成为投资收益率的合理指标。为了克服这一缺点,投资者可以进行情景分析,即假设不同的再投资利率和未来到期收益率情景,分别得到总收益率,再进行分析和比较。

二、浮动利率债券的收益率分析

由于浮动利率债券的票面利率通常设定为

息票率 = 基准利率 + 报价利差

浮动利率债券的收益率分析也相应分为参考利率分析和利差分析两类。

(一) 参考利率分析

由于浮动利率债券的息票由参考利率和报价利差两部分组成,因此其现值可以分拆成确定现金流的现值与不确定现金流的现值两部分。其中,确定现金流的现值包含债券面值贴现值、下一付息日息票贴现值与下一付息日之后报价利差的贴现值;不确定现金流的现值则是下一付息日之后参照利率利息贴现

值。具体可以表达为

$$V(t) = c_1 e^{-R_1(t,t_1) \times (t_1-t)}$$
$$+ M \times \left(e^{-R_1(t,t_n) \times (t_n-t)} + \sum_{i=2}^{n} s_q e^{-R_1(t,t_i) \times (t_i-t)} + \sum_{i=2}^{n} r_i e^{-R_2(t,t_i) \times (t_i-t)} \right)$$
(2.15)

其中,$V(t)$ 和 M 分别为 t 时刻的债券价格和面值;c_1 为下一付息日将支付的利息(是已知的);s_q 是票面利率中规定的不变的报价利差;r_i 则是下一付息日之后的参考利率(当前是未知的);t_i 表示未来付息时刻,当 $i=n$ 时债券到期;$R_1(t,t_i)$ 和 $R_2(t,t_i)$ 分别表示相应期限确定现金流的贴现率和不确定现金流的贴现率,两者之间的差距就是利率风险溢酬①。

可以看到,式(2.15)中的前三项都是确定的,从当前价格中减去这三项确定的值,并将最后一项表达为平均参考利率的贴现,可以得到

$$V(t) - c_1 e^{-R_1(t,t_1) \times (t_1-t)} - M \times \left(e^{-R_1(t,t_n) \times (t_n-t)} + \sum_{i=2}^{n} s_q e^{-R_1(t,t_i) \times (t_i-t)} \right)$$
$$= M \sum_{i=2}^{n} r_i e^{-R_2(t,t_i) \times (t_i-t)} = M \sum_{i=2}^{n} \bar{r} e^{-R_2(t,t_i) \times (t_i-t)}$$
(2.16)

因此,从每个浮动利率债券的市场价格中,我们都可以倒推出相应的平均参考利率 $\bar{r}$。两个剩余期限相同(或接近)且参考利率相同的浮动利率债券,其平均参考利率应该是相同的。对市场上的浮动利率债券进行分析,可确定某一剩余期限的参考利率均值。若某只债券的平均参考利率与市场均值相差较大,可视为定价不合理:偏高的平均参考利率意味着价格高估,偏低的平均参考利率则表明存在低估。

(二)贴现利差分析

与参考利率分析不同,利差分析通过考察浮动利率债券的收益率超过参考利率的程度来分析浮动利率债券的投资价值,本书介绍最为常用的贴现利差(discount margin)。

计算贴现利差的基本步骤如下:

第一步,设定参考利率水平 r 并假设其在浮动利率债券存续期内保持不变;

第二步,根据最近的参考利率和报价利差 s_q 确定未来每期的现金流;

第三步,设定初始的贴现利差 s_d,令未来每期贴现率为 $r+s_d$,为债券定价;

第四步,找到使该债券未来现金流现值等于其当前价格的 s_d,就是当前债

---

① 有关利率风险溢酬的介绍详见第七章。由于该问题较为复杂,业界在使用时常常忽略两者之间的差异。

券价格中隐含的贴现利差。

下面我们用例2.4来帮助读者理解贴现利差。

例2.4 计算贴现利差

一个剩余期限2年、每半年浮动一次的浮动利率债券,票面利率为6个月期SHIBOR加上0.6%(半年计息一次),债券当前市场价格为99.8元,当前的6个月期SHIBOR为3%(连续复利)。根据贴现利差的计算步骤,假设未来的6个月期SHIBOR始终保持在3%,则每6个月的年贴现率始终为$(3\% + s_d)$。求解

$$1.8e^{-(3\% + s_d) \times 0.5} + 1.8e^{-(3\% + s_d) \times 0.5 \times 2} + 1.8e^{-(3\% + s_d) \times 0.5 \times 3} + 101.8e^{-(3\% + s_d) \times 0.5 \times 4} = 99.8$$

可得$s_d = 0.67\%$。

估计出贴现利差之后,就可以比较不同浮动利率债券的贴现利差,分析其相对投资价值。但是,从例2.4中可以看出,估计贴现利差时我们假设参考利率不变,而这一假设通常是不可能成立的,这是贴现利差的重要缺陷。

第五节 债券的报价

在讨论了债券定价和收益率分析之后,我们介绍市场上的债券报价是如何进行的。

具体来看,债券报价具有三个值得关注的特点:

第一,债券报价通常既报出债券价格,也报出相应的到期收益率。其原因我们在本章第四节中已经分析过了,在此不再赘述。在债券的天数计算规则不同的时候,人们常常还将其统一转化为债券等价收益率,以对其进行比较。这一点在本章第二节中也有详细的阐述。

第二,债券报价时通常报出面值每100元的价格,例如,美国债券面值通常为1 000美元,则110元的报价意味着每张债券价格为1 100美元。不同市场的最小报价单位往往不同,例如美国国债的最小报价单位为$\frac{1}{32}$,这样112-06的报价意味着每100美元面值的美国国债价格为112.1875美元,又如美国公司债的最小报价单位是$\frac{1}{8}$,而中国交易所上市债券的最小报价单位则为0.01元。

第三，债券报价时使用的是净价(clean price)而非全价(full price)。全价常常又被称为现金价格(cash price)或发票价格(invoice price)，是投资者在交割债券时买方支付(卖方收取)的价款，它代表着买方要获得该债券所支付的对价，第三节中定价公式计算得到的债券价格就是理论上的全价。净价则等于全价减去应计利息(accrued interest)。例2.5解释了净价与全价的计算。

例2.5 净价与全价

2010年3月19日，对于一个息票率为3.8%(半年支付一次利息)、到期时间为2015年7月15日、市场报价为96元的国债，根据市场报价为净价的原则，96元就是其净价。根据其到期日和付息频率可知，该债券上一次付息日为2010年1月15日，下一次付息日应为2010年7月15日，整段计息期间为181天，上一次付息日到3月19日为35天，因此应计利息为

$$1.9 \times \frac{35}{181} = 0.348(元)$$

因此，投资者要购买此债券，应支付96.348元的全价。

值得强调的是，全价是具有经济内涵的，因为其代表的是买卖双方交易的价款；净价没有确切的经济内涵，净价的引入只是为了在报价时剔除债券价格中确定性的利息部分，避免在每次付息日债券价格都会出现类似股票除息的价格下调的现象，造成价格的不连续。

本章小结

1. 终值是今天的投资在未来某个时点上的价值。现值则是未来某个时点一定量的现金在今天的价值。计算现值的过程也被称为贴现。
2. 年金是指某段时间内定期发生的一系列相同金额的现金流，具体可分为普通年金、即付年金、永续年金和递延年金等。
3. 费雪方程认为真实利率等于名义利率减去预期通胀率，也就是说，在通常情况下，名义利率与预期通胀率正相关。
4. 零息票债券的到期收益率就是相应期限的即期利率。远期利率则是现在时刻的将来一定期限的利率。
5. 连续复利的终值公式和现值公式分别为 $FV = PVe^{R_c n}$ 和 $PV = FVe^{-R_c n}$。
6. 不同天数规则下的利率需要转换后才具有可比性。

7. 现金流贴现法是最基本的金融产品定价法,其基本思想是任何金融资产的内在价值都应该等于该资产未来现金流的现值。

8. 用即期利率给债券定价的公式为

$$V(t) = c_1 e^{-R(t,t_1)\times(t_1-t)} + c_2 e^{-R(t,t_2)\times(t_2-t)} + \cdots + c_n e^{-R(t,t_n)\times(t_n-t)}$$

用到期收益率给债券定价的公式则为

$$V(t) = c_1 e^{-y(t,t_n)\times(t_1-t)} + c_2 e^{-y(t,t_n)\times(t_2-t)} + \cdots + c_n e^{-y(t,t_n)\times(t_n-t)}$$

9. 固定利率债券最主要的价格特征就是价格与贴现率呈反向关系。

10. 如果浮动利率债券的票面利率是相应现金流的合理贴现率,浮动利率债券的定价公式为

$$V(t) = (M+K)e^{-R(t,t_1)\times(t_1-t)}$$

11. 浮动利率债券的利率风险很小。

12. 到期收益率代表了一笔投资按市场价格买入的内含预期收益率,与债券价格之间存在一一对应关系。但由于假设没有违约风险、持有到期和再投资利率相等,到期收益率并非精确的收益率指标。

13. 到期收益率可以用于报价、比较债券的投资价值以及为债券定价。

14. 在预先设定的未来利率条件下计算债券投资的未来总收入,相应得到的内含收益率就是总收益率。

15. 债券报价时使用的是净价而非全价。

❓ 习题

1. 若每半年复利一次的年利率为 5%,请计算与之等价的以下复利形式的年利率:(1) 每年复利一次;(2) 每季度复利一次;(3) 连续复利。

2. 假设当前你在某银行存入 1 000 元,存款年利率为 6%,请分别按照以下复利形式计算 3 年后该存款的终值:(1) 每年复利一次;(2) 每月复利一次;(3) 连续复利。

3. 假设你从 2010 年到 2014 年每年年初均在某银行存入 1 000 元,若银行存款年利率为 6%,每年复利一次,请计算该投资在 2010 年初的现值以及在 2014 年末的终值。

4. 若某剩余期限为 5 年的零息票国债,当前市场价格为 82 元,到期支付本金 100 元,请根据该债券计算连续复利形式下 5 年期即期利率。

5. 设一个剩余期限为 3 年的固定利率债券,本金为 100 元,票面利率为 4%,每年付息一次,当前 1 年、2 年和 3 年期的即期利率(连续复利)分别为 3.50%、3.80% 和 4.20%,请用现金流贴现法计算该债券的理论价格,并计算该价格对应的到期收益率。

6. 请解释到期收益率的含义及其与即期利率的区别。

7. 设一个剩余期限为 2 年的固定利率债券,本金为 100 元,票面利率为 5%,每半年付息一次,并且该债券到期收益率(连续复利)为 4.80%,请计算该债券的价格,并比较以下两种情况下债券价格的变化:(1) 到期收益率上升 50 个基点;(2) 到期收益率下降 50 个基点。

8. 某剩余期限为 2.25 年的浮动利率债券,每半年支付一次利息,参考利率为 6 个月期 SHIBOR(连续复利)加 0.25%。若上一次付息日观察到的 6 个月期 SHIBOR(连续复利)为 4%,当前 3 个月期 SHIBOR(连续复利)为 3.80%,假设该债券合理的贴现率等于参考利率,请计算该浮动利率债券的价格。

附录

普通复利的利率常被称为百分比收益率,因为它可以表达为

$$\frac{\Delta V}{V(t)} = \frac{V(T) - V(t)}{V(t)}$$

即一段时间内的价格变动占初始价格的比例。

作为百分比收益率的极限,式(2.6)和式(2.7)表明,在计息天数不整齐时,连续复利终值只要直接将相应期限内连续复利的年利率和计息天数相乘即可计算,无须像普通复利法下那样,根据计息天数调整计算时使用的利率。假设计息天数为 56 天,那么每 1 元钱连续复利的终值就是 $e^{R_{56} \times \frac{56}{365}}$,相当方便。其中 R_{56} 是 56 天的连续复利的年利率。

不仅如此,与百分比收益率相比,连续复利收益率还有相当多的优点,比如:

1. 计算多期收益率时较为方便

例如,投资者希望计算出 3 年的年投资回报率。在一年计一次复利的情况下,3 年的年回报率为 $\sqrt[3]{(1+r_1)(1+r_2)(1+r_3)} - 1$,其中 r_1、r_2 和 r_3 分别为第 1、2 和 3 年的每年计息一次的年回报率。但在连续复利的情况下,假设当前为 0 时刻,3 年的年回报率为 $\frac{R(0,1) + R(1,2) + R(2,3)}{3}$,其中 $R(0,1)$、$R(1,2)$ 和 $R(2,3)$ 分别为第 1、2 和 3 年的连续复利的年回报率。也就是说,在连续复利的方式下,多期收益率是单期收益率的简单平均,从而大大简化了计算。此外,无论现金流时间间隔是否规则,其现值一定都可表示为 $PV(t) = \sum_i c_i e^{R(t,t_i) \times (t_i - t)}$,而普通复利在现金流不规则时求现值和终值都非常麻烦。

2. 符合正态分布假设

收益率近似服从正态分布,是金融研究中最常用的假设之一。普通复利的利率不符合这一假设,而如果使用连续复利利率,就可以采用这一假设。

首先,服从正态分布的变量取值范围为 $(-\infty, +\infty)$。作为百分比收益率,在有限责任的原则下,普通复利收益率只在 -1 和 $+\infty$ 之间变动,显然不满足这一取值范围。而连续复利收益率由于是普通复利收益率的对数,其取值范围正是 $(-\infty, +\infty)$。

其次,如果假设单期利率为正态分布变量,在普通复利的计算方法下,由于多期年利率

要由单期利率乘积后开方得到,很难保证其仍然服从正态分布;而连续复利计算方法下的多期年利率仅仅是单期利率的简单算术平均,仍然可以服从正态分布。

3. 不存在汇率收益率的悖论问题

连续复利利率在汇率收益率计算方面具有明显优势。观察表 A 和表 B,可以看出,如果分别计算任意两个货币之间的收益率,例如计算美元对日元汇率变动的收益率和日元对美元汇率变动的收益率,在百分比收益率下,两者的绝对值不会相等,如果假设其中之一服从正态分布,另一个就无法服从正态分布。这显然是不符合经济现实的,因为既然同样是描述两种货币汇率的变动,就应该具有相同的性质。而在连续复利收益率下,这两者是绝对值相等而符号相反的,从而可以满足同时服从正态分布的假设。

如果再引入第三种货币欧元,在连续复利收益率下,欧元对日元的收益率等于欧元对美元和美元对日元交叉汇率的收益率之和,即

$$\ln e_2 f_2 - \ln e_1 f_1 = (\ln f_2 - \ln f_1) + (\ln e_2 - \ln e_1)$$

类似地,日元对欧元的收益率等于日元对美元收益率加上美元对欧元收益率之和。由于连续复利收益率下,任意两种交叉汇率收益率都服从正态分布,第三种货币汇率的收益率相应地也可服从正态分布。而百分比收益率并不具备这一性质。

表 A　0 时刻和 1 时刻的交叉汇率

0 时刻	美元	日元	欧元
美元	1	e_1	$1/f_1$
日元	$1/e_1$	1	$1/e_1 f_1$
欧元	f_1	$e_1 f_1$	1
1 时刻	美元	日元	欧元
美元	1	e_2	$1/f_2$
日元	$1/e_2$	1	$1/e_2 f_2$
欧元	f_2	$e_2 f_2$	1

表 B　0 时刻至 1 时刻的交叉汇率收益率

百分比收益率	美元	日元	欧元
美元	0	$\dfrac{e_2 - e_1}{e_1}$	$\dfrac{f_2 - f_1}{f_2}$
日元	$\dfrac{e_2 - e_1}{e_2}$	0	$\dfrac{f_2 e_2 - f_1 e_1}{f_2 e_2}$
欧元	$\dfrac{f_2 - f_1}{f_1}$	$\dfrac{f_2 e_2 - f_1 e_1}{f_1 e_1}$	0
连续复利收益率	美元	日元	欧元
美元	0	$\ln e_2 - \ln e_1$	$\ln f_2 - \ln f_1$
日元	$\ln e_1 - \ln e_2$	0	$\ln f_1 e_1 - \ln f_2 e_2$
欧元	$\ln f_1 - \ln f_2$	$\ln f_2 e_2 - \ln f_1 e_1$	0

然而，连续复利利率也有其自身的缺点。尽管在时间序列上，连续复利利率可以很容易地实现多期收益率的计算，但在给定时刻，单个资产连续复利收益率的加权平均却不是整个组合的连续复利收益率，因为对数之和不等于和的对数。这是连续复利利率的一个缺点。但在金融研究中，如果时间很短，人们往往也近似假设组合的收益率是单个资产连续复利收益率的加权平均，例如JP摩根银行的RiskMetrics方法就采用了这一假设。

第三章

利率远期、利率期货与利率互换

学习目标

在学习完本章之后,你应该能够理解和掌握:
- 远期利率协议的基本原理和结算方式;
- 如何确定合理的远期利率;
- 如何计算远期利率协议的价值;
- 利率期货与利率远期的差异;
- 欧洲美元期货的报价和结算方式;
- 如何为利率期货定价;
- 利率互换的基本市场机制;
- 如何为利率互换定价;
- 利率互换的运用。

第三章　利率远期、利率期货与利率互换

在本章的三个小节中，你将分别学习三种基础利率衍生品的基本运行机制与定价方法：利率远期、利率期货与利率互换。掌握最基本的利率衍生品原理对理解现代固定收益证券市场至关重要。在这一章中我们只介绍了利率互换的运用。关于运用这些基础利率衍生品进行利率风险管理的具体内容，我们将放在第五章中统一介绍。

第一节　利率远期

在第一章中我们已经介绍过，利率远期产品主要包括远期利率协议（FRA）和债券远期。债券远期通常交易量较小，而且其原理与第二节中的利率期货基本相同。因此，本节主要介绍远期利率协议的基本原理和定价。

一、远期利率协议的基本原理

远期利率协议是买卖双方同意从未来某一商定的时刻开始的一定时期内按协议利率借贷一笔数额确定、以具体货币表示的名义本金的协议。例 3.1 给出了一个具体例子。

例 3.1　远期利率协议

2010 年 3 月 15 日，国内某企业 A 根据投资项目进度，预计将在 6 个月后向银行贷款人民币 1 000 万元，贷款期为半年，但担心 6 个月后利率上升提高融资成本，即与银行商议，双方同意 6 个月后企业 A 按年利率 6.2%（一年计两次复利）向银行贷入半年 1 000 万元贷款。这就是一份 6×12 的远期利率协议，其中 6 表示该 FRA 的期限（以月表示，下同），12 则表示现在到贷款到期日的时长，两者之差就是贷款期限。

假设2010年9月15日该FRA到期时,市场实际半年期贷款利率为6.48%(一年计两次复利)。这时企业A有两个选择:

(1) 直接执行该FRA,以6.2%向银行贷入半年期1 000万元贷款,比市场利率节省利息支出

$$1\,000 \times \frac{6.48\% - 6.2\%}{2} \times \frac{1}{1 + 6.48\%/2} = 1.356(万元)$$

(2) 对该FRA进行现金结算,由于市场利率上升,银行支付给A企业

$$1\,000 \times \frac{6.48\% - 6.2\%}{2} \times \frac{1}{1 + 6.48\%/2} = 1.356(万元)$$

同时企业A直接到市场上以即期利率6.48%借入1 000万元的贷款,等价于按6.2%贷款。

假设2010年9月15日该FRA到期时,市场实际半年期贷款利率下跌至6%(一年计两次复利)。这时企业A在该FRA中损失而银行盈利,具体损失金额为

$$1\,000 \times \frac{6\% - 6.2\%}{2} \times \frac{1}{1 + 6\%/2} = -0.970\,9(万元)$$

可以看出,无论这个FRA到期时贷款利率是升是跌,企业A的真实贷款利率均锁定为6.2%。

从例3.1中可以看到,通过FRA事先约定利率,利率上升,借款人获利,贷款人损失;利率下跌,则借款人损失,贷款人获利。因此,FRA属于零和游戏,一方的盈利就等于另一方的亏损。

从例3.1中还可以看出,通过FRA事先约定利率,借款人可以规避利率上升的风险,贷款人则可以规避利率下跌的风险。但无论怎样,FRA将真实贷款利率锁定为协议利率。

在现实生活中,例3.1中的第二种选择,即对FRA进行现金结算是常见的做法,因为这种交割方法无须协议双方真实交换本金,只是在结算日根据协议利率和参考利率的市场实际值之间的差额以及名义本金额,由交易一方付给另一方结算金。这种现金结算制度既实现了对利率风险的规避,又大大提高了便利性和灵活性,使得那些仅仅对管理利率风险有需求而非需要真实借贷款的投资者也得以进入FRA,是一个非常好的制度安排。也正是源于此,例3.1中的1 000万元本金通常被称为名义本金。

注意在进行现金结算时,结算金额应等于利差的现值。因为FRA的本质是

远期的贷款协议,借款人总是在未来的贷款期末(如例3.1中的贷款期末为2011年3月15日)支付利息,而FRA却在未来的贷款期初(如例3.1中的贷款期初为2010年9月15日)就已经到期,因为此时实际的贷款利率已经可以确定了。这样,在FRA到期进行结算时,结算金额就应等于利差从贷款期末贴现至FRA到期时的现值。

此外,值得一提的是,FRA的多方为利息支付者,即名义借款人,其订立FRA的目的主要是规避利率上升的风险。相应地,FRA的空方则是利息获得者,即名义贷款人,其订立FRA的目的主要是规避利率下降的风险。

二、远期利率协议的定价

FRA的定价包括两个部分:确定合理的协议利率;确定FRA本身的价值。

(一) 远期利率

在FRA中,合理的协议利率就是我们在第二章中介绍过的远期利率。为什么呢?

我们首先来看一下远期利率的计算。它是由一系列即期利率决定的。假设现在时刻为 t 时刻,T 时刻到期的连续复利即期利率为 $R(t,T)$,T^* 时刻 ($T^* > T$) 到期的连续复利即期利率为 $R(t,T^*)$,则 t 时刻的 $T^* - T$ 期间的连续复利远期利率 $R(t,T,T^*)$①应满足以下等式

$$e^{R(t,T) \times (T-t)} \times e^{R(t,T,T^*) \times (T^*-T)} = e^{R(t,T^*) \times (T^*-t)}$$

由此可得

$$R(t,T,T^*) \times (T^* - T) = R(t,T^*) \times (T^* - t) - R(t,T) \times (T - t) \tag{3.1}$$

和

$$R(t,T,T^*) = \frac{R(t,T^*) \times (T^* - t) - R(t,T) \times (T - t)}{T^* - T} \tag{3.2}$$

式(3.2)是远期利率的常用计算公式。例如,如果1年期的即期连续复利利率为10%,2年期的即期利率为10.5%,那么其隐含的1年到2年的远期利率就等于

$$\frac{10.5\% \times 2 - 10\% \times 1}{2 - 1} = 11\%$$

如果今天签订的 $T \times T^*$ 远期协议利率中的协议利率 R_K 不等于式(3.2)中的远期利率 $R(t,T,T^*)$,就存在套利空间,套利的结果将使得一份合理的FRA的协议

---

① 接下来的各章节当中,我们都用 $R(\cdot,\cdot,\cdot)$ 表示连续复利的远期利率年利率,其中三个"·"依次代表即期时刻、远期起始时刻和远期到期时刻。

利率等于远期利率。表 3.1 列示了套利操作过程。

表 3.1　FRA 套利操作

	$R_K > \dfrac{R(t,T^*) \times (T^*-t) - R(t,T) \times (T-t)}{T^*-T}$	$R_K < \dfrac{R(t,T^*) \times (T^*-t) - R(t,T) \times (T-t)}{T^*-T}$
t 时刻	1. 以 $R(t,T^*)$ 一次性借入到期日为 T^* 的贷款 M 元 2. 将 M 以 $R(t,T)$ 贷出至 T 时刻 3. 签订一份期限为 T^*-T、协议利率为 R_K 的 FRA，贷出金额为 $M \times e^{R(t,T) \times (T-t)}$	1. 以 $R(t,T)$ 借入到期日为 T 的贷款 M 元 2. 签订一份期限为 T^*-T 的 FRA，约定在 T 时刻以 R_K 借入 $M \times e^{R(t,T) \times (T-t)}$ 元至 T^* 时刻 3. 将借入的 M 元以 $R(t,T^*)$ 贷出至 T^* 时刻
T 时刻	1. 收到贷款本息 $M \times e^{R(t,T) \times (T-t)}$ 2. 执行 FRA，将 $M \times e^{R(t,T) \times (T-t)}$ 按 R_K 贷出	1. 从 FRA 中按 R_K 借入 $M \times e^{R(t,T) \times (T-t)}$ 2. 正好还掉第一笔借款
T^* 时刻	1. 从 FRA 贷款中收回 $M \times e^{R(t,T) \times (T-t)} \times e^{R_K \times (T^*-T)}$ 2. 还掉长期贷款 $M \times e^{R(t,T^*) \times (T^*-t)}$，获得无风险收益	1. 收回长期贷款 $M \times e^{R(t,T^*) \times (T^*-t)}$ 2. 还掉 FRA 借款本息 $M \times e^{R(t,T) \times (T-t)} \times e^{R_K \times (T^*-T)}$，获得无风险收益
结果	$R(t,T)$ 与 R_K 趋于下降，$R(t,T^*)$ 趋于上升 $R_K = R(t,T,T^*) = \dfrac{R(t,T^*) \times (T^*-t) - R(t,T) \times (T-t)}{T^*-T}$	$R(t,T)$ 与 R_K 趋于上升，$R(t,T^*)$ 趋于下降

从直觉上来理解，按 T 期的即期利率投资 T 年，同时签订一份 $T \times T^*$ 的远期利率协议，在 T 年后以远期利率投资 T^*-T 年，应等同于一次性投资 T^* 年。

（二）远期利率协议的价值

持有一份 FRA 带来的盈亏就是该 FRA 对其持有者的价值。由于 FRA 是零和游戏，因此多方与空方的 FRA 价值之和为 0。当一份 FRA 的协议利率等于远期利率时，该 FRA 对买卖双方来说是公平的，因此多空双方的协议价值都等于 0。一般来说，在签订 FRA 时，公平合约中的协议利率通常都会等于当前即期利率中隐含的远期利率，从而使得双方的协议价值为 0。这意味着无须成本就可处于 FRA 的多头或空头状态。但在 FRA 签订以后，协议利率已经不能变化，多空双方的 FRA 价值将随着远期利率的变化而变化。

考虑 t 时刻的两份 FRA，它们的名义本金均为 M，约定的未来期限均为 T^*-T，第一个 FRA 的协议利率就是市场远期利率 $R(t,T,T^*)$，第二个 FRA 的协议利率为 R_K。显然，这两个 FRA 之间的唯一不同就是 T^* 时刻的利息支付。换句话说，对于 FRA 的多头（即支付固定利率的一方）来说，t 时刻第二个 FRA

与第一个 FRA 的价值差异就是 T^* 时刻不同利息支付的现值[①]

$$(Me^{R(t,T,T^*)\times(T^*-T)} - Me^{R_K \times (T^*-T)})e^{-R(t,T^*)\times(T^*-t)} \quad (3.3)$$

由于第一个 FRA 中的协议利率等于远期利率,其远期价值应为零,则第二个 FRA 的价值就等于式(3.3)。

式(3.3)适合于任何远期利率协议价值的计算。例如,当 $R_K = R(t,T,T^*)$ 时,FRA 价值为零;又如,当 FRA 到期时,$R(t,T,T^*)$ 就是 $T^* - T$ 期限内的真实利率,FRA 价值就等于协议利率与真实利率息差的贴现,也就是多空双方到期时的结算金额。

第二节 利率期货

一、利率期货与利率远期

在第一章中我们已经知道,利率期货是指以债务工具或利率为标的的期货合约。与其他产品的远期和期货一样,利率远期和利率期货在本质上是相同的,这两类产品中的关键价格要素——远期利率与期货利率本质上也是相同的。但交易所对利率期货的交易制度安排使得它们之间出现了一定的差异,主要体现在:

第一,远期利率协议报出的是远期利率,而利率期货所报出的通常并非期货利率,而是与期货利率反向变动的特定价格,期货利率隐含在报价中。

第二,由于上述区别,利率期货结算金额为期货到期 T 时刻(即计息期初)协议价与市场价的差别,远期利率协议的结算金额则为计息期末 T^* 时刻利差的贴现值。

第三,利率期货存在保证金和每日盯市结算要求,加上结算金额计算方式的不同,利率远期与利率期货就在利息方面存在差异,从而决定了远期利率与期货利率有所不同。

第四,由于多头总是规避价格上升风险的交易者,因此第一点差异决定了在远期利率协议中的多头是规避利率上升风险的一方,而利率期货的多头则是规避期货价格上升风险,即规避利率下跌风险的一方。

第五,远期利率协议通常采用现金结算,而利率期货可能需要实物交割,期

[①] 在实际中,FRA 中的协议利率与实际的即期利率都是以普通复利的形式报出的,这里我们将之全部转化为连续复利,这一转化并不影响结论。

货交易所通常规定多种符合标准的不同证券均可用以交割,使得利率期货相对复杂。

上述差异理解不易,我们将在下面具体产品的介绍中进行详细的分析和讨论。在本书中,我们分别以 CME 集团的欧洲美元期货和长期美国国债期货为例,介绍短期和长期利率期货的基本原理和定价分析方法。

二、欧洲美元期货

(一)欧洲美元期货合约市场机制

表 3.2 列出了 CME 场内交易①的欧洲美元期货合约的主要规定。

表 3.2 CME 场内交易的欧洲美元期货合约主要条款

交易单位	本金为 1 000 000 美元的 3 个月期欧洲美元定期存款
点数	1 点 = 0.01% = 25 美元
最小变动价位	即将到期合约:0.0025% = 6.25 美元 其他合约:0.005% = 12.5 美元
交易月份	40 个 3 月季度循环月份以及不在 3 月循环中距离当前最近的四个序列月份
交易时间	芝加哥时间周一至周五 7:20—14:00
最后交易日与结算日	3 月循环月份:到期月第三个星期三之前的第二个伦敦银行工作日伦敦时间上午 11:00(芝加哥时间上午 5:00),故此 CME 场内交易的实际结束交易日是到期月第三个星期三之前的第三个伦敦银行工作日 序列月份:除了到期日通常为到期月的某个星期一之外,其他规定相同
新合约上市日	3 月循环月份:前一个合约最后交易日的下一个工作日。芝加哥时间早上 7:20 序列月份:前一个合约最后交易日的芝加哥时间早上 7:20。如遇假期顺延到下一工作日
结算方式	根据到期结算日伦敦时间上午 11:00 英国银行家协会(The British Bankers' Association,BBA)提供的利率概览中的 3 个月期 LIBOR 进行现金结算;最后结算价为四舍五入至小数点后 4 位,即 0.0001%,意味着每份合约 0.25 美元

从表 3.2 可以看出,欧洲美元期货的交易双方在期货合约中约定的是 3 个月期的欧洲美元定期存款利率(即 3 个月美元 LIBOR 利率),每份合约本金 100

---

① 目前,CME 的欧洲美元期货合约还有全球的电子交易(Globex®),我们这里仅以场内交易(Floor)的欧洲美元期货合约作为例子。

万美元。需要强调的是,这里的3个月是从期货到期日起算的。

另外,表3.2说明欧洲美元期货的交易月份包括长达10年的3月季度循环月份与非3月循环中距离当前最近的4个序列月(serial months),也就是说,总有44个到期品种同时可供交易。以2010年5月为例,本月合约到期前交易的欧洲美元期货到期月包括本年的5月、7月、8月、10月,这四个月就是序列月份;还包括3月循环中的2010年6月、9月、12月直至2020年3月共40个季度循环月。5月合约在2010年5月17日到期后,将增加2010年11月到期的新合约,以此类推。当然,特定到期月份是否有成交量则由市场决定。

实际上,在欧洲美元期货合约中最易产生误解的就是其报价以及相应的结算机制,这也是我们介绍的重点。我们将结合图3.1进行讲解。

	OPEN RANGE	HIGH	LOW	CLOSING RANGE	SETT. PRICE IMM INDEX DISCOUNT +/ PT.CHGE.##	RTH VOLUME	GLOBEX® VOLUME	OPEN INTEREST	----CONTRACT---- HIGH LOW
EURO DLR FUT									
MAY10	99.6000			99.6025	99.5950 (.40) + 0.5	600	6680	75609 + 4554	99.7700B 99.4050
JUL10		99.6025	99.6000	99.4800N	99.4650 (.53) - 1.5		192	8405 + 81	99.6250B 99.4550
AUG10				99.4350N	99.4050 (.59) - 3.0			455 UNCH	99.5750 99.4000A
JUN10	99.5300	99.5400B	99.5150A	99.5300B	99.6300 (.47) UNCH	1914	150371	1224658 + 18254	99.6700 99.0600A
SEP10	99.3800	99.3500B	99.3500A	99.3600	99.3600 (.64) + 3.0	2439	223115	1122137 - 1687	99.5500 92.9500A
DEC10	99.1600	99.1500A	99.1250A	99.1500	99.1300 (.87) + 4.5	4629	270387	1128289 + 16751	99.3250 92.8850A
MAR11	98.8850	98.9050B	98.8400A	98.8450A	98.8350 (1.16) + 6.5	3615	282552	760714 + 5581	99.0150 92.8250A
JUN11	98.5650	98.5950B	98.5100A	98.5100A	98.5100 (1.49) + 8.0	4241	295563	863133B - 10470	98.6550 92.7900A
SEP11	98.2450	98.2550B	98.1900A	98.1900A	98.1850 (1.81) + 8.5	4554	187865 + 4747	98.3000 92.7500A
DEC11	97.9500	97.7500	97.8750	97.8750A	97.8700 (2.14) + 9.0	3770	125146	567094 + 5450	97.9750 92.7100A
MAR12	97.6450	97.6450	97.5950A	97.5950A	97.5950 (2.40) + 9.0	4740	123710	357914 + 4320	97.7500B 92.6700A
JUN12	97.3650	97.3800B	97.3200A	97.3200A	97.3150 (2.68) + 9.5	1831	42716	241791 + 1373	97.7250 92.6350A
SEP12	97.1050	97.1150B	97.0700A	97.0600A	97.0550 (2.94) + 9.5	3801	39917	194747 + 3121	97.4680B 92.6200A
DEC12	96.8500	96.8500B	96.8000A	96.8000A	96.8000 (3.20) + 9.5	1501	27709	154493 + 1038	97.6300 92.6000A
MAR13	96.6200	96.6250B	96.5850A	96.5850A	96.5800 (3.42) + 9.0	1274	28279	131233 + 480	97.6150B 92.5650A
JUN13	96.3950	96.4100B	96.3650A	96.3700A	96.3600 (3.64) + 9.0	383	12412	82944 + 277	97.5700 92.5450A
SEP13	96.1900	96.2050B	96.1650A	96.1650A	96.1600 (3.84) + 9.0	533	11199	82665 - 458	97.5500B 92.5900A
DEC13	95.9950	95.9950B	95.9650A	95.9650A	95.9550 (4.04) + 9.0	85	9374	42591 + 805	97.4100B 92.6900A
MAR14	95.8150	95.8250B	95.8000A	95.8000A	95.7950 (4.20) + 9.0	78	6904	40797 - 168	97.4400 92.7800A
JUN14	95.6500	95.6500	95.6400A	95.6450A	95.6350 (4.36) + 9.0	115	4597	37962 - 397	97.3450B 93.1250A
SEP14	95.5050	95.4950A	95.5050	95.4900A	95.4900 (4.51) + 6.0	91	3478	26745 + 357	97.2900B 93.5600A
DEC14	95.3550	95.3550B	95.3450A	95.3450A	95.3450 (4.65) + 8.5	89	3174	19713 - 17	97.2050B 93.6450A
MAR15	95.2450	95.2550B	95.2450A	95.2450A	95.2450 (4.75) + 8.5	128	3797	17217 + 218	97.1800B 93.6540A
JUN15		95.1450B	95.1700A	95.1700A	95.1450 (4.85) + 8.0		743	10616 - 112	97.1500B 93.6400A
SEP15		95.0800B	95.0600A	95.0600A	95.0600 (4.94) + 7.5		737	7190 + 116	97.1200B 93.6200A
DEC15		94.9850B	94.9700A	94.9500A	94.9700 (5.03) + 7.5		736	9171 + 55	97.0650B 93.5900A
MAR16		94.9150A	94.9100A	94.9400A	94.9250 (5.07) + 7.0		664	9526 + 144	97.1300 93.5780A
JUN16			94.8500A	94.8750A	94.8600 (5.14) + 7.0		421	4758 - 61	97.0600B 93.5450A
SEP16			94.8050A	94.8300A	94.8200 (5.18) + 6.5		231	4205 - 52	97.0500B 93.5250A
DEC16		94.7750B	94.7550A	94.7800A	94.7750 (5.22) + 6.0		323	7183 + 121	97.0500B 93.5100A
MAR17			94.7250A	94.7500A	94.7450 (5.25) + 6.0		131	3073 - 27	97.0300B 93.4800A
JUN17			94.6850A	94.7050A	94.7050 (5.29) + 6.0		10	1135 + 1	97.0300B 93.5800A
SEP17			94.6450A	94.6800A	94.6800 (5.33) + 5.5		19	1146 + 7	97.0350B 93.6050A
DEC17		94.6300B	94.6000A	94.6350A	94.6300 (5.37) + 5.0		24	1931 + 12	97.0450B 93.8650A
MAR18			94.5750A	94.6100A	94.6050 (5.39) + 5.0		33	1471 + 16	97.0450B 93.8650A
JUN18			94.5400A	94.5800A	94.5450 (5.43) + 5.0		14	459 - 2	97.0450B 93.8450A
SEP18			94.5100A	94.5450A	94.5450 (5.45) + 4.5		35	1330 - 16	97.0500B 93.8350A
DEC18		94.5000B	94.4700A	94.5100A	94.5100 (5.49) + 4.0		22	1761 + 5	97.0450B 93.9100A
MAR19			94.4550A	94.4950A	94.4950 (5.50) + 4.0		17	949 + 9	98.7000B 93.9050A
JUN19		94.4250A	94.4650A	94.4650A	94.4650 (5.53) + 4.0			645 UNCH	95.1150B 93.8800A
SEP19		94.3950A	94.4350A	94.4350A	94.4350 (5.56) + 4.0		10	635 + 10	95.1000B 93.8550A
DEC19			94.3900A	94.3900A	94.3900 (5.61) + 4.0			730 UNCH	94.4400B 93.7900A
MAR20			94.3300A	94.3700A	94.3700 (5.63) + 4.0			431 UNCH	94.4200B 93.8400A
TOTAL EURO DLR FUT						39812	1858062	7957521 + 12632	

图3.1 2010年5月3日CME欧洲美元期货报价

数据来源:CME集团网站(www.cmegroup.com)。

图3.1引自CME集团网站2010年5月3日收市后公布的当日交易公告。按从左到右,各列分别为不同到期月品种(这里未给出交易不活跃的部分品种)、当日开盘价、当日最高价、当日最低价、当日收盘价、当日结算价(欧洲美元期货结算价与收盘价计算方式不同)、贴现率(discount)、与前一日结算价相比点数变动(PT CHGE##)、当日场内交易量(RTH volume)、当日全球电子交易量(Globex® volume)、未平仓合约数(open interest)、合约上市以来最高价和最低价。

我们先来关注贴现率。在图3.1中,2010年5月3日,将于2010年6月14

日到期的欧洲美元期货合约 EDM10 的贴现率为 0.47%。这意味着交易双方约定 2010 年 6 月 14 日的 3 个月期欧洲美元存款利率为 0.47%，3 个月收益率约为 $\frac{0.47\%}{4} = 0.1567\%$。因此，欧洲美元期货报价中的所谓"贴现率"，实际上就是期货利率。期货利率与远期利率十分类似，都是现在时刻的将来一定期限的利率，是欧洲美元期货交易双方主要约定的价格条款。由于每一份合约意味着一笔本金为 100 万美元的 3 个月期存款，因此期货利率每变动 0.01%，将导致一份期货合约的价值变动

$$1\,000\,000 \times 0.01\% \times \frac{1}{4} = 25(\text{美元})$$

进一步看，由于欧洲美元存款利率主要基于 LIBOR 美元利率，因此期货合约到期时，采用到期日那天 BBA 提供的 3 个月期欧洲美元定期存款 LIBOR 利率与期货价格进行比较，计算利差并进行现金结算。同样，利率每相差 0.01%，结算金额就相差 25 美元。

与 FRA 直接约定远期利率不同，尽管欧洲美元期货也报出贴现率，但其价格是以"100 - 期货利率 × 100"报出的，称为"IMM 指数"。以图 3.1 中的 2010 年 6 月 14 日到期的欧洲美元期货合约 EDM10 为例，与 0.47% 对应的 IMM 指数报价就是 99.53。在这样的机制下，欧洲美元期货交易具有以下几个特点：

首先，IMM 指数与市场利率反向变动，因此一个规避利率上升风险者应进入欧洲美元期货的空头，而一个规避利率下跌风险者应进入欧洲美元期货的多头。

其次，期货利率每变动 0.01%，合约价值变动 25 美元，这意味着期货报价（IMM 指数）每变动 0.01，合约价值变动 25 美元。更确切地说，期货利率每下降 0.01%，IMM 指数上升 0.01，期货多头盈利（期货空头亏损）25 美元；期货利率每上升 0.01%，IMM 指数下跌 0.01，期货多头亏损（期货空头盈利）25 美元。例如，假设 2010 年 6 月 14 日 EDM10 到期时，BBA 报出的 3 个月期美元 LIBOR 年利率为 0.40%，相应的 EDM10 最后结算价就为 99.60。因此，如果忽略持有期间的盯市结算与保证金要求，一个于 2010 年 5 月 3 日以当日最低价 99.5150 买入 EDM10 的交易者在该笔交易上是盈利的，在最后结算日，其每份合约收入

$$\frac{(99.60 - 99.5150)}{0.01} \times 25 = 212.50(\text{美元})$$

最后，针对这一报价机制，CME 规定了每份欧洲美元期货合约的合约价值公式为

$$10\,000 \times [100 - 0.25 \times (100 - \text{IMM})] \tag{3.4}$$

从式(3.4)同样可以看出,IMM 指数变动 0.01,合约价值将变动 25 美元。

(二)欧洲美元期货定价

从上述分析中我们可以看到,尽管报价方式不同,欧洲美元期货与 FRA 是相当类似的,其本质仍是对期货利率的约定,都锁定了未来一定期限的利率。对于 1 年以下的到期期限,这两种合约几乎可以被认为是相同的,欧洲美元期货中隐含的期货利率可以认为近似地等于对应的远期利率。但对于更长期限的期货合约和远期合约来说,它们之间在交易机制上的差异就不能忽略了。具体来看主要有两个差异:

(1)远期利率协议一次性到期,而欧洲美元期货每日盯市结算且有保证金要求;

(2)假设远期利率协议和欧洲美元期货合约的到期日均为 T 时刻,而约定的未来计息期限均为 $T^* - T$,远期利率协议的利息结算是在计息期末,T^* 时刻进行的,而欧洲美元期货的利息结算则是在计息期初 T 时刻进行的。

这两个差异,尤其是第一个差异的存在,导致长期①的远期利率与期货利率不能简单认为是相等的。

三、长期美国国债期货

表 3.3 给出了 CME 集团场内交易的长期美国国债期货合约的主要条款。可以看到,其标的资产是从交割月的第一天起剩余期限长于(包括等于)15 年且在 15 年内不可赎回的面值 100 000 美元或其乘数的任何美国长期国债。其到期月份为 3 月季度循环月。例如 2008 年 1 月,在 CME 集团交易的就有分别于 2008 年 3 月、6 月、9 月、12 月与 2009 年 3 月到期的长期美国国债期货合约。

表 3.3　CME 集团场内交易的长期美国国债期货合约主要条款

交易单位	面值为 100 000 美元的美国政府长期(30 年)国债
可交割等级	从交割月的第一天起剩余期限长于(包括等于)15 年且在 15 年内不可赎回的美国国债
交割时的发票价格(现金价格)	期货结算价格 × 交割债券的转换因子 + 交割债券的应计利息
转换因子	交割月第一天,面值每 1 美元的实际被交割债券按 6% 年到期收益率(半年计一次复利)计算的价值
最小变动价位	$\frac{1}{32}\% = 31.25$ 美元

---

① 这里的长期是指远期利率或期货利率的未来计息起始时刻 T 时刻距离当前时刻较久。

(续表)

报价	100美元面值债券的价格,最小单位为 $\frac{1}{32}$,例如80-16表示 $80\frac{16}{32}$
合约交割月份	3月、6月、9月、12月
交易时间	芝加哥时间周一至周五7:20—14:00
最后交易时间	交割月最后一个工作日之前的第7个工作日芝加哥时间中午12:01
最后交割日	交割月的最后一个工作日

长期国债期货合约中最复杂的问题在于其定价,下面我们首先介绍期货定价的一般原理,再讨论长期国债期货的定价。

（一）期货定价的基本原理

在不考虑保证金和每日盯市的情况下,期货定价与远期定价都遵循持有成本(cost of carry)模型。根据该模型,合理的期货价格满足

$$\text{期货价格} = \text{标的资产价格} + \text{持有成本} \tag{3.5}$$

其中,期货价格与标的资产价格是同一时刻的价格,持有成本是指期货合约剩余期限内现货的持有成本,其基本构成如下:

持有成本 = 保存成本 + 无风险利息成本① − 标的资产在合约期限内提供的收益

无风险利息之所以成为现货的持有成本,是因为持有现货就意味着无法将其出售变现,从而产生了机会成本。根据持有成本构成,不支付红利的股票和零息票债券都没有保存成本和收益,所以持有成本就是无风险利息成本;黄金和白银的持有成本通常为保存成本(即储存实物黄金和白银所需的存储成本)加上无风险利息成本;附息票债券在期货合约期限内可能支付红利,但无须保存成本,因此其持有成本就等于无风险利息成本减去票面利息收入,依此类推。

式(3.5)说明,期货价格与现货价格的差异在于期货剩余期限内持有现货的成本。从直觉上理解,如果我们今天购买一单位的标的资产,同时进入一单位资产的期货空头,约定在未来 T 时刻按照约定的交割价格 X 卖出一单位标的资产。今天花费的成本为标的资产价格,在远期合约期限内需要承担一定的持有成本,到 T 时刻一定能得到 X 元,一个公平的合约应当使得收支对等。也就是说,合理的协议交割价格应该等于标的资产价格加上持有成本。

下面我们用例3.2来帮助读者理解。

例3.2 持有成本定价法

假设当前黄金现货价格为每克250元,一年期无风险利率为2%(连续复

---

① 可以看出,持有成本的组成都是确定性的,所以只能使用无风险利息成本。

利),如果不考虑存储成本以及保证金的影响,一年期黄金期货的价格应为多少?

根据式(3.5),一年期黄金期货价格应为现货价格加上一年期无风险利息,即现货价格按一年期无风险利率计息后的终值(本息和),因此一年期黄金远期的合理价格应为

$$250 \times e^{2\% \times 1} = 255.05(元)$$

如果一年期黄金期货的市场价格不等于255.05元,我们立即可进行套利。假设市场期货价格等于270元,则我们可以借入一年期的贷款250元,购买黄金现货,然后进入黄金期货的空头,按市场期货价格270元卖出。一年后期货到期交割,我们将手中的现货黄金交割后获得270元,其中255.05元用于偿还一年期贷款,可获得无风险无成本利润14.95元。反之,如果市场期货价格为230元,我们可以借入一克黄金,按现货价格250元出售,获得的现金立刻投资于无风险资产,投资期一年,同时按230元进入期货多头,即约定一年后按230元买一克黄金。一年后期货到期交割,我们支付230元获得一克黄金,将其偿还,同时在无风险投资上将获得终值255.05元,因此将获得无风险无成本利润25.05元。

从例3.2可知,如果期货的市场价格不等于其合理价格,立刻会出现套利机会,只有当市场定价合理时,市场价格才能达到均衡。因此,式(3.5)实际上是无套利的均衡价格。

如果用连续复利来表达,当标的资产在期货存续期内没有任何收益和保存成本时,式(3.5)可以写为

$$F(t) = S(t) e^{R(t,T) \times (T-t)} \qquad (3.6)$$

其中,$S(t)$为当前t时刻的标的资产价格,$F(t)$为t时刻合理的期货价格,$R(t,T)$为期货剩余存续期内的无风险利率。当标的资产在期货存续期内有现金收益和现金保存成本时,式(3.5)可以写为

$$F(t) = [S(t) - I(t)] e^{R(t,T) \times (T-t)} \qquad (3.7)$$

其中,$I(t)$为期货剩余期限内标的资产净现金收益贴现至t时刻的现值。当标的资产在期货剩余期限内支付连续复利收益率q时,式(3.5)则可以写为

$$F(t) = S(t) e^{[R(t,T)-q] \times (T-t)} \qquad (3.8)$$

式(3.6)至式(3.8)的证明过程较为复杂,读者可参见郑振龙与陈蓉(2008)。

(二)美国长期国债期货的定价

从标的资产的性质来看,美国长期国债属于附息票债券,在期货存续期内

会定期支付现金收益,其定价适用于式(3.7)。但是,长期美国国债期货合约中的一系列制度规定使得其定价比较复杂。下面我们将循序渐进地进行介绍。

1. 美国长期国债期货的报价

美国长期国债期货的报价方式与现货相同,都是以美元和$\frac{1}{32}$美元报出每100美元面值债券的净价。由于合约规模为面值100 000美元,因此80-16的报价意味着一份长期美国国债期货的合约净价是

$$1\,000 \times 80\frac{16}{32} = 80\,500(美元)$$

2. 交割券与标准券的转换因子

从表3.3可以看到,长期国债期货空头可以选择从交割月第一天起剩余期限长于(包括等于)15年且在15年内不可赎回的任何美国长期国债进行交割。CME集团如此规定的原因在于:长期国债期货合约需要进行实物交割,如果可交割债券仅有一种,可能出现期货到期时现货数量不足,现货与期货价格无法收敛。因此,CME集团扩大了可交割债券的种类,以维护期货与现货价格之间的无套利关系。

引入多种可交割债券之后,由于各种债券息票率不同,期限也不同,为了使不同的可交割债券价值具有可比性,交易所引入了标准券和转换因子的概念。所谓标准券是一种虚拟的证券,其面值为1美元,息票率为6%[①],在交割月的第一天时的剩余到期期限为15年整。如果按照6%的年到期收益率计算,由于没有应计利息,显然该标准券在期货合约交割月的第一天的市场报价和现金价格都一定等于其面值1美元,这就使得该标准券成为其他实际可交割债券价值的衡量标准。在CME集团交易的长期国债期货合约报价就是该标准券的期货报价。实际的可交割债券报价均按照一定的转换比率折算成该标准券的报价,从而使得不同可交割的债券价值具有可比性。

具体来看,各种可交割债券报价与上述标准券报价的转换是通过转换因子(conversion factor)来实现的。该转换因子等于面值每1美元的可交割债券的未来现金流按6%的年到期收益率(每半年计复利一次)贴现到交割月第一天的价值,再扣掉该债券1美元面值的应计利息后的余额。在计算转换因子时,债券的剩余期限只取3个月的整数倍,多余的月份舍掉。如果取整数后,债券的剩余期限为半年的倍数,就假定下一次付息是在6个月之后,否则就假定在3个月后付息。读者可以从例3.3中进一步理解转换因子的计算。

---

① 根据市场利率的变化,CBOT会对标准券的息票率进行调整并公布,目前息票率为6%。

例3.3 转换因子的计算

2007年12月,代码为USZ7的长期国债期货到期。市场上有一个将于2027年11月15日到期、息票率为6.125%的长期国债(用债券A表示),其在2007年12月1日时的剩余期限为19年11个月又15天且不可提前赎回,因而是该国债期货的可交割债券。根据计算规则,在计算转换因子时应取3个月的整数倍,从而该债券在2007年12月1日的剩余期限近似为19年9个月,下一次付息日近似假设为2008年2月1日。那么,面值每1美元的该债券未来现金流按6%到期收益率贴现至2007年12月3日的价值为

$$\frac{\sum_{i=0}^{39}\frac{\frac{6.125\%}{2}}{1.03^i}+\frac{1}{1.03^{39}}}{1+(\sqrt{1.03}-1)}=1.0295$$

上式中的分子意味着面值每1美元的该债券未来所有现金流贴现至2008年2月1日的价值。由于一年计两次复利的年到期收益率为6%,3个月的到期收益率就应为$\sqrt{1.03}-1$,因此再用此利率将分子贴现到2007年12月1日。

根据转换因子的定义,转换因子等于该现值减去应计利息,在计算转换因子的假设条件下,该债券有3个月的应计利息。故此,对于2007年12月到期的长期国债期货而言,债券A的转换因子等于

$$1.0295-\frac{6.125\%}{4}=1.0142$$

从例3.3中可以看出,由于2007年12月到期的国债期货的标准券在2007年12月3日报价为1,而案例中面值每1美元的实际债券按同样到期收益率贴现计算得到的报价为1.0142,所以该债券与标准券的转换因子就为1.0142。也正是因为转换因子是用于转换报价(净价)的,相应的转换因子也就需要扣除应计利息。进一步观察转换因子计算的全过程可以发现,对于给定的长期国债期货合约,其任一可交割债券的转换因子都是确定不变的。在实际交易中,转换因子是由交易所计算并公布的。

3. 长期国债期货的现金价格

美国长期国债期货交割时,多方实际支付和空方实际收到的价格是现金价格,等于报出的期货净价加上交割日的应计利息。具体来看,期货空方交割100美元面值的特定债券应收到的现金计算公式为

空方收到的现金 = 期货报价 × 交割债券的转换因子 + 交割债券的应计利息

(3.9)

在式(3.9)中,期货报价是指标准券的期货报价,空方收到的现金实际上就是期货合约的实际现金价格或发票价格。例3.4给出了相应的例子。值得注意的是,式(3.9)中的应计利息是交割债券在实际交割日的真实应计利息。

例3.4 长期国债期货的现金价格

2007年10月3日,上述USZ7国债期货报价为111.27美元。假设空方定于2007年12月3日用债券A进行交割,根据式(3.9),一份USZ7国债期货的实际现金价格应为

$$1\,000 \times (111.27 \times 1.0142 + 应计利息)$$

在上式中,之所以要乘上1000是因为一份USZ7国债期货合约面值为100 000美元,而期货报出的是每100美元的价格。同时,这里的应计利息是债券A在交割日2007年12月3日的实际应计利息。由于美国长期国债半年支付一次利息,从到期日可以判断,在2007年12月3日,债券A距上一次付息日2007年11月15日的天数为18天,前后两次付息日2007年11月15日与2008年5月15日之间的天数为182天。因此2007年12月3日,债券A每100美元面值的应计利息等于

$$\frac{6.125}{2} \times \frac{18}{182} = 0.303(美元)$$

由此可知,空方交割债券A可得到的实际现金收入应为

$$1\,000 \times (111.27 \times 1.0142 + 0.303) = 113\,153(美元)$$

4. 确定交割最合算的债券

在每个长期国债期货的到期月,都有许多债券可用于交割。而转换因子制度固有的缺陷和市场定价的差异决定了用何种国债交割实际上是存在差异的。这样,市场空方必然选择最合算的债券进行交割,从而出现了交割最合算的债券(the cheapest-to-deliver bond)。

显然,交割最合算的债券就是购买交割券所付的价格与交割期货时空方收到的现金之差最小的那个债券。

$$\text{交割成本} = 债券报价 + 应计利息 - (期货报价 \times 转换因子 + 应计利息)$$
$$= 债券报价 - (期货报价 \times 转换因子) \quad (3.10)$$

式(3.10)中的两个应计利息都是交割券在交割日时的应计利息,因此可以消去。例3.5给出了一个确定交割最合算债券的实际例子。

例 3.5 交割最合算的债券

表 3.4 是根据 2007 年 10 月 3 日债券收盘价与 USZ7 国债期货结算价 111.27 美元计算得到的各债券交割成本。表中的 20 个 USZ7 国债期货可交割债券及其转换因子的数据来自 CBOT 网站(www.cbot.com)(CME 收购 CBOT 后，网站变为 www.cmegroup.com)，各债券收盘价则来自雅虎财经(http://finance.yahoo.com)。交割成本根据式(3.10)计算。根据 2007 年 10 月 3 日的数据，序号 18、将于 2023 年 2 月 15 日到期、息票率为 7.125% 的长期国债是交割最合算的债券，其交割成本最低。显然，随着每日价格的变动，交割最合算的债券可能发生变化。

表 3.4 交割最合算的债券

序号	息票率（%）	到期日	转换因子	债券报价（美元）	期货报价×转换因子（美元）	交割成本（美元）
1	4.500	02/15/2036	0.7978	96.91	88.77	8.14
2	4.750	02/15/2037	0.8292	100.90	92.27	8.63
3	5.000	05/15/2037	0.8628	104.91	96.00	8.91
4	5.250	11/15/2028	0.9116	107.08	101.43	5.60
5	5.250	02/15/2029	0.9111	107.05	101.38	5.67
6	5.375	02/15/2031	0.9226	109.32	102.66	6.66
7	5.500	08/15/2028	0.9415	110.25	104.76	5.49
8	6.000	02/15/2026	1.0000	115.52	111.27	4.25
9	6.125	11/15/2027	1.0142	118.11	112.85	5.26
10	6.125	08/15/2029	1.0150	119.09	112.94	6.15
11	6.250	08/15/2023	1.0250	117.09	114.05	3.04
12	6.250	05/15/2030	1.0304	121.30	114.65	6.65
13	6.375	08/15/2027	1.0428	121.09	116.03	5.06
14	6.500	11/15/2026	1.0557	122.23	117.47	4.76
15	6.625	02/15/2027	1.0703	123.92	119.09	4.83
16	6.750	08/15/2026	1.0831	125.05	120.52	4.53
17	6.875	08/15/2025	1.0940	125.76	121.73	4.03
18	7.125	02/15/2023	1.1103	126.40	123.54	2.86
19	7.500	11/15/2024	1.1570	132.61	128.74	3.87
20	7.625	02/15/2025	1.1717	134.23	130.38	3.85

5. 长期国债期货价格的确定

由于国债期货的空方拥有交割时间选择权和交割券种选择权,因此要精确地计算国债期货的理论价格是比较困难的。但是,如果假定交割最合算的国债和交割日期是已知的,那么可以通过以下四个步骤来确定长期国债期货价格:

(1) 根据 0 时刻交割最合算的国债现货的报价,加上 0 时刻该债券的应计利息算出该交割券的现金价格。

(2) 运用支付已知现金收益的期货定价公式(3.7),根据交割券的现金价格算出交割券期货理论上的现金价格。

(3) 反向运用式(3.9),根据交割券期货的现金价格算出交割券期货的理论报价。

(4) 用交割券期货的理论报价除以转换因子即为标准券期货理论报价,也是标准券期货理论的现金价格。①

例 3.6 长期国债期货定价

延续前面的例子,2007 年 10 月 3 日,针对 USZ7 期货而言交割最合算的债券是息票率为 7.125%、将于 2023 年 2 月 15 日到期的长期国债。其转换因子为 1.1103,现货报价为 126.40 美元。假设我们已知空方将在 2007 年 12 月 3 日交割,市场上 2 个月期的美元无风险连续复利年利率为 3.8%。试求出 USZ7 期货的理论报价。

第一,根据净价和全价的关系算出该交割券的现金价格。根据到期日推算,该交割券的上一次付息日应为 2007 年 8 月 15 日,下一次付息日应为 2008 年 2 月 15 日。则该交割券每 100 美元面值的应计利息等于

$$\frac{7.125}{2} \times \frac{49}{184} = 0.949(美元)$$

因此,该国债的现金价格为

$$126.40 + 0.949 = 127.349(美元)$$

第二,计算期货有效期内交割券支付利息的现值。由于在 2007 年 10 月 3 日到 2007 年 12 月 3 日期间,该交割券不会支付利息,因此 $I = 0$。

第三,在 12 月 3 日交割之前,USZ7 期货有效期还有 61 天(0.1671 年),运用式(3.7)可以计算出交割券期货理论上的现金价格为

$$F = 127.349 e^{3.8\% \times 0.1671} = 128.160(美元)$$

---

① 因为标准券的应计利息为零。

第四,反向运用式(3.10)算出该交割券期货的理论报价。2007年12月3日交割时,该交割券的应计利息为

$$\frac{7.125}{2} \times \frac{110}{184} = 2.130(美元)$$

则该交割券期货的理论报价为

$$128.160 - 2.130 = 126.030(美元)$$

第五,我们可以求出标准券的理论期货报价为

$$\frac{126.030}{1.1103} = 113.510(美元)$$

从例3.6中我们可以看到,在运用定价公式时,无论是输入的价格还是输出的价格,都应为现金价格。期货定价公式中得到的期货价格是理论上的现金价格,而期货交割时空方根据市场报价计算的现金收入则是实际的现金价格。

第三节 利率互换

一、利率互换的基本原理

利率互换(IRS)是指双方同意在未来的一定期限内根据同种货币的相同名义本金交换现金流的一种场外交易的金融合约,其中一方的现金流根据事先选定的某一浮动利率计算,而另一方的现金流则根据固定利率计算。利率互换的常见期限包括1年、2年、3年、4年、5年、7年与10年。此外,30年与50年的互换也时有发生。例3.7介绍了我国首笔基于SHIBOR的一年期利率互换,该例子能够帮助读者较好地理解利率互换的基本运作原理。

例3.7 基于SHIBOR的一年期利率互换

2007年1月22日,花旗银行宣布与兴业银行于1月18日完成了中国国内银行间第一笔基于SHIBOR的标准利率互换。公开披露的协议细节如表3.5所示。

表 3.5 国内首笔基于 SHIBOR 的标准利率互换

期限	1 年
名义本金	未透露
固定利率支付方	兴业银行
固定利率	2.98%
浮动利率支付方	花旗银行
浮动利率	3 个月期 SHIBOR

利率互换是一种场外交易的金融产品,具体细节由双方商定,交易双方也没有披露的义务。但从已披露的协议内容来看,此次利率互换的基本设计是:从 2007 年 1 月 18 日起的一年内,花旗银行与兴业银行在每 3 个月计息期开始时就按照最新 3 个月期的 SHIBOR 确定当期的浮动利率,计息期末双方根据名义本金交换利息净额,基本流程如图 3.2 所示。

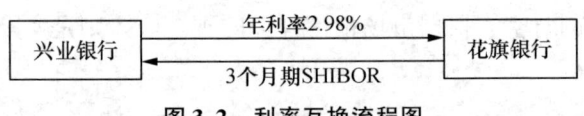

图 3.2 利率互换流程图

按照业界的惯例,利率互换协议中通常会事先确定明确的浮动利率观察日和现金流交换日,且固定利率和浮动利率的天数计算惯例通常有所不同。由于交易细节不可得,同时为了集中说明利率互换的利息现金流交换本质,这里我们假设该协议的 4 个浮动利率确定日分别为 2007 年 1 月 18 日、4 月 18 日、7 月 18 日和 10 月 18 日,现金流交换日是浮动利率确定日之后的三个月(0.25 年)。表 3.6 给出了事后观察到的 4 次 3 个月期 SHIBOR 利率和兴业银行在此次互换中的 4 次实际现金流。

表 3.6 兴业银行的现金流量表(每 1 元本金)

时点	3 个月期 SHIBOR	收到的 浮动利息	支付的 固定利息	净现金流
2007 年 1 月 18 日	2.8080%	—	—	—
2007 年 4 月 18 日	2.9049%	$\frac{2.8080\%}{4}=0.00702$	$\frac{2.98\%}{4}=0.00745$	-0.00043
2007 年 7 月 18 日	3.1421%	$\frac{2.9049\%}{4}=0.00726$	$\frac{2.98\%}{4}=0.00745$	-0.00019
2007 年 10 月 18 日	3.8757%	$\frac{3.1421\%}{4}=0.00786$	$\frac{2.98\%}{4}=0.00745$	0.00041
2008 年 1 月 18 日	—	$\frac{3.8757\%}{4}=0.00969$	$\frac{2.98\%}{4}=0.00745$	0.00224

二、利率互换的市场机制

世界上的第一个利率互换于1981年出现在伦敦,1982年被引入美国。此后利率互换市场发展极为迅速。根据国际清算银行的统计数据,在全球OTC衍生产品交易总额中,利率互换约占60%,其重要性和市场地位可见一斑。下面我们介绍利率互换市场的基本机制。

(一) 做市商制度

利率互换属于OTC产品,在场外交易。早期的金融机构通常在利率互换交易中充当经纪人,即帮助希望进行互换的客户寻找交易对手并协助谈判互换协议,赚取佣金。但事实证明,在短时间内找到完全匹配的交易对手往往是相当困难的。因此,许多金融机构(主要是银行)开始作为做市商参与交易,同时报出其作为利率互换多头和空头所愿意支付和接受的价格,被称为互换交易商,或称互换银行(swap bank)。现在,利率互换市场的做市商制度非常发达,其原因在于:第一,利率互换的同质性很强,比较容易形成标准化的交易和报价;第二,美元的固定收益证券现货和衍生品市场都非常发达,利率互换的做市商可以很容易地进行利率风险的套期保值。

做市商为利率互换市场提供了流动性,成为其发展的重要推动力量。从另一个角度来看,从经纪制度到做市制度的转变,也反映了利率互换市场的变迁与发展。在互换市场发展早期,强调的是经纪商对互换交易的安排和匹配,而不是去承担交易风险,因此早期的经纪商多为投资银行;做市商制度发展以后,金融机构通过承担和管理风险为市场提供流动性,商业银行以其资金规模优势以及在管理大规模和标准化产品方面的优势,成为利率互换市场的中坚力量。相应地,利率互换也从个性化的公司财务管理工具转变为金融市场中的一种大宗批发交易。

(二) 标准化合约

与做市商制度发展密切相关的是利率互换市场的标准化进程。OTC产品的重要特征之一就是产品的非标准化,但利率互换中包含的多个现金流交换使得非标准化协议的协商和制订相当复杂费时,这促使交易者尽可能地寻求标准化。1984年,一些主要的互换银行开始推动互换协议标准化的工作。1985年,这些银行成立了国际互换商协会(International Swaps Dealers Association, ISDA)并主持制订了互换交易的行业标准、协议范本和定义文件等。时至今日,由于在互换市场取得的成功和巨大影响,ISDA所做的工作已经推广到包括互换在内的多种场外衍生品交易,其制定、修改和出版的衍生产品交易主协议(ISDA Master Agreement)已经成为全球金融机构签订互换和其他多种OTC衍生产品协议的范本,ISDA 也于 1993 年更名为国际互换与衍生产品协会(International Swaps and Derivatives Association,ISDA),是目前全球规模和影响力最大、最具权威性的场外衍生产品的行业组织。

具体来看,ISDA 主协议主要包括协议主文、附件(schedule)和交易确认书(confirmation)三部分。在开展场外衍生品交易之前,交易双方需就主文部分签署主协议,就释义条款、支付条款、先决条件条款、净额结算条款、陈述与承诺条款、违约事件和终止事件条款、管辖法律与司法管辖权条款等达成一致,明确交易可能涉及的所有定义和双方的权利义务。主协议签署后,每次交易只需对价格、数量等具体条款进行谈判并签订协议附件和交易确认书。附件的作用是让交易双方对主协议的主文条款进行修改与补充,以适应双方当事人之间的特定交易情形。交易确认书则是对主协议项下每项具体交易的交易条款进行确认,是每笔交易中最重要的法律文件。值得注意的是,主协议的此种制度安排使得每项交易并不构成当事人双方之间的独立合同关系,而仅是在主协议这一合同关系下的一笔交易,故此每份交易确认书中总会说明 ISDA 主协议条款适用于该交易。

表 3.7 是一个利率互换交易确认书概要的例子,该例子给出了利率互换交易的主要条款。

表 3.7 基于一笔假想的利率互换交易协议书摘要

交易日:	2004 年 2 月 27 日
起息日:	2004 年 3 月 5 日
营业日准则:	(支付日遇节假日时顺延至)下一营业日
节假日日历:	美国
终止日:	2007 年 3 月 5 日
固定利率方	
固定利率支付者:	微软公司
固定利率名义本金:	1 亿美元
固定利率:	5.015%
固定利率天数计算惯例:	实际天数/365
固定利率支付日期:	自 2004 年 9 月 5 日至(包含)2007 年 3 月 5 日的每年 3 月 5 日和 9 月 5 日
浮动利率方	
浮动利率支付者:	高盛公司
浮动利率名义本金:	1 亿美元
浮动利率:	美元 6 个月期 LIBOR
浮动利率天数计算惯例:	实际天数/360
浮动利率支付日期:	自 2004 年 9 月 5 日至(包含)2007 年 3 月 5 日的每年 3 月 5 日和 9 月 5 日

注:本表引自 John Hull, 2006, *Options, Futures and other Derivatives*, 6th edition, Pearson Education Inc.

从目前看来，ISDA 所建立的整套标准化文件已经成为国际互换市场的基础性制度安排和互换交易的重要发展平台。除了减少交易所需的时间与成本、提高市场运作的效率外，标准化的文件与协议体系实际上还为市场参与者提供了一个重要承诺：市场是在共同认可的标准下进行运作的。这极大地降低了市场参与者的风险。因此，ISDA 文件标准化进程与做市商制度的发展相互促进，对互换市场的迅速发展起到了非常重要的作用。

与国际市场类似，2009 年 3 月，中国银行间市场交易商协会在 2007 年的《中国银行间市场金融衍生产品交易主协议(2007 年版)》和《全国银行间外汇市场人民币外汇衍生产品主协议》基础上发布了《银行间市场金融衍生产品交易主协议(2009 年版)》，建立起了针对中国市场的标准化文件系统。

(三) 其他市场惯例

1. 浮动利率的选择

在国际利率互换交易中，最常用的浮动利率基准是 LIBOR，尤其是 3 个月和 6 个月期的 LIBOR。

在人民币利率互换中，目前常见的浮动利率包括 7 天回购利率、SHIBOR 和一年期存款利率，其中以 7 天回购利率交易量最大。例 3.7 中使用的就是 3 个月期 SHIBOR 利率。

一般来说，浮动利率的确定日为每次支付日的前两个营业日或另行约定。以表 3.7 中的交易为例，由于浮动利率的支付日为自 2004 年 9 月 5 日至(包含)2007 年 3 月 5 日的每年 3 月 5 日和 9 月 5 日，若以前两个营业日计，每次浮动利率的确定日就为自 2004 年 3 月 3 日至(包含)2006 年 9 月 3 日的每年 3 月 3 日和 9 月 3 日(遇节假日需按协议规定调整)。

2. 天数计算惯例

利率互换一方支付的是浮动利率，一方支付的则是固定利率。浮动利率大多是货币市场利率，通常以 $A/360$ 报出(A 表示实际天数)，例如国际上的 LIBOR 和中国的 SHIBOR 都采用这一天数计算惯例。而固定利率的天数计算惯例则常常采用 A/A 或 $A/365$ 的报价方法。

当浮动利率与固定利率的天数计算惯例不同时，就意味着两者利息无法直接比较，真正支付时必须对两种利率报价的不同天数进行调整：或者将 LIBOR 利息乘以 365/360，或者将固定利率利息乘以 360/365。

3. 支付频率

支付频率是利息支付周期的约定。例如 S. A. 是 Semi-Annually 的缩写，即每半年支付一次。利率互换中最常见的是每半年支付一次或是每 3 个月支付一次。有些利率互换的固定利息与浮动利息支付频率一致，有些则不一致。例如,国际金融市场上标准的美元利率互换是固定利息每半年支付一次而浮动利息则与3个月期LIBOR挂钩,每3个月支付一次。

4. 净额结算

如例3.7所示,利率互换在实际结算时通常尽可能地使用利息净额交割,即在每个计息期初根据定期观察到的浮动利率计算其与固定利率的利息净差额,在计息期末支付。由于每次结算都只交换利息净额,本金主要用于计算所需交换的利息,并不发生本金的交换,因而利率互换中的本金通常也被称为"名义本金"。显然,净额结算能够显著降低交易双方的风险敞口头寸,从而降低信用风险。

5. 互换报价

图3.3是2007年11月26日著名的财经资讯系统彭博(Bloomberg)提供的美元利率互换报价。下面我们将结合这一报价介绍互换报价的市场惯例。

(1) 如前所述,尽管属于场外交易,利率互换市场已经成为一个标准化程度相当高的金融市场,这一点也表现在互换的报价中。互换合约本来需要同时报出浮动利率和固定利率,但在实际中同种货币的利率互换报价通常都基于特定的浮动利率。例如,标准的美元利率互换通常以3个月期的美元LIBOR利率作为浮动利率。浮动利率达成一致之后,报价和交易就只需针对特定期限与特定支付频率的固定利率一方进行,从而大大提高了市场效率。图3.3(a)与图3.3(b)就是两个标准的美元利率互换报价,基准浮动利率均为3个月期LIBOR,3个月支付一次浮动利息。图3.3(a)与图3.3(b)的区别在于固定利息支付频率的不同,分别为半年支付一次与一年支付一次,相应的天数计算惯例则分别为30/360和A/360。同时,从图3.3中可以看到,做市商报价的利率互换期限从1年至30年不等。

(2) 与远期利率协议相同,市场通常将利率互换交易中固定利率的支付者(fixed rate payer)称为互换买方,或互换多方,而将固定利率的收取者(fixed rate receiver)称为互换卖方,或互换空方。在做市商制度下,做市商每天都会进行双边互换报价,买价(bid rate)就是做市商在互换中收到浮动利率时愿意支付的固定利率,卖价(ask rate)则是做市商在互换中支付浮动利率时要求收到的固定利率,显然互换卖价应高于买价。同时,从图3.3中可以看到买卖价差非常小,这表明市场具有高度的流动性和竞争性。

买价与卖价的算术平均为中间价(middle rate),就是通常所说的互换利率(swap rate)。以图3.3(a)中的5年期利率互换为例,买价、卖价与中间价分别为4.3250%、4.3650%与4.3450%。这意味着做市商愿意每半年以4.3250%的年利率支付固定利息,换取每季度收到3个月期LIBOR;或者每季度支付3

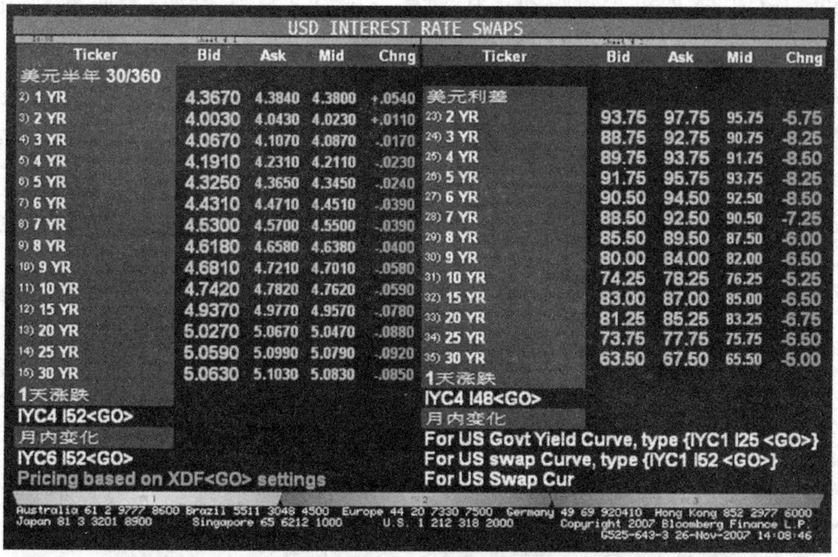

第三章 利率远期、利率期货与利率互换　117

(a) 固定利息每半年支付一次的美元互换利率报价

(b) 固定利息每一年支付一次的美元互换利率报价

图 3.3　2007 年 11 月 26 日美元利率互换报价

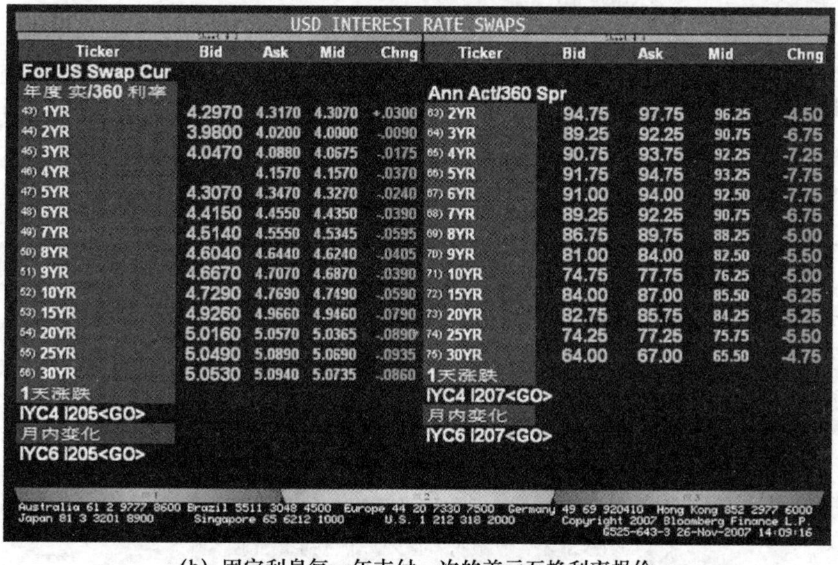

2007 © Bloomberg All Right Reserved. Reprinted with permission.

个月期LIBOR，换取每半年收到年利率为4.3650%的固定利息。而4.3450%就是支付频率为半年的5年期互换利率。

(3) 从图3.3(a)与图3.3(b)中还可以看到，利率互换的报价通常有两种形式：报出买卖价和报出互换利差。前文所讨论的均为直接报价，互换利差报价指报出特定期限的互换买卖利率与具有相同期限、无违约风险的国债平价收益率之间的差值。同样以图3.3(a)中的5年期利率互换为例，买入与卖出的互换利差分别为91.75与95.75，即做市商报出的美元利率互换买价高于5年期美国国债平价收益率0.9175%（91.75个基点），互换卖价高于5年期国债平价收益率0.9575%（95.75个基点）。这意味着做市商支付5年期国债收益率加91.75个基点并得到LIBOR，或收取5年期国债收益率加95.75个基点并支付LIBOR。

三、利率互换的定价

在介绍利率互换的定价原理之前，我们先说明如下：为集中讨论互换的定价原理，在本节中我们忽略天数计算等实际情形，3个月以0.25年计，半年以0.5年计，一年以1年计。同时，在国际市场上，在给互换和其他OTC金融工具定价时，现金流通常用LIBOR贴现。这是因为LIBOR反映了金融机构的资金成本。这样做的隐含假设是被定价的衍生工具的现金流风险与银行同业拆借市场的风险相同。由于国内互换市场刚起步，这里我们仍然以国际市场上的利率互换为例介绍定价原理，故此使用LIBOR作为贴现率。

（一）利率互换的分解

现考虑一个2005年9月1日生效的两年期利率互换，名义本金为1亿美元。甲银行同意支付给乙公司年利率为2.8%的利息，同时乙公司同意支付给甲银行3个月期LIBOR的利息，利息每3个月交换一次，如图3.4所示。

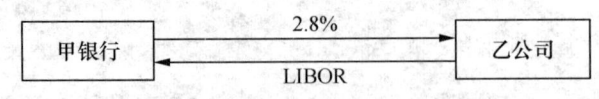

图3.4 甲银行与乙公司的利率互换

2005年9月1日互换协议签订时，交易双方并不知道未来的一系列3个月期LIBOR利率。事后我们得知这两年中的3个月期LIBOR如表3.8(a)中的列(1)所示，从而可以得到甲银行在此互换中每半年收到的浮动利息、支付的固定利息与净现金流，分别如表3.8(a)中的列(2)、列(3)与列(4)所示。

表3.8 利率互换中甲银行的现金流量表(百万美元)

(a) 不考虑名义本金

日期	LIBOR(%) (1)	浮动利息现金流 (2)	固定利息现金流 (3)	净现金流 (4)
2005.9.1	2.13			
2005.12.1(I)	2.47	+0.53	-0.7	-0.17
2006.3.1(II)	2.67	+0.62	-0.7	-0.08
2006.6.1(III)	2.94	+0.67	-0.7	-0.03
2006.9.1(IV)	3.27	+0.74	-0.7	+0.04
2006.12.1(V)	3.64	+0.82	-0.7	+0.12
2007.3.1(VI)	3.86	+0.91	-0.7	+0.21
2007.6.1(VII)	4.12	+0.97	-0.7	+0.27
2007.9.1(VIII)	4.75	+1.03	-0.7	+0.33

(b) 考虑名义本金

日期	LIBOR(%) (5)	浮动利息和 本金现金流(6)	固定利息和 本金现金流(7)	净现金流 (8)
2005.9.1	2.13	-100	+100	0
2005.12.1(I)	2.47	+0.53	-0.7	-0.17
2006.3.1(II)	2.67	+0.62	-0.7	-0.08
2006.6.1(III)	2.94	+0.67	-0.7	-0.03
2006.9.1(IV)	3.27	+0.74	-0.7	+0.04
2006.12.1(V)	3.64	+0.82	-0.7	+0.12
2007.3.1(VI)	3.86	+0.91	-0.7	+0.21
2007.6.1(VII)	4.12	+0.97	-0.7	+0.27
2007.9.1(VIII)	4.75	+1.03	-0.7	+0.33
		+100	-100	0

观察表3.8(a),我们可以从三个角度来理解该利率互换:

(1) 该利率互换由列(4)的净现金流序列组成,这是互换的本质,即未来系列现金流的组合。

(2) 如果对列(4)的现金流按列进行拆分,该利率互换可以看做由列(2)和列(3)的现金流序列组成。为了更好地理解,我们假设在互换生效日与到期日增加1亿美元的本金现金流,列(2)和列(3)转化为表3.8(b)的列(6)与列(7)。从列(8)可知,由于相互抵消,增加的本金现金流并未改变互换最终的现金流和互换的价值,但列(6)却可以被视为甲银行向乙公司购买了一份本金1亿美元的以3个月期LIBOR为浮动利率的债券,列(7)则可以被看做甲银行向乙公司发行(出售)了一份本金1亿美元的固定利率为2.8%的债券,3个月支付一次利息。这样,对甲银行而言,该利率互换事实上可以看做一个浮动利率债券多头与固定利率债券空头头寸的组合,这个利率互换的价值就是浮动利率债券与固定利率债券价值的差。由于互换为零和游戏,对于乙公司来说,该利率互换的价值就是固定利率债券价值与浮动利率债券价值的差。也就是说,利率互换可以通过分解成一个债券的多头与另一个债券的空头来定价。

(3) 如果对列(4)的现金流按行进行拆分,该利率互换可以看做由从行(Ⅰ)至行(Ⅷ)共 8 次的现金流序列组成。观察各行,除了行(Ⅰ)的现金流在互换签订时就已经确定,其他各行的现金流都类似远期利率协议的现金流。回忆我们已经学过的知识,一个 FRA 是这样一笔合约,交易双方事先约定将来某一时间一笔借款的利率。但在该 FRA 执行的时候,支付的只是市场利率与合约协定利率的利差。如果市场利率高于协定利率,贷款人支付给借款人利差,反之由借款人支付给贷款人利差。所以,一个 FRA 实际上可以看成一个用事先确定的固定利率交换市场利率的合约。很明显,利率互换可以看成是一系列用固定利率交换浮动利率的 FRA 的组合。例如,行(Ⅱ)的利息交换可以看做是一笔 2006 年 3 月 1 日到期,以 2.8% 交换 2005 年 12 月 1 日确定的 3 个月期 LIBOR 利率的 FRA,行(Ⅴ)则是一笔 2006 年 12 月 1 日到期,以 2.8% 交换 2006 年 9 月 1 日确定的 3 个月期 LIBOR 利率的 FRA。从这个角度来说,利率互换可以通过分解成一系列远期利率协议的组合来定价。只要我们知道组成利率互换的每笔 FRA 的价值,就可以计算出利率互换的价值。

由上可知,利率互换既可以分解为债券组合,也可以分解为 FRA 的组合进行定价。由于都是列(4)现金流的不同分解,这两种定价结果必然是等价的。在下面的例子中,我们也将看到这一点。

显然,无论是计息天数比较复杂还是付息频率有所不同,都不影响上述运用债券组合或 FRA 组合来给利率互换定价的基本原理。

(二) 利率互换的定价

具体来看,与 FRA 相似,利率互换的定价有两种情形。第一,在协议签订后的互换定价,是根据协议内容与市场利率水平确定利率互换合约的价值。对于利率互换协议的持有者来说,该价值可能是正的,也可能是负的。第二,在协议签订时,一个公平的利率互换协议应使得双方的互换价值相等。也就是说,协议签订时的互换定价,就是选择一个使得互换的初始价值为零的固定利率。下面我们分别进行介绍。

1. 协议签订后的利率互换定价

(1) 运用债券组合给利率互换定价

定义 $V_{固定}(t)$ 表示 t 时刻互换合约中分解出的固定利率债券的价值,

$V_{浮动}(t)$表示t时刻互换合约中分解出的浮动利率债券的价值。

根据前文对利率互换的拆解,对于互换多头也就是固定利率的支付者(如上例中的甲银行)来说,t时刻利率互换的价值是

$$V_{互换}(t) = V_{浮动}(t) - V_{固定}(t) \tag{3.11}$$

反之,对于互换空头即浮动利率的支付者(如上例中的乙公司)来说,利率互换的价值则是

$$V_{互换}(t) = V_{固定}(t) - V_{浮动}(t) \tag{3.12}$$

其中,固定利率债券和浮动利率债券的定价公式分别为

$$V_{固定}(t) = \sum_{i=1}^{n} k e^{-R(t,t_i)\times(t_i-t)} + Me^{-R(t,t_n)\times(t_n-t)} \tag{3.13}$$

和

$$V_{浮动}(t) = (M + k^*)e^{-R(t,t_1)\times(t_1-t)} \tag{3.14}$$

其中,M为利率互换中的名义本金额,k为现金流交换日交换的固定利息额,n为t时刻的剩余互换次数,t_i为第i次现金流交换的时刻($1 \leq i \leq n$),$R(t,t_i)$为到期日为t_i的 LIBOR 连续复利即期利率,k^*为下一交换日应交换的浮动利息额(这是已知的)。可以看出,式(3.13)、式(3.14)与第二章的式(2.10)、式(2.13)在原理上是一致的。

例3.8 给出了一个运用债券组合给利率互换定价的例子。

例3.8 运用债券组合给利率互换定价

假设在一笔利率互换协议中,某一金融机构支付 3 个月期 LIBOR,同时收取 4.8% 的年利率(3 个月计一次复利),名义本金为 1 亿美元。互换还有 9 个月的期限。目前 3 个月、6 个月和 9 个月期 LIBOR(连续复利)分别为 4.8%、5% 和 5.1%。试计算此笔利率互换对该金融机构的价值。

在这个例子中,$k = 120$ 万美元,$k^* = 10\,000 \times e^{0.048 \times 0.25} - 10\,000 = 120.723$ 万美元,因此

$$V_{固定} = 120e^{-0.048\times0.25} + 120e^{-0.05\times0.5} + 10\,120e^{-0.051\times0.75} = 9\,975.825(万美元)$$

$$V_{浮动} = (10\,000 + 120.723) \times e^{-0.048\times0.25} = 10\,000(万美元)$$

因此,对于该金融机构而言,此利率互换的价值为

$$9\,975.825 - 10\,000 = -24.175(万美元)$$

显然,对于该金融机构的交易对手来说,此笔利率互换的价值为正,即 24.175 万美元。

(2) 运用远期利率协议给利率互换定价

根据式(3.3),对于支付固定利息的交易方,FRA 的定价公式为

$$(Me^{R(t,T,T^*)\times(T^*-T)} - Me^{R_K\times(T^*-T)})e^{-R(t,T^*)\times(T^*-t)}$$

也就是说,t 时刻 FRA 的价值等于约定利率 R_K 与 T 至 T^* 时刻远期利率 $R(t,T,T^*)$ 差异导致的息差现值。因此,要运用 FRA 给利率互换定价,只要知道利率期限结构,从中估计出 FRA 对应的远期利率与息差现值,即可得到每笔 FRA 的价值,加总就可以得到利率互换的价值。例 3.9 就例 3.8 中的相同情形给出了运用 FRA 定价的计算过程。可以看到,两种方法确定的互换价值是相等的。

例 3.9 运用 FRA 给利率互换定价

假设在一笔利率互换协议中,某一金融机构支付 3 个月期 LIBOR,同时收取 4.8% 的年利率(3 个月计一次复利),名义本金为 1 亿美元。互换还有 9 个月的期限。目前 3 个月、6 个月和 9 个月期 LIBOR(连续复利)分别为 4.8%、5% 和 5.1%。试计算此笔利率互换对该金融机构的价值。

我们用表 3.9 列示了运用 FRA 组合定价的计算过程。为了与公式一致,表中的利率均为连续复利。其中,3 个月计一次复利的 4.8% 对应的连续复利利率为

$$4 \times \ln\left(1 + \frac{4.8\%}{4}\right) = 4.7714\%$$

表 3.9 运用 FRA 组合给利率互换定价(万美元)

	贴现率	固定利率	远期利率	现金流或 FRA 价值
3 个月后	4.8%	4.7714%		$10\,000 \times (e^{4.7714\% \times 0.25} - e^{4.80\% \times 0.25})$ $\times e^{-4.8\% \times 0.25} = -0.715$
6 个月后	5%	4.7714%	$\dfrac{5\% \times 0.5 - 4.8\% \times 0.25}{0.25} = 5.2\%$	$10\,000 \times (e^{4.7714\% \times 0.25} - e^{5.2\% \times 0.25})$ $\times e^{-5\% \times 0.5} = -10.581$
9 个月后	5.1%	4.7714%	$\dfrac{5.1\% \times 0.75 - 5\% \times 0.5}{0.25} = 5.3\%$	$10\,000 \times (e^{4.7714\% \times 0.25} - e^{5.3\% \times 0.25})$ $\times e^{-5.1\% \times 0.75} = -12.88$
互换总价值				-24.176

显然,这个结果与例 3.8 中运用债券组合给出的利率互换价值 -24.175 万美元是一致的,10 美元的差异是连续复利与普通复利之间转换时四舍五入导致的。

2. 协议签订时的互换定价

在例 3.8 与例 3.9 中,我们已经解释了如何使用债券组合和 FRA 组合的方法为一个已经存在的利率互换定价。下面我们通过例 3.10 来说明利率互换签订当日的定价问题,即如何确定互换协议中的固定利率。由于债券组合方法与 FRA 组合方法本质上是一致的,在例 3.10 中我们仅运用债券组合方法为利率互换定价。

例 3.10 确定合理的互换利率

假设在一笔 2 年期的利率互换协议中,某一金融机构支付 3 个月期 LIBOR,同时每 3 个月收取固定利率(3 个月计一次复利),名义本金为 1 亿美元。目前 3 个月、6 个月、9 个月、12 个月、15 个月、18 个月、21 个月与 2 年的贴现率(连续复利)分别为 4.8%、5%、5.1%、5.2%、5.15%、5.3%、5.3% 与 5.4%。第一次支付的浮动利率即为当前 3 个月期利率 4.8%(连续复利)。试确定此笔利率互换中合理的固定利率。

利率互换中合理固定利率的选择应使得利率互换的价值为零,即 $V_{固定}(t) = V_{浮动}(t)$。在这个例子中,$V_{浮动}(t) = 10\,000$ 万美元,令:

$$V_{固定}(t) = \frac{k}{4}e^{-0.048\times 0.25} + \frac{k}{4}e^{-0.05\times 0.5} + \frac{k}{4}e^{-0.051\times 0.75} + \frac{k}{4}e^{-0.052\times 1}$$

$$+ \frac{k}{4}e^{-0.0515\times 1.25} + \frac{k}{4}e^{-0.053\times 1.5} + \frac{k}{4}e^{-0.053\times 1.75} + (10\,000 + \frac{k}{4})e^{-0.054\times 2}$$

$$= 10\,000 \text{ 万美元}$$

可以求得 $k = 543$ 美元,即固定利率水平应确定为 5.43%(3 个月计一次复利)。

从例 3.10 可以看出,利率互换协议中合理的固定利率就是使得互换价值为零的利率水平,也就是我们通常所说的理论互换利率。当然,由于互换市场实行做市商制度,而且计息频率等往往有所变化,现实中的互换利率往往是市场以一定的计息频率为基础、就特定期限形成的互换中间利率。以美元为例,市场通常将每半年支付固定利息对 3 个月浮动 LIBOR 利率的互换中间利率作为美元互换利率。

同时,还可以看出,理论互换利率实际上是附息票债券的平价到期收益率,这就是为何在报价时,做市商所报出的互换价差是互换利率与国债平价收益率之差的原因,它体现了银行间市场的信用风险与流动性风险。互换利率与即期利率之间显然不是直接可比的。

3. 理解互换利率

美元互换利率与美元 LIBOR 利率及欧洲美元期货利率有着本质的联系。由于互换合约多头等于固定利率债券空头加浮动利率债券多头,在签订合约时其价值应为零,也就是此时两个债券的价值相等。其中,固定利率债券的票面利率就是互换利率,浮动利率债券的利率就是 LIBOR。因此,市场一般认为互换利率与 LIBOR 具有相同的信用等级。从互换利率与欧洲美元期货利率的关系来看,市场交易者通常使用欧洲美元期货对冲利率互换中的市场风险。以 5 年期利率互换为例,互换多头可以通过买入 20 份分别于 3 个月、6 个月、9 个月等每隔 3 个月直至 5 年后到期的欧洲美元期货来对冲利率互换中的浮动利率风险,从而基本锁定互换利率。也就是说,互换利率与欧洲美元期货利率也具有相同的信用等级。

总之,由于主要在银行间市场上报价,互换利率中所蕴涵的违约风险和流动性风险与 LIBOR 相当接近。而欧洲美元期货利率虽然是在期货交易所形成的,是世界上交易最活跃的金融产品之一,其违约风险和流动性风险都低于 LIBOR 和互换利率,但总的来看,由于都与 LIBOR 挂钩,这三种利率之间存在着天然的一致性和内在联系。

基于上述密切联系,加上所覆盖的时间期限不同,LIBOR 利率、欧洲美元期货利率与美元互换利率常常互相补充,形成市场中所称的"互换利率期限结构"或"互换收益率曲线"(the term structure of swap rate or the swap curve)。一般来说,1 年以下的短期期限通常使用 LIBOR 利率,中期期限常常使用欧洲美元期货利率中隐含的即期利率,长期期限则一般使用美元互换利率中隐含的即期利率。① 其中,中期与长期的划分从 2 至 4 年不等。

近年来,美元互换收益率曲线在市场中的作用日益重要。众所周知,美元无风险利率期限结构是根据美国国债和国库券价格信息构造的,互换收益率曲线则主要是基于银行间市场报价形成的,因此互换曲线不是一个无风险的利率期限结构。但与国债利率期限结构相比,互换曲线有其自身的突出优势:第一,如图 3.3 所示,利率互换在很多到期期限上均有活跃的交易,而美国国债只在 1 年、2 年、3 年、5 年、7 年、10 年、15 年、20 年和 30 年九个关键期限上有较大的交易量,这使得互换曲线能够提供更多到期期限的利率信息;第二,新的互换会在市场上不断地产生,这使得特定到期日的互换利率具有延续性,几乎每天都可

---

① 由于互换利率实际上是付息票债券的平价到期收益率,并非即期利率,故此在构造互换利率期限结构时,需要从平价到期收益率信息中提取出相应期限的即期利率。

以估计出特定到期日的互换利率,而特定期限国债利率则往往只有在国债新发行之后才能更新,以发行期限进行循环,例如 30 年国债利率只有在每次的 30 年国债发行日才能准确估计;第三,互换是零成本合约,其供给是无限的,不会受到发行量的制约,而国债则由于供给的制约可能会对价格产生影响,例如新券和旧券价格就存在差异,进而对利率产生影响。此外,对于许多银行间的金融衍生产品来说,与无风险利率相比,互换利率由于反映了其现金流的信用风险与流动性风险,是一个更好的贴现率基准。上述原因决定了美元互换收益率曲线成为市场中重要的利率期限结构,影响日益显著。

四、利率互换的运用

利率互换可用于套利、风险管理以及合成新的金融产品。无论何种用途,其最终目的都是降低交易成本、提高收益与规避风险。正是互换的这些重要运用极大地促进了互换市场的迅速发展。

(一) 运用利率互换进行信用套利

例 3.11 是运用利率互换进行信用套利的一个经典例子。从这个例子中,我们可以看到,只要下述条件成立,交易者就可以利用互换进行套利:① 双方对对方的资产或负债均有需求;② 双方在两种资产或负债上存在比较优势,更确切地说,市场上存在着信用定价差异。也就是说,A、B 两家公司在固定利率市场和浮动利率市场上的信用差价不同。

例 3.11 信 用 套 利

假设 A、B 公司都想借入 5 年期的 1 000 万美元借款,A 想借入与 6 个月期相关的浮动利率借款,B 想借入固定利率借款。但两家公司信用等级不同,故市场向它们提供的利率也不同,如表 3.10 所示。

表 3.10 市场提供给 A、B 两家公司的借款利率*

	固定利率	浮动利率
A 公司	6.00%	6 个月期 LIBOR +0.30%
B 公司	7.20%	6 个月期 LIBOR +1.00%

*表中的利率均为一年计一次复利的年利率。

从表 3.10 可以看出,A 的借款利率均比 B 低。但在固定利率市场上 A 比 B 低 1.2%,而在浮动利率市场上 A 仅比 B 低 0.7%,我们将这种情形称为 A 在两个市场上均具有绝对优势,但A在固定利率市场上有比较优势,而B则在浮动利率市场上具有比较优势。这样,双方就可利用各自的比较优势为对方借款,然后互换,从而达到共同降低筹资成本的目的。

具体来看,基本的合作与互换机制为:A在其具有比较优势的固定利率市场上以6%的固定利率借入1000万美元,而B则在其具有比较优势的浮动利率市场上以LIBOR+1%的浮动利率借入1000万美元,然后进行互换。由于本金相同,故双方不必交换本金,而只交换利息的现金流。即A向B支付浮动利息,而B向A支付固定利息。对于A来说,由于在市场上定期支付6%的固定利率,而在互换中支付浮动收入固定,从而使其实际上融入的是浮动利率贷款。对于B来说,由于在市场上定期支付LIBOR+1%的浮动利率,而在互换中支付固定收入浮动,从而使其实际上融入的是固定利率贷款。

在明确基本的合作和互换机制之后,我们可以看到:如果A与B不合作,他们的总筹资成本为7.20%+6个月期LIBOR+0.30%=LIBOR+7.5%;而如果彼此合作,总筹资成本则为6.00%+6个月期LIBOR+1.00%=LIBOR+7%,比不合作的情形降低了0.5%,这就是合作与互换的利益。互换利益是双方合作的结果,理应由双方分享。具体分享比例由双方谈判决定。我们假定双方各分享一半,则双方都将使筹资成本降低0.25%,即双方最终实际筹资成本目标分别为:A支付LIBOR+0.05%,实质上融入浮动利率贷款;B支付6.95%,实质上融入固定利率贷款。

这样,双方就可根据借款成本与实际筹资成本目标的差异计算互换中各自向对方支付的现金流,即每半年A向B支付按LIBOR计算的利息,B向A支付按5.95%计算的利息,就可实现双方的融资目标,如图3.5所示。当然,根据市场惯例,每半年A、B之间交换的是利息差额。

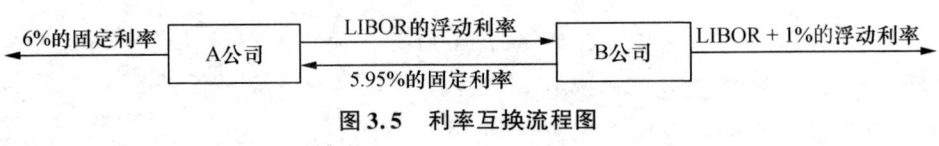

图3.5 利率互换流程图

20世纪80年代,基于上述比较优势①与信用套利的互换分析非常流行。很多交易者认为,互换各方以各自在不同融资领域的相对比较优势为基础进行

---

① 比较优势理论最早由英国著名经济学家大卫·李嘉图(David Ricardo)提出,主要应用于国际贸易领域。他认为,在两国都能生产两种产品、一国在这两种产品的生产上均处于有利地位而另一国均处于不利地位的条件下,如果前者专门生产优势较大的产品,后者专门生产劣势较小(即具有比较优势)的产品,那么通过专业化分工和国际贸易,双方仍能从中获益。

合作与交换,从而能够降低成本、提高收益。这些比较优势可能来源于浮动利率贷款更高的灵活性,可能来源于不同市场对借款人的熟悉和接受程度,可能来源于特定市场的供求关系。然而,随着市场的发展,人们逐渐对这种比较优势与信用套利的说法提出疑问:一方面,随着资本市场的不断完善,套利机会将消失;另一方面,互换交易本身所进行的套利也将使得套利机会逐渐减少乃至消失,这些都将导致互换的信用套利功能逐渐退化。

事实上,互换市场的发展也证明,在最初的信用套利功能之外,互换还可以被运用在很多其他的情况下,为交易者提供其他套利、风险管理和合成产品的途径,帮助市场交易者降低成本、提高收益,这成为互换市场迅速发展的推动力。当然,如果市场不完善导致出现信用套利机会,我们仍然可以运用互换进行上述套利。

(二) 运用利率互换管理利率风险

一般认为,利率风险管理是利率互换最重要、最基本的功能与运用领域。在本节当中,我们主要介绍如何运用利率互换转换资产和负债的利率属性。在第五章中,我们会专门介绍如何运用久期管理固定收益证券的利率风险。

1. 运用利率互换转换资产的利率属性

图3.6描述了如何运用利率互换转换资产的利率属性。如图所示,如果交易者原先拥有一笔固定利率资产,她可以通过进入利率互换的多头,使所支付的固定利率与资产中的固定利率收入相抵消,同时收到浮动利率,从而转换为浮动利率资产。类似地,如果交易者原先拥有一笔浮动利率资产,她可以通过进入利率互换的空头,使所支付的浮动利率与资产中的浮动利率收入相抵消,同时收到固定利率,从而转换为固定利率资产。例3.12的第一部分给出了一个将浮动利率资产转换为固定利率资产的简单例子。

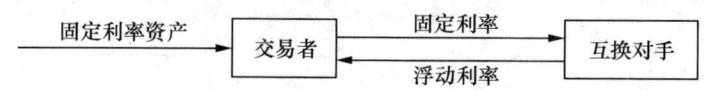

(a) 运用利率互换将固定利率资产转换为浮动利率资产

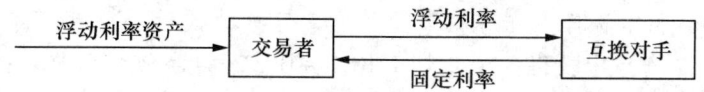

(b) 运用利率互换将浮动利率资产转换为固定利率资产

图3.6 运用利率互换转换资产的利率属性

2. 运用利率互换转换负债的利率属性

负债利率属性的转换与资产利率属性的转换是非常相似的。图3.7描述了如何运用利率互换转换负债的利率属性。如图所示,如果交易者原先拥有一笔浮动利率负债,她可以通过进入利率互换的多头,使所收到的浮动利率与负债中的浮动利率支付相抵消,同时支付固定利率,从而转换为固定利率负债。类似地,如果交易者原先拥有一笔固定利率负债,她可以通过进入利率互换的空头,使所收到的固定利率与负债中的固定利率支付相抵消,同时支付浮动利率,从而转换为浮动利率负债。例 3.12 的第二部分给出了一个将固定利率负债转换为浮动利率负债的简单例子。从例 3.12 中可以看到,同一笔互换,在不同的情形下,可以实现不同的转换目标。

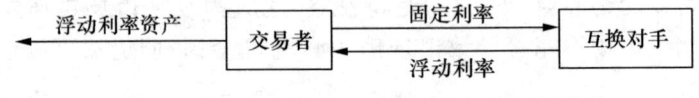

(a) 运用利率互换将浮动利率负债转换为固定利率负债

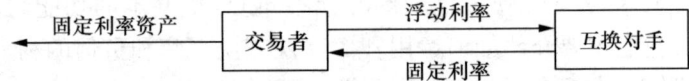

(b) 运用利率互换将固定利率负债转换为浮动利率负债

图 3.7 运用利率互换转换负债的利率属性

例 3.12 运用利率互换转换资产与负债的利率属性

如果乙公司在名义本金为 1 亿美元的 2 年期利率互换中,支付 LIBOR,收到 2.8% 年利率,利息每 3 个月交换一次,如下图所示。

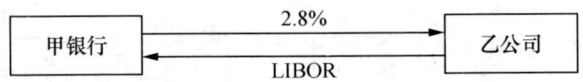

那么,乙公司可以运用该笔利率互换将一笔浮动利率资产转换为固定利率资产。假设乙公司拥有一份 2 年期的本金为 1 亿美元、利率为 3 个月期 LIBOR + 0.5% 的浮动利率资产。在签订了此笔利率互换协议后,乙公司面临 3 个利息现金流:① 从资产中获得 3 个月期 LIBOR + 0.5% 的浮动利息收入;② 从互换中收入 2.8%;③ 在互换中支付 3 个月期 LIBOR。这样乙公司的利息现金流就转化为 3.3% 的固定利息收入,从而将其资产转化为固定利率资产。

如果乙公司持有的是一笔 2 年期、本金为 1 亿美元、利率为 3.3%、每 3 个月支付一次利息的固定利率借款。在签订了此笔利率互换协议后,乙公司面临 3 个利息现金流:① 支付 3.3% 给贷款人;② 从互换中收入 2.8%;③ 在互换中支付3个月期LIBOR。这样乙公司的利息现金流就转化为3个月期LIBOR + 0.5%的浮动利息支出,从而将其负债转化为浮动利率资产。

(三) 运用利率互换创造新产品

利率互换的第三个用途是构造新的金融产品。例3.13给出了一个运用利率互换构造逆向浮动利率债券的典型案例。

例3.13 利率互换与逆向浮动利率债券

在例3.12中,我们已经知道,如果一笔名义本金为A的浮动利率资产与一份名义本金相同的利率互换空头组合在一起,将构造出一份合成的固定利率资产。现在设想一下,如果该笔利率互换空头的名义本金是$2A$而非A,会发生什么?

假设乙公司拥有一份2年期的本金为A、利率为1年期LIBOR的浮动利率资产(为简要起见,这里设定浮动期限为1年)。现在乙公司签订一份名义本金为$2A$的2年期利率互换,支付LIBOR,收到年利率r,利息每年交换一次,如下图所示。

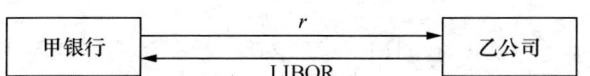

在签订了此笔利率互换协议后,乙公司面临3个利息现金流:① 从资产中获得$A \times$LIBOR 的浮动利息收入;② 从互换中收入$2Ar$固定利息;③ 在互换中支付$2A \times$LIBOR 的浮动利息。这样乙公司的利息现金流就转化为$A \times (2r - \text{LIBOR})$。也就是说,当市场利率上升的时候,该资产的利息收入下降,这样的资产被称为逆向浮动利率债券。因此,一笔名义本金为A的浮动利率资产与一份名义本金为$2A$的利率互换空头组合在一起,将构造出一份合成的逆向浮动利率债券。

由于利率互换既可以分解为债券头寸的组合,也可以拆分为远期协议的组合,在现实中,根据实际市场状况、投资者预期与需要的不同,它与其他金融资产可以再组合,构造出符合投资者需要的新金融产品。

本章小结

1. 远期利率公式为

$$R(t,T,T^*) = \frac{R(t,T^*) \times (T^* - t) - R(t,T) \times (T - t)}{T^* - T}$$

对远期利率协议多头来说，FRA 的价值公式为

$$\left(Me^{R(t,T,T^*) \times (T^* - T)} - Me^{R_K \times (T^* - T)}\right)e^{-R(t,T^*) \times (T^* - t)}$$

2. 欧洲美元期货的 IMM 指数每变动 0.01，期货利率变动 1 个基点，合约价值变动 25 美元。

3. 美国长期国债期货报出的是标准券期货的净价，实际交割时则使用交割券的现金价格，因而需要转换。

4. 利率互换既可以分解为一个浮动利率债券与一个固定利率债券的组合，也可以分解为一系列 FRA 的组合。

5. 利率互换协议中合理的固定利率就是使得互换价值为零的利率水平，是理论的互换利率，它等于债券组合中固定利率债券的平价到期收益率。

6. 利率互换的运用主要包括三个方面：套利、风险管理与合成新产品。

习题

1. 假设当前时刻为 0 时刻，1 年期、2 年期、3 年期和 4 年期连续复利即期利率分别为 3.2%、3.6%、3.8% 和 4.0%，请分别计算以下连续复利远期利率：(1) $R(0,1,2)$；(2) $R(0,1,3)$；(3) $R(0,1,4)$；(4) $R(0,2,3)$；(5) $R(0,2,4)$；(6) $R(0,3,4)$。

2. 某银行在 3 个月前签订了一份 6×12 的远期利率协议多头，名义本金为 1 000 万元，协议利率（3 个月计一次复利）为 4.8%，假设当前市场 3 个月和 9 个月期利率（连续复利）分别为 4.5% 和 4.6%，请计算当前银行所持有该远期利率协议头寸的价值。

3. 如果当前你可以以零成本签订 6×12 的远期利率协议多头或空头，名义本金为 1 000 万元，协议利率（半年计一次复利）为 4.5%，当前市场 6 个月和 12 个月的无风险利率（连续复利）分别为 4.4% 和 4.6%。请问：该协议利率的设置是否合理？如果不合理，请设计一个套利方案。

4. 假设某投资者以 97.45 美元的价格卖出 5 份欧洲美元期货合约，并持有到期才平仓，假设到期时的 3 个月期 LIBOR 利率（连续复利）为 3.2%。忽略持有期间的盯市结算与保证金要求，请计算该投资者的盈亏。

5. 假设 2010 年 3 月，某投资者购买了 1 份 2010 年 6 月到期的长期国债期

货合约并持有到期,该国债期货报价为 112.5 美元,若最合算的交割债券选定为息票率 6.4%、每年的 4 月和 10 月付息、2028 年 4 月到期的长期国债,请计算该债券的转换因子以及到期交割时该投资者实际应支付的现金。

6. 假设某公司持有一份剩余期限为 10 个月的利率互换多头,互换名义本金为 1 亿美元,互换利率为 3.2%(3 个月计一次复利),参考浮动利率为 3 个月期 LIBOR 利率,每 3 个月互换一次利息。若当前 1 个月期、4 个月期、7 个月期和 10 个月期 LIBOR 利率(连续复利)分别为 2.6%、2.7%、2.8% 和 3.1%,并且上一个利息交换日观察到的 3 个月期 LIBOR 利率(连续复利)为 2.8%,请分别用债券组合的方法及 FRA 的方法计算该互换多头的价值。

第四章

利率期限结构:静态模型

学习目标

在学习完本章之后,你应该能够理解和掌握:

- 利率期限结构的不同种类和基本特征;
- 如何对利率期限结构进行主成分分析和因子分析;
- 纯预期理论、流动性偏好理论、市场分割理论和期限偏好理论的优缺点;
- 如何运用不同的方法拟合静态利率期限结构。

第四章 利率期限结构:静态模型

本章是固定收益证券分析的重点和难点之一。在本章中,你将对利率期限结构的含义、种类、特征、理论和拟合方法有深入的了解。其中,第一节是对利率期限结构基本知识的介绍;第二节则深入讨论了如何应用主成分分析和因子分析法对利率期限结构的变动因素进行分析,是本章的重点之一;第三节介绍了一些试图从经济意义上对利率期限结构的变动加以解释的传统理论;第四节是本章的另一个重点,详细介绍了拟合利率期限结构的主流方法。

第一节 利率期限结构概述

一、利率期限结构的定义与类型

在给定时点上,其他条件相同但到期期限不同的利率通常是不相等的。不同期限的利率水平之间的关系就构成了利率期限结构,也称为收益率曲线(yield curve)。在一幅以期限为横坐标、利率水平为纵坐标的图上,一个利率期限结构就表现为一条曲线,如图4.1所示。

利率的种类决定了利率期限结构的种类。根据利率的不同,常见的利率期限结构包括到期收益率曲线、互换利率期限结构、即期利率期限结构、平价到期收益率曲线、远期利率期限结构和瞬时远期利率期限结构等。其中,到期收益率曲线直接由市场上不同到期期限债券成交的到期收益率组成;互换利率期限结构是利率互换市场上不同期限的互换利率所形成的曲线;即期利

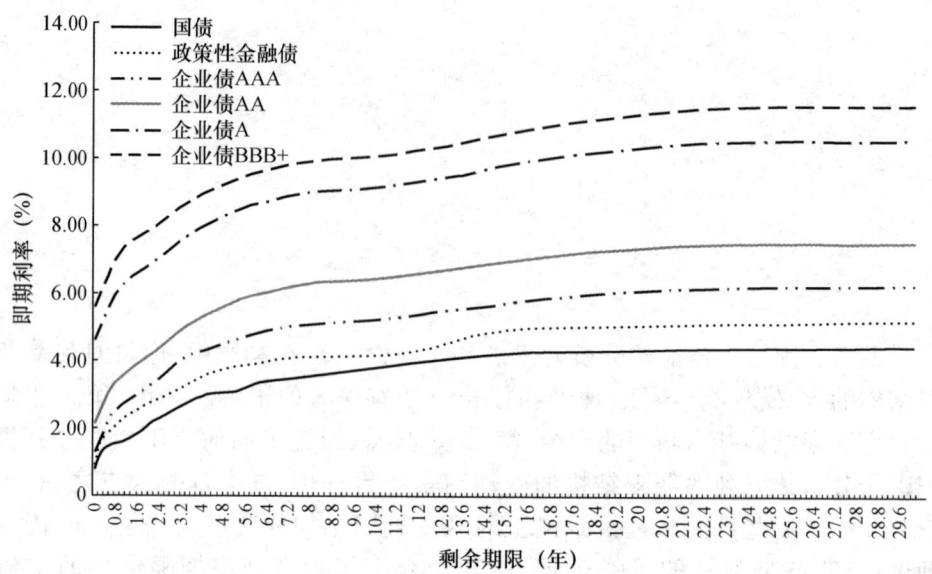

图 4.1 我国银行间不同信用级别的即期利率期限结构(2010 年 1 月 20 日)
数据来源:中国债券信息网。

率期限结构实际上就是零息票债券的到期收益率曲线①;平价到期收益率曲线由从即期利率期限结构中进一步推出的平价到期收益率构成;远期利率期限结构是在给定时刻、从未来 t 年后开始的给定期限的远期利率所形成的曲线,例如 t 年后的 1 年期远期利率,当 t 不断变化时就形成了 1 年期远期利率曲线;瞬时远期利率期限结构则是在当前时刻、从未来不同时刻开始的瞬时远期利率形成的曲线。

信用级别不同,利率期限结构也不同。由于利率互换是在金融机构之间进行的,互换利率曲线仅反映了金融同业信用级别的利率期限结构。而到期收益率曲线、即期利率曲线、远期利率曲线和瞬时远期利率期限结构都可进一步分为国债收益率曲线、不同信用级别的金融债收益率曲线和企业债收益率曲线等。图 4.1 给出了 2010 年 1 月 20 日中央国债登记结算有限责任公司从我国银行间市场上固定利率的国债、政策性金融债以及不同信用级别的企业债交易价格中估计得到的即期利率期限结构。可以看到,利率水平由低到高,利率期限结构的信用级别依次降低。

---

① 由于即期利率在定价和风险管理中的重要性,有时人们说到利率期限结构时,仅指即期利率期限结构。

二、利率期限结构的基本特征

（一）利率的典型特征

通常来说，利率具有以下四个典型特征：

（1）名义利率的非负性。虽然在通胀严重时，实际利率有可能为负，但名义利率是不可能小于零的。这意味着我们不可以用正态分布来描述名义利率。

（2）均值回归。观察市场可以发现，利率达到一个很高（低）水平之后，通常会趋于下降（上升），历史上的名义利率平均值通常在3%到10%之间。正是出于这个原因，人们通常用均值回归过程来描述利率的变化规律。

（3）利率变动非完全相关。统计分析发现，不同到期期限利率的变动高度相关却非完全相关，期限差异越大，相关性越低。

（4）短期利率比长期利率更具波动性。一般来说，利率波动率可能随期限增加而递减，也可能以1年左右为拐点，先随期限递增而后随期限递减。但总体而言，短期利率的波动大于长期利率。

利率的后两个特征说明，存在一些影响所有利率变动的共同因素，但不同期限的利率受影响程度可能各不相同。除此之外，不同利率还会受到特有因素的影响。

（二）利率期限结构的不同形状

在市场中，我们可以观察到不同形状的利率期限结构，上升的（increasing）利率期限结构最为常见，如图4.1，这意味着剩余期限越长，利率水平越高；如果利率期限结构接近水平（quasi-flat），说明短期和长期利率水平差异不大，如图4.2(a)所示；下降的（decreasing）利率期限结构则意味着剩余期限越长，利率水平越低，如图4.2(b)所示；驼峰状的（humped）利率期限结构又可分为短端下降、长端上升（如图4.2(c)所示）和短端上升、长端下降（如图4.2(d)所示）两种。除此之外，有时市场中还会出现更为复杂多变的不规则的利率曲线形状。

值得注意的是，由于即期利率、平价到期收益率和远期利率之间存在确定的关系，这三种期限结构的形状之间存在一定的联系。例如，当平价到期收益率曲线上升（下降）时，相应的即期利率曲线一定位于其上方（下方），相应的瞬时远期利率曲线又位于即期利率曲线的上方（下方），如图4.3所示。本章的习题1是关于此结论的一个证明。

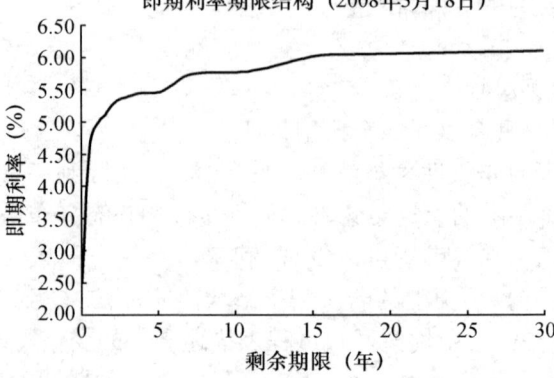

数据来源：中国债券信息网。

(a) 接近水平的利率期限结构

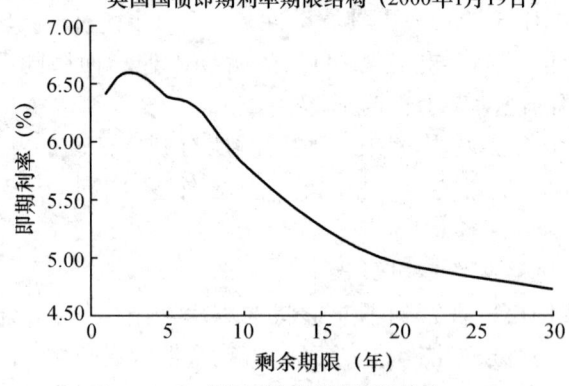

数据来源：英格兰银行。

(b) 下降的利率期限结构

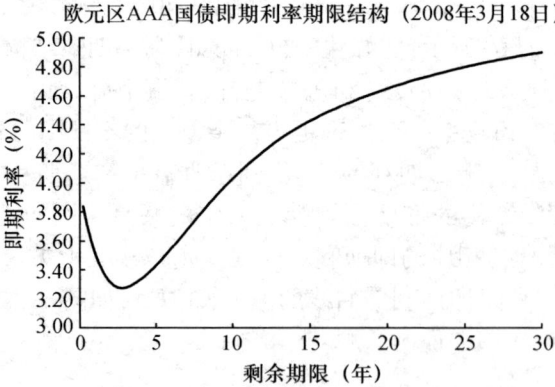

数据来源：欧洲央行。

(c) 先降后升的利率期限结构

图 4.2 不同形状的利率期限结构

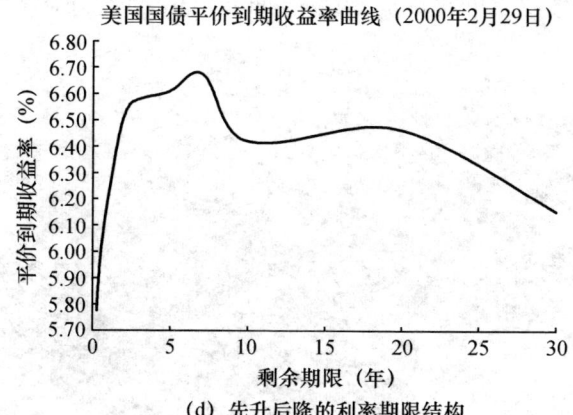

数据来源：美国财政部。

(d) 先升后降的利率期限结构

图 4.2 不同形状的利率期限结构(续)

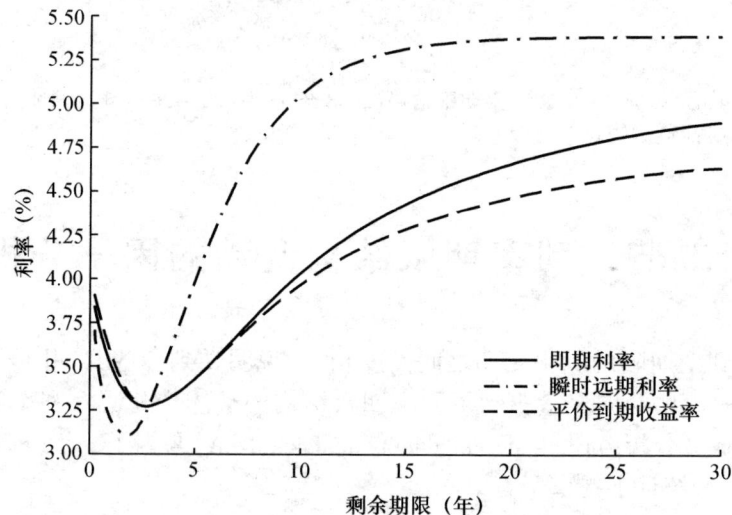

图 4.3 欧元区 AAA 国债利率期限结构(2008 年 3 月 18 日)

(三) 利率期限结构的动态变化

由于每时每刻利率都可能发生变化，利率期限结构实际上一直处在动态变化当中，利率期限结构的形状也会受各种因素影响而不断变化。从图 4.4 中可以看到，从 2008 年 1 月 7 日至 2009 年 4 月 9 日，美元 LIBOR 利率不仅在整体上有一个水平的变化，其期限结构的形状也一直处于变化当中：在 2008 年 9 月次贷危机最严重的时候，整体利率水平很高，而且短期利率高于 1 年期利率，说明当时金融机构短期流动性严重不足；2009 年 4 月，在危机逐渐平息且美联储采取降息和量化宽松政策的背景下,美元短期 LIBOR 利率明显低于 1 年期利率。

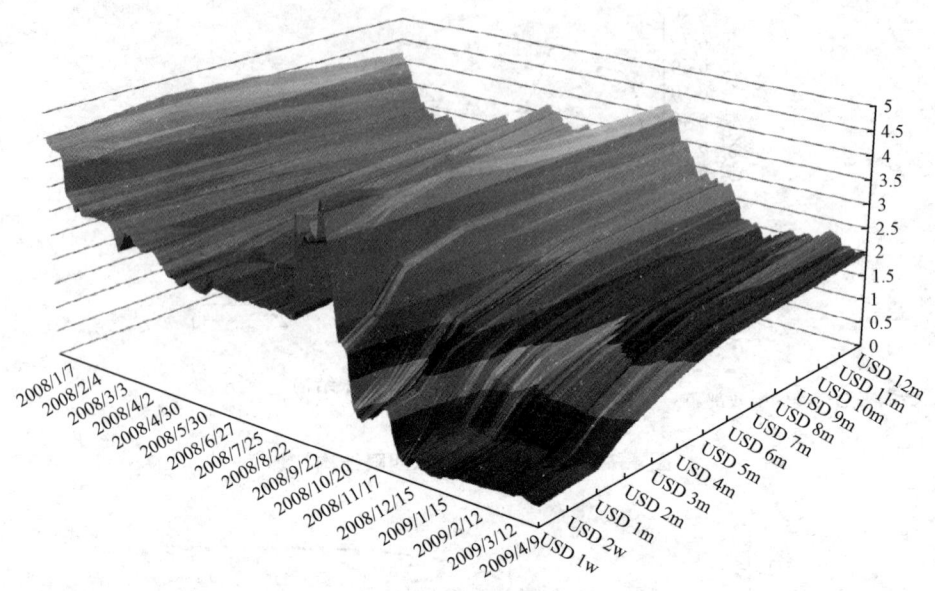

图 4.4　美元 LIBOR 利率期限结构(2008 年 1 月 7 日—2009 年 4 月 9 日)
数据来源:英国银行家协会。

第二节　利率期限结构变动的因子分析

不同到期期限的利率变动之间高度相关,说明受到一些共同因子的影响。那么究竟是哪些共同变量驱动了利率期限结构的整体变化呢？利率期限结构变动的主成分分析(principal components analysis,PCA)与因子分析(factor analysis)从数学和统计上提供了答案。

一、利率期限结构变动的主成分分析

主成分分析是一种将给定的一组高度相关的变量(如不同剩余期限的利率的变动 $\Delta R(t,t_i)$)通过线性变换转化为另一组不相关变量的数学方法。在变换中,保持总方差不变(意味着信息没有丢失),新的变量按方差递减的顺序排列,依次称为第一成分、第二成分和第三成分等,解释了主要方差的前几个成分被称为"主成分"。这样,在不丢失信息的前提下,主成分分析可以帮助我们找出对利率变动影响最大的前几个主要因素,而且这些因素彼此之间是不相关的,

从而可以较容易地实现对这些影响因素的分析,解释利率期限结构的变动。这里只给出了利率期限结构变动的主成分分析的基本过程,对主成分分析原理的介绍放在本章附录中。

利率期限结构变动的主成分分析主要包括以下四步:

第 1 步,采集不同期限即期利率变动 $\Delta R(t, t_i)$ 的历史数据并将其标准化为

$$\Delta R^*(t, t_i) = \frac{\Delta R(t, t_i) - \overline{\Delta R(t, t_i)}}{\sigma_{\Delta R(t, t_i)}}$$

其中,t_i 表示不同的到期时刻,$i = 1, 2, \cdots, n$;$\overline{\Delta R(t, t_i)}$ 和 $\sigma_{\Delta R(t, t_i)}$ 分别表示利率变动 $\Delta R(t, t_i)$ 的样本均值和样本标准差。

第 2 步,计算不同期限 $\Delta R^*(t, t_i)$ 之间的方差—协方差阵 Ω,在数据标准化的情况下,Ω 实际上就是相关系数矩阵。

第 3 步,计算 Ω 的特征值及其对应的特征向量,把特征向量进行正交化并单位化,计算出互不相关的成分因子,并按特征值大小排序。例如,假设与最大特征值 λ_1 对应的特征向量为 $(\alpha_{11}, \alpha_{12}, \cdots, \alpha_{1n})$,则第一成分 F_1 就等于

$$\alpha_{11}(\Delta R^*(t, t_1)) + \alpha_{12}(\Delta R^*(t, t_2)) + \cdots + \alpha_{1n}(\Delta R^*(t, t_n))$$

以此类推,第 j 个成分就表达为第 j 大的特征值对应的特征向量中的标量对 $\Delta R^*(t, t_i)$ 加权的结果,即

$$F_j = \sum_{i=1}^{n} \alpha_{ji}(\Delta R^*(t, t_i))$$

其中,计算第一成分 F_1 的目标函数为方差最大化,计算第 k 成分 F_k 的目标函数为考虑与前面 $k-1$ 个成分 $F_j(j = 1, \cdots, k-1)$ 不相关条件后的方差最大化。

第 4 步,计算不同成分的方差贡献率和累计方差贡献率,并确定主成分。第 j 成分 F_j 的方差就是相应的特征值 λ_j,F_j 的方差贡献率为

$$\frac{\lambda_j}{\sum_{j=1}^{n} \lambda_j} \quad \left(\text{在标准化的情况下} \sum_{j=1}^{n} \lambda_j = n\right)$$

前 k 个成分 F_k 的累计方差贡献率则为

$$\frac{\sum_{j=1}^{k} \lambda_j}{\sum_{j=1}^{n} \lambda_j}$$

一般来说,将特征值大于 1 或者累计方差贡献率达到 85% 以上的前几个成分认定为主成分。

许多学者对不同国家的利率期限结构进行了主成分分析。尽管样本不同导致结果有所差异,但人们发现,只需要三个主成分就可以解释全球许多市场

利率期限结构90%左右的变动。例如 Barber and Copper（1996）发现，1985—1991年美国市场上前三个主成分对利率期限结构的解释能力达到 97.11%。Lardic，Priaulet and Priaulet（2003）发现，在德国市场、意大利市场和英国市场上，1998—2000年期间前三个主成分的解释能力分别为 90%、90% 和 93%。唐革榕和朱峰（2003）的研究表明，2001 年 8 月 30 日至 2002 年 12 月 13 日上海交易所国债利率变动的 90.85% 也可用前三个主成分来解释。

二、利率期限结构变动的因子分析

在估计出影响利率期限结构变动的主成分（通常为3个）之后，人们更关心的是这些主成分的经济含义。这主要通过对利率变动 $\Delta R^*(t,t_i)$ 进行因子分析来实现：

$$\Delta R^*(t,t_i) = \sum_{j=1}^{k} l_{jt} F_j^* + \varepsilon_{t_i}$$

其中，$F_j^* = \dfrac{F_j}{\sqrt{\lambda_j}}$，$F_j(j=1,\cdots,k)$ 就是主成分分析得到的前 k 个因子；ε_{t_i} 涵盖了前 k 个主成分未反映的影响因素；系数 $l_{jt}(j=1,\cdots,k)$ 则反映了利率变动对这 k 个主要因子的敏感性。

根据因子分析的基本原理①，当因子 F_j 由主成分分析得到时，系数 l_{jt} 为

$$l_{jt} = \sqrt{\lambda_j} \alpha_{jt}$$

这里 α_{jt} 就是 $F_j = \sum_{i=1}^{n} \alpha_{jt}(\Delta R^*(t,t_i))$ 中 $\Delta R^*(t,t_i)$ 项的系数。

研究发现，如果将不同剩余期限的利率变动 $\Delta R^*(t,t_i)$ 进行因子分析后的系数 l_j 画在横坐标为剩余期限、纵坐标为系数的图上，前三个因子的系数通常呈现如图 4.5 所示的特征，说明这三个因子具有很强的经济含义。

首先，l_1 多呈水平状，意味着当第一个因子变动时，不同期限的利率将发生同样幅度的变动。因此，第一个主成分通常被称为利率变动的"水平因子"。人们发现它常常可以解释利率曲线变化的 60%—80%。

其次，l_2 通常会在 2—8 年之间穿过横轴，有时像图 4.5 一样向下穿越，有时则反过来向上穿越。这意味着第二个因子变动时，长短期利率的变动是不同的。因此，第二个主成分通常被称为利率变动的"斜率因子"，可用来衡量长短期利率的期限差异（term premium）。它通常可以解释利率曲线变化的 5%—30%。

---

① 本章附录中给出了因子分析的基本原理。

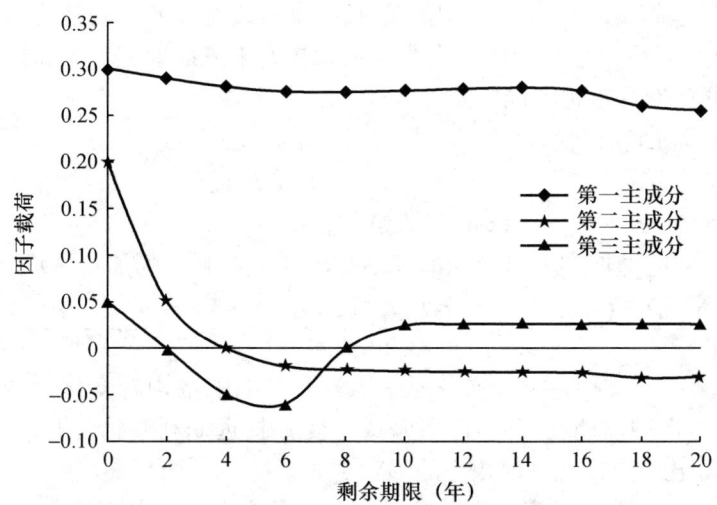

图 4.5　利率期限结构三个主成分因子载荷示例

最后,l_3 通常呈现蝶形,可能是像图 4.5 中的反向蝶形,也可能是两边低、中间高的正向蝶形。这说明第三个因子对利率期限结构上的短、中和长期利率具有不同的影响,从而影响了利率期限结构的曲度。因此,第三个主成分常被称为利率变动的"曲度因子"。它一般解释了收益率曲线变化的 0—10%。

第三节　传统的利率期限结构理论

主成分和因子分析虽然通过数学和统计手段提炼出了驱动利率期限结构变动的几个主要因素,但并未从经济意义上解释为何利率期限结构会呈现不同的形状和变化。学者们提出了不同的利率期限结构理论,试图解释利率与期限的关系。本节介绍四个传统的利率期限结构理论,第七章将介绍现代的动态利率期限结构模型。

传统的利率期限结构理论主要包括:纯预期理论(pure expectation theory)、流动性偏好理论(liquidity preference theory)、市场分割理论(market segmentation theory)和期限偏好理论(preferred habitat theory)。

一、纯预期理论

(一)纯预期理论的基本内容

根据纯预期理论,当前的利率期限结构仅代表了市场对未来即期利率变化的预期。在这个理论下,上升(下降)的收益率曲线意味着市场认为未来的即期利率会上升(下降),水平的收益率曲线则意味着未来的即期利率保持不变。

纯预期理论有三种不同版本。

版本1:远期利率代表着市场对未来即期利率的预期,即

$$R(t,t_i,t_j) = E_t[R(t_i,t_j)] \tag{4.1}$$

其中,$t < t_i < t_j$。$E_t[\cdot]$表示t时刻的预期。

由于长期的即期利率是短期的即期利率和远期利率的加权平均,即

$$R(t,t_n) = \frac{R(t,t_1)(t_1-t) + R(t,t_1,t_2)(t_2-t_1) + \cdots + R(t,t_{n-1},t_n)(t_n-t_{n-1})}{t_n-t}$$

其中,$t < t_1 < t_2 < \cdots < t_n$,因此这一理论认为利率期限结构的变化完全源于预期的变化,即当市场预期利率上升(下降或不变)时,远期利率就会上升(下降或不变),利率期限结构就会呈现相应的形状。

版本2:短期零息票债券滚动投资n年的预期收益率应该等于n年期零息票债券一次性投资的收益率,以两次滚动投资为例,

$$E_t[e^{R(t,t+1)\times 1} \cdot e^{R(t+1,t+n)\times(n-1)}] = e^{R(t,t+n)\times n}$$

简单变形可得

$$\frac{1}{E_t[e^{R(t+1,t+n)\times(n-1)}]} = e^{R(t,t+1)-R(t,t+n)\times n} \tag{4.2}$$

版本3:1年期零息票债券与n年期零息票债券投资1年的预期收益率应该是相等的,即

$$E_t[e^{R(t,t+n)\times n} \cdot e^{-R(t+1,t+n)\times(n-1)}] = e^{R(t,t+1)\times 1}$$

简单变形可得

$$E_t\left[\frac{1}{e^{R(t+1,t+n)\times(n-1)}}\right] = e^{R(t,t+1)-R(t,t+n)\times n} \tag{4.3}$$

(二)纯预期理论的缺陷

只要假设市场存在特定的预期,纯预期理论就可以解释所有形状的利率期限结构。然而,纯预期理论的根本缺陷在于它没有考虑债券投资中的风险。而我们知道,债券投资中存在着利率风险和再投资风险。如果未来利率上升,尚未到期的债券价格将会下跌;如果利率下降,债券投资中收到的现金流的再投资利率会随之下降,这两种情形都可能给投资者带来损失。风险厌恶的投资者在承担利率风险时,必然要求在利率中体现相应的风险溢酬。忽略了风险这一重要因素,纯预期理论是无法很好地解释现实市场中利率期限结构的变动的。

陈蓉和郑振龙(2007)已经证明,远期利率并不等于未来即期利率的期望值,两者之间还相差利率风险溢酬,因此版本1是错误的。

同时，版本 2 与版本 1 存在差别。我们从式（4.2）可以得到 $E_t[e^{R(t+1,t+n)\times(n-1)}] = e^{R(t,t+1,t+n)\times(n-1)}$。对比这个公式与式（4.1）可以发现，只有在假定利率服从正态分布，而且利率波动率很小的情况下，版本 2 与版本 1 才一致。① 版本 2 虽然考虑了利率风险，但没有考虑人们的风险厌恶系数。

版本 3 与版本 2 也存在差别。事实上，对比式（4.2）与式（4.3），就可以看出尽管这两个等式的右边相等，但根据 Jensen 不等式，这两个等式的左边并不相等，即

$$\frac{1}{E_t[e^{R(t+1,t+n)\times(n-1)}]} \neq E_t\left[\frac{1}{e^{R(t+1,t+n)\times(n-1)}}\right]$$

纯预期理论三个版本之间的差异可以简单总结为：如果用 Y 表示远期利率，用 X 表示未来的即期利率，则版本 1 认为 $e^Y = e^{E[X]}$，版本 2 认为 $e^Y = E[e^X]$，而版本 3 认为 $e^Y = \dfrac{1}{E\left[\dfrac{1}{e^X}\right]}$。可见，三个版本都没有考虑利率风险溢酬，因此，纯预期理论是错误的。

二、流动性偏好理论

流动性偏好理论在纯预期理论的基础上引入了流动性风险。该理论认为，债券剩余期限越长，需要提前变现时的利率风险越大，也就是说债券的流动性风险越大。由于一般投资者都是风险厌恶的，因此只有在长期债券投资收益率能同时涵盖预期利率水平和风险溢酬（该风险溢酬应与剩余期限成正比）时，投资者才愿意持有长期债券。换句话说，流动性偏好理论认为，从长期利率中提炼出来的远期利率同时反映了市场对未来的预期和流动性风险溢酬，剩余期限越长，该风险溢酬越大。

在流动性偏好理论下，收益率曲线上升可能是因为：① 市场预期未来利率将上升；② 市场预期未来利率不变甚至下降，但流动性风险溢酬随期限增加提高很多，使得利率期限结构趋于上升。以此类推，流动性偏好理论也可以解释利率期限结构的所有形状。

由于同时考虑了预期和流动性风险溢酬的影响，流动性偏好理论比纯预期理论更贴近现实。但这一理论认为投资者总是偏好持有短期债券，因而风险溢酬总是随期限递增的。然而现实市场并非总是如此，在投资期较长的情况下，

---

① 这是因为，如果 X 服从正态分布，则 $E[e^X] = e^{E[X]+\sigma^2/2}$，其中，$\sigma$ 表示 X 的标准差。

持有短期债券会面临再投资风险,而合适期限的长期债券则不存在这个问题。除此之外,投资者特定的资产负债状况往往也会使得他们可能对某些期限的债券有一定的偏好。这些都是流动性偏好理论未加以考虑的情形。

三、市场分割理论

市场分割理论从一个不同的角度来解释利率期限结构的不同形状。该理论认为,投资者有各自的投资期限偏好,并且偏好不变。比如,保险公司和养老基金投资于长期债券,货币市场基金投资于短期工具等。利率曲线的形状由短、中和长期市场的各自供求关系决定。事实上,从风险的角度,市场分割理论也可以解读为投资者对投资其他期限所要求的风险溢酬无穷大,从而使得他们不可能改变投资偏好。这个假定显然是不符合市场现实的。

四、期限偏好理论

期限偏好理论可以看做流动性偏好理论与市场分割理论的结合。该理论认为,不同资产负债状况的投资者通常有着特定偏好的投资期限,但这些偏好并非是完全不变的。当不同期限债券的供求发生变化,一些期限的债券供求不再平衡,从而使得相应期限的风险溢酬变化到足以抵消利率风险或再投资风险时,一些投资者的偏好就会发生转移。因此,在期限偏好理论下,利率期限结构反映了市场对未来利率的预期以及时变的期限风险溢酬,期限风险溢酬反映了利率风险、再投资风险和期限偏好,因此风险溢酬并非简单递增,短期债券并非始终都是最优选择。在该理论下,所有形状的利率期限结构同样也可以得到解释。

可以看出,流动性偏好理论与期限偏好理论都认为长期利率反映了市场对未来的预期和风险溢酬。相应地,远期利率由于没有包含风险溢酬,因而不再是未来即期利率的无偏预期。因此,流动性偏好理论和期限偏好理论有时都被称为"有偏期望理论"(biased expectation theory)①。另外,相对于流动性偏好理论,期限偏好理论引入了投资者的期限偏好,并认为风险溢酬并非简单随期限递增;相对于市场分割理论,期限偏好理论则加入了市场预期和风险溢酬的思想。这些改进都是比较符合市场现实的。因此,总的来说,在四个传统的利率期限结构理论中,期限偏好理论是最广为人接受的。

---

① 注意,这里的"有偏"并非贬义词。

第四节 利率期限结构的拟合

利率期限结构是固定收益证券定价和风险管理的基础,然而在大部分情形下,我们无法直接得到利率期限结构。一般来说,到期收益率曲线和互换利率曲线上的主要数据可以直接从市场上获得,被认为是"市场曲线"(market curve);而即期利率、平价到期收益率、远期利率和瞬时远期利率的期限结构则需要从市场数据中进一步估计,属于"隐含曲线"(implied curve)。但事实上,即使是市场曲线,我们所能直接获得的也只是离散的到期期限的利率数据。要形成连续的曲线,仍需从可得的数据中进一步拟合。因此,寻找合适的拟合方法,从市场价格中提炼出隐含的利率期限结构,是固定收益证券领域重要的基础性工作。

由于即期利率既是固定收益证券定价的基本输入变量,又是进一步计算平价到期收益率、远期利率和瞬时远期利率的基础,加之无风险利率是其他利率的基准,本节我们就主要针对无风险即期利率曲线,介绍几种常见的利率期限结构拟合方法,其他情形可作相应的拓展。

一、拟合利率期限结构的准备工作

在开始估计利率期限结构之前,首先必须收集相应的固定收益证券(通常为债券)数据,包括债券发行者、发行规模、息票率、是否含权、税收待遇、市场价格、剩余期限和成交量等,并进行筛选,构建数据库。

基本的筛选原则为:第一,被用于估计同一条收益率曲线的债券必须具有相同的信用等级和税收待遇等条件,以保证这些债券的唯一差异就是剩余期限,例如要估计无风险的收益率曲线,就应收集无风险债券(即国债)的市场数据;第二,剔除含权证券,否则难以精确分离所含期权对利率的影响;第三,剔除明显定价不合理、流动性差异很大(包括与其他样本相比,流动性过差或流动性过好)的证券,以消除定价误差和流动性的影响;第四,所选证券的剩余期限应尽可能覆盖要估计时间长度的各个区间(短期、中期和长期),且各个分段区间内的样本数要足够多,以保证结果的可靠性。

二、无风险即期利率期限结构的拟合

即期利率就是零息票债券的到期收益率,然而市场上交易的主要都是附息票债券,这意味着我们需要从附息票债券的市场价格中提炼出即期利率的信息。具体的提炼方法有多种,大体可分为直接法和间接法。

在介绍具体方法之前,我们必须首先明确,一个好的利率期限结构拟合方法应满足以下条件:① 准确性:估计得到的利率期限结构应该能够反映市场真实的收益率情形。② 平滑性:估计得到的期限结构应该尽量平滑。除了曲线可导之外,其弯曲程度也不能太大。因为从经济意义上说,没有理由认为两个相邻期限的利率会差异极大。③ 稳定性:模型结果对样本的变化不会太敏感。④ 灵活性:所采用的模型应该能够捕捉利率期限结构的多变形状,包括上升、下降、近似水平和驼峰状,甚至是不规则的形状。

(一) 直接方法

1. 求解债券定价方程

从理论上说,只要能收集到 n 只具有 n 个相同付息日的债券(零息票和附息票债券均可)信息,就可以用求解方程的方法估计出对应 n 个付息日的即期利率。例 4.1 可以帮助读者轻松地理解这一方法。

例 4.1 估计利率期限结构:求解方程组

假设有 4 只付息日相同的债券(一年支付一次利息)如下:

	息票率(%)	剩余期限(年)	市场价格(元)
债券 1	3	1	99.0
债券 2	3.5	2	99.5
债券 3	3	3	96.0
债券 4	4	4	95.0

由债券定价公式可写出如下矩阵

$$\begin{bmatrix} 99.0 \\ 99.5 \\ 96.0 \\ 95.0 \end{bmatrix} = \begin{bmatrix} 103 & & & \\ 3.5 & 103.5 & & \\ 3 & 3 & 103 & \\ 4 & 4 & 4 & 104 \end{bmatrix} \times \begin{bmatrix} B(0,1) \\ B(0,2) \\ B(0,3) \\ B(0,4) \end{bmatrix}$$

并解出 1—4 年期即期利率分别为 3.96%、3.69%、4.38% 和 5.36%。

对例 4.1 进行推广。为方便表达,假设当前时刻为 0 时刻。分别以 P 表示 0 时刻 n 只债券的市场价格向量,F 表示这些债券在未来 n 个付息日 ($t_i, i=1, 2, \cdots, n$) 支付的 $n \times n$ 现金流矩阵,B 表示 0 时刻对应 n 个付息日的零息票债券价格(或称为贴现因子)向量[①],即

$$P = (P^1, P^2, \cdots, P^n)', \quad F = (F_{t_i}^j)_{\substack{i=1,2,\cdots,n \\ j=1,2,\cdots,n}}$$

$$B = (B(0, t_1), B(0, t_2), \cdots, B(0, t_n))'$$

只要 F 可逆,即不同债券的现金流之间不存在线性关系,由

$$P = F \cdot B$$

可得

$$B = F^{-1} \cdot P$$

再由零息票债券价格与连续复利即期利率的关系可得

$$R(0, t_i) = -\frac{1}{t_i} \ln B(0, t_i) \tag{4.4}$$

从理论上说,这种方法简单且易于理解。但在现实当中,债券数量通常不会刚好等于付息日数量。当债券数量大于付息日数量时,方程过度识别;反之,则方程不可求解,因而这种方法缺乏可操作性。

2. Carleton and Cooper 估计

在债券数量大于付息日数量导致过度识别时,可以用最小二乘的方法对贴现因子进行近似估计。Carleton and Cooper(1976)提出利用债券价格 P 对现金流 F 进行线性回归,即

$$P = F \cdot B + \varepsilon \tag{4.5}$$

其中,$\varepsilon \sim N(0, \sigma_\varepsilon^2 E)$,$E$ 为单位阵。估计出贴现因子向量 B 后,再用式(4.4)就可计算得到相应的即期利率。

尽管 Carleton and Cooper 估计法部分解决了直接精确求解方程时的样本数量问题,但在现实市场中,更常见的情形是付息日数量大于可得的债券数量,也就是说,需要估计的参数个数大于数据量。在这样的情况下,必须找到降维的方法,减少待估参数的个数,才能估计出利率期限结构。

3. 靴襻法

靴襻法(bootstrapping method)是一种不断重复的两步法:第一步采用息票剥离的方法,用债券市场价格的数据直接估计出一些期限的即期利率,得到利

[①] $B(t, T)$ 表示到期时(即 T 时刻)面值为 1 元的无风险零息债在 t 时刻的价格,即 $B(t, T) = e^{-R(t,T) \times (T-t)}$,也就是说,$B(t, T)$ 是 T 时刻每 1 元钱在 t 时刻的贴现值,因此在本书接下来的章节中,统一以 $B(t, T)$ 表示相应期限的贴现因子。

率期限结构上的一些离散的点;第二步用插值法(interpolation)估计出各点之间的曲线。对不同期限不断重复这两步,就可以逐渐推断出整条利率曲线。下面我们以例4.2加以说明。

例4.2 估计利率期限结构:靴襻法

假设有6只债券如下,其中附息票债券每半年支付一次利息:

	息票率(%)	剩余期限(年)	市场价格(元)
债券1	0	0.50	97.5
债券2	0	0.50	94.9
债券3	0	1.00	90.0
债券4	8	1.50	96.0
债券5	12	2.00	101.6
债券6	10	2.75	99.8

显然,由债券1可以直接得到3个月的即期利率(连续复利,下同)为

$$-4 \times \ln \frac{97.5}{100} = 10.127\%$$

用同样的方法我们可以计算出6个月和1年期即期利率分别为10.47%和10.54%。

进一步利用已经求得的6个月和1年期即期利率,求解

$$4e^{-0.1047 \times 0.5} + 4e^{-0.1054 \times 1} + 104e^{-r(0,1.5) \times 1.5} = 96$$

可以得到1.5年期的即期利率为10.68%。用同样的方法可得2年期的即期利率为10.81%。

债券6的处理则相对复杂,其定价方程为

$$5e^{-0.1013 \times 0.25} + 5e^{-R(0,0.75) \times 0.75} + 5e^{-R(0,1.25) \times 1.25} + 5e^{-R(0,1.75) \times 1.75}$$
$$+ 5e^{-R(0,2.25) \times 2.25} + 105e^{-R(0,2.75) \times 2.75} = 99.8$$

我们可以用线性插值(linear interpolation)的方法估计上式中的各个未知的即期利率:

首先,0.75年的利率被认为位于6个月期利率和1年期利率的中点,即

$$R(0,0.75) = \frac{10.47\% + 10.54\%}{2} = 10.505\%$$

用同样的思路可以认为1.25年期利率位于1年期利率和1.5年期利率中点,等于10.61%。类似地,1.75年期利率为10.745%。

其次,由于 2.25 年期利率可以用 2.75 年期利率表示为

$$R(0,2.25) = R(0,2) \times \frac{2}{3} + R(0,2.75) \times \frac{1}{3}$$

将其代入债券 6 的定价方程,$R(0,2)$ 已知等于 10.81%,可解出方程中唯一的未知数 $R(0,2.75)$ 为 10.87%,从而 $R(0,2.25)$ 为 10.83%。

这样,我们估计得到了一系列较为密集的利率,将其连起来即可得到一条连续的利率期限结构曲线。

例 4.2 中的线性插值法可用一般公式表达为

$$R(t,t_2) = \frac{(t_3 - t_2)R(t,t_1) + (t_2 - t_1)R(t,t_3)}{t_3 - t_1}$$

其中,t 为起始时刻,t_1、t_2 和 t_3 分别为未来的时刻,且 $t_3 > t_2 > t_1$。章后习题 3 是关于这个结论的一个证明。

除了线性插值法,分段三次多项式插值(cubic interpolation)在即期利率期限结构拟合中也相当常见。其基本思想是针对不同期限,用分段的三次多项式函数拟合整条收益率曲线。下面我们用例 4.3 帮助读者理解这一方法。

例 4.3 估计利率期限结构:分段多项式插值法

运用例 4.2 中的债券数据,在估计得到 0.5 年、1 年、1.5 年和 2 年期即期利率以后,我们用一个三次多项式来刻画 0—2 年的利率期限结构:

$$R(0,s) = as^3 + bs^2 + cs + d$$

节点 0.5 年、1 年、1.5 年和 2 年的即期利率都应满足这一函数,即

$$\begin{cases} R(0,0.5) = 0.1047 = a \cdot (0.5)^3 + b \cdot (0.5)^2 + c \cdot 0.5 + d \\ R(0,1) = 0.1054 = a \cdot (1)^3 + b \cdot (1)^2 + c \cdot 1 + d \\ R(0,1.5) = 0.1068 = a \cdot (1.5)^3 + b \cdot (1.5)^2 + c \cdot 1.5 + d \\ R(0,2) = 0.1081 = a \cdot (2)^3 + b \cdot (2)^2 + c \cdot 2 + d \end{cases}$$

由此可以解得 $a = -0.00107, b = 0.0046, c = -0.00363, d = 0.1055$,并且可以求出 0.75 年的即期利率

$R(0,0.75)$
$= -0.00107 \times (0.75)^3 + 0.0046 \times (0.75)^2 - 0.00363 \times 0.75 + 0.1055$
$= 10.49\%$

用同样的方法,我们可以求出 1—2 年间任意期限的即期利率,例如 1.25 年和

1.75 年的即期利率分别为 10.61% 和 10.75%。

如果要拟合 2 年以上到期期限的即期利率,例如 2—4 年的即期利率,需要再从债券市场上找到对应期限的 4 个即期利率,再用另一个三次多项式刻画这段期间的曲线,并用这 4 个即期利率估计出这个三次多项式的 4 个参数。以此类推,就可以将整条利率曲线分割为不同区间,并用分段三次多项式函数拟合出整个利率期限结构。

从例 4.3 中可以看出,分段三次多项式插值法就是先对整条利率期限结构进行分段,并用分段的三次多项式函数

$$R(0,s) = \begin{cases} a_1 s^3 + b_1 s^2 + c_1 s + d_1, s \in (0, t_1) \\ a_2 s^3 + b_2 s^2 + c_2 s + d_2, s \in (t_1, t_2) \\ \vdots \\ a_n s^3 + b_n s^2 + c_n s + d_n, s \in (t_{n-1}, t_n) \end{cases}$$

来拟合整条利率曲线。对于每个区间,都要从市场上获得 4 个即期利率,用以估计每段函数的 4 个参数。

与线性插值法相比,由于在每一段内都用了一个曲线而非直线来拟合,分段三次多项式插值法拟合得到的利率期限结构相对平滑。但由于每段的函数参数不同,在每段之间的衔接点处可能并不平滑。此外,三次函数图像的 S 形性质使得三次多项式插值法下会出现某些时段的曲线是凹的,而另外一些时段的曲线是凸的现象。图 4.6 给出了例 4.2 和例 4.3 分别运用线性插值法和三次多项式插值法得到的 2 年内利率期限结构的一个对比。可以看到,线性插值法下的曲线是不平滑的,而三次多项式插值法下得到的曲线在 0.5 年到 1.5 年之间是凸的,1.5 年之后则是凹的。

(二) 间接方法

1. 间接方法的基本思路

与直接方法分段估计的思路不同,间接方法的基本思想是事先将贴现函数 $B(0,s)$ 或即期利率函数 $R(0,s)$ 设定为剩余期限 s①的某种函数:

$$B(0,s) = f(s; \beta_1) \quad (4.6)$$

$$R(0,s) = g(s; \beta_2) \quad (4.7)$$

再在 $B(0,0) = 1$(立刻到期的零息票债券价格为 1)的约束条件下,令定价误差的平方和最小,估计出参数向量 β_1 或 β_2:

---

① 注意 $R(0,s)$ 中的 s 表示未来到期时刻,由于起始时刻设为 0,因此剩余期限为 s。

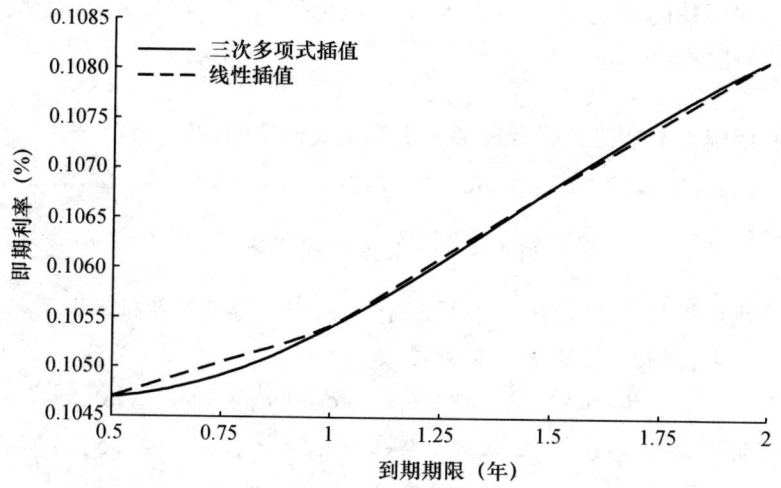

图 4.6　线性插值法与三次多项式插值法对比

$$\hat{\beta}_i = \arg\min_{\beta_i} \sum_{j=1}^{n} (P^j - V^j)^2, \quad i = 1, 2 \tag{4.8}$$

其中，P^j 为当前时刻第 j 只债券的市场价格，V^j 为给定贴现函数或即期利率函数下的模型理论价格，表达式为

$$V^j = \begin{cases} \sum_t F_t^j f(s;\beta_1), & i = 1 \\ \sum_t F_t^j e^{-s \cdot g(s;\beta_2)}, & i = 2 \end{cases} \tag{4.9}$$

其中，F_t^j 为第 j 只债券在未来付息日 t 时刻支付的利息。

估计出 β_i，我们就可以写出贴现函数(4.6)或即期利率函数(4.7)的具体形式，到期时刻 t 取不同的值，就可以估计出整条利率期限结构。因此，间接方法的两个重要步骤分别是：① 设定贴现函数(4.6)或即期利率函数(4.7)的基本形式；② 通过约束条件下的最优化估计出相应的参数 β_i。

接下来，我们分别介绍贴现函数法和即期利率函数法。

2. 贴现函数法

（1）贴现函数形式的设定

贴现函数通常被设定为样条函数。样条函数(spline functions)是指由一些相对简单的分段多项式连接而成，保证分段内光滑、在各段连接处也具有一定光滑性的函数，其目的是用这些分段函数尽可能地逼近一定的曲线。根据 Weierstrass 第一逼近定理，任何连续函数都可以被一个多项式函数任意接近地逼近，这为样条函数的运用提供了基本依据。

在贴现函数的设定中,常用的样条函数包括三次多项式样条、三次基样条和三次指数样条。

① 三次多项式样条

我们用例4.4来帮助读者理解三次多项式样条的设定。

例4.4 三次多项式样条

假设我们根据市场经验,以5年和15年作为分界点,将利率期限结构划分为短、中、长期,并构造以下三次样条函数:

$$B(0,s) = \begin{cases} B_1(0,s) = a_1 s^3 + b_1 s^2 + c_1 s + d_1, & \forall s \in [0,5] \\ B_2(0,s) = a_2 s^3 + b_2 s^2 + c_2 s + d_2, & \forall s \in [5,15] \\ B_3(0,s) = a_3 s^3 + b_3 s^2 + c_3 s + d_3, & \forall s \in [15,30] \end{cases}$$

(4.10)

可以看出,这个样条函数用分段的三个三次多项式来刻画整条利率期限结构,这首先保证了在每个分段内曲线都是平滑的。与三次多项式插值法不同的是,样条函数法还要进一步保证分段点的平滑性。因此,我们还需要设定以下条件:

$$\begin{cases} B_1^{(i)}(0,5) = B_2^{(i)}(0,5) \\ B_2^{(i)}(0,15) = B_3^{(i)}(0,15) \end{cases}$$

这里 $B_.^{(i)}(\cdot)$ 表示函数 $B_.(\cdot)$ 的 i 阶导数,$i = 0,1,2$。也就是说,样条函数的设定应使得在分段点处,两个不同函数的取值是相等的,以保证函数的连续性;一阶导是相等的,以保证曲线不会出现尖点;二阶导也是相等的,以保证远期利率曲线在该节点处一阶导(斜率)相等,也不会出现尖点。除此之外,另一个客观的约束条件是:马上到期的贴现债券价值应等于1,即 $B_1(0,0) = 1$。

将上述条件代入式(4.10),可以得到

$$B(0,s) = \begin{cases} B_1(0,s) = a_1 s^3 + b_1 s^2 + c_1 s + 1, & \forall s \in [0,5] \\ B_2(0,s) = a_1[s^3 - (s-5)^3] + a_2(s-5)^3 + b_1 s^2 + c_1 s + 1, & \forall s \in [5,15] \\ B_3(0,s) = a_1[s^3 - (s-5)^3] + a_2[(s-5)^3 - (s-15)^3] \\ \qquad\qquad + a_3(s-15)^3 + b_1 s^2 + c_1 s + 1, & \forall s \in [15,30] \end{cases}$$

这样,待估参数的个数就从12个下降为5个,$\boldsymbol{\beta} = (a_1, b_1, c_1, a_2, a_3)$。

② 三次基样条

在三次基样条方法下,贴现函数形式为

$$B(0,s) = \sum_{l=-3}^{2} c_l N_l^3(s) = \sum_{l=-3}^{2} c_l \left(\sum_{j=l}^{l+4} \left(\prod_{\substack{i=l \\ i \neq j}}^{l+4} \frac{1}{t_i - t_j} \right) (s - t_j)_+^3 \right) \quad (4.11)$$

其中,s 为到期时刻,$N_l^3(s)$ 为3次基样条函数。由于 l 从 -3 到2,这个贴现函数实际上是6个三次基样条函数的加权平均,待估参数 $\boldsymbol{\beta} = (c_{-3}, c_{-2}, c_{-1}, c_0, c_1, c_2)$。在基样条函数的结构中,$(s - t_j)_+^3$ 是一个截断的三次函数,只取正数;t_i 则可理解为时间轴上已知的不同时点。由于 i 是从 -3 到6的整数,因此时间轴上共有10个节点。如果到期期限最长30年,并以5年和15年作为短、中、长期的分界,则

$$t_{-3} < t_{-2} < t_{-1} < t_0 = 0 < t_1 = 5 < t_2 = 15 < t_3 = 30 < t_4 < t_5 < t_6$$

当 $i < 0$ 或 $i > 3$ 时,只要满足上面的式子,这6个 t_i 可以任取。由于在现实中,并不存在 $i < 0$ 或 i 大于特定数的时点到期的债券,这些 t_i 只用于写出基样条函数以实现数值逼近。

三次基样条方法看似复杂,但却具有不少优点:首先,三次基样条函数是三次样条空间中最基本的基函数,相应区间上的任意三次多项式样条都可以由三次基样条特定的线性组合构造出来;其次,从式(4.11)中可以看出,三次基样条函数实际上是用逐渐推移的多个基础三次函数的组合来构造出复杂的分段三次函数,与普通的三次多项式样条相比,其精确性大大提高;最后,式(4.11)的形式看似复杂,但实际上只有6个待估参数,在计算技术日益发达的今天,稳定的参数估计比较容易实现。在实证中不少研究者证明,三次基样条函数在拟合利率期限结构时表现相当优异,因而成为最常用的方法之一。

③ 三次指数样条

由于贴现因子是即期利率的指数函数,贴现函数的另一个设定思路是引入指数函数。除了将多项式变为指数函数,三次指数样条函数与三次多项式样条函数的设定是很相似的。例如,以5年和15年作为分段点,三次指数样条函数设定如下:

$$B(0,s) = \begin{cases} B_1(0,s) = a_1 e^{-3us} + b_1 e^{-2us} + c_1 e^{-us} + d_1, & \forall s \in [0,5] \\ B_2(0,s) = a_2 e^{-3us} + b_2 e^{-2us} + c_2 e^{-us} + d_2, & \forall s \in [5,15] \\ B_3(0,s) = a_3 e^{-3us} + b_3 e^{-2us} + c_3 e^{-us} + d_3, & \forall s \in [15,30] \end{cases}$$

(4.12)

在平滑约束条件

$$\begin{cases} B_1^{(i)}(0,5) = B_2^{(i)}(0,5) \\ B_2^{(i)}(0,15) = B_3^{(i)}(0,15) \end{cases}$$

下,式(4.12)可进一步化简

$$B(0,s) = \begin{cases} B_1(0,s) = a_1 e^{-3us} + b_1 e^{-2us} + c_1 e^{-us} + d_1 & \forall s \in [0,5] \\ B_2(0,s) = a_1[e^{-3us} - (e^{-us} - e^{-5u})^3] + a_2(e^{-us} - e^{-5u})^3 + b_1 e^{-2us} + c_1 e^{-us} + d_1 & \forall s \in [5,15] \\ B_3(0,s) = a_1[e^{-3us} - (e^{-us} - e^{-5u})^3] + a_2[(e^{-us} - e^{-5u})^3 - (e^{-us} - e^{-15u})^3] \\ \quad + a_3(e^{-us} - e^{-15u})^3 + b_1 e^{-2us} + c_1 e^{-us} + d & \forall s \in [15,30] \end{cases}$$

需要估计的参数减为 7 个,即 $\boldsymbol{\beta} = (a_1, b_1, c_1, d_1, a_2, a_3, u)$。

值得注意的是,指数样条方法下,需要额外估计参数 u。Shea(1985)证明 u 是未来无限远时的瞬时远期利率:

$$u = \lim_{s \to \infty} f(0,s)$$

估计时通常先将 u 设定为一个合理的值,在此设定下估计剩余的 6 个参数;然后对 u 取所有值,并求得最优的参数估计值。

④ 贴现函数设定中的一些问题

在设定贴现函数时,除了选择具体的样条函数形式外,还需要考虑以下几个问题:

第一,阶数(degree)的选择,即函数次数的选择。通常来说阶数越高,拟合越准确,但也没有必要过度复杂。从前文可以看到,3 阶是最常用的选择。这是因为当阶数为 3 时,可以保证函数连续和二阶可导,这保证了即期利率曲线和远期利率曲线的连续性和平滑性,同时函数的形式和参数的估计又不会过于复杂。

第二,样条数量的选择,即时间上子区间数量的选择。样条数量越多,拟合越好,但缺点是曲线的平滑性较差,此外也较容易受到奇异点的影响,以至于很难甄别定价错误的债券。McCulloch(1975)提出节点的数量应等于样本中最接近债券数量平方根的那个整数。Litzenberger and Rolfo(1984)则提出样条数量为 3,即将时间分为短、中、长期。这种划分最容易理解,事实上在我们前面的例子中,采用的就是这种方法。Priaulet(1997)还提出了一种基于平均定价误差

$$\sqrt{\frac{\sum_{j=1}^{n} (P^j - V^j)^2}{n}}$$

的选择标准。该方法分别对样本内和样本外数据计算上述指标,如果两个指标中有一个大于 0.10%,就增加样条的数量;如果两个指标都小于 0.10%,就计算两者之差,如果两者的差较大,意味着样条数量可能太多,如果两者的差不大(例如 0.02% 或 0.03%),意味着样条的数量比较合适。McCulloch and Kochin(1998)则指出,定价误差的时间序列的自相关系数如果显著为正,说明样条函数过于严格了,应该减少样条的数量;如果显著为负,则说明相邻的定价误差变

动过于灵活和频繁,应增加样条的数量。

可以看出,阶数或样条数量的选择都会影响贴现函数的维数,即需要估计的参数的个数。

第三,节点位置的选择。节点位置选择不同,得到的利率曲线可能显著不同。通常认为选取的节点最好使得每段区间具有一定的经济含义,例如分别代表短、中和长期等,而且每段区间内的样本债券数量最好比较接近。

(2) 参数校准

贴现函数的参数通常运用一定约束条件下的最小二乘回归校准(calibration)得到。所谓参数校准,就是通过令模型定价结果与市场价格的误差最小倒推出参数的最优取值。具体来看,贴现函数的参数通常是通过式(4.8)校准得到的,即 $\boldsymbol{\beta}$ 应该是在一定约束条件下使得债券理论价格与市场价格误差平方和最小的参数。而在线性回归中,回归系数的最小二乘估计就是使得回归方程残差平方和最小的系数值。因此,只要对贴现函数形式的设定使得理论价值 V 能表达为参数 $\boldsymbol{\beta}$ 的线性形式,式(4.8)的估计过程就等价于对回归方程

$$\boldsymbol{P} = \boldsymbol{V}(\boldsymbol{\beta}) + \boldsymbol{\varepsilon} \tag{4.13}$$

中的参数进行最小二乘估计。其中,$\boldsymbol{P}$ 和 $\boldsymbol{V}(\boldsymbol{\beta})$ 分别为债券市场价格和模型价格,随机扰动项向量 $\boldsymbol{\varepsilon}$(可理解为定价误差)则满足

$$E(\boldsymbol{\varepsilon}) = 0, \quad \mathrm{Cov}(\varepsilon_{t_i}, \varepsilon_{t_j}) = 0,$$

$$\mathrm{Var}(\boldsymbol{\varepsilon}) = \sigma^2 \boldsymbol{\Omega} = \sigma^2 \begin{bmatrix} w_1^2 & 0 & \cdots & 0 \\ 0 & w_2^2 & \cdots & 0 \\ \vdots & \vdots & \ddots & \vdots \\ 0 & 0 & \cdots & w_n^2 \end{bmatrix}$$

即随机扰动项在时间上没有自相关,但存在异方差。

回顾前文介绍的三次多项式样条、三次基样条和三次指数样条,无论形式看起来多么复杂,贴现函数实际上都是参数 $\boldsymbol{\beta}$ 的线性函数,代入式(4.9),相应的债券价格也将是参数 $\boldsymbol{\beta}$ 的线性函数。例如,在写出例4.4中贴现函数的基本形式之后,一个剩余期限为2年的零息票债券 j 的理论价格就可表达为

$$V^j = B_1(0,2) = 8a_1 + 4b_1 + 2c_1 + 1$$

由于例4.4中的 $\boldsymbol{\beta} = (a_1, b_1, c_1, a_2, a_3)$,这个债券样本在回归中的自变量就是与参数向量 $\boldsymbol{\beta}$ 相乘的系数,分别为8、4、2、0和0。由于附息债是零息票债券的组合,以此类推,就可以将所有债券的理论价格都表达为 $\boldsymbol{\beta}$ 的线性函数,进行回归就可得到参数的估计值。

值得注意的是,在实际的参数最小二乘估计中,我们还需要考虑以下两个

问题:

① 异方差与广义最小二乘回归

如果假设定价误差 ε 是同方差的,则 $\boldsymbol{\Omega}=\boldsymbol{I}$,即 $w_1=w_2=\cdots=w_n=1$,运用普通的最小二乘回归就可得到 $\boldsymbol{\beta}$ 的估计值。但事实上,与短期债券相比,由于需要估计较多的即期利率才能定价,长期债券定价的精确性通常较低,其定价误差的方差理应大于短期债券的方差,因此假设 ε 是异方差并运用广义最小二乘回归进行估计是更为合理的选择。

具体在异方差的设定上,可以直接假设方差大小与债券剩余期限的平方成比例,即

$$w_j^2 = T_j^2$$

Vasicek and Fong(1982)则提出债券定价误差的方差大小与该债券对利率变动敏感性的平方成正比,即

$$w_j^2 = \left(\frac{\mathrm{d}P^j}{\mathrm{d}y_j}\right)^2 = D_j^2(P^j)^2$$

其中,y_j 和 D_j 分别表示该债券的到期收益率与久期(我们将在第五章中介绍久期的定义)。

② 约束条件下的参数校准

在进行参数校准时,我们还必须考虑一定的约束条件。在贴现函数的校准中,一个共同的约束条件是 $B(0,0)=1$,即立刻到期的零息票债券价格为1。除此之外,有时人们会设定其他一些约束条件,例如远期利率保证为正、约束贴现函数的斜率、在利率期限结构的短端和长端设定凸度等。

如果在进行最小二乘估计时存在约束条件,就需要使用相应的估计量。例如,基本约束条件 $B(0,0)=1$ 也可以用矩阵表达为 $\boldsymbol{N}^\mathrm{T}\boldsymbol{\beta}=1$,其中 $\boldsymbol{N}$ 是转置后与参数相乘使乘积为1的向量。例如,三次基样条函数下的基本约束条件可以写为

$$B(0,0) = \sum_{l=-3}^{2} c_l N_l^3(0) = \sum_{l=-3}^{-1} c_l N_l^3(0) = 1$$

其中,$\boldsymbol{N}$ 就是转置后与参数向量 $\boldsymbol{\beta}=(c_{-3},c_{-2},c_{-1},c_0,c_1,c_2)$ 相乘的向量。该约束条件下的广义最小二乘估计量为

$$\hat{\boldsymbol{\beta}}^* = \hat{\boldsymbol{\beta}} + (\boldsymbol{X}^\mathrm{T}\boldsymbol{\Omega}^{-1}\boldsymbol{X})^{-1}\boldsymbol{N}(\boldsymbol{N}^\mathrm{T}(\boldsymbol{X}^\mathrm{T}\boldsymbol{\Omega}^{-1}\boldsymbol{X})^{-1}\boldsymbol{N})^{-1}(1-\boldsymbol{N}^\mathrm{T}\hat{\boldsymbol{\beta}})$$

其中,$\hat{\boldsymbol{\beta}}$ 就是无约束条件下的广义最小二乘估计量,表达式为

$$\hat{\boldsymbol{\beta}} = (\boldsymbol{X}^\mathrm{T}\boldsymbol{\Omega}^{-1}\boldsymbol{X})^{-1}\boldsymbol{X}^\mathrm{T}\boldsymbol{\Omega}^{-1}\boldsymbol{P}$$

而 $\boldsymbol{X}$ 则是自变量矩阵。

最后,值得注意的是,式(4.13)与式(4.5)是不同的,式(4.13)中的待估参

数是贴现函数中的 β_i，而式(4.5)中的待估参数则是贴现因子 B 本身。由于间接方法设定所有到期期限的贴现函数或即期利率函数都是剩余期限的特定函数，它并不要求所有债券的付息日相同或接近，从而大大扩大了可用的债券数量。

3. 即期利率函数法

尽管上述贴现函数的估计相当有效，但在实际运用时，其估计得到的参数的经济含义并不明确。为了克服这一问题，人们提出了通过设定即期利率函数来拟合利率期限结构的间接方法。下面我们仍然分别从函数的设定和参数估计两个方面对该方法加以介绍。

(1) 即期利率函数形式的设定

大多数即期利率函数都是从利率期限结构动态模型[①]推导而来，例如 Nelson-Siegel(NS)及其拓展模型、扩展 Vasicek 模型、Cox, Ingersoll and Ross(CIR)模型、Longstaff and Schwartz 模型和 Chen 模型等。这里我们仅介绍最为常用的 NS 及其拓展模型。在本章里，我们不介绍推导过程，而直接给出即期利率函数形式的设定。

Nelson and Siegel (1987) 从动态利率期限结构模型中推导出指数形式的瞬时远期利率：

$$f(0,s) = \beta_0 + \beta_1 e^{-\frac{s}{m}} + \beta_2 \frac{s}{m} e^{-\frac{s}{m}}$$

这里的 $f(0,s)$ 指的是当前 0 时刻下，未来 s 时刻开始的瞬时远期利率，待估参数为 β_0、β_1、β_2 和 m。根据即期利率与瞬时远期利率之间的关系，可推导出即期利率的函数形式为

$$R(0,s) = \frac{1}{s}\int_0^s f(0,\tau)d\tau = \beta_0 + \beta_1 \frac{1-e^{-\frac{s}{m}}}{s/m} + \beta_2 \left[\frac{1-e^{-\frac{s}{m}}}{s/m} - e^{-\frac{s}{m}}\right]$$

(4.14)

可以看出，在 NS 模型中，瞬时远期利率曲线和即期利率曲线均受到 β_0、β_1、β_2 和 m 四个参数的影响，而这四个参数都具有一定的经济含义。

在即期利率函数中，参数 β_0 的载荷为 1, 1 是一个不会衰减的常数，这意味着 β_0 对所有期限利率的影响都是同步的。当到期期限趋于无穷大时，$r(\infty) = \beta_0$，因此可以认为 β_0 代表着长期利率水平，通常称之为利率期限结构的"长期因子"或"水平因子"。参数 β_1 的载荷为 $\frac{1-e^{-\frac{s}{m}}}{s/m}$，是一个开始于 1 并很快衰减至

[①] 我们将在第七章中介绍动态利率期限结构模型。

0 的函数,因此 β_1 对短期利率的影响较大,随期限增加,其影响的程度是递减的,通常被称为"短期因子"。当期限趋于 0 时,$\beta_1 = R(0,0) - \beta_0$,因此 β_1 也可以看做是长短期利率之差(spread),故而又常常被称为"斜率因子"。参数 β_2 的载荷为 $\frac{1-e^{-\frac{s}{m}}}{s/m} - e^{-\frac{s}{m}}$,它是一个开始于 0、先递增而后逐步衰减为 0 的函数,因此 β_2 对中期利率的影响要大于长期和短期利率,主要影响收益率曲线的弯曲度,通常被称为"中期因子"或"曲度因子"。参数 m 则是函数的调整参数,它决定了 β_1 和 β_2 的衰减速度。如果 m 值较小,β_1 和 β_2 收敛的速度较快,能较好地拟合较长到期期限的曲线。如果 m 值较大,β_1 和 β_2 收敛的速度较慢,能较好地拟合较短到期期限的收益率曲线。

NS 模型最主要的优点是其参数富有经济含义,β_0、β_1 和 β_2 三个参数分别对应着利率期限结构的水平变化、斜率变化以及曲度变化,这与本章第二节中主成分分析的结果之间显然存在自然的联系。同时,由于短期利率由 β_0 和 β_1 决定,而长期利率只由 β_0 决定,因此在 NS 模型下,短期利率的波动性一般比长期利率的波动性大,这一点也是与现实相符的。但 NS 模型的缺陷在于:虽然 NS 模型可以拟合出上升、下降、水平、先下降后上升的利率曲线,但却无法生成更丰富形状的曲线。

针对 NS 模型的这一不足,很多学者对其进行了拓展。其中以 Svensson (1994) 对其进行的拓展最为常用,被称为 Nelson-Siegel-Svensson(NSS)模型。NSS 模型的即期利率函数为

$$R(0,s) = \beta_0 + \beta_1 \frac{1-e^{-\frac{s}{m_1}}}{s/m_1} + \beta_2 \left[\frac{1-e^{-\frac{s}{m_1}}}{s/m_1} - e^{-\frac{s}{m_1}} \right] + \beta_3 \left[\frac{1-e^{-\frac{s}{m_2}}}{s/m_2} - e^{-\frac{s}{m_2}} \right]$$

(4.15)

可以看出,NSS 模型是在 NS 模型的基础上增加了一个中期项、一个新的曲度参数 β_3 和一个新的调整参数 m_2,使得中短期部分的形状更加灵活多样,从而能够刻画出各种形状的利率期限结构。

(2) 参数校准

在即期利率函数的设定下,由于理论价值 V 无法表达为参数 β 的线性形式,我们无法再通过最小二乘回归估计参数,而只能通过非线性最优化技术[①]运用式(4.8)进行参数校准。但在进行非线性最优化时,我们同样需要考虑异方差和约束条件的问题。

在定价误差非线性最小化的决策过程中,异方差通过赋予短期债券较大的

---

① 由于超过本书范围,非线性最优化技术请参阅相关书籍,如 Luenberger and Ye (2008)。

权重来体现。例如,债券权重可以被设定为与久期成反比。这样,式(4.8)就变为

$$\hat{\beta} = \arg\min_{\beta} \sum_{j=1}^{n} \left(\frac{P^j - V^j}{w_j}\right)^2$$

其中,

$$w_j = \frac{\mathrm{d}P^j}{\mathrm{d}y_j}$$

在约束条件方面,即期利率函数与贴现函数方法则是相同的,共同的约束条件都是 $B(0,0)=1$,或是根据特定需求设定其他一些约束条件。

(三) 利率期限结构拟合方法评价

总的来看,直接方法中的靴襻法应用方便,但对数据量要求较高,且得到的曲线平滑度可能不是很好。与直接方法相比,间接方法能拟合出更为精确和平滑的利率期限结构,因此对精确性和平滑性要求较高时,人们通常使用间接方法。在间接方法中,即期利率法的经济含义十分明确,而且由于用一个函数拟合整条利率期限结构,曲线平滑性也较好。很多国家的央行,如英格兰银行和欧洲央行等都使用 NSS 模型估计国债的利率期限结构。贴现函数法也有其优越之处。由于用多个连接的分段函数去逼近整条利率期限结构,精确性较高,需要用利率期限结构进行定价和风险管理的业界通常较多使用贴现函数法。

但同时我们也可以看到,无论是直接方法还是间接方法,其基本思路都是通过调整模型来拟合当前市场的利率期限结构,使得在这一利率期限结构下得到的债券理论价格与市场价格最为接近。市场价格一旦变化,模型参数也就相应变化,因此这些模型处在不断的变化过程中,但模型本身却无法对未来的参数变化做出预测,无法推断出未来的参数变化与今天的参数是如何相关的。这是这些方法无法解决的不足之处,也是这些方法被统称为"静态"模型的原因。

三、信用价差期限结构的拟合

上述无风险利率期限结构的拟合方法也可应用于有信用风险的利率期限结构的估计上,从而得到不同信用级别债券的利率期限结构。除此之外,我们有时需要估计出信用价差的利率期限结构(credit spread term structure)。例如,我们希望知道不同期限下,AAA 级企业债即期利率高于无风险利率的价差如何变化。估计信用价差利率期限结构的方法包括两种:分离估计方法和联合估计方法。

分离估计方法就是分别估计国债和特定信用级别的即期利率期限结构,将

两条利率曲线上同样期限的两种利率相减,即可获得该信用级别的信用价差期限结构。这一方法比较直观,但得到的信用风险价差对利率期限结构估计所选择的具体方法、函数形式、样条数量以及节点等都比较敏感,具体选择不同,获得的信用风险价差变化很大。此外,这样得到的信用风险价差期限结构容易出现不平滑的现象。

联合估计方法则是同时对无风险利率和信用价差期限结构进行设定,利用特定信用级别的债券价格将两条曲线一次性估计出来。具体又分为两种方法:

(1) 将特定信用级别的贴现函数设定为无风险贴现函数和信用价差函数之和,即

$$B_k(0,s) = B(0,s;\boldsymbol{\gamma}_1) + Q_k(0,s;\boldsymbol{\gamma}_2)$$

其中,$B_k(0,s)$ 和 $Q_k(0,s;\boldsymbol{\gamma}_2)$ 分别是剩余期限为 s、信用等级为 k 的贴现函数和信用价差函数,$B(0,s;\boldsymbol{\gamma}_1)$ 则是无风险贴现函数。$B(0,s;\boldsymbol{\gamma}_1)$ 和 $Q_k(0,s;\boldsymbol{\gamma}_2)$ 可以设定具体的函数形式,如样条函数等,$\boldsymbol{\gamma}_1$ 和 $\boldsymbol{\gamma}_2$ 均为待估参数向量。相应地,理论的债券价格就是

$$V^j = \sum_t F^j (B(0,s;\boldsymbol{\gamma}_1) + Q_k(0,s;\boldsymbol{\gamma}_2))$$

再次运用式(4.8)就可以得到使得定价误差平方和最小化的参数 $\boldsymbol{\gamma}_1$ 和 $\boldsymbol{\gamma}_2$,从而同时得到无风险利率期限结构和信用价差期限结构。

(2) 直接将特定信用级别的即期利率设定为无风险利率和信用价差之和,即

$$R_k(0,s) = R(0,s;\boldsymbol{\delta}_1) + \Theta_k(0,s;\boldsymbol{\delta}_2)$$

其中,$R_k(0,s)$ 和 $\Theta_k(0,s;\boldsymbol{\delta}_2)$ 分别是剩余期限为 s、信用等级为 k 的即期利率和信用价差,$R(0,s;\boldsymbol{\delta}_1)$ 则是无风险利率。同样可以为 $R(0,s;\boldsymbol{\delta}_1)$ 和 $\Theta_k(0,s;\boldsymbol{\delta}_2)$ 设定具体的函数形式,如 Jankowitsch and Pichler(2002)就分别用 NSS 模型和 NS 模型来为 $R(0,s;\boldsymbol{\delta}_1)$ 和 $\Theta_k(0,s;\boldsymbol{\delta}_2)$ 建模,而 Almeida et al.(1998,2000)则认为可以用 Legendre 多项式来刻画 $\Theta_k(0,s;\boldsymbol{\delta}_2)$。[①]

相应地,债券的理论价格就变为

$$V^j = \sum_s F^j e^{-s \cdot (R(0,s;\boldsymbol{\delta}_1) + \Theta_k(0,s;\boldsymbol{\delta}_2))}$$

可以看出,虽然直接设定即期利率比较合理,但需要进行非线性最优化才可校准得到使定价误差最小化的参数向量 $\boldsymbol{\delta}_1$ 和 $\boldsymbol{\delta}_2$。

本章小结

1. 不同期限的利率水平之间的关系构成了利率期限结构,也称为收益率

[①] 由于超出本书范围,这里不作详细介绍,具体模型可参见 Almeida et al.(1998, 2002)。

曲线。

2. 根据利率的不同,常见的利率期限结构包括到期收益率曲线、互换利率期限结构、即期利率期限结构、平价到期收益率曲线、远期利率期限结构和瞬时远期利率期限结构等。

3. 利率的典型特征包括:名义利率的非负性、均值回归、利率变动非完全相关、短期利率比长期利率更具波动性。

4. 市场中存在不同形状的利率期限结构,如上升型、下降型、水平型、驼峰型等。

5. 在许多市场中,前三个主成分通常可以解释利率期限结构变动的大部分原因,这三个主成分分别为水平因子、斜率因子和曲度因子。

6. 传统的利率期限结构理论主要包括:纯预期理论、流动性偏好理论、市场分割理论和期限偏好理论。

7. 一个好的利率期限结构拟合方法应满足准确性、平滑性、稳定性和灵活性四个条件。

8. 靴襻法首先用债券市场价格的数据直接估计出一些期限的即期利率,得到利率期限结构上的一些离散的点,之后用插值法估计出各点之间的曲线。

9. 贴现函数法主要通过将贴现因子设定为剩余期限 s 和参数 $\boldsymbol{\beta}$ 的某种函数,例如三次多项式样条函数、三次基样条函数和三次指数样条函数等,进而将债券理论价格表达为 $\boldsymbol{\beta}$ 的函数,然后运用一定约束条件下的最小二乘回归 $\boldsymbol{P} = V(\boldsymbol{\beta}) + \boldsymbol{\varepsilon}$ 进行参数校准。

10. NS 模型最重要的特点就是参数富有经济含义,β_0、β_1 和 β_2 三个参数分别对应着利率期限结构的水平变化、斜率变化以及曲度变化,这与主成分分析的结果是相符的。NSS 模型则在 NS 模型的基础上增加了一个中期项,引入了一个新的曲度参数 β_3 和一个新的调整参数 m_2,使得中短期部分的形状更加灵活多样,从而能够刻画出各种形状的利率期限结构。

11. 在间接方法的应用中,必须在考虑异方差和约束条件的前提下进行参数校准。

12. 估计信用价差期限结构时,分离估计方法分别估计国债和特定信用级别的即期利率期限结构,将两条利率曲线上同样期限的两种利率相减,即可获得该信用级别的信用价差期限结构;联合估计方法则是同时对无风险利率和信用价差期限结构进行设定,利用特定信用级别的债券价格将两条曲线一次性估计出来。

? 习题

1. 试证明:当平价到期收益率曲线上升(下降)时,相应的即期利率曲线一定位于其上方(下方),相应的瞬时远期利率曲线又位于即期利率曲线的上方(下方)。

2. 解释纯预期理论、流动性偏好理论、市场分割理论和期限偏好理论的区别与联系。

3. 试证明,在线性插值法下,

$$R(t,t_2) = \frac{(t_3-t_2)R(t,t_1)+(t_2-t_1)R(t,t_3)}{t_3-t_1}$$

其中,t_1、t_2 和 t_3 分别为未来的时刻,且 $t_3 > t_2 > t_1$。

4. 假设1年、2年、3年和4年期的即期利率分别为 1.58%、2.14%、2.58% 和 2.95%,试用三次多项式插值法估计出1—4年的利率期限结构,并计算3.25年的即期利率水平。

5. 利率期限结构估计中的基本约束条件 $B(0,0)=1$ 也可以用矩阵表达为 $N^T\beta=1$。请写出三次基样条函数(4.11)和三次指数样条函数(4.12)下,N 分别等于多少?

6. 假设NS模型中的参数初始值分别为:$\beta_0=5\%$,$\beta_1=-1.5\%$,$\beta_2=1\%$,$m=3$。假设 β_1 和 β_2 的取值均为在 $[-6\%,6\%]$ 的区间内变动的整数,请画出 β_1 和 β_2 初始取值和不同取值时的利率期限结构,并分析斜率参数和曲度参数变化的影响。假设将 NS 模型拓展为 NSS 模型,新增的参数初始值分别为 $\beta_3=-1\%$ 和 $m_2=0.3$。如果 β_3 也是在 $[-6\%,6\%]$ 的区间内变动的整数,请画出 NSS 模型参数在初始取值和不同取值下的利率期限结构,并进一步分析新增参数 β_3 的作用。

附录

(一) 主成分分析

主成分分析是一种常用的多变量分析方法,它的核心思想是对原变量进行降维,以便在尽量少丢失信息的情况下,用少数几个互不相关的新变量来解释原有变量的波动,关键就在于这些新变量的构造。

设 n 维变量 $X = (X_1, X_2, \cdots, X_n)'$①有方差协方差矩阵 Σ,其由大到小排序的 n 个特征值为 $\lambda_1, \lambda_2, \cdots, \lambda_n$,对应的规范化特征向量为 $\alpha_1, \alpha_2, \cdots, \alpha_n$,其中 $\alpha_i = (\alpha_{i1}, \alpha_{i2}, \cdots, \alpha_{in})'$。

根据特征值和特征向量的性质,我们有

$$\Sigma C = C\Lambda \tag{4A.1}$$

其中,Λ 是由 Σ 的特征值 $\lambda_1, \lambda_2, \cdots, \lambda_n$ 为对角线元素构成的对角矩阵,$C = (\alpha_1, \alpha_2, \cdots, \alpha_n)$ 表示由对应 n 个特征向量构成的正交矩阵。

---

① 为简单起见,我们假设其为去均值化的向量。

考虑线性组合 $F = C'X$，两边求方差，并根据(4A.1)得

$$\mathrm{Var}(F) = \mathrm{Var}(C'X) = C'\Sigma C = \Lambda \tag{4A.2}$$

因此，我们有

$$\mathrm{Var}(F_i) = \lambda_i, \quad i = 1,2,\cdots,n \tag{4A.3}$$

和

$$\mathrm{Cov}(F_i, F_k) = 0, \quad i \neq k, \quad i,k = 1,2,\cdots,n \tag{4A.4}$$

设 X_i 的方差为 σ_i^2，我们有

$$\sum_{i=1}^n \sigma_i^2 = \mathrm{tr}(\Sigma) = \mathrm{tr}(C\Lambda C') = \mathrm{tr}(\Lambda) = \sum_{i=1}^n \lambda_i^2 \tag{4A.5}$$

从式(4A.3)、式(4A.4)和式(4A.5)可知，新变量$\{F_i\}$的方差协方差矩阵满足以下性质：

(1) F_i 的方差随 i 递减，即 $\mathrm{Var}(F_1) \geq \mathrm{Var}(F_2) \geq \cdots \geq \mathrm{Var}(F_n)$；

(2) F_i 与 $F_k(i \neq k)$ 是不相关的；

(3) $\{X_i\}_{i=1}^n$ 的方差和等于 $\{F_i\}_{i=1}^n$ 的方差和，即 $\{F_i\}_{i=1}^n$ 包含原变量相同的信息。

可以看到，虽然互不相关的新变量 $\{F_i\}_{i=1}^n$ 本身并没有降维的效果，但每个 F_i 包含原变量方差的信息是由大到小排列的，因此，在实际中，如果前 k 个 $\{F_i\}_{i=1}^k$ 的方差可以解释原变量的大部分方差，那么我们只需要对这前 k 个 $\{F_i\}_{i=1}^k$ 进行分析，这样就达到了降维的效果，忽略后面的变量对总的信息损失影响有限。这 k 个新变量 $\{F_i\}_{i=1}^k$ 就被称为原变量的 k 个主成分。

根据主成分的性质，总方差中被第 $j(j=1,\cdots,k)$ 个主成分解释的比例为

$$\frac{\mathrm{Var}(F_j)}{\sum_{i=1}^n X_i} = \frac{\lambda_j}{\sum_{i=1}^n \lambda_i}$$

被前 k 个主成分解释的比例为

$$\frac{\sum_{i=1}^k \mathrm{Var}(F_i)}{\sum_{i=1}^n X_i} = \frac{\sum_{i=1}^k \lambda_i}{\sum_{i=1}^n \lambda_i} (k \leq n)$$

(二) 因子分析

因子分析也是多维变量常用分析方法之一，它的主要思想就是对原始变量的方差协方差矩阵进行分析，提取出解释方差协方差矩阵的共同因子，将原变量的变动分解为少数几个共同因子的变动和残差的变动。

因子分析的基本模型为：

$$\underset{n\times 1}{X} - \underset{n\times 1}{\mu} = \underset{n\times m}{L}\underset{m\times 1}{F} + \underset{n\times 1}{\varepsilon} \tag{4A.6}$$

其中，X 为 n 维可观测向量，它有均值 μ 和协方差矩阵 Σ；F 为 m 维公共因子向量；ε 为误差项(或者被称为特殊因子)；$L = \{l_{ij}\}_{i,j}$ 为因子载荷矩阵，其中 l_{ij} 表示第 i 个变量在第 j 个因子上的载荷。

正交因子模型在基本的因子模型上附加了以下条件：

(1) F 和 ε 之间是独立的；

(2) $E(F) = 0, \mathrm{Cov}(F) = I$；

(3) $E(\varepsilon) = 0, \mathrm{Cov}(\varepsilon) = \Psi$，其中 Ψ 为对角矩阵。

利用正交因子模型可以得到 X 的方差协方差矩阵的正交分解，从式(4A.6)可以得出

$$\begin{aligned}
(X - \mu)(X - \mu)' &= (LF + \varepsilon)(LF + \varepsilon)' \\
&= (LF + \varepsilon)((LF)' + \varepsilon') \\
&= LF(LF)' + \varepsilon(LF)' + LF\varepsilon' + \varepsilon\varepsilon'
\end{aligned} \qquad (4A.7)$$

所以

$$\begin{aligned}
\mathrm{Cov}(X) &= E(X - \mu)(X - \mu)' \\
&= LE(FF')L' + E(\varepsilon F')L' + LE(F\varepsilon') + E(\varepsilon\varepsilon') \\
&= LL' + \Psi
\end{aligned} \qquad (4A.8)$$

以及

$$\mathrm{Cov}(X, F) = E(X - \mu)F' = LE(FF') + E(\varepsilon F') = L \qquad (4A.9)$$

这样，式(4A.8)就把原变量的方差协方差矩阵分解为因子解释的部分和残差部分。

因子模型最主要的问题是估计因子载荷 l_{ij} 和特殊方差 Ψ_j。比较前面介绍的主成分分析法，可以发现两者有着较大的共同点，实际上，主成分分析也是最常用于估计因子模型的方法。在主成分分析方法下，标准化的 k 个主成分 $\{F_i^*\}_{i=1}^k$ 即为方程中的公共因子，并且容易得到，在正交因子模型的设定下，其因子载荷矩阵为：

$$\hat{L} = (\sqrt{\lambda_1}\alpha_1, \sqrt{\lambda_2}\alpha_2, \cdots, \sqrt{\lambda_k}\alpha_k) \qquad (4A.10)$$

相应地，特殊方差 Ψ 则由矩阵 $\Sigma - \hat{L}\hat{L}'$ 的对角元提供。

第五章

利率风险管理

学习目标

在学习完本章之后,你应该能够理解和掌握:
- 利率风险的敏感性分析;
- 久期的本质含义和优缺点;
- 如何估计不同固定收益证券(组合)的久期;
- 凸性的本质含义和作用;
- 如何估计不同固定收益证券(组合)的凸性;
- 如何基于久期和凸性进行利率风险管理。

第五章 利率风险管理

利率风险是固定收益证券投资的主要风险。在本章的第一节和第二节中，你将分别从利率风险的度量和管理两个角度掌握固定收益证券利率风险管理的基本知识。你将会看到，久期和凸性是固定收益领域最基本也是最重要的利率风险管理指标。

第一节 利率风险的度量

一、利率风险的敏感性分析

利率风险的敏感性分析是利率风险度量的重要手段，其基本思想就是估计当利率发生变动时，固定收益证券的价值[1]将如何变化。在现实中，影响固定收益证券价值的通常不止一个利率。例如，一只还有10年到期、半年支付一次利息的债券价值，会受到0.5年、1年、1.5年……直至10年期即期利率变动的影响。换言之，要实现准确的利率风险分析，可能需要考察整条利率期限结构的影响，但这显然是不现实的。为了解决这一问题，人们引入到期收益率来代替利率期限结构。我们在第二章中已经知道，N年期到期收益率可以视为0至N年即期利率的某种加权平均。这样，到期收益率的变动可以视为相应即期利率期限结构整体发生了平行移动。

因此，固定收益证券对利率的敏感性通常表述为证券价值变动的百分比对到期收益率变动的敏感性。由于证券价值V是到期收益率y的函数，证券价值对利率的敏感性可以用泰勒展开表示如下：

---

[1] 对很多证券来说，其价格等于价值。然而对于衍生产品合约来说，价格与价值是不等的，例如远期利率协议的价格（远期利率）和合约价值就是不同的。在利率风险方面，显然投资者关心的是利率变动对证券价值的影响，因此本章中都采用"价值"这一说法。

$$\frac{\Delta V}{V(t)} = \frac{1}{V(t)} \frac{dV}{dy}(dy) + \frac{1}{2! \times V(t)} \frac{d^2V}{dy^2}(dy)^2$$

$$+ \cdots + \frac{1}{n! \times V(t)} \frac{d^nV}{dy^n}(dy)^n + \cdots \quad (5.1)$$

其中，$V(t)$表示t时刻的初始证券价值。固定收益证券风险管理中的久期和凸性，就分别对应着式(5.1)中的一阶项和二阶项。从微积分知识可知，一阶部分的影响最大，考虑了一阶和二阶之后，高阶项的影响几乎可以忽略不计。

二、久期

（一）久期概述

一般来说，比较常用的度量利率风险一阶敏感性的指标包括久期、基点价格值和价格变动收益率值(yield value)。基点价格值是指贴现率每变化一个基点所引起的资产价值变动额，在业界经常用 DV01 表示；价格变动收益率值则是指资产价值变动给定金额时所需要的贴现率变化。基点价格值越大，价格变动收益率值越小，资产的利率风险越高。但由于久期是三者中最重要和最常用的指标，因此本章中我们集中介绍久期的相关知识。

久期(duration)被定义为给定时刻(如t时刻)固定收益证券价值变动的百分比对到期收益率变动的一阶敏感性，用公式表示如下：

$$D = -\frac{\frac{dV}{V(t)}}{dy} \quad (5.2)$$

其中，D为久期，$V(t)$表示固定收益证券在t时刻的初始价值。由于在大部分情况下利率与资产价值总是反向变动，式(5.2)中的负号意味着久期一般为正。

将式(5.2)乘以初始价值$V(t)$可得

$$D \times V(t) = -\frac{dV}{dy} \quad (5.3)$$

式(5.3)被称为美元久期(dollar duration)，即到期收益率变动引起的证券价值一阶变动金额。美元久期常用 \$D 表示。

可以看出，久期和美元久期的主要部分都是证券价值对到期收益率的一阶导数，是式(5.1)右边的第一项。从经济含义看，由于一阶导数捕捉了证券价值对利率敏感性中的主要部分，因此久期和美元久期反映了证券价值利率风险的主要部分。久期与美元久期的绝对值越大，固定收益证券的利率风险越大；反之，则越小。从几何含义看，固定收益证券价值与到期收益率关系曲线上各点的切线斜率就是一阶导数，因此切线越陡，意味着美元久期的绝对值越大。

从久期的具体计算来看,证券定价公式不同,其价值对到期收益率的一阶导数自然不同,从而不同证券的久期计算公式也将是不同的。对于简单的固定收益证券(如债券)来说,其定价的解析解是可得的,从而可以直接用求导的方式解出久期的计算公式;但一些复杂的固定收益证券或者无法写出价值的解析解,或者定价公式极为复杂、求导不易,在这种情况下,人们通常用中心差分的形式

$$D \approx -\frac{1}{2}\left(\frac{V(t) - V_-}{V(t) \times \Delta y} + \frac{V_+ - V(t)}{V(t) \times \Delta y}\right) = \frac{V_- - V_+}{2 \times V(t) \times \Delta y} \quad (5.4)$$

来近似计算久期,其中 V_- 和 V_+ 分别代表利率期限结构向下平移和向上平移 Δy 时相应达到的证券价值,可以用定价公式或数值方法计算得到。由于现代金融市场中证券的形式日益复杂,式(5.4)的应用相当广泛,又被称为有效久期(effective duration)。

除了适用于单个固定收益证券,式(5.2)和式(5.3)也可用于投资组合的久期和美元久期计算。对于投资组合而言,由于式中的 dV 可以分解为 $dV_1 + dV_2 + \cdots$,因此组合的美元久期 $\$D_P$ 实际上等于组合中单个资产美元久期 $\$D_j$ 的加总,即

$$\$D_P = \sum_j \$D_j \quad (5.5)$$

而组合的久期则等于单个资产久期的加权平均,权重为市值比例,即

$$D_P = \sum_j \frac{V_j}{V_p} \times D_j \quad (5.6)$$

其中,D_P 和 D_j 分别表示组合久期和单个资产久期,V_p 和 V_j 则分别表示组合总市值和单个资产市值。例 5.1 直观展示了组合久期的计算过程。

例 5.1 计算组合久期

假设某债券投资组合的构成和基本特征如下表:

债券	价格	市值	市值比重	YTM	久期
10%,5 年	100.0000	4 000 000	0.42	10%	3.861
8%,15 年	84.6275	4 231 375	0.44	10%	8.047
14%,30 年	137.8590	1 378 590	0.14	10%	9.168

则该组合的久期为

$$D_P = 0.42 \times 3.861 + 0.44 \times 8.047 + 0.14 \times 9.168 = 6.446$$

需要强调的是,这种加权平均计算组合久期的方法仅为近似。从本质上

说，组合的久期应该是对同一个到期收益率求导的结果，而组合中不同到期期限资产的久期可能是对各自不同的到期收益率求导得到的，这种加权平均的算法实际上是假设不同期限的到期收益率同时发生平移，这在现实中往往并不成立，因此仅是一种简化的近似计算。

下面我们介绍一些常见的固定收益证券的久期。

（二）不含权债券的久期

在第二章中我们已经知道，不含权债券的价值（合理价格）V 是债券未来所有现金流的现值总和，这一贴现定价公式既可以用连续复利来表示，即式(2.11)：

$$V(t) = \sum_{i=1}^{n} c_i e^{-y(t,t_n) \times (t_i - t)}$$

也可以用普通复利来表示，即

$$V(t) = \sum_{i=1}^{n} \frac{c_i}{\left(1 + \dfrac{y_a(t,t_n)}{m}\right)^i} \tag{5.7}$$

注意式(5.7)中的到期收益率 y_a 是以一年复利 m 次计息的年利率，与式(2.11)中的连续复利年到期收益率 y 是不同的，c_i 和 t_i 为该债券的每次现金流和对应时刻，i 为付息次数，$t_i - t = \dfrac{i}{m}$。

对上述两个定价公式分别求导，读者会发现，得到的久期公式是不同的。早期人们多使用普通复利公式(5.7)定价，由此求导可得久期公式为

$$D = -\frac{dV}{dy_a}\frac{1}{V(t)} = \frac{1}{1 + \dfrac{y_a(t,t_n)}{m}} \left(\sum_{i=1}^{n} \frac{c_i \times (t_i - t)}{\left(1 + \dfrac{y_a(t,t_n)}{m}\right)^i} \frac{1}{V(t)} \right) \tag{5.8}$$

人们通常将括号中的部分称为麦考利久期(Macaulay duration)，以纪念最早提出这一概念的经济学家 Frederick Macaulay，而将整个式(5.8)称为修正久期(modified duration)。

麦考利久期的优点在于经济含义直观，可以视为付息期限 $t_i - t$ 的一种加权平均，其权重为每次现金流现值 $\dfrac{c_i}{\left(1 + \dfrac{y_a(t,t_n)}{m}\right)^i}$ 占债券价格（所有现金流现值之和）的比重，权重之和为1。因此，麦考利久期是期限的加权平均，其单位是年，相应地修正久期的单位也是年，这是久期名称的最初来源。然而，这一概念也在很大程度上引起了混淆。一些常见的误解认为，麦考利久期就是久期，久期一定是时间的加权，同时久期的单位一定是年。但仔细推敲可以看出，首先，

式(5.8)中的修正久期才真正考察了债券价格的利率风险，麦考利久期只是久期计算公式中的一部分，并非真正的久期；其次，从久期定义(5.2)可知，久期与期限加权之间并没有必然联系，其单位也并不必然为年，麦考利久期这种时间加权的属性以及相应带来的以年为单位的特征，只是特定定价公式求导后得到的结果，并不是久期本身的必然属性。

如果对式(2.11)求导，久期公式则为

$$D = -\frac{dV}{dy}\frac{1}{V(t)} = \frac{\sum_{i=1}^{n} c_i \times e^{-y(t,t_n) \times (t_i - t)} \times (t_i - t)}{V(t)} \quad (5.9)$$

可以看出，在连续复利的计息方式下，不含权债券并不存在麦考利久期和修正久期之别，久期本身就是付息期限的加权。这也证明了久期公式对定价模型的依赖性。

对比式(5.8)和式(5.9)，运用连续复利的定价公式计算久期要比普通复利定价公式简洁得多。最重要的是，正如我们在第二章曾经指出的，式(5.8)只适用于现金流时间间隔比较规则的情况，而对于已发行的现金流时间间隔不规则的债券来说，定价公式非常复杂，用这些定价公式无法得到所谓的麦考利久期。我们在这里介绍麦考利久期，只是因为它在历史上较有名。鉴于它的缺陷，我们建议读者在一般情况下使用连续复利定价公式计算久期。

对不同的不含权债券运用式(5.8)，我们可以很快得到以下一些常见的结论：零息票债券的麦考利久期等于其剩余到期期限；只剩一期到期的附息票债券等价于零息票债券，其麦考利久期也等于其剩余期限；对于剩余期限超过一期的(固定利率)附息票债券来说，其麦考利久期由于是未来付息期的加权平均，因此一定小于其剩余期限；浮动利率债券本质上和下一个付息日就到期的零息票债券一样，因此其麦考利久期就等于下一个付息日的期限。细心的读者可以发现，如果我们使用式(5.9)，也可以得到相同的结论。

最后，我们考察债券久期本身的影响因素。从式(5.8)和式(5.9)可以看出，不含权固定利率债券的久期实际上是息票率、剩余期限和到期收益率的综合体现。简单求导计算后可知，其他条件相同，息票率越高的债券久期越小(唯一的例外是永续债券的久期[①]和票面利率无关)；其他条件相同，剩余期限越长的债券久期越大(但随着剩余期限延长，债券久期将收敛于其他条件相同的永续债券的久期)；其他条件相同，到期收益率低时，债券久期较大。其中久期和

[①] 永不偿付本金而只永续定期支付利息的永续债券的定价公式就是令式(5.7)中的 $n \to \infty$，简单计算即可得出其麦考利久期应等于 $\frac{1}{m}\left[1 + \frac{m}{y_a(t, t_n)}\right]$ (m 为计息频率)。

息票率、剩余期限的关系显然是与我们在第二章中讨论的固定利率债券的最后两个价格特征相一致的：其他条件给定的情况下，贴现率变动相同幅度，息票率高和剩余期限长的债券价格波动较大。而久期与到期收益率的关系也可以从经济上加以解释：在其他条件相同的情况下，到期收益率越低，远期支付的现金流的相对价值就越大，从而使得长期期限的权重较大，相应地，麦考利久期和修正久期也就较大。

（三）利率远期、利率期货和利率互换的久期

对于利率远期、利率期货和利率互换等衍生品来说，由于其价值可能为零，因此可能无法计算久期，这种情形下考察其美元久期更为合理。事实上，后面我们将会看到，在进行利率风险管理时，投资者更关注的是美元久期而非久期本身。

例如，对远期利率协议来说，从其定价公式(3.3)即可发现，其美元久期就等于利率变动时未来利差变化的贴现。如果假设初始价值不为零，对式(3.3)求久期，在整条利率期限结构平行变动的假设下，远期利率协议多头的久期近似为 $-(T^*-T)$。也就是说，市场利率每上升 1%，FRA 多头的协议价值上升 $(T^*-T)\%$，反之空头的协议价值将下跌 $(T^*-T)\%$。

又如，根据合约定义，利率每变动 1 个基点，每一份欧洲美元期货合约的价值将变动 25 美元，这就是欧洲美元期货合约对应 1 个基点变化的美元久期。

对长期国债期货而言，尽管期货价格不等于价值，但期货的交易机制决定了投资者的损益来源于期货价格的变动。因此，我们通常计算期货价格的美元久期和久期。当到期收益率变动与无风险利率变动同步时，由于理论交割券期货价格定价公式为 $F(t,T,T^*) = [S(t,T^*) - I(t)]e^{R(t,T)\times(T-t)}$，因此 $F(t,T,T^*)$ 的美元久期 $\$D_F$ 可以推导如下：

$$\begin{aligned}
\$D_F &= -\frac{dF}{dR} = -e^{R(t,T)\times(T-t)}\left(\frac{dS}{dR} - \frac{dI}{dR}\right) - [S(t,T^*) - I(t)]e^{R(t,T)\times(T-t)}(T-t) \\
&\approx +[S(t,T^*) - I(t)] \times e^{R(t,T)\times(T-t)} \times D_S \\
&\quad -[S(t,T^*) - I(t)] \times e^{R(t,T)\times(T-t)} \times (T-t) \\
&\approx F(t,T,T^*) \times D_S - F(t,T,T^*) \times (T-t)
\end{aligned}$$

其中，D_S 为标的国债的久期。在现实中，当我们要使用长期国债期货进行久期套期保值时，我们是在用期货价值的变动去对冲其他资产的利率风险，因此我们真正关心的是长期国债期货标准券报价的美元久期。相应地，长期国债期货标准券报价 $F_Q(t,T,T^*)$ 的美元久期 $\$D_Q$ 等于

$$\$D_Q = -\frac{\partial F_Q}{\partial R} = -\frac{1}{CF} \times \frac{\partial F}{\partial R} = \frac{1}{CF} \times \$D_F$$

其中，CF 表示转换因子。根据美元久期与久期之间的关系，用 $\$D_Q$ 除以初始标

准券报价,可以看到长期国债期货标准券报价 $F_Q(t,T,T^*)$ 的久期约等于 $D_S-(T-t)$。由于期货合约存续期 $T-t$ 相比标的长期国债期限来说很小,因此业界很多人直接近似认为长期国债期货的久期约等于标的债券的久期。

值得注意的是,在计算长期国债期货的久期时,必须找到交割最合算的债券,并以此为基础计算期货的久期。如果后来市场利率的变化导致交割最合算的债券发生变化,期货的久期也会随之发生变化。

最后,我们来考察利率互换的久期问题。由于标准利率互换可以视为固定利率债券与浮动利率债券的组合,因此其美元久期就等于固定利率债券美元久期与浮动利率债券美元久期之差。

(四) 久期:不完美的利率风险测度

尽管久期捕捉了固定收益证券利率风险中的主要部分,是利率风险测度和管理的重要工具,但它却存在天然的局限性。

首先,本章一开始我们就提到,在现实中,影响固定收益证券价值的通常不止一个利率,而久期用到期收益率的变动代表整条利率期限结构的变动,这种用单因子代替多风险因子进行分析的方法实际上是假设整条利率曲线发生平行移动,即所有期限的利率变化幅度相等。这显然是不符合现实的近似简化处理,尤其在利率期限结构非平行变化严重时,久期的可信度将大大下降。其次,即使在收益率曲线水平移动的假设下,从泰勒展开式可以看到,久期仅仅是资产价值对利率的一阶敏感性,无法反映和管理资产价格的全部利率风险,当利率变化较大时这个缺陷尤其显著。

要改善久期的第一个缺陷,唯一的思路是引入多因子分析,但针对每种证券的所有风险因子逐一进行分析显然是不现实的。目前主要的做法有两种:

第一种做法是采用关键利率久期,例如人们认为美国市场上影响较大的利率包括 3 个月、1 年、2 年、3 年、5 年、7 年、10 年、15 年、20 年、25 年和 30 年利率,因此在假设其他期限的收益率不变的情况下,逐一计算这些特定期限到期收益率变化时的敏感性,从而形成一个关键久期向量。

第二种做法则是采用我们在第四章中介绍的主成分分析方法,将影响整条利率期限结构变动的风险因子降维为三个主要成分,从而考察资产价值对这三个风险因子的敏感性。如果这三个主成分对利率曲线变动的解释能力很强,这种方法就是可取的。下面我们以 NSS 模型为例阐释如何对不含权债券运用主成分久期法。

根据第四章式(4.14),假设当前时刻为 0,NSS 模型方程为

$$R(0,s) = \beta_0 + \beta_1 \frac{1-e^{-\frac{s}{m_1}}}{s/m_1} + \beta_2 \left[\frac{1-e^{-\frac{s}{m_1}}}{s/m_1} - e^{-\frac{s}{m_1}} \right] + \beta_3 \left[\frac{1-e^{-\frac{s}{m_2}}}{s/m_2} - e^{-\frac{s}{m_2}} \right]$$

其中，β_0 和 β_1 是利率期限结构的水平变化因子和斜率变化因子，而 β_2 和 β_3 则是曲度变化因子。又因为根据式(2.10)，不含权债券的价格可以表示为即期利率的函数，即

$$V(0) = \sum_{i=1}^{n} c_i e^{-R(0,t_i) \times t_i}$$

其中，t_i 表示债券每笔现金流入对应的期限。相应地，各个因子的美元久期就是债券价格对各因子的一阶偏导，即

$$D_0 = -\frac{\partial V}{\partial \beta_0} \times \frac{1}{V(0)} = \sum_i \frac{c_i e^{-R(0,t_i) \times t_i}}{V(0)} \times t_i$$

$$D_1 = -\frac{\partial V}{\partial \beta_1} \times \frac{1}{V(0)} = \sum_i \frac{c_i e^{-R(0,t_i) \times t_i}}{V(0)} \times t_i \times \frac{1-e^{-\frac{t_i}{m_1}}}{t_i/m_1}$$

$$D_2 = -\frac{\partial V}{\partial \beta_2} \times \frac{1}{V(0)} = \sum_i \frac{c_i e^{-R(0,t_i) \times t_i}}{V(0)} \times t_i \times \left[\frac{1-e^{-\frac{t_i}{m_1}}}{t_i/m_1} - e^{-\frac{t_i}{m_1}}\right]$$

$$D_3 = -\frac{\partial V}{\partial \beta_3} \times \frac{1}{V(0)} = \sum_i \frac{c_i e^{-R(0,t_i) \times t_i}}{V(0)} \times t_i \times \left[\frac{1-e^{-\frac{t_i}{m_2}}}{t_i/m_2} - e^{-\frac{t_i}{m_2}}\right]$$

可以看到，前文介绍的久期公式就是这里的 β_0 久期，因为它本身就是债券价格对水平变动的敏感性。可见，前文的简单久期是主成分久期的一个特例。

针对久期的第二个缺陷，人们引入了二阶指标——凸性，下面进行详细讨论。

三、凸性

(一) 凸性概述

仅考虑一阶敏感性的不足可以在图5.1中展示出来。可以看到，当 y_0 升跌同样幅度至 y_+ 或 y_- 时，如果仅考虑久期（一阶）的影响，价格会变动同样幅度至 V_+ 或 V_-。但事实上由于价格曲线是凸向原点的，在利率上升时，债券的真实价格仅会跌至 V'_+，而在利率下跌时，债券的真实价格会上升至 V'_-。也就是说，仅考虑久期而忽略二阶以上的影响总会倾向于低估债券价格，尤其当收益率变化较大时，这个误差是不可忽略的，因此我们需要考虑高阶的影响，以提高利率风险测度和管理的精确性。

凸性(convexity)（用 C 表示）反映的是泰勒展开式中的二阶敏感性，用公式

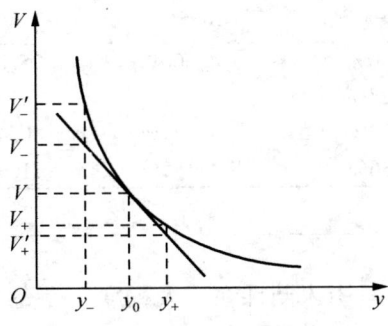

图 5.1 凸性的影响

表示如下①:

$$C = \frac{1}{2}\frac{d^2V}{dy^2}\frac{1}{V(t)} \qquad (5.10)$$

将式(5.10)乘以初始价值 $V(t)$ 可得

$$\$C = C \times V(t) = \frac{1}{2}\frac{d^2V}{dy^2} \qquad (5.11)$$

由此即得到美元凸性(dollar convexity)。

与久期可以被直观地解释为利率变动时固定收益证券价格变动的百分比不同,我们很难用简单的经济思想来描述凸性,因为它是与收益率变动的平方成比例的。从几何角度说,凸性是对曲线凸度的一个度量。从泰勒展开式(5.1)理解,凸性引起的证券价格变化的比例和金额变化分别是 $C \times (dy)^2$ 和 $(\$C) \times (dy)^2$。凸性的意义就在于提高了利率风险度量和管理的准确性。值得注意的是,与一阶导为负不同,凸性引起的价格变化通常是正的。例 5.2 介绍了引入凸性的效果。

例 5.2 凸性的作用

以一个 15 年期、息票率为 8%、一年付息一次的债券为例,假设初始 YTM 为 10%,下表说明了 YTM 分别上升(下降)0.5%和 3%后债券价格的真实变动百分比,以及久期和凸性对债券价格变化率的度量结果。

---

① 有的凸性和美元凸性定义不包含1/2,但这不影响其本质。

YTM	9.5%	10.5%	7%	13%
久期	4.306%	-4.306%	25.836%	-25.836%
凸性	0.127%	0.127%	4.577%	4.577%
总和	4.433%	-4.179%	30.414%	-21.259%
实际	4.436%	-4.182%	31.090%	-21.808%

从例 5.2 中可以看出,引入凸性在很大程度上提高了利率风险度量的精确性,收益率变动越大,凸性的贡献越明显;而且,考虑久期和凸性之后,基本可以反映 YTM 变动的结果,更高阶数的影响可以忽略不计。

(二) 凸性的计算

与久期类似,证券定价公式不同,凸性的计算公式也将是不同的。例如,对于简单的不含权固定利率债券来说,在连续复利的情形下,用求导的方式可以直接解出其凸性和美元凸性的计算公式分别为

$$C = \frac{1}{2} \frac{d^2 V}{dy^2} \frac{1}{V(t)} = \frac{\sum_{i=1}^{n} c_i \times e^{-y(t,t_n) \times (t_i - t)} \times (t_i - t)^2}{2V(t)} \quad (5.12)$$

和

$$\$C = \frac{1}{2} \frac{d^2 V}{dy^2} = \frac{1}{2} \sum_{i=1}^{n} c_i \times e^{-y(t,t_n) \times (t_i - t)} \times (t_i - t)^2 \quad (5.13)$$

对于复杂的固定收益证券来说,则需要采用差分的思路,计算有效凸性(effective convexity),即

$$C \approx \frac{1}{2} \frac{1}{V(t)} \frac{\frac{V_- - V(t)}{\Delta y} - \frac{V(t) - V_+}{\Delta y}}{\Delta y} = \frac{V_- + V_+ - 2V(t)}{2 \times V(t) \times (\Delta y)^2} \quad (5.14)$$

由于对投资组合而言,式(5.10)和(5.11)中的 dV 可以分解为 $dV_1 + dV_2 + \cdots$ 因此,与组合久期的计算类似,投资组合的美元凸性 $\$C_P$ 等于组合中单个资产美元凸性 $\$C_j$ 的加总,即

$$\$C_P = \sum_j \$C_j \quad (5.15)$$

而组合的凸性则等于单个资产凸性的加权平均,权重为市值比例,即

$$C_P = \sum_j \frac{V_j}{V_P} C_j \quad (5.16)$$

其中,C_P 和 C_j 分别表示组合凸性和单个资产凸性,V_P 和 V_j 则分别表示组合总市值和单个资产市值。与组合久期的计算类似,这种加权平均计算组合凸性的

方法也是在不同期限的到期收益率同时发生平移假设下的一种近似。

第二节 基于久期和凸性的利率风险管理

所谓利率风险管理,就是指当投资者面临利率风险时,通过加入其他利率敏感性资产改变投资组合对利率的敏感性。如果调整投资组合的结果是使得式(5.1)左边等于零,也就是说,无论利率怎么变动,投资组合的价值不变,就实现了将利率风险降为零的目标,这是利率风险管理的常见目标。当然,投资者也可以通过调整投资组合,放大组合价值对利率的敏感性。由于久期和凸性捕捉了利率风险的主要部分,因此利率风险的放大和缩小通常是通过改变组合的久期和凸性来实现的。

一、基于久期的利率风险管理

我们首先以抵消投资组合利率风险这一常见的目标为例,阐释久期利率风险管理的基本原理。

从式(5.1)可以看出,在投资者面临利率风险时,如果加入新证券能够使得新组合的价值对利率的一阶敏感性降为零,即

$$\frac{dV}{dy} = 0 \tag{5.17}$$

显然将大大降低组合的利率风险,此时组合的久期和美元久期均为零。因此,将组合久期和美元久期降为零,是最常见的利率风险管理目标之一。但值得注意的是,由于在风险管理时,投资者期望的不仅仅是在利率变化时新证券和原组合的价值变动比例对冲,而是新证券的盈利金额应正好等于原组合价值的亏损金额,因此从本质上说,久期套期保值的本质是匹配并对冲组合中的美元久期,而非久期,我们通常称之为"美元久期中性"。

用 V_1 和 V_2 分别表示原组合和新证券的单位价值,基于久期的套期保值可以表达为

$$dV(t) = dV_1(t) + hdV_2(t) \tag{5.18}$$

也就是说,运用 h 单位新证券资产对冲 1 单位原组合的利率风险,构成的新组合价值为 V。将式(5.18)代入式(5.17)可知,最优套期保值比率 h 应为

$$h = -\frac{\dfrac{dV_1}{dy}}{\dfrac{dV_2}{dy}} = -\frac{\$D_1}{\$D_2} \quad (5.19)$$

也就是说，h 的选取应使得新证券和原组合的美元久期刚好匹配并对冲，才能实现新组合的一阶利率敏感性为零。整理式(5.19)，我们也可得到以久期形式表达的最优套期保值比率

$$h = -\frac{\dfrac{dV_1}{dy}\dfrac{1}{V_1(t)}V_1(t)}{\dfrac{dV_2}{dy}\dfrac{1}{V_2(t)}V_2(t)} = -\frac{D_1 V_1(t)}{D_2 V_2(t)} \quad (5.20)$$

在进行利率风险的套期保值时，实际的最优套期保值数量 N 还应在 h 的基础上考虑具体的头寸规模，整理可得

$$N = h \times \frac{Q_1}{Q_2} = -\frac{\$D_1}{\$D_2} \times \frac{Q_1}{Q_2}$$
$$= -\frac{D_1 \times V_1(t) \times Q_1}{D_2 \times V_2(t) \times Q_2} = -\frac{D_1 \times TV_1(t)}{D_2 \times TV_2(t)} \quad (5.21)$$

其中，Q_1 是需要进行套期保值的原组合资产数量，$TV_1(t) = V_1(t) \times Q_1$ 是原组合在 t 时刻的总价值，Q_2 是用于套期保值的每单位新资产的数量（通常适用于期货合约，Q_2 是每份期货合约中交易的资产数量，相应地 $TV_2(t) = V_2(t) \times Q_2$ 是一份期货合约的现金规模①）。例 5.3 可以帮助读者理解式(5.21)的应用。

例 5.3　基于久期的利率风险管理

假设一个手中管理着价值 1 000 万美元、久期为 6.8 的国债组合的基金经理非常担心利率在接下来的一个月内波动剧烈，决定于 2007 年 10 月 3 日使用 12 月到期的长期国债期货 USZ7 进行利率风险管理。当她进入市场时，USZ7 报价为 111.27 美元。

2007 年 10 月 3 日，对 USZ7 期货而言交割最合算的债券是息票率为 7.125%、将于 2023 年 2 月 15 日到期的长期国债。其转换因子为 1.1103，现货报价为 126.40 美元。根据债券修正久期的计算公式，该债券的修正久期为

---

① 如果运用长期国债期货来对冲利率风险，公式中的期货价格 $V_2(t)$ 应为经转换因子调整后的现金价格。

10.18，故此 USZ7 的久期近似等于 10.18 − 2/12 = 10.01。

根据式(5.21)，有

$$N = -\frac{D_1 \times \mathrm{TV}_1(t)}{D_2 \times \mathrm{TV}_2(t)} = \frac{6.8}{10.01} \times \frac{10\,000\,000}{111.27 \times 1\,000} = 61.05$$

因此，该基金经理应卖出 61 份 USZ7 进行利率风险管理，以实现久期为零。

除了可以通过利率敏感性证券将组合久期降至零，投资者还可以通过利率敏感性证券将组合久期调整至自己期望的水平。例如，一个相信利率将下降的债券多头投资者显然希望提高整体组合的久期，以便从利率的下降中得到更多的债券价格上升带来的收益。

设定投资组合的原久期为 D_1，目标久期为 D_1^*，则需要交易的利率敏感性证券份数为

$$\frac{D_1^* - D_1}{D_2} \times \frac{\mathrm{TV}_1(t)}{\mathrm{TV}_2(t)} \tag{5.22}$$

当式(5.22)为负时，说明需要进行反向操作，即原来是多头的要卖出，原来是空头的要买进。当该值为正时，则进行同向操作。比较式(5.22)与式(5.21)，显然式(5.21)中的套期保值数量 N 是 $D_1^* = 0$ 目标下的特例。

二、考虑凸性情况下的利率风险管理

由于久期只考虑了资产对利率的一阶敏感性，因此如果在进行利率风险套期保值时仅对冲了久期，显然是不够精确的，在利率变动较大时尤其如此。因而在进行利率风险管理时，不仅要实现美元久期目标，还要同时实现美元凸性目标。这样，需要引入两种新资产，也就是说，要求解联立方程组

$$\begin{cases} \$D_1 + h_2\,\$D_2 + h_3\,\$D_3 = \$D_1^* \\ \$C_1 + h_2\,\$C_2 + h_3\,\$C_3 = \$C_1^* \end{cases} \tag{5.23}$$

当目标美元久期和目标美元凸性均为零时，即可得到最优套期保值比率。例5.4 展示了如何在同时考虑久期和凸性的情况下进行利率风险管理。

例 5.4　基于久期与凸性的利率风险管理

假设原组合和两种新资产的基本情况如下表所示：

资产	价格($)	息票率(%)	剩余期限(年)	YTM(%)	修正久期	凸性
原资产	108.038	7	3	4.098	2.705	10.168
资产2	118.786	8	7	4.779	5.486	38.962
资产3	97.962	5	12	5.233	8.813	99.081

如果设定目标美元久期和美元凸性均为零,运用式(5.23)可求得,资产2和资产3的最优套期保值比率分别为 -0.81 和 0.27。

本章小结

1. 固定收益证券价值对利率的敏感性可以用泰勒展开表示为

$$\frac{\Delta V}{V(t)} = \frac{1}{V(t)}\frac{\mathrm{d}V}{\mathrm{d}y}(\mathrm{d}y) + \frac{1}{2! \times V(t)}\frac{\mathrm{d}^2 V}{\mathrm{d}y^2}(\mathrm{d}y)^2 + \cdots + \frac{1}{n! \times V(t)}\frac{\mathrm{d}^n V}{\mathrm{d}y^n}(\mathrm{d}y)^n + \cdots$$

其中,久期和凸性分别对应着其中的一阶项和二阶项。

2. 久期是固定收益证券价值变动的百分比对到期收益率变动的一阶敏感性。

3. 不同固定收益证券的定价模型不同,其久期公式也各不相同。

4. 久期的不足之处在于假设整条利率曲线发生平移,而且只考察了资产价值对利率的一阶敏感性。

5. 引入凸性有助于提高利率风险测度和管理的精确度。

6. 通过调整投资组合,投资者可以改变组合的久期和凸性,放大或缩小组合价值对利率的敏感性,从而实现利率风险管理。

习题

1. 假设有一个3年期固定利率债券,本金为100元,息票率为6%,每半年付息一次,若该债券的到期收益率为8%(连续复利),请计算:

(1) 该债券的久期、凸性、美元久期和美元凸性。

(2) 当到期收益率上升1%时,使用久期计算债券价格的变动。

(3) 当到期收益率上升1%时,同时使用久期和凸性计算债券价格的变动。

(4) 用9%的到期收益率计算债券价格的真实变动,并与前面的结果进行比较。

2. 假设某债券组合中包含50份债券A和20份债券B。其中债券A的本金为100元,剩余期限为3年,息票率为4%,每半年付息一次;债券B的本金为

100元,剩余期限为10年,息票率为8%,每年付息一次。假设市场利率期限结构是平的,均为6%(连续复利),请计算该投资组合的久期和凸性。

3. 假设某逆向浮动利率债券剩余期限为2年又3个月,每半年付息一次,支付利率为10% − LIBOR(连续复利),其中LIBOR表示上一个支付日的6个月期LIBOR利率(连续复利),若上一个支付日观察到的6个月期LIBOR利率(连续复利)为5%,设当前市场利率期限结构是平的,LIBOR利率(连续复利)均为6%,请计算该逆向浮动利率债券的久期。(提示:可以先把逆向浮动利率债券拆分成本金相同、期限相同的两份息票率为5%的固定利率债券多头和一份参考利率为LIBOR的浮动利率债券空头的组合,再利用债券组合的久期求解。)

4. 设某固定利率债券本金为100元,剩余期限为5年,息票率为6%,每年付息一次,到期收益率为5%(连续复利),请计算:
(1) 该债券的凸性和美元凸性。
(2) 假设其他条件保持不变,请分别计算当剩余期限变为1年和10年时,该债券的凸性。
(3) 假设其他条件保持不变,请分别计算当息票率变为1%和10%时,该债券的凸性。
(4) 假设其他条件保持不变,请分别计算当到期收益率变为1%和10%时,该债券的凸性。
(5) 结合以上结论,你认为影响债券凸性的因素主要有哪些?

5. 假设当前某公司持有一个债券组合A,已知该组合市场价值为1 020万元,久期和凸性分别为4.20和60.50。为了抵御利率变动的风险,该公司决定利用市场上存在的两种债券进行对冲。其中,债券B的本金为100元,剩余期限为3年,息票率为6%,每半年付息一次,到期收益率(连续复利)为5%;债券C的本金为100元,剩余期限为8年,息票率为8%,每年付息一次,到期收益率(连续复利)为7%。假设市场允许卖空,为了使资产价值对利率的一阶和二阶敏感性都为0,请计算该公司必须持有的债券B和债券C的数量。

第六章

固定收益证券组合管理

学习目标

在学习完本章之后,你应该能够理解和掌握:
- 固定收益证券组合管理的基本思路与步骤;
- 单元复制、基于指数收益复制和基于因子复制策略的基本思想与方法;
- 择时策略与择券策略的基本思想与方法;
- 免疫策略与现金流匹配策略的基本思想与方法。

第六章 固定收益证券组合管理

到目前为止,我们已经学会了如何为基础性债务工具和简单的利率衍生品定价,了解了利率变动对这些固定收益证券的影响,还掌握了利率期限结构和利率风险管理的基本知识。在这一章里,我们将运用这些知识来学习如何管理固定收益证券组合。

一般来说,固定收益证券组合管理过程可分为三步:① 确定组合管理目标及约束;② 根据组合管理目标和约束条件制定组合管理策略;③ 实施并实时调整组合管理策略。

固定收益证券组合管理的目标可以分为投资型与对冲型:投资型目标的管理者(如债券基金经理)追求的是在风险可控前提下的收益最大化;而对冲型目标的管理者(如商业银行)追求的则是风险最小化前提下的收益。

不同的管理目标和约束条件对应着不同的投资策略。对冲型目标的管理者常常采用免疫(immunization)或现金流匹配(cash flow matching)等策略,以保证利率风险、信用风险等的最小化;投资型目标的管理者所采用的策略与其对市场有效程度的认识有很大关系。保守型投资者(passive investors)认定市场是有效的,当前债券市场的价格已经充分而准确地反映了所有信息,所以他们采用的策略是跟踪复制某一个债券市场指数,以求达到市场的平均收益;积极型投资者(active investors)则认为,市场并非完全有效,市场上总存在这样或者那样的定价错误,或者是市场价格并没有充分反映所有信息,通过利用市场的错误定价或利用自己拥有的信息进行交易可以获得超过平均水平的超额收益。介于这两者之间的是改进的保守投资者(enhanced passive investors),他们一方面采取与保守投资者类似的跟踪市场指数的策略,但同时由于认为市场可能存在一定的非有效性,他们会有意通过错配(mismatch)留下一定的风险敞口,以力图获得部分超额收益。图6.1总结了固定收益证券组合管理框架。

在本章中,我们将首先讨论投资型目标的组合管理策略。第一节对保守的固定收益证券组合管理策略进行了介绍,主要讨论如何复制或跟踪某一债券市场指数;第二节分析了积极的固定收益证券组合管理策略,讨论投资者如何利

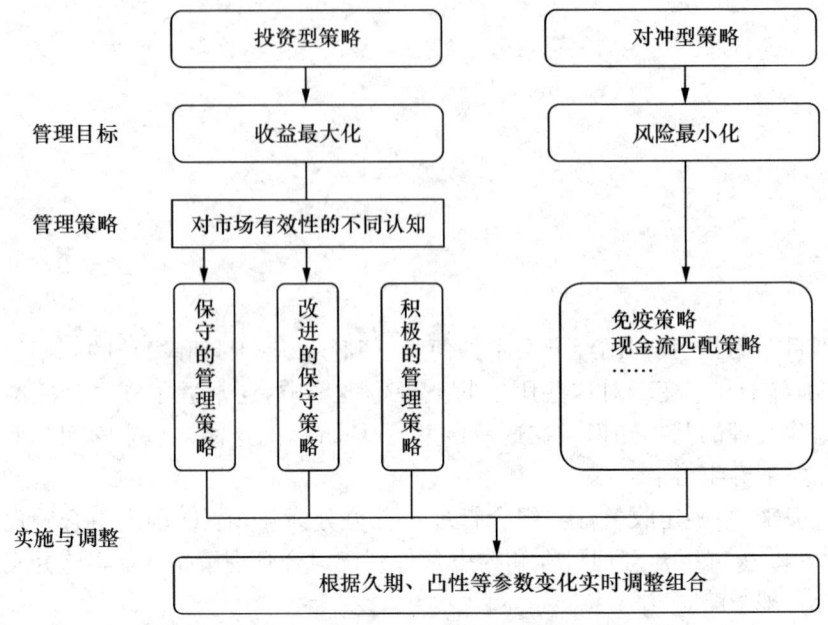

图 6.1　固定收益证券组合管理基本框架

用市场的定价错误或者利用自身预测与市场预测的差异构建投资组合。在第三节中,我们将讨论对冲型目标的组合管理策略。

第一节　保守的组合管理策略

保守的固定收益证券组合管理策略是以有效市场假说为理论基础的。根据这一假说,债券当前的市场价格已经充分而准确地反映了各种信息,市场上不存在被错误定价的债券,任何试图"超越"市场的操作都只能额外增加交易成本,并不能带来超额收益。所以,采取保守策略的投资者的投资目标就是:达到市场的平均收益。

相应地,保守策略最常用的技术是指数复制技术(indexing)。其基本过程是:投资者依照自身的风险收益要求选择合适的债券指数,再利用市场上可交易的债券复制该指数的全部或者部分风险收益特征。其中的两大关键就是基准指数和复制技术的选取。

保守策略最大的优势在于其管理费用与交易成本的低廉。此外,还有人认为,保守策略意味着一种清晰的投资规则,这为债券基金的投资者提供了一个明确的选择。然而,保守策略的反对者们则认为,这种策略最大的不足就是不够灵活。由于保守策略大都有明确的指数参照基准,其有限的风险收益组合不一定能完全满足不同投资者的需求。

在本节中,我们首先对选择债券指数所需要考虑的因素进行简单讨论,然后依次介绍四种复制技术。

一、选择基准债券指数

(一) 主要的债券市场指数

投资者要根据自己的风险收益要求合理选择并复制基准债券指数,首先就要了解编制债券指数的基本方法,以及市场中存在哪些主要的债券指数。

债券市场指数(bond market index)是反映不同时点债券价格变动情况的相对指标。通常是先将报告期的债券价格与选定的基期价格相比,并将两者的比值乘以基期的指数值,即为报告期的债券市场指数。债券市场指数的编制远比股票市场指数复杂。首先,债券市场指数所包含的债券数目远多于股票市场指数包含的股票数目,债券种类繁多,例如巴克莱资本(原雷曼兄弟公司,Lehman Brothers)[1]的美国综合指数(US Aggregate Index)包括5 000余只债券及其他固定收益工具,涵盖国债、公司债、政府机构债券、ABS、MBS,以及少量在美国交易的外国债券,市政债券和通货膨胀连结国债由于税收待遇问题未被纳入;其次,由于债券存在固定的到期期限,因此与股票指数编制不同,债券指数必须定期将即将到期的债券剔出指数外,代之以新的债券[2];最后,债券市场指数一般都是总收益指数(total rate of return index)[3],必须考虑定期支付的利息以及再投资问题。

所谓总收益指数,是与净价指数、全价指数相对而言的。净价指数以样本券的净价计算,完全不考虑应计利息和利息再投资;全价指数按样本券的全价计算,考虑了应计利息变化对债券价格的影响,但没有考虑利息的再投资;总收益指数以债券的全价计算指数,同时还考虑利息的再投资。从计算公式来看,三种指数均可表达为:

---

[1] 雷曼兄弟债券指数系列从1973年开始发布,曾是世界上最著名的债券指数。2008年9月22日雷曼兄弟被巴克莱资本管理公司收购,雷曼兄弟债券指数系列从2008年11月开始更名为巴克莱资本债券指数系列。

[2] 此时指数需要进行修正。例如,中国的中证指数采用"除数修正法"修正原除数,以保证指数的连续性。修正公式为:$\frac{修正前的市值}{原除数} = \frac{修正后的市值}{新除数}$。其中,修正后的市值 = 修正前的市值 + 新增(减)市值。

[3] 中国中央国债登记结算有限责任公司编制的中债系列指数称之为财富指数。

$$I(t) = I(t-1) \times \sum_{i=1}^{n} \frac{P_i(t)}{P_i(t-1)} \times w_i(t)$$

其中,$I(t)$为t时刻的债券指数,$P_i(t)$为i债券t时刻的价格,$w_i(t)$为债券i在t时刻的权重。三种指数的区别在于:净价指数和全价指数使用的$P_i(t)$就是相应债券的净价和全价,总收益指数则相对复杂一些,除了使用全价之外,在付息日还需要加入利息的再投资本息和。具体来看,计算利息的再投资收益时,不同指数假设的投资方式各有不同:有的假设再投资到该债券本身,有的假设再投资到该债券指数本身,有的假设再投资到债券指数基金中。例如,中国的中债财富指数就是假设将利息投资到债券指数中,按照样本整体的到期收益率计算再投资回报。

专栏6.1对全球以及中国的主要债券市场指数进行了介绍。

专栏6.1　全球和中国债券市场指数

目前固定收益证券界常用的债券市场指数主要由三家公司发布:巴克莱资本、所罗门兄弟公司(Salomon Brothers)以及美林公司(Merrill Lynch)。

中国债券市场起步较晚,目前可参照的指数除各券商自编的指数外,较为成熟的指数有中债指数系列和中证债券指数系列。前者由中央国债登记结算有限公司发布,后者由中证指数有限公司发布。中证债券指数系列主要包括综合指数、不同期限的国债、金融债、企业债以及中央银行票据指数,而中债指数系列分类更细,包括的范围更广。除前述中证指数所包括的种类外,中债指数还进一步根据固定利率与浮动利率、信用等级高低、交易所或银行间交易、是否可被货币市场基金投资等指标编制了更细的指数体系。

(二) 选择债券市场指数

Martellini et al.(2003)认为,一个可靠的基准指数的选择需同时满足以下标准:

(1) 综合性。基准指数应该能够满足绝大部分投资者的偏好,同时也能够代表市场绝大部分的投资机会,换言之,一个基准指数不应该给予个别券种过高的权重,而应兼顾市场整体。

(2) 透明性。基准指数的择券标准应该清晰、简单且客观。证券进入指数的规则应该是明确的。

(3) 稳定性。基准指数不应该经常变化,即使发生变化,也必须是容易被市场理解和预期的。

（4）可复制性。基准指数应该便于被投资者复制，以提供可靠的投资参考标准。

（5）无障碍性。构成基准指数的证券不应有投资障碍。这一点在国际资产配置中非常重要。

除了上述基本标准，由于不同债券市场指数所包含的债券到期期限、利率敏感程度以及信用等级等都有很大差异，因此当投资者决定采用保守策略复制债券指数时，他必须选择与自己投资目标匹配的基准指数。具体来看，要考虑以下几个因素：

（1）利率风险。不同指数对于利率变化的敏感性是不一致的。例如，中长期债券指数往往较短期债券指数更敏感，因而在其他条件既定的情况下，对利率风险厌恶的投资者可能更倾向于选择期限较短的债券指数。更为科学的匹配利率风险的办法是采用我们在第五章中学过的利率敏感性指标久期、凸性以及关键利率久期等。久期可以用来度量小幅度利率变化对于指数的影响，凸性用来调整利率大幅度变化对指数的影响，而关键利率久期则可用来测算利率期限结构扭曲对债券市场指数的影响。

（2）收入风险（income risk）。通常认为复制短期债券指数有较高的收入风险，因为短期利率波动通常比长期利率大，而复制短期债券指数的组合中所包含的都是短期样本券，其频繁的现金流再投资很容易受到利率变动的影响。与之相比，中长期债券指数往往能提供更稳定的现金流。

（3）信用风险。如果投资者希望持有的资产组合里不只包括无风险债券，那么还必须让所选择指数的信用风险与投资目标匹配。在考察指数信用风险时的一个量化指标是价差久期。当发行人的信用风险变化时，债券的信用利差就会扩大或缩小，带来债券预期收益率的变化，最终导致债券价格的波动。

此外，在选择指数时，投资者还应考虑税收的影响。

二、选择复制技术

市场中复制指数的技术主要包括四种：直接复制（straight replication）、单元复制（又称分层复制）（cell replication 或 stratified replication）、基于指数收益的复制（bond return based replication）以及基于因子的复制（factor based replication）。

（一）直接复制

最直接的指数复制技术是精确地按照指数构成券种选择债券，并根据各债

券在指数中的权重确定复制组合中各债券的比例。这类技术常用于复制股票指数,应用到债券组合投资时,经常会遇到以下三个问题:

第一,成熟的债券市场指数构成的复杂程度远胜股票市场。以美国证券市场为例,标准普尔的全球股票指数包括 1 200 只股票,常用的 S&P 500 指数仅包括 500 只股票,而巴克莱资本的全球债券综合指数包括的债券数量高达 5 500 余只,而且不同债券在期限、息票率等指标上都存在很大的差异。复杂的债券指数构成使得直接复制债券指数相当困难。

第二,债券指数的调整远较股票指数频繁,这使得精确复制债券指数往往面临很高的交易成本。指数样本券到期或快到期时,就需要剔除并代之以新的样本券;此外,当债券指数是总收益指数时,指数的调整还受到债券利息再投资等因素的影响。

第三,债券市场的流动性不及股票市场,大量的债券交易频率极低。如果在资产组合中包含了流动性不高的债券,投资者对组合的调整很可能无法实时按照市场价格进行,这将额外地增加复制误差。换言之,在复制债券指数时,我们必须考虑因流动性带来的额外成本。实际上,这意味着动态、精确地复制债券指数的技术从实务角度而言是不可行的。

以上三个因素决定了直接复制技术仅仅是一种理论上可行,但在实际操作中并不现实的复制技术。更具可操作性的债券指数复制是选择数量较少、流动性较高的代表性券种来复制整个指数的关键特征(如收益率、久期、凸性以及信用等级等)。这涉及两个问题:第一,如何选择合适的券种进行复制;第二,如何给各券种设定合理的权重。

(二)单元复制

单元复制的基本思路非常直观:既然直接复制在实际操作中非常困难,我们就把整个指数按照不同特征分为若干个"单元"(cell),并从每个单元中选择一只或几只有代表性的、流动性较好的债券来复制整个指数。具体而言,单元复制主要包括三个步骤:划分单元、选择代表性债券和确定复制组合中债券的权重。

第一步划分单元是单元复制技术中最关键的步骤。单元的划分必须涵盖基准指数的主要风险特征,保证在每一单元内债券的风险要素基本一致,包括久期、票面利率、剩余期限、债券类别、信用等级、是否含权以及是否有偿债基金①(sinking fund)条款等。具体采用哪些标准以及每个标准分类的细致程度取

---

① 偿债基金是指为确保到期日有足够的资金偿还债权人的本金,发行公司于债券未到期前预先按期提存的基金。

决于投资者对复制精度与交易成本的权衡。例如,对比以下两个不同分组标准:

标准一:久期(小于等于 5 年、5 年以上)、剩余期限(小于等于 5 年,5 年到 15 年(含)、15 年以上)以及债券类别(国债、公司债、资产证券化产品)。这样一共需要将组合划分为 $2 \times 3 \times 3 = 18$ 个单元。

标准二:久期(小于等于 5 年、5 年以上)、剩余期限(小于等于 5 年,5 年到 15 年(含)、15 年以上)、债券类别(国债、公司债、资产证券化产品)以及信用等级(AA 及以上、A、BBB)。这样一共需要将组合划分为 $2 \times 3 \times 3 \times 3 = 54$ 个单元。

可以看到,采用的标准越细,越能精确刻画基准指数的风险特征,但由此产生的细分单元(以及所需要的代表性债券数)将急剧增加,抬升了交易成本,从而在一定程度上抵消了复制精度提高所带来的好处,对规模较小的资产组合来说尤其如此。McEnally and Boardman(1979)早期的研究表明,当组合的证券数目达到 40 只左右时,组合已经能很好地复制基准指数的风险特征。

第二步,投资者从每一单元中选择一只或若干只代表性债券用来复制基准指数。代表性债券的选择标准主要参考以下三方面标准:第一,流动性好,交易活跃;第二,债券走势与基准指数的相关程度较高;第三,主要风险要素接近单元的平均水平。

第三步,投资者机械地根据每个单元在指数中所占的权重来确定每只债券在资产组合中所占的权重。例如,单元 A 的市值在整个指数中的权重为 10%,则在构建的复制组合中,对应的代表性债券 a 占比也应为 10%。

与直接复制相比,单元复制的优点在于它减少了需要投资的债券数量,制定了债券选择标准和权重设定规则,大大提高了可操作性。但它的不足之处在于:首先,对于样本券的选取标准略显宽泛,具有代表性和高流动性的样本券可能不止一只,那么选取哪只或哪些样本券进入复制组合就完全依赖于投资者的主观判断,而使用不同债券进行复制的效果可能有较大差异。其次,对于样本券权重的选择又过于确定,不够灵活和合理。在单元复制下,每一类代表性债券的权重与单元在指数中的占比完全一致,没有考虑每一单元及每只债券对组合复制精度的影响。例如,利率敏感性较高、价格波动较大的债券对组合复制精度的影响较大。如果要实现复制精度的最优化,我们并不能简单地按照债券的市值计算权重,而应根据复制误差对每只债券的权重加以调整。因此,在实际中,投资者很少机械地按照单元复制的原理设定权重,而是会参照复制误差,根据一系列统计指标对债券的券种和权重进行一定的调整。

最后,我们用例 6.1 来结束对单元复制技术的讨论。

例6.1 单元复制技术

在这个例子中,我们运用单元复制法来复制 2008 年 2 月 1 日至 2009 年 6 月 30 日的中债总指数。中债总指数包括在银行间市场交易的国债、金融债和政策性金融债以及在上海证券交易所交易的国债。2008 年 1 月 31 日,中债总指数共包括 202 只债券,其中 12 只国债在上交所交易,其余全部在银行间市场交易。

在划分单元时,我们主要考虑三类因素:剩余期限、债券交易的子市场及债券的发行主体。由于我国银行间市场上交易的债券久期大多不稳定,因此我们没有使用久期作为单元划分标准;由于指数中并没有公司债,因此我们没有使用债券的评级作为单元划分标准。对剩余期限,我们以 5 年为标准进行划分;对银行间交易的债券,我们按不同的发行主体分为国债、国家开发银行债券、农业发展银行债券、进出口银行债券以及特别国债,这样就有 $2 \times 4 = 8$ 个单元。再加上上海证券交易所交易的国债按剩余期限划分的两个单元,我们将 202 只债券一共分成 10 个单元。表 6.1 给出了各单元在指数中所占的权重。

表 6.1 中债总指数单元划分及对应权重(2008 年 1 月 31 日)

剩余期限	交易市场	发行主体	权重
5 年及以内	上海证券交易所	国债	2.23%
	银行间债券市场	国债	21.35%
		国家开发银行	12.68%
		农业发展银行	4.78%
		进出口银行	2.41%
5 年以上	上海证券交易所	国债	1.43%
	银行间债券市场	国债	12.29%
		国家开发银行	14.25%
		农业发展银行	0.73%
		特别国债	27.85%

接下来,我们从每一单元中选择代表性的债券用来复制指数。我们首先将各单元中交易最活跃、价格连续性最好的 10 只债券纳入复制组合。由于国债、特别国债和国开行的债券在基准指数中占比较高,对复制精度影响较大,因此我们在这几个品种中又选择了 7 只交易较活跃、剩余期限接近单元平均水平的债券进入复制组合。最终的样本券及对应券种如表 6.2 所示。

表 6.2 样本券种及对应权重

债券代码	债券名称	权重	债券代码	债券名称	权重	债券代码	债券名称	权重
070011	07 国债 11	11.73%	070005	07 国债 05	6.16%	060012	06 国债 12	3.25%
070017	07 国债 17	2.44%	070210	07 国开 10	5.60%	060205	06 国开 05	4.26%
070226	07 国开 26	2.82%	070315	07 进出 15	2.41%	070421	07 农发 21	4.78%
0700003	07 特别国债 03	12.56%	0700006	07 特别国债 06	15.29%	060020	06 国债 20	4.59%
070013	07 国债 13	4.56%	070010	07 国债 10	4.57%	060225	06 国开 25	5.06%
070208	07 国开 08	4.67%	060224	06 国开 24	5.26%			

图 6.2 给出了这一方法的复制结果。

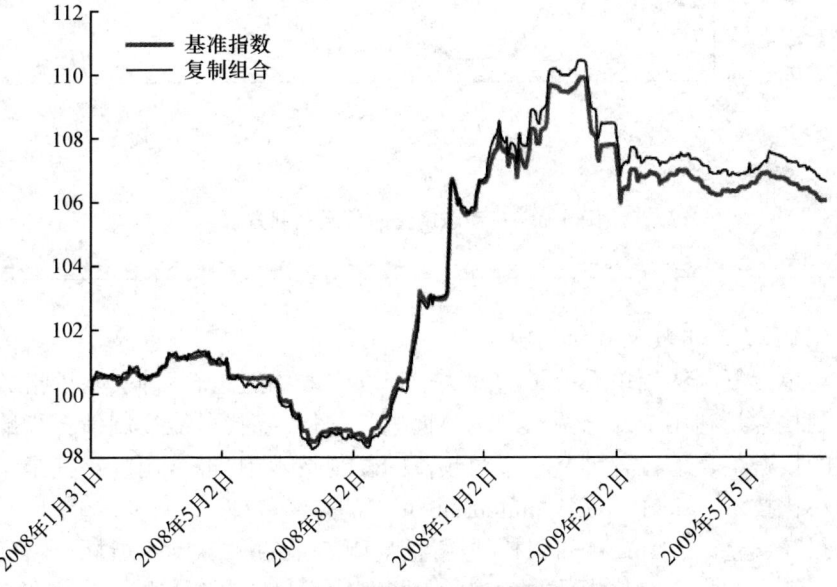

图 6.2 无动态调整的单元复制方法

图 6.2 中浅色实线代表的是中债总指数的变化情况(将 2008 年 1 月 31 日的指数标准化为 100),深色实线给出的是复制组合的总财富变化情况。注意到上述复制方法在 2008 年表现较好,而到 2009 年后则出现了系统性偏差。这是由于中债总指数自 2009 年 2 月调整了指数计算方式,将央票纳入了指数样本券范畴,而在图 6.2 所示的复制方法中我们并未进行相应的动态调整。图 6.3 给出的则是每三个月对组合进行一次调整的复制方法。我们进行的调整包括两方面:其一是根据真实指数样本券种的变化调整了复制组合的券种,例如从 2009 年 2 月以后,我们的复制组合包括了央票;其二是根据指数中各单元所占的比例更新了复制组合的权重。从图 6.3 中可以看到,在进行每三个月一次的动态调整后,复制的系统性偏差明显下降。

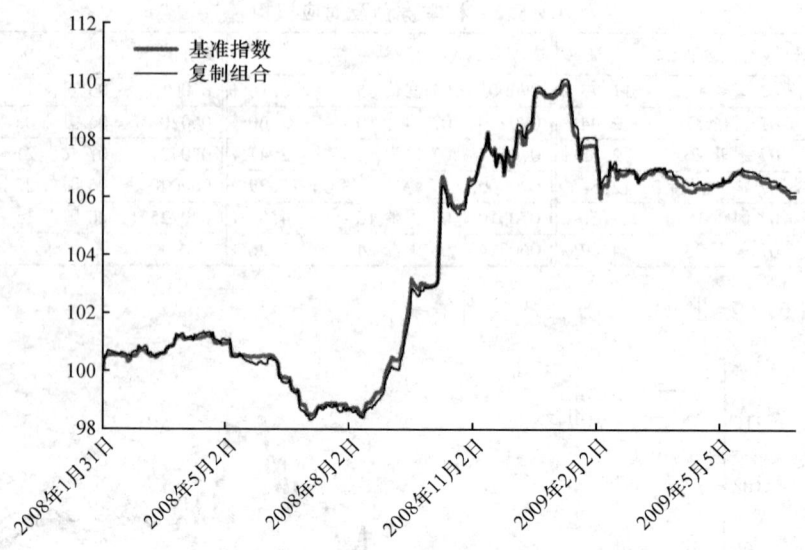

图 6.3　有动态调整的单元复制方法

（三）基于指数收益的复制

与单元复制法用单元分类的办法选择样本券构造组合不同，基于指数收益的复制技术是利用统计方法对历史数据进行分析，寻找最能复制债券指数历史收益的投资组合。在各种基于指数收益的复制技术中，最常用的一种是跟踪误差最小化技术（tracking-error minimization）。

跟踪误差（tracking error, TE）是衡量复制效果的一个重要指标。它度量的是复制组合的收益率与指数收益率的偏离程度，具体定义由式（6.1）给出：

$$TE = \sqrt{\mathrm{Var}(R_P - R_B)} \qquad (6.1)$$

其中，R_B 代表基准指数的收益率，R_P 代表复制组合的收益率，Var 表示方差。当两者的运动趋势完全一致（即 $R_P = R_B$ 或者 R_P 与 R_B 之差为常数时），跟踪误差趋于 0。换言之，要求跟踪误差最小化即要求资产组合与基准指数之间表现出尽可能高的相关性。

跟踪误差最小化技术提供了一种债券权重的设定规则。由于

$$R_P = \sum_{i=1}^{N} w_i R_i$$

其中，组合由 N 只债券构成，w_i 为第 i 只债券在组合中的权重，R_i 为第 i 只债券的收益。将上式代入式（6.1），可以看出跟踪误差最小化事实上是完成如下最优化过程：

$$\min_{w_1,\cdots,w_N} [\text{Var}(R_P - R_B)] = \min_{w_1,\cdots,w_N} \left[\sum_{i=1}^{N} \sum_{j=1}^{N} w_i w_j \sigma_{ij} - 2\sum_{i=1}^{N} w_i \sigma_{iB} + \sigma_B^2 \right]$$

(6.2)

其中,σ_{ij}为各债券收益率方差—协方差矩阵的对应元素,σ_{iB}为各债券收益率与基准指数收益率的协方差,σ_B为基准指数收益率的标准差。

式(6.2)表明,跟踪误差最小化的输入变量是各备选债券历史收益率的方差—协方差矩阵以及它们与基准指数的协方差,输出变量是各债券的权重。因此,跟踪误差最小化的过程实际上包括两步计算:首先,计算式(6.2)中的各方差—协方差项σ_{ij}和σ_{iB};其次,根据计算所得的方差—协方差项进行最小化,而且这一最优化过程是一个有约束的最小化,一个必需的约束条件为:

$$\sum_{i=1}^{N} w_i = 1$$

另一个常用的约束条件涉及市场的卖空约束。如果市场完全禁止各类债券的卖空交易,则还需要添加如下约束条件:

$$w_i \geqslant 0, \quad i = 1, 2, \cdots, N$$

在跟踪误差最小化技术的两步操作中,需要特别注意的是第一步,即有效估计方差—协方差矩阵。最简单的办法是直接使用样本期各债券的方差—协方差矩阵。如果所考察的债券较少,且考察期内各债券的方差和协方差没有明显变化,这种简单方法可以采用。但如果考察的债券较多,或者方差—协方差呈现出一定的时变特征,这种简单方法就有可能带来较大误差。例如,如果复制组合包含30只债券,需要估计的参数有$(30+1) \times 30/2$,即465个;如果方差—协方差矩阵具有时变性,则所需的参数将更多。参数越多,估计和复制误差越大。一种可能的解决方法是使用因子模型来替代样本的方差—协方差矩阵,将庞大的债券方差—协方差矩阵转化为债券与一个或几个因子之间的关系。另外,时间序列模型的发展也为动态估计方差—协方差矩阵提供了一些相对简单、有效的方法。这些方法超出了本书的范围,读者可参考计量经济学方面的相关内容。

在运用跟踪误差最小化技术时,必须了解一点:由于一些现实因素的存在,无论多么完美的组合和跟踪技术,在实际中也不可能做到跟踪误差为0。第一,交易成本的存在使得投资者在调整资产组合的头寸时无法精确匹配基准指数的收益,交易费用越高、交易次数越频繁,交易成本对跟踪误差的影响越大;第二,由于在实务中,债券的交易单位是1手,不足1手的债券进行买卖往往是不现实的,这就必然导致实际的债券权重和理论权重间存在些许偏差;第三,市场流动性限制和交易时滞等因素会使得复制组合中的债券实时报价与最终成交价格存在偏差。因此,在投资者从理论上筛选出跟踪误差最小化的复制组合后,实际操作的目标是要在交易成本可控的前提下尽可能地接近理论跟踪误差。

可以看出,与单元复制法相比,基于指数收益的复制技术由于运用统计技术同时对样本券种及其权重进行选择,相对而言更科学一些。在实际应用当中,这两种方法经常被混合使用:首先运用单元复制的思路缩小债券范围,再利用统计方法挑选最适合的资产组合并确定各债券的权重。

最后,我们同样以例6.2结束本部分的讨论。

例6.2 利用跟踪误差最小化策略复制债券指数

在这个例子中,我们使用跟踪误差最小化技术来完成对中债总指数的复制。我们按照式(6.2)给出的最优化方法计算债券权重。在这里,我们使用简单的样本方差—协方差矩阵作为模型的输入,其参数估计来源于2008年2月至2008年6月的样本,之后以四个月样本为窗口,每三个月滚动更新一次样本的方差—协方差矩阵(2009年2月后的样本包括央票)。由于方差—协方差矩阵估计样本期的限制,我们降低了组合中所包括的债券的数量,以保证方差—协方差矩阵估计的稳定性。同时,考虑到中国债券市场的实际情况,我们添加了卖空约束。表6.3给出了期初(2008年7月1日)的债券组合权重。

表6.3 样本券种及对应权重(以2008年7月1日为例)

债券代码	债券名称	权重	债券代码	债券名称	权重	债券代码	债券名称	权重
070011	07 国债 11	11.44%	070210	07 国开 10	5.89%	060012	06 国债 12	10.20%
060020	06 国债 20	5.05%	070405	07 农发 05	13.02%	060205	06 国开 05	13.42%
0700003	07 特别国债 03	19.47%	0700006	07 特别国债 06	18.66%	060224	06 国开 24	2.83%

与表6.2的结果对比,在考虑到跟踪误差最小化策略后,中短期债券(5年及以内)的比率略有增加,而中长期债券(5年以上)中,两只特别国债的权重较单元复制策略的权重有明显上升,其他中长期债券的比例明显减少。图6.4给出了每三个月进行一次动态调整的跟踪误差最小化策略的结果。为便于对比,我们同时还给出了每三个月动态调整的单元复制策略的复制结果。

根据图6.4所示的结果,两种策略的复制效果非常接近,这是受到我国债券市场特殊结构的影响。2007年,为向拟成立的中国投资有限责任公司注资,财政部分期发行了约1.55万亿元的特别国债,上市后占中债总指数市值将近28%,成为主导我国债券市场的一支重要力量。而表6.2和表6.3的数据表明,在两种复制策略中,特别国债以及其他几只占比较大的债券权重都较为接近,这就决定了两种复制策略最终的效果基本相同。因此,这一结果反映了中国债券市场的特殊性,并不代表两种策略复制效果比较的一般结论。

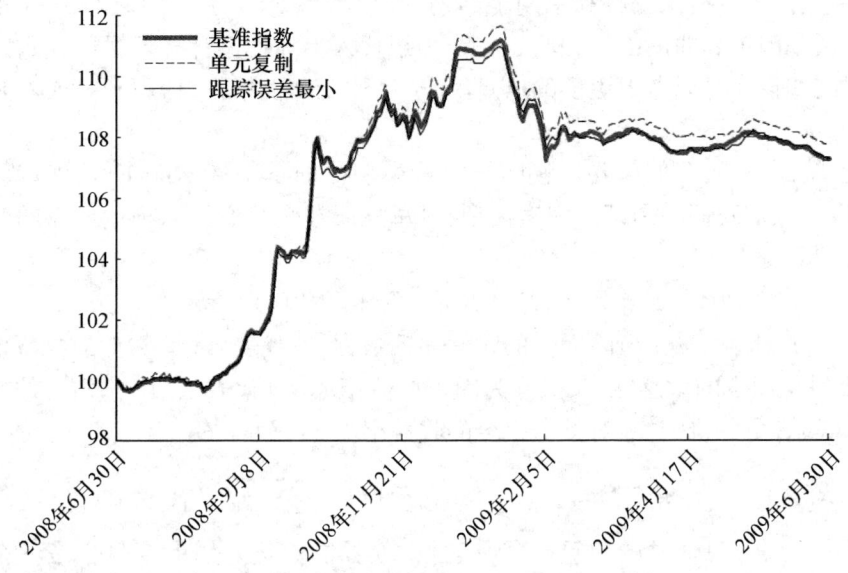

图6.4　有动态调整的跟踪误差最小化策略

单元复制策略的跟踪误差为0.076%,而采取跟踪误差最小化策略后,跟踪误差降低到0.048%,这表明跟踪误差最小化策略的复制效果略胜一筹。从图6.4上我们也可以看出,在某些时点内,采用跟踪误差最小化策略能够更好地复制中债指数收益的变化情况。

(四) 基于因子的复制策略

单元复制策略和跟踪误差最小化策略都是纯粹的保守策略:一旦基准指数选定,资产组合的构建要么被动地按照基准指数的比例进行,要么遵循严格统计规则,忽略了基准指数的风险状况。在实际操作时,我们有时并不需要完全地复制基准指数的所有损益,而只希望复制基准指数的主要风险。对于一些影响较小的风险,投资者有可能不关心,甚至有可能希望通过承担一定的风险获得超额回报。这时候,我们需要一种新的复制手段,其目标不是机械地复制指数构成,而是有效地甄别并复制基准指数的主要风险。基于因子的复制策略满足了这一要求。

基于因子的复制策略包括两个步骤:甄别风险因子、估计因子载荷和复制风险因子。在甄别阶段,我们通过经济理论,或者统计规则来识别风险因子。

在实际运用过程中,风险因子的数目及其对应的经济含义都不是唯一的。我们可以使用单因子的 CAPM 模型,此时风险因子是债券市场的市场收益;我们也可以使用因子分析来分解利率期限结构,得到利率变动的三个风险因子(水平因子、斜率因子和曲度因子),将这三个因子代入上述模型计算债券的权重。除此之外,我们还可以考虑更多的风险因子,例如流动性指标、信用利差或者其他相关变量。

在第二阶段,我们主要依赖因子定价模型(factor pricing model),确定风险敏感度。假定我们使用某三因素模型,对每只债券 i,我们可以进行如下的时间序列回归:

$$R_i(t) = \beta_1^i F_1(t) + \beta_2^i F_2(t) + \beta_3^i F_3(t) + \varepsilon_i(t) \qquad (6.3)$$

其中,$F_j(t)$ 代表第 j 个风险因子的时间序列数据;β_j^i 代表第 i 只债券的收益率对第 j 个风险因子的敏感度,又被称为因子载荷;$\varepsilon_i(t)$ 则代表了第 i 只债券的非系统性风险。由一价定律,对整个组合的收益率 $R_P(t)$ 而言,有

$$R_P(t) = \sum_{i=1}^{N} w_i \beta_1^i F_1(t) + \sum_{i=1}^{N} w_i \beta_2^i F_2(t) + \sum_{i=1}^{N} w_i \beta_3^i F_3(t) + \varepsilon_P(t) \quad (6.4)$$

其中,w_i 为第 i 只债券的权重,N 为组合中债券的数量。如果该组合是一个充分分散的组合,则 $\varepsilon_P(t)$ 不应表现出系统性偏差,均值应为 0。对于基准债券指数 I,我们同样可以进行形如式(6.3)的回归:

$$R_I(t) = \beta_1^I F_1(t) + \beta_2^I F_2(t) + \beta_3^I F_3(t) + \varepsilon_I(t) \qquad (6.5)$$

其中各参数的含义与式(6.3)相同。

在第三阶段的复制中,如果组合能够完美地复制基准指数,则式(6.4)和式(6.5)应该是相等的,因而有:

$$\sum_{i=1}^{N} w_i \beta_1^i = \beta_1^I, \quad \sum_{i=1}^{N} w_i \beta_2^i = \beta_2^I, \quad \sum_{i=1}^{N} w_i \beta_3^i = \beta_3^I, \quad \sum_{i=1}^{N} w_i = 1 \quad (6.6)$$

式(6.6)给出了四组等式约束,这也是基于因子的复制技术的关键。根据这一等式,投资者构建的资产组合与基准指数对三个风险因子的敏感程度是完全一致的,这意味着在这三个因子上,投资者完全复制了指数。如果用来构建资产组合的债券大于 4 只,式(6.6)给出的等式约束不能唯一确定组合中各债券的权重。此时,我们需要结合其他规则(例如跟踪误差最小化)确定组合中债券的最优配置。

基于因子的复制策略最大的优势在于其灵活性。这种复制策略识别出基准指数的风险因素,并估计出相应的风险敏感度,投资者完全可以根据自己的需求,自行调整 β 系数,很容易实现风险收益的系统性调整。例如,在上述的三因子模型中,如果 $\beta_1^I > 0$,意味着投资者可以通过承担更多 F_1 因子的风险来获

得对应的风险报酬。这样,当投资者预期市场上 F_1 因子将出现正向变动时,他们完全可以通过改变如下约束来获得超额回报:

$$\sum_{i=1}^{N} w_i \beta_1^i = \beta_1^P > \beta_1^I$$

其中,β_1^P 为投资者复制组合的目标 β 系数。正是由于这一原因,许多学者并不将基于因子的复制策略归结为经典的保守策略,而认为它属于介于保守策略和积极策略之间的"经改进的保守策略"(enhanced passive strategy)。

最后,我们通过例 6.3 来说明如何运用基于因子的复制策略。

例 6.3 基于因子的复制策略

在这个例子中,我们使用基于因子的复制策略来复制中债总指数。我们使用的是两因子定价模型,第一个因子为 1 年期的银行间固定利率国债到期收益率,用来代表利率期限结构的水平移动;第二个因子为 10 年期的银行间固定利率国债到期收益率和 1 年期的银行间固定利率国债到期收益率之差,用来代表利率期限结构斜率的变化。我们将该基准指数以及各券种的收益率与这两个因子进行回归,回归方程的形式如式(6.3)和式(6.5)所示。为保证统计结果的可靠性,我们选择的是有截距回归。表 6.4 给出了指数及各券种的因子载荷。

表 6.4 因子载荷(以 2008 年 7 月 1 日为例)

债券名称	因子1	因子2	债券名称	因子1	因子2	债券名称	因子1	因子2
07 国债 11	-0.39	-0.03	07 国开 10	-1.20	-0.94	06 国债 12	-1.80	-0.81
06 国债 20	-3.70	-2.10	07 农发 05	-0.33	-0.10	06 国开 5	-0.37	-0.11
07 特别国债 03	-7.40	-6.70	07 特别国债 06	-8.00	-6.10	06 国开 24	-10.10	-5.50
基准指数	-3.80	-2.80						

在得到因子载荷的估计值后,我们按照式(6.6)给出的约束条件,结合跟踪误差最小化的标准确定各期债券权重,进行指数复制。表 6.5 给出了示意性的债券权重。与前例一致,因子载荷初始参数估计来源于 2008 年 2 月至 2008 年 6 月的样本,之后以四个月样本为窗口,每三个月滚动更新,重新估计每只债券和基准指数的因子载荷,据此更新复制组合的债券的权重(2009 年 2 月后包括央票)。图 6.5 给出了这一策略的复制结果。显然,与无约束的跟踪误差最小化复制相比,基于因子的复制策略其复制精度有所下降:基于跟踪误差最小化策略的跟踪误差为 0.048%,而基于因子复制策略的跟踪误差为 0.0505%。但其优势在于,基于因子的复制策略能够较好地把握基准指数变动的主要风险。

表 6.5　样本券种及对应权重(以 2008 年 7 月 1 日为例)

债券代码	债券名称	权重	债券代码	债券名称	权重	债券代码	债券名称	权重
070011	07 国债 11	10.94%	070210	07 国开 10	3.00%	060012	06 国债 12	12.93%
060020	06 国债 20	7.40%	070405	07 农发 05	13.02%	060205	06 国开 05	13.41%
0700003	07 特别国债 03	17.32%	0700006	07 特别国债 06	18.01%	060224	06 国开 24	4.10%

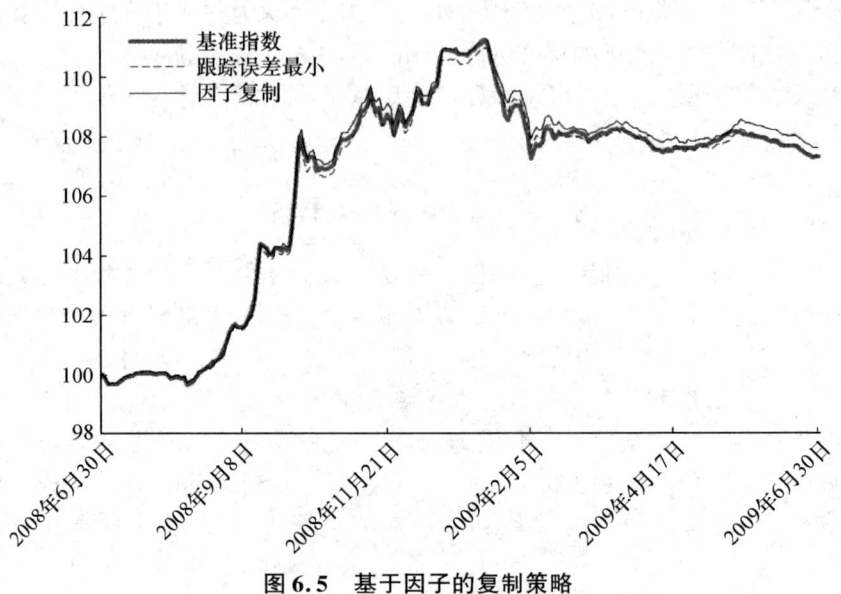

图 6.5　基于因子的复制策略

三、关于保守策略的一般讨论

本节我们讨论了保守的固定收益资产组合管理策略。一个典型的保守策略包含两个关键步骤:选择指数和复制指数。在复制步骤,根据灵活性的不同,我们可以选择单元复制、基于指数收益的复制(跟踪误差最小化复制)和基于因子的复制策略。单元复制是完全不存在模型依赖的,它仅需考虑如何将指数分成合理的"单元"并选择代表性债券,当且仅当单元的构成出现较大变化时,单元复制策略才需要进行较大幅度的调整。跟踪误差最小化关心的是复制指数的收益。它必须依赖历史数据估计出各债券的最优权重,其暗含的假定是:在较短的时间内,债券的最优权重是不变的,至少是相对稳定的,这一策略还依赖于对方差—协方差矩阵的有效估计。基于因子的复制策略关心的是对风险敏感度的复制效果,这一策略依赖于所选因子模型的可靠性。与跟踪误差最小化策略相同,这一策略同样依赖于通过历史数据估计参数,因此它们都无法捕捉历史上从未出现(或者样本期内没有出现)的结构性变化。

需要指出的是,本节讨论的三种复制策略并不是相互排斥的。在实际中,我们通常可以使用单元复制法给出大致的债券选择范围以及初始权重,并结合跟踪误差最小化策略进行动态修正(如例 6.2 所示);同样,我们也可以结合跟踪误差最小化策略和因子复制策略,调整组合整体的风险暴露状况。事实上,在日常的固定收益证券资产组合管理中,单一使用某种复制策略并不多见。

对于用来复制指数的工具的选择,本节我们仅提到了债券,但在实际中,投资者们往往也使用大量的利率衍生品(如远期、期货、互换等流动性高的衍生品)作为复制工具。使用衍生品的优势在于:第一,衍生品往往具有较高的杠杆比率,能够有效降低交易成本;第二,使用衍生品能够有效放宽投资者面临的卖空约束,能够更有效地分散风险;第三,一般说来,衍生品市场的信息反映速度要领先于现货市场,流动性更好,使投资者能够避免因为流动性问题带来的不必要损失。

最后,本节中,我们以跟踪误差作为复制效果好坏的重要评价标准,这意味着给定一个基准指数,投资者可以度量组合和基准指数的偏差究竟有多大,但我们并没有给出基准指数的选择标准。事实上,基准指数的选择是一个投资者风险—收益的权衡问题,风险厌恶的投资者倾向于选择风险较小,但相应收益也较低的指数作为基准,而相对偏好风险的投资者则愿意通过承担较高的风险获取更高的预期回报。从这个角度看,即便是纯粹的保守策略在指数选择时也有一定的积极成分:投资者可以选择更为激进的债券指数,而不是最一般的市场组合。

第二节 积极的组合管理策略

上一节,我们讨论了保守的固定收益证券组合管理策略。该策略的理论基础是有效市场假说,即债券的市场价格准确地反映了各类定价信息以及投资者预期。然而,在现实世界中,债券市场并非总是有效的:一方面,由于信息不对称的存在,不同投资者对于市场利率的预期不一致,有的投资者认为他们对于未来债券价格走势的预期要比市场更准确;另一方面,各类不同债券可能存在错误定价(mispricing),导致市场利率期限结构出现异常。这两方面的市场非有效性正是积极的固定收益债券组合管理策略产生的动机。使用积极的组合管理策略的投资者并不满足于获得市场平均收益,他们总希望通过发现市场错误定价或者通过自己对于未来债券价格走势的预测能力获得超额回报。

整体来看,积极的组合管理策略可以分为两类:择时策略(market timing)与择券策略(bond picking)。采用择时策略的投资者首先预测未来收益率曲线的变化形态,之后根据对收益率曲线的预测进行债券投资;采用择券策略的投资者则关注当前市场上各债券间的相对价格,发掘被相对低估或者高估的债券,据此进行投资。在积极策略中,投资者有可能是通过承担了一部分额外的风险来获得高于市场平均水平的预期收益,因此评价积极的固定收益资产组合管理策略需要引入经风险调整的收益指标。

本节我们将对择时策略和择券策略的具体操作进行介绍,并简要阐述如何运用经风险调整的收益指标来评价某项资产组合管理策略。

一、择时策略

择时策略,是根据当前的利率期限结构形态以及投资者对利率期限结构变化的预期来实时调整资产组合。与股票投资中的择时策略不同,择时策略通常需要考虑一整条利率期限结构的变化,进而对一系列不同期限的债券头寸进行调整,因此固定收益证券中择时策略的分析远较股票投资的情况要复杂。我们从最简单的情况,即预期利率期限结构不变开始,展开对择时策略的讨论。

(一) 预期利率期限结构不变且利率期限结构向上倾斜时的择时策略

这种情况下的择时策略是一种非常传统的策略,往往被称为"驾驭收益率曲线"(riding the yield curve)。当投资者采取这一策略时,他只需要购买期限比目标的投资期长的债券,并在投资期结束(注意,此时债券并未到期)时卖掉该债券。当利率期限结构不变且上倾时,投资者所购买的债券剩余期限越长,他的预期收益将越高。例6.4 对这一策略的操作和风险状况给出了形象说明。

例6.4 驾驭收益率曲线

我们通过一个数值案例来说明驾驭收益率曲线的策略是如何进行的。假设当前时刻 t 为 0,有 A、B、C、D 和 E 五只无风险债券,息票率均为 6%,剩余期限分别为 1 年,2 年,…,5 年。为简化计算,我们假定这五只债券都是每年付息一次。当前的利率期限结构(一年计一次复利,下同)由表 6.6 的 A 部分给出,可以看出,当前的利率期限结构是向上倾斜的。由此我们可以计算 $t=0$ 时各只债券的价格。

假定投资期为 1 年,如果投资者预期一年后的利率期限结构不变,表 6.6

的 A 部分右侧给出了 1 年后时刻 T 各只债券的理论价格(不含利息)并据此计算投资收益率。由于 A 债券到期,因此 1 年后,不论收益率曲线如何改变,投资者投资 A 债券都将稳定地获得 3.50% 的无风险收益。这种买入债券并持有到期获得无风险收益率的做法被称为"买入持有法"(buy-and-hold strategy)。

表6.6 驾驭收益率曲线

A 驾驭收益率曲线

债券	$t=0$			$T=1$			
	剩余期限(年)	市场利率	价格(元)	剩余期限(年)	市场利率	价格(元)	收益率
A	1	3.50%	102.42	0	—	100.00	3.50%
B	2	3.90%	103.99	1	3.50%	102.42	4.26%
C	3	4.20%	105.05	2	3.90%	103.99	4.70%
D	4	4.50%	105.55	3	4.20%	105.05	5.21%
E	5	4.70%	105.94	4	4.50%	105.55	5.29%

B 驾驭收益率曲线的风险

$T=1$	剩余期限(年)	情景 1			情景 2		
		市场利率	价格(元)	收益率	市场利率	价格(元)	收益率
A	0	—	100.00	3.50%	—	100.00	3.0%
B	1	3.50%	102.42	4.26%	3.50%	102.42	4.26%
C	2	4.40%	103.05	3.81%	3.80%	104.18	4.88%
D	3	5.10%	102.61	2.90%	4.00%	105.60	5.74%
E	4	5.60%	101.71	1.67%	4.10%	106.96	6.63%

我们关心的是,1 年后投资 B、C、D 和 E 四只债券的收益率。如果利率期限结构维持不变,我们可以看到,投资这四只债券的收益率都将高于 3.50% 的无风险利率,且期限越长,投资者的收益率将越高。

驾驭收益率曲线的策略是无风险的吗?表 6.6 的 B 部分给出了 1 年后另外两种可能的利率期限结构变化。在情景 1 中,与当前的利率期限结构相比,整条期限结构的斜率增加,收益率曲线变得更为陡峭,此时投资长期债券的收益率将低于投资短期债券的收益率。而在情景 2 中,整条期限结构的斜率变小,收益率曲线变得相对平坦,投资长期债券将给投资者提供更为丰厚的回报。这个简单的情景分析表明:当投资者从买入持有策略变为驾驭收益率曲线策略时,他额外承担了一部分利率风险。

正如例 6.4 所指出的,驾驭收益率曲线策略并不是无风险策略。当利率期限结构变得更为陡峭时,投资者的利润将减少甚至亏损,这也就是基于投资者预期的择时策略在很多文献中经常被称为"择时赌博"(timing bets)的原因。那么,驾驭收益率曲线的策略是否为投资者提供了相应的风险回报呢?遗憾的是,迄今为止,学界就这一问题尚未达成一致,使用不同样本、不同市场、不同期限的债券得出的结论迥异。也就是说,从市场实际来看,我们找不到一致的证据证明经风险调整后的驾驭收益率曲线策略其收益比简单的买入持有法更优。

(二)预期利率期限结构发生水平移动时的择时策略

现在,我们来考察利率期限结构的另一种变化:期限结构出现整体的水平移动,即不同期限的利率水平发生整体的下降或上升。在第五章我们已经了解到:当利率期限结构发生小幅度的水平移动时,久期度量了债券价值对利率变化的敏感程度。这为固定收益资产配置策略提供了有力工具:当投资者预期利率期限结构将发生水平移动时,他们就可以灵活调整组合的久期以追求超额回报。这种对久期进行简单调整的策略往往被称为简单的择时策略(naive timing strategy)。

当投资者预期利率的期限结构将出现平行下移(即各期限的利率都将下降)时,投资者所持有的债券资产组合价值整体趋于上升。组合的久期越大,其价值上升越明显。第五章告诉我们:在其他条件相同时,债券的剩余期限越长,息票率越低,则其久期越大。这意味着,当投资者预期利率期限结构将出现整体性下移时,他往往提前将组合中的债券置换为剩余期限较长、息票率较低的债券以增加债券组合的价值。

反过来,当投资者预期利率期限结构将出现平行上移时,投资者常见的做法是提前将组合中的债券置换为剩余期限较短的债券以尽量降低组合的久期,并不断地滚动展期,直至投资期结束。这一策略经常被称为滚动(rollover)策略。

需要再次强调的是,与买入持有法相比,这些简单的择时策略亦非无风险策略。当投资者购买的债券剩余期限长于目标投资期时,投资者承担了投资期末债券价格的不确定性;而当投资者的资产集中在剩余期限较短的债券时,他们承担了较大的再投资风险。例6.5对简单择时策略的风险和收益情况给出了形象说明。

例 6.5 简单的择时策略

在这个例子中,我们假设当前时刻 t 为 0,有 A、B、C、D 和 E 五只无风险债券,各债券的剩余期限和息票率由表 6.7 给出。各债券的面值均为 100 元。为简化计算,我们假定这五只债券都是每年付息一次。当前的利率期限结构是平的,各期限的利率(一年计复利一次,下同)均为 5.50%。各债券的久期在表 6.7 中给出。

表 6.7 利率期限结构水平下降时的择时策略

债券	剩余期限(年)	息票率	价格(元)	修正久期	价值变化
A	1	5.50%	100.000	0.948	0.474%
B	2	5.50%	100.000	1.846	0.923%
C	3	5.50%	100.000	2.698	1.490%
D	20	5.50%	100.000	11.950	5.975%
E	20	7.50%	123.901	11.246	5.623%

首先考察利率期限结构平行下降的情况。假设投资者预期利率期限结构将突然平行下移 0.5%,即各期限的利率均变为 5%,各债券的价值变化如表 6.7 所示。如果投资者希望捕捉这次利率期限结构的变动,最大化其组合的收益,则投资者此时应该全部购买债券 D。值得强调的一点是,这一策略的真实收益取决于利率期限结构最终的变化形态。如果利率期限结构最终不是下降,而是上升,则购买 D 债券的投资者将亏损最大。

再来考察利率期限结构平行上移的情况。假定投资者预设的投资期限为 3 年,投资者总财富为 100 万元。投资者预期未来 3 年内利率期限结构将出现如下变动:未来 1 年时,利率期限结构将平行上移 0.5%,各期限利率均为 6%,之后保持稳定。投资者可以选择 A、B、C、D 四只债券,各债券的息票率均为 5.5%,剩余期限分别为 1 年、2 年、3 年和 20 年,则三年内各债券历年的价格和本息支付情况如表 6.8 所示。

表 6.8 第 1 年利率期限结构平行上移 0.5% 时债券的价格和本息支付 单位:元

债券	剩余期限	息票率	$t=0$		$t=1$		$t=2$		$T=3$	
			价格	修正久期	价格	付息	价格	付息	价格	付息
A	1	5.50%	100.000	0.948	100.000	5.500	—	—	—	—
B	2	5.50%	100.000	1.846	99.528	5.500	100.000	5.500	—	—
C	3	5.50%	100.000	2.698	99.083	5.500	99.580	5.500	100.000	5.500
D	20	5.50%	100.000	11.260	94.421	5.500	94.586	5.500	94.761	5.500

比较以下四种投资策略：

（1）购买债券 C 并持有到期，利息以当时的无风险利率投资。

（2）购买债券 D 并持有到期，利息以当时的无风险利率投资。

（3）购买债券 A，一年后债券 A 到期，将其本息全部投资于债券 C。投资债券 C 所获利息以当时的无风险利率投资。

（4）购买债券 A，一年后债券 A 到期，将其本息全部投资于债券 B。第二年，债券 B 到期时，将本息全部投资于债券 C。

表 6.9 给出了四种策略的预期收益率。

表 6.9　第 1 年利率期限结构平行上移 0.5% 的现金流和收益率

策略	1	2	3	4
第一年末现金流(万元)	5.500	5.500	0.000	0.000
第二年末现金流(万元)	5.500	5.500	5.856	0.000
第三年末现金流(万元)	105.500	100.261	112.332	118.540
第三年末总财富(万元)	117.510	112.271	118.540	118.540
年均预期收益率	5.526%	3.934%	5.833%	5.833%

在策略 1 和策略 2 中，投资者每年都将获得稳定的利息支付，并在期末将债券兑付得到本金。投资者得到的利息按照 6% 的无风险利率投资。在策略 3 中，投资者第一年末将所有资金(105.5 万元)用于购买债券 C。在策略 4 中，投资者不断地将本息进行滚动投资。可以看出，当利率期限结构发生整体性上移时，投资者进行滚动投资的收益要高于简单的买入持有法①(策略 1)，更高于投资于长期债券(策略 2)。而当预期利率期限结构不再发生变化时，滚动投资不会产生额外的收益(策略 3 和策略 4 的收益一样)。为更好地说明最后一点，我们考虑利率期限结构持续变化的情况，即投资者预期第 1 年和第 2 年利率期限结构均平行上移 0.5%。投资者此时的预期现金流变化及预期收益率如表 6.10 所示。

表 6.10　第 1 年和第 2 年利率期限结构均平行上移 0.5% 的预期收益

策略	1	2	3	4
第一年末现金流(万元)	5.500	5.500	0.000	0.000
第二年末现金流(万元)	5.500	5.500	5.856	0.000
第三年末现金流(万元)	105.500	95.389	112.332	11.099
第三年末总财富(万元)	117.566	107.456	118.569	119.099
年均预期收益率	5.543%	2.426%	5.842%	5.999%

---

① 注意到由于买入持有法需要对利息再投资。当考虑未来利率期限结构的变化时，买入持有法也不是无风险的。

表6.10表明:利率期限结构的持续向上平移使得投资长期债券的收益率进一步恶化,而采用不断滚动的投资策略(策略4)收益率最高。

(三) 子弹策略、杠铃策略与梯式策略

前面我们探讨了两类较为简单的择时策略,分别对应预期利率期限结构不变和预期利率期限结构出现水平变化的情况。实际中,利率期限结构的变化远比这两类情况复杂:利率期限结构有可能出现斜率的变化,整条期限结构可能出现扭曲,或者只有某一特定期限的利率将变化。因此,投资者需要引入更复杂的债券交易策略来捕捉利率期限结构不同变化形态所产生的潜在收益。

子弹策略、杠铃策略和梯式策略是三种常见的基本债券组合投资策略。这三种策略一方面能够满足投资者对特定利率期限结构变化形态进行投资的需求,本身在实务中应用广泛;另一方面,通过对这三种策略的积木式再组合,投资者可以构建出更丰富、更复杂的债券组合投资策略。

子弹策略(bullet strategy)意味着投资者集中投资于某一剩余期限的债券(如图6.6(a)所示)。投资者采用这一策略可能是应对某一特定期限的资金需求,也可能是投资者预期未来某个特定期限的利率将发生有利变化,而不是整条收益率曲线发生变化。

杠铃策略(barbell strategy)意味着投资者将资金分配于短期债券和长期债券,而不投资于中期债券(如图6.6(b)所示)。当投资者预期长期利率将发生有利的变动,而中短期存在一定的不确定因素时,杠铃策略的长端能使投资者捕捉长期利率的有利变动,而短端使投资者免受短期内利率不确定性的影响。即使中期市场情况发生有利变化,组合中的短期债券也能为投资者保留足够的流动性,捕捉利率变化可能带来的好处。

梯式策略(ladder strategy)意味着投资者将资金较为均等地分配于各个期限的债券(如图6.6(c)所示)。梯式策略一方面为投资者提供了较规律的现金流,并且在头寸配置上具有足够的灵活性,与简单地购买长期债券并持有到期相比,投资者可以定期对组合的头寸进行调整;另一方面,从积极投资的角度来看,梯式策略是用来捕捉整条收益率曲线或者收益率曲线某一部分有利变化的良好工具。例如,如果投资者认为短期利率将出现有利变化,他可以将资金较为均等地分配在1个月到1年期的货币市场工具上。从这个角度而言,梯式策略可以看成是子弹策略的组合扩展。

由于子弹策略、杠铃策略和梯式策略具有不同的久期—凸性关系,它们常常被用来构造各种久期中性组合。以子弹策略和杠铃策略为例,图6.7中的虚

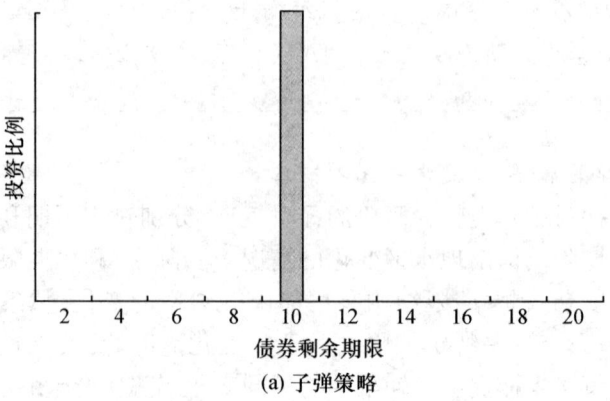

(a) 子弹策略

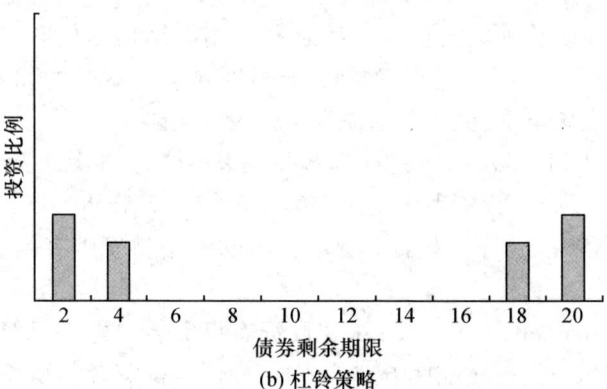

(b) 杠铃策略

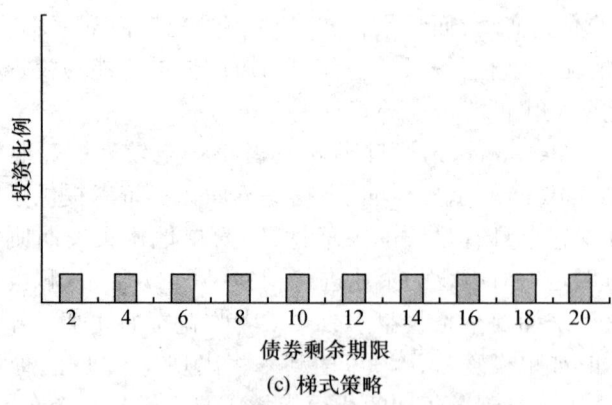

(c) 梯式策略

图 6.6　子弹策略、杠铃策略与梯式策略

线对应的是不同久期的子弹策略对应的凸性(实质上就是不同到期期限的债券对应的久期和凸性)。为简化分析,假设杠铃组合由久期为 1.86 的债券和久期

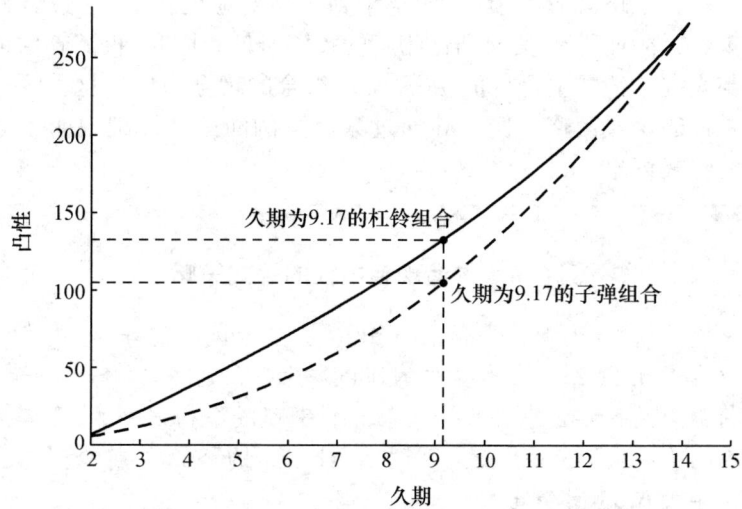

图 6.7 子弹策略与杠铃策略的久期—凸性关系

为 14.12 的债券组成,这两种债券的久期和凸性分别对应虚线的两个端点。考虑到组合凸性的线性关系,整个杠铃组合的凸性即为连接曲线两个端点的直线,如图中实线所示。凸性的具体取值取决于杠铃组合里长短期债券的比例。图 6.7 表明,对于任意给定的久期,杠铃策略组合的凸性一定要大于等于子弹策略组合的凸性。这意味着,投资者可以买入杠铃组合,卖空子弹组合,从而实现对冲久期、保留正凸性的投资目标。① 梯式策略的分析较复杂,本书对此不展开讨论。

(四) 复杂投资策略的构造

现在,我们以构建蝶式策略(butterfly strategy)为例,说明如何运用前面介绍过的基础债券组合交易策略构造复杂的组合交易策略。

假设投资者面临这样一种状况:未来的市场是不确定的,利率期限结构有可能出现较大幅度的平行变动,但变动的方向未知。投资者不希望利率的平行变化给自己的资产组合带来损失,但他们希望从利率期限结构的大幅波动中获利。此外,投资者希望组合能够实现现金中性(cash-neutral),即在不考虑交易成本的情况下,他们的初始投资为0。

投资者的上述目标要求其资产组合的美元久期为0(组合价值不因利率水平的小幅变动受损),并要求目标组合有正的凸性。我们在上一小节中提到,给定(美元)久期,杠铃策略的(美元)凸性高于子弹策略的(美元)凸性。因此,我

---

① 由于凸性引起的价格变化通常是正的,投资者往往偏好正的凸性。

们可以买入杠铃策略对应的债券,卖空子弹策略对应的债券,通过调整各债券的比例实现美元久期为0,美元凸性为正的投资目标。同时,投资者保证买入的债券组合与卖空的债券组合价值相等,实现组合的现金中性。这种蝶式策略被称为现金中性的蝶式策略。例6.6通过数值案例向读者详细说明了如何构造现金中性的蝶式策略。

例6.6 构造现金中性的蝶式策略

在这个例子中,我们假设当前有 A、B、C 三只无风险债券,各债券的剩余期限和息票率由表6.11给出。各债券的面值均为100元。与例6.5一致,我们假定这三只债券都是每年付息一次。当前的利率期限结构是平的,即各期限的利率均为5.50%(一年计复利一次,下同)。各债券的修正久期、美元久期、凸性和美元凸性由表6.11计算出。

表6.11 构成蝶式策略的债券

债券	剩余期限(年)	息票率	价格(元)	修正久期	美元久期	凸性	美元凸性
A	1	5.50%	100.000	0.948	94.787	1.000	100.000
B	10	5.50%	100.000	7.538	753.763	72.077	7 207.658
C	20	5.50%	100.000	11.950	1 195.038	196.974	19 697.367

考虑利用这三只债券构造蝶式策略:买入 q_C 单位的剩余期限最长的债券 C 和 q_A 单位的剩余期限最短的债券 A,构建杠铃策略,同时卖出 q_B 单位的剩余期限介于两者之间的债券 B。要求组合的美元久期为0,则

$$\$D_C \times q_C + \$D_A \times q_A - \$D_B \times q_B = 0 \tag{6.7}$$

其中,$\$D_i$ 代表债券 i 的美元久期。再考虑现金中性约束,这意味着

$$P_C q_C + P_A q_A - P_B q_B = 0 \tag{6.8}$$

联立这两个方程,即可以解得三只债券间的数量关系为

$$\begin{cases} q_A = 0.4011 q_B \\ q_C = 0.5989 q_B \end{cases} \tag{6.9}$$

由于组合的初始成本为0,所以理论上,投资者可以购买任意多的三只债券,只需要保证各债券数量的比例满足式(6.9)。但实际中,考虑到投资者的风险承担能力,债券的购买数量并不是无限的。例如,投资者卖空10 000份债券B,同时需要购入4 011份债券A和5 989份债券C,此时组合的美元久期为

-352.2[①],美元凸性为 1.90×10^8。我们可以验证,在不考虑交易成本和保证金的情况下,组合的初始现金流恰好为 0。图 6.8 给出了利率期限结构平行移动时组合的价值变化。

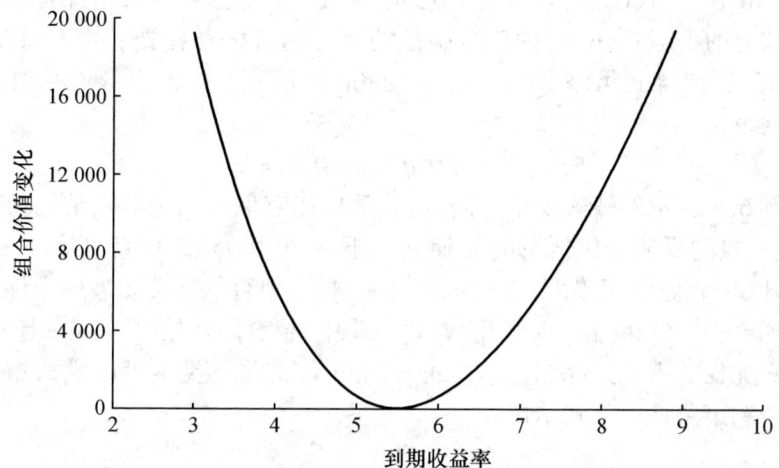

图 6.8 利率期限结构平行移动时蝶式策略组合的价值变化

显然,图 6.8 表明,这一蝶式策略实现了投资者的投资目标:平行变动的利率期限结构不会给投资者带来损失,而当利率期限结构平行移动的幅度较大时,投资者将获得较高的回报。注意到,当利率期限结构的变化不是平行移动时,上述分析将不再成立。此时,蝶式策略损益的分析将变得极为复杂。

图 6.9 给出了蝶式策略的构成。与图 6.6 对比,我们很容易发现,蝶式策

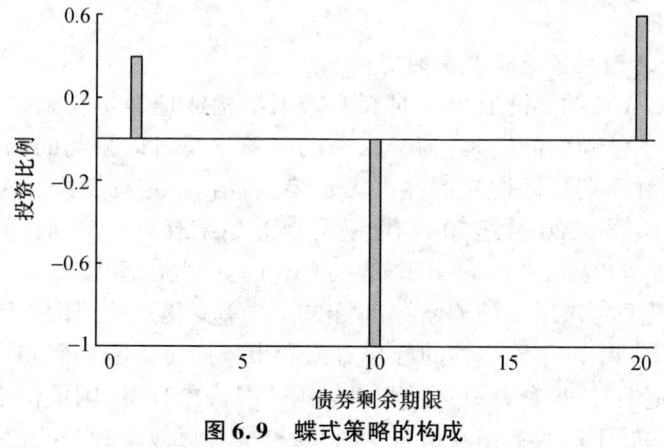

图 6.9 蝶式策略的构成

---

① 由于舍入误差的影响,匹配后的美元久期并非绝对等于 0,但与组合多头或空头的头寸相比,是一个很小的数值。

略就等于杠铃策略与子弹策略的反向叠加。

在例6.6中,式(6.7)被称为美元久期中性约束,这个约束条件是所有的蝶式策略共有的。但式(6.8)的现金中性约束可随着投资者要求的不同而变化。例如,"五五开"蝶式策略(fifty-fifty weighting)可将式(6.8)的现金中性约束改为如下约束:

$$\$D_A q_A = \$D_C q_C = -0.5 \$D_B q_B$$

与例6.6所示的蝶式策略不同,这一策略能够保证利率期限结构长短端出现小幅、等量的反向变化(例如,短期利率下降30个基点,中期利率不变,长期利率上升30个基点,记做"-30/0/30")时,投资组合依然美元久期中性。由于放弃了现金中性约束,在"五五开"蝶式策略中,组合的初始投资不一定为0。

回归加权的蝶式策略(regression weighting)是另一类常见的蝶式策略。它的第二个约束条件由下式给出:

$$\$D_A q_A \times \frac{1}{\beta} = \$D_C q_C$$

其中,β为中期利率与短期利率的利差对长期利率与中期利率的利差的回归系数。与"五五开"蝶式策略相似,这一策略同样意味着利率期限结构出现小幅倾斜时组合的美元久期中性,只是此时期限结构变化方式为短期利率下降x个基点,长期利率上升x/β个基点。

以上我们介绍了几类常见的蝶式策略的构成。投资者可以结合自己对利率走势的预期,更改式(6.8)的约束条件,构造更丰富的蝶式策略组合,满足个性化投资需求。

(五) 如何预测债券收益率的变化

择时策略成败的关键取决于对利率期限结构或债券价格未来走势的预期是否正确,其中涉及的问题是:债券未来的收益率是可以预测的吗?大量的经验证据表明,利率期限结构或债券市场走势至少在一定程度上是可以预测的。基于这一事实,早在20世纪70年代,业界已开始结合对未来利率的预测,运用策略式资产配置(tactical asset allocation, TAA)进行组合管理。

多因子模型常被用来预测债券市场的收益率变化。其理论基础在于:经济环境和金融市场中的不确定性的确会对债券市场产生影响。例如,当经济面临很强的不确定性时,投资者更愿意购买信用等级高的债券,国债价格升高,造成国债指数表现好于高收益债券指数。因此,投资者可以选择一些能够反映经济形势变化和市场情绪变化的先导指标,建立多因子模型,辅之以统计手段对未来利率或债券收益率的走势进行预测。常用的指标包括:

（1）经济环境指标。通货膨胀率（例如 CPI、PPI 等价格指数）、货币供应量（例如 M0、M1、M2 等货币供应量的不同测度）、经济增长指标（例如季度 GDP、月度的消费、工业增加值、固定资产投资、进出口等指标）。

（2）市场环境指标。短期的无风险利率（例如 3 个月期国库券的到期收益率）、股票市场的平均红利率、债券的信用利差（高信用风险债券的 YTM 与低信用风险债券的 YTM 之差）、债券的期限利差（长期债券的 YTM 减去短期债券的 YTM）、市场总交易量以及期权市场的隐含波动率等。

使用多因子模型预测未来收益率时需要经过校准、检验和预测三个步骤。在校准阶段，投资者利用过去的收益率和风险因子进行滚动回归，得到模型的参数序列；在检验阶段，投资者对所估计的模型和参数进行样本外的回溯检验，选择样本外预测效果较好的模型。关于这一问题的讨论已超出了本书的范畴，读者可参阅其他相关材料。

二、择券策略

择券策略，顾名思义，就是选择价格被低估的债券。

择券策略的思想与金融学中提到的"套利"的概念有相似之处，但其涵盖的范围更广。金融学中的"套利"指的是无风险套利，即当市场出现定价错误时，两种资产的各种风险（包括市场风险、信用风险、流动性风险等所有风险源）相同，现金流回报完全一致而当前的价格不同，这时候投资者可以通过买入相对低估的资产，卖出相对高估的资产获得无风险利润。无风险套利的关键在于：投资者不存在损失的风险，但存在获利的可能。但在择券策略中，除了无风险套利之外，两个债券组合的风险源并不需要完全一致，只要投资者认为两只债券（或两个组合间）的相对价格当前是不合理的（并不意味着市场一定出现定价错误），或者其相对价格未来会呈现出某种可预期的变化形态，投资者都可以采用择券策略交易。因此，采用择券策略的投资者有损失的可能。这种情况往往也被称为"风险套利"。在实际交易中，无风险套利机会很少出现，即使出现也往往是转瞬即逝，很难被投资者广泛使用。市场中的择券策略更多地对应着风险套利交易。根据择券策略使用债券的不同，这一策略又可被进一步细分为同类债券间的套利交易与不同类债券间的套利交易。

（一）同类债券间的套利交易

同类债券指的是可相互复制或者理论上具有相同收益率曲线结构的债券，例如剩余期限给定的国债与相应的息票分离债、同一信用等级的公司债等。

我们首先考察各债券可相互复制的情况。正如上文提到的无风险套利的原理,当两组债券可以相互复制时,其价格必须一致,否则投资者可以通过套利交易获得稳定的无风险利润。给定期限的国债与对应的息票分离债券之间即存在这样的复制关系:

$$P(t,t_n) = \sum_{i=1}^{n} c \times B(t,t_i) + 100 \times B(t,t_n) = \sum_{i=1}^{n} S(t,t_i)$$

其中,$P(t,t_n)$代表t_n时刻到期、息票金额为c的国债在t时刻的价格,$S(t,t_i)$代表基于该债券的t_i时刻到期的息票分离债券当前的市场价格。显然,如果当前国债的价格高于对应息票分离债券的价格之和,投资者可以持有息票分离债券并卖空国债,用息票分离债券提供的现金流收入来满足所卖空国债的现金流支出,锁定无风险利润$P - \sum_i S$。反过来,如果当前国债的价格低于对应的息票分离债券的价格之和,投资者买入国债、卖空息票分离债券,锁定无风险利润。

但是Jordan et al.(2000)的研究表明:在美国市场中,考虑到交易成本后,息票分离债券与国债间很少出现套利机会。一般而言,在市场有效性程度相对较高时,这种明显的定价错误极少存在。更常见的情况是将债券市场实际的利率期限结构与理论利率期限结构进行比较,以判断债券的市场价格相对其理论价值是否出现偏离。这种分析方法被称为高低价格分析法(rich-cheap analysis)。

总体而言,高低价格分析法包括以下几个步骤:第一步,计算债券的理论到期收益率;第二步,对债券理论与实际到期收益率的差异性进行统计检验,判断这一利差在统计意义上是否显著;第三步,如果存在显著差异,则构建风险套利组合。

高低价格分析法的第一个关键是计算债券的理论到期收益率。理论到期收益率指的是根据与该债券具有相同风险源(注意包括所有风险,例如利率风险、信用风险以及流动性风险等)的其他债券的到期收益率计算出来的到期收益率。同时,我们也可以利用该债券的市场价格计算出该债券实际的到期收益率。如果债券的实际到期收益率低于其理论的到期收益率(意味着债券价格相对其理论价值高估),则投资者构造的套利组合应包括该债券的空头头寸;反过来,如果债券的实际到期收益率高于其理论的到期收益率(意味着债券价格相对其理论价值低估),则投资者构造的套利组合应包括该债券的多头头寸。

高低价格分析法的第二个关键在于合理统计方法的运用。对于一段给定的历史样本(为保证统计结论的稳健性,考察的样本量至少要大于30),我们可以得到实际到期收益率与理论到期收益率之差(简称利差)的历史序列,并在一定的分布假设下计算该利差的置信区间和对应的显著性水平。这种方法被称为Z值分析(Z score analysis)。例如,假设该利差的分布服从正态分布,如果60

个交易日该价差序列的样本均值为 0.03%，样本的标准差为 0.04%，当前的价差为 −0.11%。在 1% 的显著性水平下，这一价差的出现为小概率事件。我们可以认为，此时该债券更有可能被高估，应予以卖空。当然，我们可以改变关于分布的假设，使用其他更符合样本统计特征的理论分布或者直接使用历史分布进行检验。

为什么我们需要借助统计方法来检验利差的显著性，而不直接利用利差进行投资决策呢？一个重要的原因是：模型的估计误差、单只债券与计算理论利率期限结构的资产在风险、流动性等方面存在的细微偏差都有可能导致债券理论与实际到期收益率存在系统性的偏差，并不代表市场定价不合理。借助历史样本和统计手段，我们可以有效区分真实的系统性偏差和因为不合理的市场定价带来的偏差。还以利差服从均值为 0.03%、标准差为 0.04% 的正态分布的情况为例。考虑两个利差：−0.05% 与 0.05%。如果不利用历史数据估计分布信息，而仅仅使用两个利差的绝对数值来衡量，则我们很容易认为这两种利差所隐含的定价偏误程度是一致的；而如果考虑到利差的分布，由于系统性偏差将贡献 0.03% 的利差，则 0.05% 的利差位于 1 个标准差之内，而 −0.05% 的利差位于一个标准差之外，两者并非等同。

（二）不同类债券间的套利交易

不同类债券指的是它们的风险源不同。例如，美国国债一般被认为没有信用风险，而公司债则存在信用风险。

不同类债券间的套利交易又可以分为两类。一是基于相对定价偏误的套利交易，其基本思路是：如果经济背景、市场状况等因素没有发生重大变化，风险溢酬就应该是相对稳定的。若两种固定收益证券的收益率之差相对其历史水平出现了较大幅度的偏离，很有可能意味着市场出现了错误定价，从而投资者可以买入价格被低估的证券，卖空价格被高估的证券，等待市场定价错误得到纠正。借以甄别这种收益率之差异常变动的工具仍然是各类统计工具，例如 Z 值分析。在实际操作中，投资者经常使用的两类收益率之差包括：国债收益率与互换利率之差以及公司债收益率与互换利率之差。前一利差隐含的主要是 AAA 级中长期国债市场利率与 AA 级银行间市场利率的信用风险溢酬、流动性风险溢酬以及税收待遇的差异，而后一利差隐含的则是评级较低的公司债利率与 AA 级银行间市场利率的信用风险溢酬与流动性风险溢酬。

二是基于风险溢酬的套利交易。其基本思路与第一类不同，它并不认为风险溢酬是稳定不变的，相反，它认为收益率差别的背后对应着一系列可观测的风险因素。因此，投资者可以通过预测未来收益率之差的变化进行投资。例如，未来的经济背景和市场状况变化将导致风险溢酬变化，从而导致收益率之差缩小,投资者可以通过买入未来相对升值的债券,卖出未来相对贬值的债券获得利润。基于风险溢酬的套利交易经常被用在国际投资中:一种可能是在某些极端情况下,例如经济危机时,风险溢酬的急剧增加使得两个经济主体发行的债券利率差距也迅速增加,而随着市场的平复,利差将趋于收敛;另一种可能是不同经济主体间关联度的增加也可以缩小利差。例如,当2001年希腊即将加入欧元区时,基于希腊货币的互换利率与基于欧元的互换利率之差便显著下降。国债即期收益率曲线、市场远期利率与互换利率都是基于风险溢酬的套利交易经常关注的参照利率。

必须注意到,基于相对定价偏误的套利交易与基于风险溢酬的套利交易都是有风险的。基于相对定价偏误的套利交易基于历史统计规律,这就隐含了两个假定:第一,历史会重演,极端事件的发生是不可能或者"几乎不可能"的;第二,用以分析利差历史水平的统计模型是准确的。一旦极端事件发生,或者模型构建、估计出现偏差,基于相对定价偏误进行套利交易的投资者都有可能遭受巨大损失,而且这些损失都是在事前极难预料的。与此类似,基于风险溢酬的套利交易主要关注的是某一类风险带来的风险溢酬的变化(例如信用风险),往往忽略或者根本无法预知其他风险源的交互影响(例如流动性风险),从而错判利差的变动方向与幅度。此外,不论是基于相对定价偏误的套利交易还是基于风险溢酬的套利交易,一般都需要卖空操作,这意味着在整个策略的进行过程中,投资者必须留下足够的现金满足卖空交易的保证金要求。一旦投资者无法提供足额的维持保证金,其空头头寸将被强制平仓,使得策略进行过程中的浮动亏损变成实际亏损。1998年,美国长期资本管理公司(Long Term Capital Management,LTCM)陷入财务困境就是由此造成的。

三、积极组合管理策略的评价

我们如何来比较前面介绍的各种投资策略并作出选择呢?显然,简单比较事后的已实现收益率并不可取。我们需要的是一套前瞻性的、将风险和收益结合到一起权衡的方法。因此接下来,我们简单介绍事前风险评估方法与经风险调整后的收益率指标。

(一)事前风险评估

最常用的风险指标无疑是资产组合收益率的波动率,即组合收益率的年化标准差,其度量的是一段时间内组合收益率的变动幅度。在给定组合收益率分布的情况下,我们还可以计算在险值(value at risk,VaR),考虑极端情况出现时,在一定的概率下,组合的收益不会低于什么样的水平。关于VaR的详细介绍,我们将在第九章展开。

但基于波动率与 VaR 的事前风险评估体系还有待进一步完善。一方面，尽管波动率和 VaR 能够提供在极端情况下，组合收益在一定概率下不会低于什么样的水平，但它们并不能提供关于极端损失的信息；另一方面，波动率和 VaR 提供的信息不太直观，我们很难将风险因子的变化与资产组合的损益直接挂钩。因此，我们需要引入其他的辅助手段来补充基于波动率和 VaR 的事前风险评估框架，如情景分析（scenario analysis）与压力测试（stress test）等。

情景分析是指假设多种风险因子同时发生特定变化的不同情景，计算在这些特定情景下资产组合可能的损益，以分析正常市场状况下组合收益的风险状况。这些情景一般都涵盖正常情景、最佳情景与最差情景。情景分析的优势在于情景的设定相对灵活，可以由专家进行人为设定，也可以直接使用历史上发生过的情景，还可以从对市场风险要素历史数据的统计分析中得到。情景分析是多种因素相互作用的综合性影响分析，因此在进行情景分析时，各种不同风险源的相关性就变得十分重要。而如果将多因素的情景分析退化为单因素的情况，这种情景分析就被称为敏感性分析（sensitivity analysis）。

压力测试的基本思路与情景分析相似，不同之处在于情景的构成。情景分析考察的是正常市场状况下组合可能的损益，而压力测试考察的是极端不利的情况发生时，组合的最大亏损有可能达到一个什么样的水平。所谓"极端不利的情况"，既包括历史上发生过的重大损失情景，也包括假想的损失情景。假想的损失情景又包括模型假设或模型参数不再适用，市场价格巨幅波动，原本稳定的关系（如相对价格、相关性、波动率等）被打破，市场流动性急剧降低，相关关系走向极端或外部环境发生重大变化等情景。一般而言，在设计压力情景时，既要考虑风险要素变动等微观要素敏感性问题，还要考虑宏观经济结构和经济政策调整等宏观层面的因素。

总的来看，波动率、VaR、情景分析与压力测试如果单独用做风险的测度指标都有不足。然而，将这些指标相互综合，我们就能从多个维度得到关于资产组合未来收益分布的相关信息。这就为投资者进行事前风险评估提供了极有意义的参考。

（二）经风险调整的收益指标

我们现在来讨论固定收益证券组合策略评价的另一个方面，即如何评价组合投资所获得的收益。显然，直接使用事后的已实现收益率作为评价标准是不合适的，其原因有二：第一，风险与收益总是相伴而生的，过高的投资收益往往也预示着策略本身的高风险。合理的投资策略应该是在风险水平给定的情况下做到收益最大化，这就涉及风险和收益权衡的问题。第二，根据经典的资产定价理论,任何资产的收益都可以分解为两部分,即市场收益(market return)与异常收益(abnormal return)。市场收益指的是由于市场风险因素变化带来的证券价格普遍性上涨或下跌,而异常收益则是超出(或低于)市场收益的那一部分收益,它可能包含了与投资策略相关的信息。评价一种投资策略的好坏,尤其是评价积极性投资策略时,我们不但关注绝对收益,更关注基于这一策略的组合有没有战胜市场组合。这就需要我们将收益进行分解,引入基于异常收益的测度指标。因此,在这部分我们将着重介绍两类经风险调整的收益指标:一类指标衡量的是投资者承担单位风险所获得的收益,其典型代表是夏普比率(Sharp ratio)与特雷诺比率(Treynor ratio);另一类指标衡量的是扣除市场风险之外获得异常收益的能力,其代表有詹森指数(Jensen performance index,又称Jensen alpha)。由于篇幅所限,在本书中,我们对这三个指标仅提供一般性介绍。关于这些指标的详细讨论与拓展,请读者参考投资学方面的详细资料。

夏普比率衡量的是承担每单位风险所能获得的超额收益,其计算公式为:

$$夏普比率 = \frac{E(R_P) - R}{\sigma_P} \tag{6.10}$$

其中,$E(R_P)$代表资产组合的预期收益率,R为市场无风险利率,σ_P为资产组合的波动率。粗略地看,夏普比率衡量了投资组合策略风险—收益的权衡效率。如果夏普比率远低于市场平均水平,一方面可能是由于策略带来的收益过低,另一方面可能是该策略承担了远高于市场平均水平的风险。即便这种策略获得了很高的事后收益,站在事前角度来看,投资者依然需要对此保持警惕:这样的策略往往具有过度投机的倾向。

夏普比率的优势在于直观、简洁且易于计算。但它对风险的刻画过于简单。其一,夏普比率认为波动率代表了资产组合的风险,这里隐含的假定是资产组合收益率的分布可以完全由一阶矩和二阶矩刻画,或者说,资产组合收益率的分布是正态分布,因而可以忽略高阶矩带来的影响。然而经验证据表明,在很多情况下,高阶矩(如偏度、峰度等)也是风险因子,有可能影响资产的预期收益,例如索迪诺比率(Sortino ratio)[1]就对此进行了改进。其二,夏普比率对风险刻画过于简单的表现还在于它没有区分系统性风险与非系统性风险。对此的改进是特雷诺比率,它使用β系数,而不是波动率,作为风险的测度指标。其计算公式为

$$特雷诺比率 = \frac{E(R_P) - R}{\beta_P} \tag{6.11}$$

---

[1] 索迪诺比率较为复杂,本书不予介绍。

其中，β_P 为组合的 β 系数。

夏普比率、索迪诺比率和特雷诺比率考虑的都是经风险调整的绝对超额收益。它们并没有将超额收益部分 $E(R_P) - R$ 进一步区分为市场收益与异常收益。做出这一区分的是詹森指数，其计算公式为

$$\text{詹森指数} = \alpha = E(R_P) - R - \beta_P[E(R_M) - R] \tag{6.12}$$

其中，$E(R_M)$ 为市场组合的预期收益。我们很容易发现，其实詹森指数对应的就是资本资产定价模型(capital asset pricing model, CAPM)的 α 项，度量的是资产超额收益中无法由市场收益解释的部分。这也就是詹森指数经常也被称为詹森 α 的原因。

詹森指数刻画的实际上是战胜市场的能力。在詹森的原始模型中，其市场基准模型使用的是 CAPM 模型，但事实上我们完全可以拓展原始的詹森指数，将其他的资产定价模型，例如因子定价模型、消费资本资产定价模型等，引入这一体系充当基础模型，用以衡量策略所获得的超额收益相对不同基准的异常水平。

与风险度量体系相似，夏普比率、特雷诺比率和詹森指数三个经风险调整的收益指标都有自身的缺陷。但将这三个指标及其扩展指标结合在一起，我们往往能构建出一套相对全面的经风险调整的收益度量体系，合理评价投资组合管理策略的好坏。

第三节 对冲型组合管理策略

在前两节中，我们讨论了投资型组合管理策略。本节我们将对对冲型组合管理的策略进行探讨。本节所阐述的内容也是商业银行资产负债管理(asset liability management, ALM)技术的核心之一。

对于商业银行来说，它面临的主要是利率风险，对冲型组合管理策略就是要通过固定收益组合的管理来使上述风险最小化。限于篇幅，我们主要讨论两种对冲型组合管理策略：免疫策略与现金流匹配策略。免疫策略使得组合在短期内不受利率风险的影响，对于单期债务的风险管理非常有效，但在多期的框架下相对复杂；现金流匹配策略更加简单易用，且适用于多期框架，但其不足之处在于对市场工具的要求较高。这两种策略都强调风险控制，对获得投资收益并不十分重视。由于这两类策略的极端保守性，在有些教材中，它们又被称为奉献型策略(dedicated strategies)。

一、免疫策略

免疫(immunization)策略,顾名思义,就是使组合的价值不受利率变动的影响。我们从最简单的单期免疫入手,讨论免疫策略的基本思路。

(一)免疫策略的基本思想

由于免疫策略的目标是使组合的价值不受利率变动的影响,这就很自然地让我们想到运用久期管理来实现这一目标。在实施免疫策略时,我们只需要让组合保持久期中性,就能抵减利率期限结构的小幅平移对目标债务价值的影响。从某种意义上说,免疫策略无非是将基于久期的风险管理技术运用到负债管理中来。例6.7通过一个数值案例说明了免疫策略的基本思路。

例6.7 单期免疫策略示例

某商业银行出售了一批投资产品,面值共计1 000 000元,承诺5年后按照8%的到期收益率(每半年计息一次,下同)一次性向投资者支付本息。假设利率期限结构是平的,当前的5年期利率为7.5%。易知,该项债务的修正久期为4.81,当前价值为1 024 359.36元。

为管理该项债务的利率风险,投资经理A直接买入现值1 024 359.36元、息票率为8%、每半年付息一次的5年期国债。这一策略达到组合免疫的目的了吗?表6.12的分析给出了答案。

表6.12 目标债务与付息国债组合的价值   单位:元

情景	利率	债务的价值	资产的价值	债务价值变动	资产价值变动	组合的净价值
1	9.5%	930 664.35	944 907.92	-93 695.01	-79 451.44	14 243.58
2	8.5%	976 276.32	983 648.06	-48 083.04	-40 711.30	7 371.74
3	7.5%	1 024 359.36	1 024 359.36	0.00	0.00	0.00
4	6.5%	1 075 060.21	1 067 155.25	50 700.86	42 795.90	-7 904.96
5	5.5%	1 128 535.14	1 112 156.38	104 175.78	87 797.03	-16 378.76

我们依然保持"利率期限结构是平的"这一假定,并假设未来利率变化的五种情形,分别计算债务的价值、国债的价值、两者的价值变动与组合的净价值。表6.12表明,简单地购买等期限的付息国债并不能为该商业银行的债务提供有效的免疫。究其原因,付息国债的修正久期并不等于债务的修正久期,这使得组合因利率风险引致的资本利得变动与再投资收益变动并不能对抵。该付

息国债的修正久期为 4.07，而债务的修正久期为 4.81，这意味着与付息国债相比，目标债务对利率期限结构的平行移动更加敏感。因此，期限与目标债务相等的付息国债并不能为负债提供完美的组合风险管理方案。

现在来考虑基于久期的免疫策略。由于目标债务的修正久期为 4.81，因而构建免疫策略需要选择修正久期尽量接近 4.81 的债券。考虑剩余期限为 6.5 年、息票率为 10% 的付息债券，每半年付息一次。该债券的修正久期为 4.85。表 6.13 给出了采用该免疫策略后组合的价值变化。

表 6.13 基于久期的免疫策略

单位：元

情景	利率	债务的价值	资产的价值	债务价值变动	资产价值变动	组合的净价值
1	9.5%	930 664.35	930 778.02	−93 695.01	−93 581.33	113.67
2	8.5%	976 276.32	976 144.50	−48 083.04	−48 214.86	−131.82
3	7.5%	1 024 359.36	1 024 359.36	0.00	0.00	0.00
4	6.5%	1 075 060.21	1 075 624.93	50 700.86	51 265.58	564.72
5	5.5%	1 128 535.14	1 130 159.30	104 175.78	105 799.94	1 624.16

注意到采用基于久期的免疫策略后，组合净价值的波动变小。由于我们使用的付息债券的久期并非精确相等，故而利率风险依然会引起组合价值的轻微变化。需要反复强调的一点是：免疫策略是使得投资者所持资产的久期与目标债务的久期一致，而不是与目标债务的到期期限一致。

例 6.7 表达了久期免疫的核心思想：投资者所持的资产组合与目标债务组合的美元久期一致。将美元久期的概念引入免疫策略后，我们可以使用第五章中介绍的固定收益衍生品来构造免疫组合。使用衍生品的优势在于：第一，衍生品的交易成本更低；第二，使用衍生品不需要大量占用投资者的资金，只需要满足衍生品交易的保证金要求即可；第三，与付息债券相比，衍生品的种类更丰富，能够提供更多的久期组合。鉴于使用衍生品构造免疫组合的思路与例 6.7 使用付息债券构造免疫组合的思路相似，本书不再对此单列案例进行讨论。

（二）简单免疫策略的特点

这一部分，我们将分析简单免疫策略的基本特征。

第一，免疫策略的有效性必须依赖于两个假定：其一是利率只发生微小的变动；其二是利率期限结构的变动只能是平移，而不能是期限结构斜率与曲度的变化。在第五章中我们介绍过，久期度量的就是当利率期限结构整体平移一个微小单位时债券价格的变化幅度。这意味着，基于久期的免疫策略也只能管理利率期限结构微小平移所产生的风险。当利率期限结构出现较大幅度的平移时,凸性将发挥作用。这时候的免疫策略需要综合考虑久期与凸性的影响,即做到目标债务与投资者所持资产组合的美元久期与美元凸性都要匹配。而如果利率期限结构发生了斜率和曲度的变化,情况将变得更复杂,传统的久期与凸性免疫有效性都将大打折扣。这时候我们需要引入关键利率久期等其他利率风险度量指标。上述分析表明:免疫策略绝不是一种完全消除风险的对冲策略,免疫组合本身的价值还会受到利率风险的影响。

第二,免疫策略不是一种静态策略,而需要实时调整更新,这也是由久期本身的性质决定的。以付息债券的久期为例,久期取决于息票率、剩余期限的长短、收益率曲线等因素,因此市场利率的波动会带来久期的变化。即便利率是不变的,债券剩余期限的缩短也会影响到久期。这些因素都决定了久期是一个时变的数,而绝非一个常量。因此,在实施免疫策略时,投资者需要根据目标债务组合的久期变化改变其持有的资产头寸。这一过程被称为免疫组合的动态调整(rebalancing)。动态调整的频率取决于投资者在交易成本与风险之间的权衡:调整越频繁,免疫的效果越好,但为此支付的交易成本也越高,反之亦然。事实上,在实际操作中,市场观点普遍认为对免疫组合的调整不必每日进行。因而从整体上看,久期免疫仍不失为一种低成本、操作便捷的利率风险管理方法。

第三,尽管从理论上讲,我们可以使用任何久期或美元久期满足要求的债券和衍生品构建免疫组合,但对债券与衍生品的选择必须考虑到其他因素,其中最关键的因素就是债券与衍生品的流动性。流动性差的资产可能会增加免疫策略动态调整的交易成本,在某些极端情况下,甚至会破坏免疫组合的结构,增加新的风险。因此,在构建免疫组合时,入选资产除了满足久期或美元久期与目标债务匹配的要求之外,还必须是流动性较高的资产。

(三) 对简单免疫策略的扩展

在前面我们所介绍的简单免疫策略中,目标债务是单期的确定性债务。在该债务的存续期间没有现金流支付,债务到期的时间是确定的,其价值也是确定的。但实际操作中的目标债务远比这一理想化的情况要复杂:债务在存续期内可能需要支付现金流(例如商业银行需要向存款客户支付利息),债务的到期时间可能是不确定的(例如保险公司的赔付),甚至连债务的价值也是不确定的(例如浮动年金支付,其债务金额参照某一事先约定的规则进行浮动)。总的来说,债务结构的复杂性使得简单的免疫策略在使用中遇到了困难。

此外,简单的免疫策略是一种极端的保守策略:通过构建免疫组合,投资者完全放弃了风险投资的收益,只要求实现组合一定程度的无风险或者低风险。

但在投资实践中,大部分的投资者拥有一定的风险承受能力,并不希望使用极端保守的简单免疫策略。他们更希望在免疫策略中添加一定积极成分,考虑风险与收益的权衡。

以上两方面的要求促使研究人员提出扩展的免疫策略。这些更为灵活的策略有些能够适应复杂的债务结构要求,而另外一些则能够满足投资者不同的风险收益偏好。在这一部分,我们对两种基本的扩展免疫策略做一个简要介绍。

1. 多期现金流支付时的免疫策略

考虑到多期现金流时,不论利率发生怎样的小幅平移,有效的免疫组合在任一时点都能够为债务提供及时的现金流支付。这就是多期免疫,或者说针对一系列现金流的免疫策略。显然,此时单单匹配债务与投资者持有资产的久期是不够的,投资者持有的资产并不能保证债务定期支付现金流的需求。要实现有效的多期免疫,我们必须保证债务中每一笔需要支付的现金流都得到免疫。最直接的一种思路是将多期现金流的免疫拆分成若干个单期现金流的免疫问题来处理。

上述拆分在理论上是可行的,但在操作中却受制于市场工具的缺失:我们很难保证随时找到可以免疫多个不同期限债务现金流的产品。因此,我们需要对上述多期免疫的充分条件予以扩展。Fong and Vasicek(1984)给出了多期免疫的充分条件:

(1) 目标债务总的美元久期与免疫组合的美元久期相等;

(2) 免疫组合中单个资产的久期分布范围必须比目标债务中单个债务或现金流的久期分布范围广。

第一个条件与单期免疫策略的充分条件相似;第二个条件则要求免疫组合中单个资产的久期能够涵盖目标债务中单个资产的久期。或者说,第二个条件要求构成免疫组合的资产的最小久期必须小于等于目标债务最小的久期,免疫组合资产的最大久期必须大于等于目标债务最大的久期。条件二保证了投资者可以使用免疫组合中的资产构造出目标债务中任一债务或现金流的久期。因此,Fong and Vasicek(1984)的充分条件放宽了多期现金流免疫的要求,降低了传统多期免疫充分条件对市场工具的要求。根据他们的结论,在进行多期免疫时,投资者只需:

(1) 实现免疫组合与目标债务总美元久期的匹配;

(2) 使用免疫组合中的资产对目标债务的每一期现金流进行免疫。

2. 免疫策略中的风险收益权衡

前面我们讨论的免疫策略，其目的只是管理风险。因此，这些策略又被称为风险最小化的免疫策略（risk minimizing immunization）。那么，投资者有没有可能在风险可控的前提下，通过承担一部分风险来获得超额收益呢？

Fong et al.（1983）提出了一套收益最大化的免疫框架（return maximizing immunization），考虑在实施免疫策略的同时获得部分超额收益。在 Fong et al.（1983）的框架中，免疫组合的美元久期依然要等于目标债务组合的美元久期，这就保证了利率小幅平行移动所带来的风险依然能得到有效控制。然而，与完全免疫中还关注利率非平行移动风险不同的是，他们通过适当承担利率非平行移动带来的风险来追逐超额回报。通过最大化免疫组合收益的下界，投资者可以得到一组与完全免疫策略不同的资产组合权重。当利率期限结构出现非平行移动时，根据这一权重所构建的免疫组合有可能获得一部分超额收益。

二、现金流匹配策略

现金流匹配策略（cash flow matching）是另外一种对冲型组合管理策略。从某种程度上来说，它可以看做是多期免疫策略的一种替代。与多期免疫相比，现金流匹配策略简单直观：投资者只需要合理选择证券以匹配目标债务每一期的现金流。现金流匹配策略采用的是一种倒推方法：先选定某一只债券，使其匹配目标债务的最后一期现金流，剩余的未匹配现金流在扣减掉该债券所产生的利息后继续用其他债券从后往前逐期匹配，直至目标债务各期的现金流都被匹配完成。图 6.10 给出了现金流匹配策略的流程。

从图 6.10 我们可以直观地看到，如果目标债务的各期现金流能够被完美匹配，那么整个资产组合将真正实现无风险，从而也就不存在免疫的必要。但一般而言，由于市场上工具有限，完美的匹配不一定能实现，这时候免疫策略与现金流匹配就各有优劣。现金流匹配策略的优势在于其结构简单，能够应对利率期限结构非平行变化的风险，而且不需要像免疫策略一样频繁调整。但与免疫策略相比，现金流匹配策略资金占用量较大，在头寸上有欠灵活。此外，由于现金流匹配很难精确进行，因此在实际操作中，往往面临着剩余资金再投资问题。

为了克服现金流匹配策略头寸不灵活的缺点，在实际操作中，市场投资者往往使用一种对称化的现金流匹配策略（symmetric cash flow matching）。在对称化的现金流匹配策略中，投资者可以借入短期资金以应对目标债务现金流支付的压力。在允许借入资金的情况下，现金流匹配策略的头寸就相对灵活，允

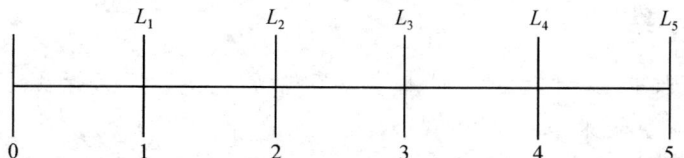

第一步：
初始债务现金流为 L_1，L_2，…，L_5。
选择债券A，到期期限为5，息票为AC，面值为AP，满足：
$AC + AP = L_5$

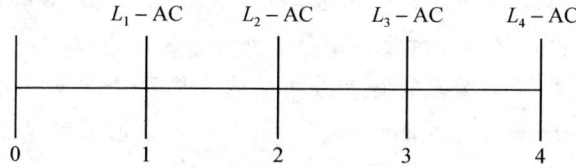

第二步：
剩余未匹配现金流为 $L_1 - AC$，$L_2 - AC$，…，$L_4 - AC$。
选择债券B，到期期限为4，息票为BC，面值为BP，满足：
$BC + BP = L_4 - AC$
……

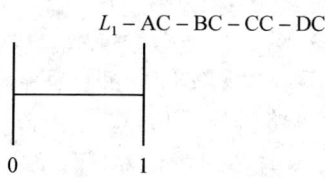

第五步：
剩余未匹配现金流为 $L_1 - AC - BC - CC - DC$。
选择零息票债券E，到期期限为1，其面值为 $L_1 - AC - BC - CC - DC$

图 6.10 现金流匹配策略

许用来完成匹配的资产到期期限略微滞后于目标债务对应的现金流支付时点。

此外，投资者还结合免疫策略的灵活性与现金流匹配策略对风险管理的有效性，构造出联合匹配策略（combination matching）。使用联合匹配策略时，投资者一方面按照免疫策略的原理，使得资产组合的美元久期与目标债务的美元久期相等，但另一方面对于目标债务的短期现金流支付实施现金流匹配策略。与简单的现金流匹配策略相比，联合匹配策略无疑在中长期头寸上具有更大的灵活性；而与简单的免疫策略相比，联合匹配策略的风险大幅下降。这是由于利率期限结构的曲度变化主要发生在短端，通过对短期现金流的匹配，联合策略完全消除了短期利率非平行移动所带来的风险，因而从整体上降低了简单免疫策略的风险。

 本章小结

1. 固定收益证券组合管理的基本步骤包括：确定管理目标及约束、制定管理策略与实施管理策略。

2. 保守的组合管理策略主要有四种：直接复制、单元复制、基于指数收益的复制和基于因子的复制。

3. 单元复制法是将指数按不同特征分为若干单元，并从每个单元中选择有代表性的、流动性好的债券来复制指数。

4. 基于指数收益的复制策略最常用的一种是跟踪误差最小化策略。其目标是使指数的收益率和复制组合的收益率偏离程度最小。

5. 基于因子的复制策略考虑的是基准指数的主要风险状况。其步骤包括甄别风险因子、估计因子载荷与复制风险因子。基于因子的复制策略允许通过调整 β 系数获得超额收益。

6. 积极的组合管理策略包括择时策略和择券策略。

7. 择时策略的关键在于预测未来利率期限结构的变化。当未来利率期限结构不变且向上倾斜时，投资者可以使用驾驭利率曲线策略；当未来利率期限结构小幅水平上移时，投资者可以使用滚动策略；当未来利率期限结构小幅水平下移时，投资者可以使用简单的择时策略，购买久期较长的资产组合。

8. 子弹策略、杠铃策略和梯式策略是三种常见的债券组合策略。通过积木式重组，我们可以构建出更复杂、更丰富的策略组合，例如蝶式策略。

9. 择券策略包括同类债券间的套利交易与不同类债券间的套利交易，后者又可分为基于相对定价偏误的套利交易和基于风险溢酬的套利交易。

10. 同类债券间的套利交易关注的是同类债券间的相互关系，主要捕捉同类债券间相对定价偏误带来的投资机会。

11. 不同类债券间的套利交易关注的是不同种类债券间的相互关系。基于相对定价偏误的套利交易在风险溢酬稳定的假设下关注债券的错误定价，而基于风险溢酬的套利交易则关注引发风险溢酬变化背后的经济因素。

12. 事前风险评估体系包括波动率、VaR、情景分析与压力测试。

13. 经风险调整的收益指标主要有夏普比率、特雷诺比率和詹森指数。

14. 对冲型组合管理策略包括免疫策略和现金流匹配策略，其主要目标是确保组合风险的最小化。

15. 免疫策略是久期在利率风险管理中的直接应用。其主要做法是使目标债务与资产组合的美元久期相等。

16. 免疫策略扩展到多期以后还要求免疫组合中单个资产的久期分布比目

标债务中单个债务或现金流的久期分布广。

17. 现金流匹配策略只要求投资者选取合适的证券,从后往前逐期匹配目标债务的现金流。

习题

1. 如何理解保守的组合管理与积极的组合管理之间的异同?

2. 请比较免疫策略与现金流匹配策略的异同。

3. 请仿照本章的案例,更新样本或使用不同的数据,分别使用单元复制法、基于指数收益的复制策略和基于因子的复制策略复制基准指数并对结果进行比较。

4. 假设 t 时刻有三只零息票债券(利率均为连续复利):

	剩余期限(日)	收益率	价格(元)
债券 1	91	4.00%	99.008
债券 2	183	4.50%	97.769
债券 3	274	4.80%	96.461

投资者的投资期限为 6 个月。他有以下三种备选投资方案:

(1) 持有债券 1 到期,之后将所获资金按当时的市场利率投资于债券 2;

(2) 持有债券 2 到期;

(3) 持有债券 3,并在 6 个月后将其售出。

如果未来的利率期限结构不变,请分别计算三种策略的投资收益;如果 t 时刻后利率期限结构水平下移 1%,请分别计算三种策略的投资收益;从上面的计算中,你能得出什么结论?

5. 投资者的投资期为 1 年。他预计 6 个月后,利率期限结构将水平上移 1%(利率均为连续复利)。当前的 6 个月和 1 年期即期利率分别为 4% 和 4.5%。他有两种备选投资方案:

(1) 购买 1 年期零息票债券持有到期;

(2) 购买 6 个月期零息票债券并持有到期,之后将所获资金按当时的市场利率再购买 6 个月期零息票债券并持有到期。

请比较两种策略的投资收益。从上面的计算中,你能得出什么结论? 如果 6 个月后利率期限结构水平下移 1% 呢?

6. 假设有如下三只债券:

	剩余期限(年)	息票率	到期收益率（连续复利）
债券1	5	5.50%	5.0%
债券2	10	6.00%	6.0%
债券3	30	6.00%	6.5%

债券面值均为100元，每年付息一次。构造蝶式策略：出售10 000份10年期债券，购入S单位的5年期债券和L单位的30年期债券。

(1) 如果要求蝶式策略现金中性，S和L的数值分别为多少？

(2) 如果5年期利率（利率均为一年计一次复利）下降20个基点，10年期利率不变，30年期利率上升20个基点，上述现金中性的蝶式策略损益如何？如果5年期利率下降20个基点，10年期利率不变，30年期利率上升10个基点，上述现金中性的蝶式策略损益又如何？

(3) (2)中的条件不变，构造"五五开"蝶式策略并分析损益。

(4) (2)中的条件不变，构造回归加权的蝶式策略并分析损益。其中，β系数等于0.5。

第七章

利率期限结构：
动态模型

学习目标

在学习完本章之后，你应该能够理解和掌握：
- 动态利率期限结构模型的基本原理；
- 仿射模型基本框架及常见的仿射模型；
- HJM 模型分析框架及常见的无套利动态利率模型；
- LIBOR 市场模型；
- 动态利率模型的参数估计与校准。

在前几章中,我们学习了简单固定收益证券的定价、风险管理策略与组合管理策略。在第二章中,我们曾谈到,对于简单的无风险债券来说,每期的现金流都是确定的,因此,我们按照当前的即期利率对各期现金流进行贴现并加总,就可以得到债券的价格。在第二章和第三章中,我们还谈到可以借助当前利率期限结构曲线本身蕴涵的无套利关系,从中直接提取出当前的远期利率,并据此确定利率远期、利率期货与利率互换的价值。总之,这些固定收益证券的一个共同特点是:它们的价格只由当前的利率期限结构决定,而与利率未来的变动无关。而第四章介绍的利率期限结构的静态拟合为我们提供了从现有债券价格中估计当前时点利率期限结构的方法。

然而,对于更复杂的含权类固定收益产品来说,仅拟合当前利率期限结构的静态模型已经不足以为其定价了。相对于不含期权的简单利率产品,利率期权的价格不仅取决于当前的利率期限结构,而且与利率的波动率有关。因此,我们必须引入一类能够刻画未来利率期限结构分布的模型,这就是动态利率期限结构模型(dynamic term structure models,DTSMs)[①]。

动态利率模型的相关内容非常复杂,详细展开阐述可独立成书,因此本章的主要工作是介绍其基本原理与运用框架。其中,第一节从整体上阐述了动态利率模型的基本原理、评价标准以及动态利率模型的分类与演变;第二节以Vasicek模型和CIR模型两个经典模型的演进为核心,介绍了一类重要的动态利率模型——仿射利率期限结构模型;第三节介绍了HJM的分析框架以及几类常见的无套利动态利率模型,并专门讨论了LIBOR市场模型;第四节则给出了动态利率模型参数估计与校准的一般方法。阅读完本章之后,我们希望你能够从整体上掌握动态利率模型的基本原理与运用。

---

① 为方便起见,以下简称动态利率期限结构模型为"动态利率模型"。

第一节 动态利率模型概述

在这一节中,你将首先了解动态利率模型的基本原理和分析框架,理解它与静态利率模型的区别和联系。之后,我们将简要阐述如何评价动态利率模型的优劣。动态利率模型自 1973 年由 Merton 提出后不断向前演进,本节的最后对动态利率模型的分类和演变做了简要的介绍。

一、动态利率模型的基本框架

(一)动态利率模型的建模对象

动态利率模型最常见的建模对象是无风险的瞬时即期利率(instantaneous spot rate)[①]。第二章中我们曾经提到过,瞬时即期利率是指到期期限趋于零的即期利率。更确切地说,动态利率模型中的瞬时即期利率指的是在很短的时间内投资于无风险资产的收益率,人们常将其简称为瞬时利率(instantaneous rate or short rate)。我们以投资对象为货币市场工具的货币市场账户(money market account)为例。货币市场账户的特点是:0 时刻存入的每 1 元钱,其收益以无风险利率连续增长。用 $r(t)$ 表示 t 时刻的瞬时利率,$M(t)$ 表示货币市场账户在 t 时刻的价值,则有

$$M(t) = e^{\int_0^t r(s)ds} \tag{7.1}$$

对式(7.1)两边求导可得

$$dM(t) = r(t)M(t)dt \tag{7.2}$$

作为最短到期期限的即期利率,瞬时利率具有一个非常有用的特征:只要瞬时利率的变化规律已知,我们就可以轻易推知任意到期期限的即期利率的动态过程,也就是说,可以推出整条利率期限结构的动态过程。下面我们先来解释瞬时利率的这一特征。

延续前几章,我们继续用 $B(t,T)$ 表示 $T-t$ 期间的贴现因子(即票面价值为 1 的无风险零息债现值)。根据我们在第二章中所学的债券定价原理,$B(t,T)$ 可以表示为即期利率 $R(t,T)$ 的函数[②],即

$$B(t,T) = e^{-R(t,T)\times(T-t)} \tag{7.3}$$

[①] 有时人们对影响瞬时即期利率的状态变量建模,其基本原理是一样的。
[②] 再次强调,本书不考虑信用风险和流动性风险,也不考虑税收问题。

在接下来的等价鞅测度方法中我们会谈到①,在风险中性测度下,$B(t,T)$ 可以表示为瞬时利率的如下函数:

$$B(t,T) = \tilde{E}_t[e^{-\int_t^T r(s)ds}] \tag{7.4}$$

其中,$\tilde{E}_t[\cdot]$ 表示 t 时刻的风险中性期望。② 也就是说,T 时刻到期、面值为 1 元的无风险零息债在 t 时刻的价格等于到期时的 1 元现金流在风险中性测度下按每个瞬间的瞬时即期利率连续贴现至 t 时刻的现值的期望值。

综合式(7.3)和式(7.4),可以得到

$$R(t,T) = -\frac{1}{T-t}\ln\tilde{E}_t[e^{-\int_t^T r(s)ds}] \tag{7.5}$$

可见,只要给定瞬时利率在 t 时刻的初始值及其动态过程,我们就可以推知 t 时刻的任意期限的即期利率(或者说可以推知 t 时刻的利率期限结构)及其动态的时变特征,从而推出利率产品的价格。

与瞬时利率相近的一个概念是瞬时远期利率(instantaneous forward rate),我们用 $f(t,T)$ 表示,指的是在 t 时刻,从未来某一时刻 T 开始的、很短一段时间内的远期利率。由于 $B(t,T)$ 也可以表示为瞬时远期利率的函数

$$B(t,T) = e^{-\int_t^T f(t,s)ds} \tag{7.6}$$

或

$$f(t,T) = -\frac{\partial \ln B(t,T)}{\partial T} \tag{7.7}$$

从而有

$$R(t,T) = \frac{\int_t^T f(t,s)ds}{T-t} \tag{7.8}$$

因此,动态利率模型的另一种建模对象就是无风险的瞬时远期利率。

(二) 动态利率模型的建模

动态利率模型的建模就是构建瞬时利率或瞬时远期利率的动态变化方程。我们以瞬时利率为例加以介绍。

瞬时利率的变化过程是一个随机过程③,人们通常用以下随机微分方程(stochastic differential equations,SDE)来描述它在每个瞬间的变化规律:

$$dr(t) = \mu_r(r(t),t)dt + \sigma_r(r(t),t)dz(t) \tag{7.9}$$

---

① 这里仅直接给出结论,具体分析请见下文。
② 本书中加注波浪线的符号表示风险中性测度,未加注的表示现实测度。
③ 简要地说,所谓随机过程,是指某变量的值以某种不确定的方式随时间变化的过程。现实世界中的利率、债券价格、利率衍生品价格等的变化过程显然都是随机过程。

式(7.9)表明瞬时利率是关于时间和$dz(t)$的动态过程,其中$\mu_r(r(t),t)$表示瞬时利率的漂移率。在t时刻该漂移率是已知的,因此,等式右边第一项表示瞬时利率在短时间内的确定性变化。等式右边第二项为随机项,其中$dz(t)$是瞬时利率运动的随机源,用来描述瞬时利率围绕$\mu_r(r(t),t)dt$所做的随机波动,$\sigma_r(r(t),t)$可以看做对标准随机波动$dz(t)$的放大倍数,称为瞬时利率的波动率。①

具体来看,漂移率$\mu_r(r(t),t)$和波动率$\sigma_r(r(t),t)$不一定为常数,但都是瞬时利率和时间的确定性函数。② $dz(t)$则是式(7.9)中唯一的随机来源③,其设定形式决定了瞬时利率的分布形态,最常见的是将其设为标准布朗运动,即

$$dz(t) = \varepsilon(t)\sqrt{dt} \qquad (7.10)$$

其中,$\varepsilon(t) \sim N(0,1)$,也就是说,每个瞬间的$\varepsilon(t)$都是服从标准正态分布的一个随机值;同时,对于任何两个不同的时间间隔dt,$dz(t)$的值相互独立,也就是说,遵循标准布朗运动的变量具有独立增量的性质。

只要$\mu_r(r(t),t)$和$\sigma_r(r(t),t)$已知,$\varepsilon(t)$是标准正态分布中的一个随机值,运用式(7.9)就可以计算得到每个瞬间的$r(t)$的变化值,因此由初始值$r(0)$可以得到$r(0)+dr(1)$,$r(0)+dr(1)+dr(2)$……从而得到瞬时利率可能的一条动态变化路径。当然,如果$\varepsilon(t)$取值不同,我们将得到瞬时利率可能的另一条动态变化路径。这样,最终我们可以获得未来特定时点瞬时利率的分布。因此,式(7.9)描述的是瞬时利率动态变化的一般规律,人们可以基于此推断即期利率、整条利率期限结构、远期利率的动态变化规律并为利率产品定价。例7.1可以帮助读者进一步理解如何由式(7.9)获得瞬时利率的动态变化路径。

例7.1 模拟瞬时利率动态过程

假设瞬时利率在0时刻的初始值为2%,并且服从以下随机微分方程:

---

① 鉴于利率波动率定义在业界和学界都有很大的混淆,为了统一,本书把波动率定义为随机变量每单位时间变动的标准差。例如,如果x遵循普通布朗运动$dx = \mu dt + \sigma dz$,则σ表示x的波动率;而如果x遵循几何布朗运动$d\ln x = \mu dt + \sigma dz$,则$\sigma$表示$x$对数的波动率。对数的波动率其实就是连续复利收益率每单位时间的标准差。在本书中如无特殊说明,波动率均为年波动率。由于人们通常假设证券价格遵循几何布朗运动,此时σ指的是证券价格对数的波动率,但人们常把它简称为证券价格波动率,读者要注意区分。

② 更复杂的模型可以假定$\sigma_r(r(t),t)$是随机变量,有自身的随机源。此时,$\sigma_r(r(t),t)$就不是瞬时利率和时间的确定性函数。在这种情况下,单知道瞬时利率的随机过程是无法为利率期权等复杂的利率衍生品定价的。这超出了本书的范围,我们不作讨论。

③ 我们在第二节将讨论多个随机源的情形,因此可以把$dz(t)$以及前面的$\sigma_r(r(t),t)$看做是向量。

$$dr(t) = 0.03dt + 0.01dz(t)$$

其中,假设 dt 为 1 天。表 7.1 给出了瞬时利率在 10 天内可能的两条运动路径,其中 $\varepsilon(t)$ 取值是通过 Excel 中的正态分布随机取值函数 NORMSINV(RAND()) 得到的。

表 7.1 瞬时利率在 10 天内可能的两条路径

天数	第一条可能的路径			第二条可能的路径		
	$\varepsilon(t)$ 取值	d$r(t)$	$r(t)$	$\varepsilon(t)$ 取值	d$r(t)$	$r(t)$
0			0.02000			0.02000
1	1.44470	0.00084	0.02084	−0.90759	−0.00039	0.01961
2	−0.80643	−0.00034	0.02050	0.97237	0.00059	0.02020
3	1.39194	0.00081	0.02131	−2.07121	−0.00100	0.01920
4	1.91817	0.00109	0.02240	−0.14433	0.00001	0.01920
5	1.28393	0.00075	0.02315	0.62238	0.00041	0.01961
6	0.65897	0.00043	0.02358	1.96644	0.00111	0.02072
7	0.80986	0.00051	0.02408	−0.78970	−0.00033	0.02039
8	0.16181	0.00017	0.02425	0.10077	0.00013	0.02053
9	−0.55814	−0.00021	0.02404	1.10877	0.00066	0.02119
10	0.37942	0.00028	0.02432	−0.40300	−0.00013	0.02106

一般来说,不同的动态利率模型都假设 d$z(t)$ 为标准布朗运动,其差异就在于对 $\mu_r(r(t),t)$ 与 $\sigma_r(r(t),t)$ 的不同设定,例如,例 7.1 将 $\mu_r(r(t),t)$ 与 $\sigma_r(r(t),t)$ 设为常数。实际常用的动态利率模型中,$\mu_r(r(t),t)$ 与 $\sigma_r(r(t),t)$ 常常是 $r(t)$ 和 t 的某个函数,例如 $\mu_r(r(t),t) = \kappa(\mu - r(t))$,其中 κ 与 μ 为常数。在实际应用时,还需要估计出合理的参数值,例如 κ 与 μ 的具体数值。这些都将在后面几节加以介绍。

(三) 动态利率模型的分析框架

在构建瞬时利率或瞬时远期利率的动态模型之后,如何由此推断整条利率曲线的动态模型,并为复杂的利率产品定价呢？我们仍然以瞬时利率为例,概述动态利率模型分析的基本框架。

由于零息债价格 $B(t,T)$ 是瞬时利率 $r(t)$ 的函数,根据数学家 K. Itô 提出的伊藤引理(Itô Lemma)[1],当 $r(t)$ 服从式(7.9)且 d$z(t)$ 为标准布朗运动时,$B(t,T)$ 将服从

---

[1] 伊藤引理的详细内容,可参见本章附录。

$$\frac{dB}{B} = \mu_B(r,t,T)dt + \sigma_B(r,t,T)dz(t) \qquad (7.11)$$

其中,

$$\mu_B(r,t,T) = \frac{1}{B}\left(\frac{\partial B}{\partial t} + \mu_r \frac{\partial B}{\partial r} + \frac{1}{2}\sigma_r^2 \frac{\partial^2 B}{\partial r^2}\right)$$

$$\sigma_B(r,t,T) = \frac{1}{B}\frac{\partial B}{\partial r}\sigma_r(r,t)$$

也就是说,无风险零息债价格的随机过程可以用瞬时利率随机过程的参数和随机源加以表示。类似地,t 时刻任意到期期限的即期利率 $R(t,T)$ 的随机过程也可以用瞬时利率的参数 $\mu_r(r,t)$、$\sigma_r(r,t)$ 以及随机源 $dz(t)$ 加以表示,这意味着瞬时利率的随机过程决定了整条利率期限结构(及其隐含的远期利率)的动态过程。

接下来,如何运用式(7.9)中的瞬时利率动态模型为利率产品定价呢? 其分析框架可以用两种方法进行推导:偏微分方程法和等价鞅测度法,两者殊途同归,具有本质上的一致性。下面我们分别加以介绍。

1. 偏微分方程法

偏微分方程(partial differential equation, PDE)法也称为无套利(no arbitrage)方法,因为其基本结论是通过构造无风险组合,而无风险组合在无套利条件下只能获得无风险利率推导得到的。

假设在 t 时刻,运用两只分别于 T_1 时刻和 T_2 时刻到期的无风险零息债(它们的价格只取决于瞬时利率 $r(t)$ 和时间 t)①构造组合如下:卖空总价值为 W_1 的债券 1 并买入总价值为 W_2 的债券 2,也就是说,t 时刻该组合的总价值为 $W(t) = W_2 - W_1$。由式(7.11)有

$$dW(t) = [W_2\mu_B(r,t,T_2) - W_1\mu_B(r,t,T_1)]dt$$
$$+ [W_2\sigma_B(r,t,T_2) - W_1\sigma_B(r,t,T_1)]dz(t) \qquad (7.12)$$

如果令

$$W_1 = \frac{\sigma_B(r,t,T_2)}{\sigma_B(r,t,T_1)}W_2$$

式(7.12)中 $dz(t)$ 项前面的波动率将等于零。也就是说在 t 时刻,这是一个瞬时无风险的组合。在无套利条件下,该组合在此瞬间只能获得无风险收益,即

$$dW(t) = [W_2\mu_B(r,t,T_2) - W_1\mu_B(r,t,T_1)]dt = r(t)W(t)dt$$

---

① 注意这个条件非常重要,如果该证券的价格还取决于信用风险、流动性风险等,那么式(7.11)就不成立,下面的结论也就不成立。这是因为如果该证券无法与上述无风险证券建立无风险组合,无套利分析方法就无法使用。

整理可得

$$\frac{\mu_B(r,t,T_1) - r(t)}{\sigma_B(r,t,T_1)} = \frac{\mu_B(r,t,T_2) - r(t)}{\sigma_B(r,t,T_2)} \tag{7.13}$$

由于 T_1 和 T_2 是任选的,因此实际上对于任意的 T_i,都有

$$\lambda(r,t) = \frac{\mu_B(r,t,T_i) - r(t)}{\sigma_B(r,t,T_i)} \tag{7.14}$$

从经济含义上说,$\lambda(r,t)$ 是债券 $B(t,T_i)$ 的超额收益率(即收益率超过无风险利率的部分)与波动率的比率,它对所有的债券 $B(t,T_i)$ 都是一样的,因此只取决于瞬时利率 $r(t)$ 和时间 t,被称为瞬时利率的市场风险价格(market price of risk),代表每单位利率风险的风险溢酬。

将式(7.11)中的 $\mu_B(r,t,T)$ 和 $\sigma_B(r,t,T)$ 代入式(7.14),就可以得到偏微分方程

$$\frac{\partial B}{\partial t} + (\mu_r(r,t) - \sigma_r(r,t) \cdot \lambda(r,t))\frac{\partial B}{\partial r} + \frac{1}{2}\sigma_r^2(r,t)\frac{\partial^2 B}{\partial r^2} - r(t)B(t,T) = 0 \tag{7.15}$$

如果给定 $\mu_r(r,t)$、$\sigma_r(r,t)$ 和 $\lambda(r,t)$ 的形式,式(7.15)中唯一的未知变量就是债券的价格 $B(t,T)$。这样,通过给定边界条件 $B(T,T)=1$(即无风险零息债到期时的价值为1),我们可以求解偏微分方程(7.15)得到无风险零息债价格的解,也就是用瞬时利率随机过程的参数来表达债券价格。

事实上,不仅是简单的无风险零息债价格,只要一个证券的价值 $P(r(t),t)$ 仅取决于瞬时利率 $r(t)$ 和时间 t,根据伊藤引理,该证券的随机过程都可以用类似式(7.11)的过程表示,即

$$\frac{dP}{P} = \mu_P(r,t)dt + \sigma_P(r,t)dz(t) \tag{7.16}$$

只要该资产是可交易资产①,式(7.14)同样也将成立,即

$$\lambda(r,t) = \frac{\mu_P(r,t) - r(t)}{\sigma_P(r,t)} \tag{7.17}$$

最终也可以得到类似式(7.15)的偏微分方程,即

$$\frac{\partial P}{\partial t} + (\mu_r(r,t) - \sigma_r(r,t) \cdot \lambda(r,t))\frac{\partial P}{\partial r} + \frac{1}{2}\sigma_r^2(r,t)\frac{\partial^2 P}{\partial r^2} - r(t)P(t) = 0 \tag{7.18}$$

各种证券的不同之处在于求解方程时的边界条件。例如,无风险零息债的边界条件是 $B(T,T)=1$,而利率期权的边界条件则涉及标的资产到期价格与期权执

---

① 因为式(7.14)的推导过程需要构建交易组合,不可交易资产无法推出式(7.14)。

行价格。

总体来看,求解偏微分方程(7.18),用瞬时利率随机过程的参数来表示利率产品的价格,是利率衍生品定价的核心工作。需要强调的是,偏微分方程(7.18)的推导是在无套利条件成立的前提下进行的。也就是说,只有在无套利成立的条件下,才能运用式(7.18)为利率产品定价。此外,如果动态利率模型对瞬时利率随机过程的初始设定相对复杂,或是产品设计比较复杂,都可能使得式(7.18)的求解变得困难,甚至无法得到解析解。所以人们有时不得不接受相对简单的模型设定,以得到解析解;或是采用数值方法对偏微分方程进行求解。

2. 等价鞅测度法

根据哥萨诺夫定理(Girsanov's theorem)①,我们可以通过瞬时利率的市场风险价格 $\lambda(r,t)$,将原测度 Q 下的标准布朗运动 $dz(t)$ 转换为等价新测度 $\tilde{Q}$② 下的标准布朗运动 $d\tilde{z}(t)$:

$$d\tilde{z}(t) = dz(t) + \lambda(r,t)dt \quad (7.19)③$$

这样,在新测度 $\tilde{Q}$ 下,仅取决于瞬时利率 $r(t)$ 和时间 t 的任意利率产品 $P(t)$ 的随机过程(7.16)可以表达为

$$\frac{dP}{P} = \mu_P(r,t)dt + \sigma_P(r,t)(d\tilde{z}(t) - \lambda(r,t)dt)$$

$$= [\mu_P(r,t) - \sigma_P(r,t) \cdot \lambda(r,t)]dt + \sigma_P(r,t)d\tilde{z}(t) \quad (7.20)$$

如果该利率产品是可交易资产④,进一步代入式(7.17)可以得到

$$\frac{dP}{P} = r(t)dt + \sigma_P(r,t)d\tilde{z}(t) \quad (7.21)$$

根据伊藤引理可得

$$d\ln P(t) = \left[r(t) - \frac{1}{2}\sigma_P^2(r,t)\right]dt + \sigma_P(r,t)d\tilde{z}(t)$$

可以看出,在新的测度 $\tilde{Q}$ 下,利率产品价格对数的瞬时漂移率由原来的 $\mu_P(r,t)$ 调整为无风险利率 $r(t)$,实际上就是从原来的漂移率中扣除了风险溢酬部分 $\sigma_P(r,t) \cdot \lambda(r,t)$。也就是说,无论实际风险多大,在新测度 $\tilde{Q}$ 下利率产品对数的漂移率均为无风险利率,因此该测度被称为风险中性测度(risk neutral

---

① 哥萨诺夫定理的详细内容,可参见本章附录。
② 两个概率测度等价,指的是在一个测度下概率为 0 的事件在另一测度下概率也为 0。
③ 事实上,式(7.19)对于任意可测过程 $\lambda(t)$ 都成立,只是不同的 $\lambda(t)$ 对应的测度也不同。
④ 如果该利率产品不是可交易资产,就无法推出式(7.17),式(7.21)也就不再成立,只能直接用式(7.20)。例如瞬时利率由于不可交易,其风险中性过程为 $dr(t) = [\mu_r(t,T) - \sigma_r(t,T) \cdot \lambda(r,t)]dt + \sigma_r(t,T)d\tilde{z}(t)$。

measure)。$d\tilde{z}(t)$是在风险中性测度下的标准布朗运动。值得注意的是,利率产品价格对数的波动率$\sigma_P(r,t)$在现实测度下和风险中性测度下是一样的。事实上,只要波动率是确定性函数而不是随机变量,在任何测度转换时,波动率都不变,只有漂移率改变。后文在测度转换时将用到这一结论。

假设0时刻在货币市场账户中存入1元,则到t时刻货币市场账户的价值为$M(t) = e^{\int_0^t r(s)ds}$。设$D(t) = \dfrac{1}{M(t)} = e^{-\int_0^t r(s)ds}$,显然$D(t)$表示的是0到$t$时刻按无风险利率贴现的贴现因子。将$D(t) = \dfrac{1}{M(t)}$代入式(7.2)可以得到

$$dD(t) = -r(t)D(t)dt \qquad (7.22)$$

在现实测度下,经无风险利率贴现的资产价格$D(t)P(t)$服从的过程为

$$\begin{aligned}d[D(t)P(t)] &= D(t)dP(t) + P(t)dD(t) \\ &= \sigma_P D(t)P(t)[\lambda(r,t)dt + dz(t)]\end{aligned} \qquad (7.23)$$

这样,根据哥萨诺夫定理,在风险中性测度下,$D(t)P(t)$服从的过程转化为

$$d[D(t)P(t)] = \sigma_P D(t)P(t)d\tilde{z}(t) \qquad (7.24)$$

式(7.24)揭示了一个重要的结论:在风险中性测度下,任何经无风险利率贴现的资产价格过程的漂移率都为零,也就是说,是一个鞅过程(martingale)。鞅过程是指未来的期望值等于当前值的一种随机过程。根据鞅过程的定义,对于$T > t$,我们都有

$$D(t)P(t) = \tilde{E}_t[D(T)P(T)] \qquad (7.25)$$

两边同时除以$D(t)$,有

$$P(t) = \tilde{E}_t[e^{-\int_t^T r(s)ds}P(T)] \qquad (7.26)$$

这就是等价鞅测度(equivalent martingale measures)定价的一般结论:可交易资产当前的价格等于该产品T时刻的价值在风险中性测度下按无风险利率贴现至t时刻的期望值。

可以看到,偏微分方程法的基本思路是在无套利条件下,通过构造可交易资产的无风险组合,推导出如式(7.18)的偏微分方程,最终利率产品的定价通过求解式(7.18)得到,用瞬时利率随机过程的参数来表示利率产品的价格;而等价鞅测度法则是在市场风险价格存在的前提下,通过市场风险价格找到一个与现实测度等价的风险中性测度,在这个测度下,所有可交易资产价格对数的漂移率都为无风险利率,所有可交易资产的贴现价格$D(t)P(t)$都是鞅过程,从而得到式(7.26),利率产品的定价通过式(7.26)求风险中性期望得到。

这两种方法看似差异很大,但却具有本质上的一致性。首先,等价鞅测度方法的前提条件是市场风险价格存在,偏微分方程方法的前提条件是市场无套

利。本章附录说明了市场风险价格存在的充分必要条件是市场无套利。因此，这两种方法的前提条件在本质上是一致的。其次，根据贴现费恩曼-卡克定理（discounted Feynman-Kac theorem）①，在风险中性测度下，式（7.26）中的资产价格 $P(t)$ 满足偏微分方程（7.18）。可以看出，只要两种方法中 $\lambda(r,t)$ 的取值一样，它们的定价结果就一样。

值得强调的是，通过瞬时利率风险的市场价格将现实测度转换为风险中性测度是为了定价方便，在这两种测度下的定价结果是一样的。也就是说，在风险中性测度下的定价结果适用于现实测度。由于在风险中性测度下，定价要简单得多，因此在本章中，我们更关注风险中性测度下的随机过程。

(四) 动态利率模型与静态利率模型

动态利率模型的基本分析与运用思路，就是从驱动利率变动的风险源头出发，构建瞬时利率或瞬时远期利率的随机过程，通过伊藤引理从模型内生出任何瞬时利率（或瞬时远期利率）和时间的函数（如即期利率和利率产品价格等）的随机过程，然后在无套利的前提下，通过求解式（7.18）的偏微分方程为利率产品定价；或者运用等价鞅测度方法②为利率产品定价。只要瞬时利率（或瞬时远期利率）的随机过程参数已知，就可以求出利率产品的价格。当然，不同动态利率模型对 $\mu_r(r,t)$ 与 $\sigma_r(r,t)$ 的设定不同，式（7.16）、式（7.17）和式（7.18）的具体形式就会有所差异，从而可能产生不同的定价结果。此外，动态利率模型的具体参数值不同，也可能导致不同的定价结果。因此，本章的第二节和第三节将介绍不同动态利率模型对随机过程的不同设定，第四节则介绍参数的估计和校准方法。

从字面意义上看，初学者很容易认为动态利率模型无非是第四章中静态利率模型的动态扩展版本。事实上，略作比较即可看出两者相去甚远，建模目的的不同决定了建模方法的差异。静态利率模型只为拟合当前时点的利率期限结构，因此除了 NS 和 NSS 等从动态模型演变而来的方法外，大部分静态利率模型一方面不需要对利率未来的分布、利率所遵循的随机过程等作任何假定，而只需要考虑当前时点的状况，因此被称为静态模型；另一方面，静态利率模型往往追求高拟合度、曲线的平滑性、模型能够灵活稳定地拟合不同特征的曲线等，强调统计性质甚于经济意义。而动态利率模型的目的在于刻画利率期限结构未来的分布以及为利率产品定价，需要假设特定的随机过程刻画利率的动态规律，因此被称为动态模型。此外，在基于动态利率模型的定价分析中，无论是伊

---

① 贴现费恩曼-卡克定理的详细内容，请参见本章附录。
② 在第三节中我们将会介绍除了风险中性测度之外的其他等价鞅测度，不同的等价鞅测度可以为不同的衍生产品定价。

藤引理的运用,还是无套利组合的构造、未来现金流的贴现等,无不基于各种利率产品与瞬时利率(或瞬时远期利率)的内在经济关系而进行,有的动态利率模型甚至连瞬时利率随机过程的设定都是从一般均衡的经济模型推导得到的(即后文我们将会谈到的一类动态利率模型——均衡模型),因此尽管在估计动态利率模型的参数时可能也需要考虑统计上的拟合度,但与静态利率模型相比,动态利率模型是非常重视和强调模型的经济意义的。

从复杂程度上看,动态利率模型显然要比静态利率模型复杂,所包含的信息也更为丰富。从一个已知参数的静态利率模型中,我们可以获知当前时点的利率期限结构,并相应推知简单固定收益证券的定价;而从一个已知参数的动态利率模型中,我们不仅可以获知当前时点的利率期限结构,还可以推断整条利率期限结构(及其所隐含的远期利率)的动态变动规律和未来分布,可以为复杂的固定收益证券(如利率期权等)定价和进行风险管理。因此,动态和静态利率模型不是完全割裂的,静态方法中的 NSS 类模型就是从动态模型中推导而来的。当然,这也使得动态利率模型的参数估计更为复杂。从第四章中我们知道,估计静态利率模型的参数只需要输入当前市场交易的债券价格,在本章第四节我们将会看到,估计动态利率模型的参数不仅需要债券价格,很多时候还需要利率衍生品的市场价格。由于中国市场上几乎没有复杂的利率衍生产品交易,所以动态利率模型在中国的校准与运用就难以开展。

在具体运用时,不同的固定收益证券分析适用于不同的分析框架:对于简单固定收益证券的定价与风险管理分析,静态利率模型就可以解决问题;而对于含权债与利率期权等产品,我们就必须依赖动态模型所提供的关于未来利率分布的信息。

二、动态利率模型的评价标准

我们已经知道,对瞬时利率(或瞬时远期利率)随机过程的设定不同,我们将得到不同的动态利率模型以及不同的定价结果。那么,如何判定一个动态利率模型是好还是不好呢? 在动态利率模型的发展过程中,人们对模型优劣的判定大多采取一些实用主义的标准,主要考虑模型能否准确描述现实世界中利率的特性(Martellini and Priaulet,2001;Brigo and Mercurio,2006)。这些标准具体包括:

(1) 模型结果是否会出现负的(瞬时)利率。在现实生活中,名义利率一定为非负数。因此,是否会出现负的(瞬时)利率是模型合理与否的重要判定标准。

(2) 模型是否能够较好地捕捉现实市场中灵活多变的收益率曲线形状,以及刻画利率期限结构的其他静态特征(如曲线的末端通常趋于水平等特征)。

(3) 模型是否能够反映现实市场中观察到的利率的一些动态特征,具体包括:① 利率的均值回归特征。从长期来看,利率不会无限上升或下降,而总是围绕一个相对稳定的长期水平上下波动。即使受到严重扰动,利率总会表现出回到其长期均值水平的趋势。② 利率的分布特征。现实中的利率分布通常具有肥尾、非对称分布等特征。③ 利率期限结构长短端变动不一致的特征。现实中的长期利率和短期利率常常对同一因素的反映不一致,或是受到不同因素的影响,从而出现幅度甚至是方向不一致的变化。④ 利率波动率的特征。一方面,经验证据表明高利率水平往往伴随较高的利率波动率,而较低的利率水平往往伴随较低的利率波动率,也就是说,利率的波动率与利率水平有关;另一方面,利率的波动率期限结构常常呈现出下降或是驼峰状的形态,也就是说,短期(或是中期)利率的波动率较大,长期利率的波动率则较小。利率衍生品的市场价格中往往隐含了很多关于利率波动率的信息。因此,动态利率模型隐含的利率波动率曲线是否合理也是模型优劣的判断标准之一。

此外,在实际运用过程中,判定动态利率模型优劣与否往往还需要考虑模型运用是否简单快捷。一般来说,模型如果存在解析解,参数的校准以及模型的运用就简单得多;如果不存在解析解,数值方法求解的过程也应易于实现。因此,人们对模型的选择往往是对其基本特征与可操作性两者权衡的结果。

三、动态利率模型的分类与演进

我们已经知道,对 $\mu_r(r(t),t)$ 与 $\sigma_r(r(t),t)$ 的不同设定,将产生不同的动态利率模型。从 Merton 最早将随机过程引入瞬时利率分析开始(Merton,1973),研究者们提出了大量的动态利率模型。但迄今为止,对于动态利率模型的分类,学术界尚无统一的标准。在这里,我们仅对一般认可的一些分类加以介绍。

早期的研究者将基于瞬时利率的动态利率模型分为均衡模型与无套利模型。均衡模型通过求解经济的一般均衡,得到瞬时利率所服从的随机过程,其典型代表有 Merton 模型(Merton,1973)、Vasicek 模型(Vasicek,1977)和 CIR 模型(Cox, Ingersoll and Ross, 1985)等。均衡模型最大的特点在于其参数的非时变性(time-homogeneous)①,即 μ_r 与 σ_r 均为非时变函数,也就是说,它们不再是 t 的函数。这一设定使得此类模型往往难以完全拟合不同时点的市场利率期限结构曲线,继而在为利率衍生品定价时可能产生更大的偏差。无套利模型则对模型施加了无套利约束,简单地说,就是选择时变的参数值,使得每个时点上,模型生成的利率期限结构与市场上观察到的利率期限结构之间不存在套利机会。无套利模型的典型代表有 Ho-Lee 模型(Ho and Lee, 1986)和 Hull-White 模型(Hull and White, 1994)等。

随着理论的演进,研究者们越来越关注动态利率模型对实际利率期限结构及其动态变化的刻画效果。早期的均衡模型和无套利模型都是单因子模型。在这些模型中,影响利率变动的只有一个风险源 $dz(t)$。这意味着,整条利率期限结构曲线的变化都是由一个风险源驱动的,短期利率变动与长期利率变动之间完全相关,由此生成的利率期限结构曲线形态单一;而在实际中,利率期限结构的短端和长端常常受到不同因素的影响发生不同的变化。针对这一不足之处,学者们在单因子模型的基础上发展出多因子模型,把影响利率期限结构的风险源从单个扩展到多个($dz_1(t)$, $dz_2(t)$, $\cdots$),以更好地拟合利率期限结构的变动和复杂形状,例如 Hull-White 双因子模型(Hull and White, 1994)和 Longstaff-Schwartz 模型(Longstaff and Schwartz, 1992)等。需要指出的是,引入更多的因子固然能带来对样本内利率期限结构更好的拟合,但如果引入的因子没有充分的经济含义,该模型在刻画样本外利率期限结构未来变化时可能表现得更糟糕,从而降低了模型在定价中的实际应用价值。因此,现在关于多因子模型的研究,多集中在提高拟合效果的同时防止过度拟合这一问题的权衡上。

在动态利率模型的演进过程中,有两个分析框架值得特别注意:仿射利率期限结构模型框架(affine term structure model)和 HJM 分析框架。仿射模型框架强调的是模型设定的数学形式,该类模型能够把收益率曲线表示成状态变量的线性函数,并且能获得债券和期权价格的解析解,易于在实务中进行校准,因而具有很好的应用价值。目前最常用的几种基于瞬时利率的动态利率模型都属于仿射模型,我们将在第二节中对此类模型进行介绍。HJM 分析框架由 Heath, Jarrow and Morton (1992) 提出。与传统动态利率模型对瞬时利率建模不同,HJM 分析框架从瞬时远期利率的随机过程出发,推导出利率期限结构所必须满足的无套利条件。因此,HJM 分析框架事实上是无套利模型的一般形式,通过对模型参数结构的具体设定,HJM 分析框架能够退化到传统的无套利

---

① 不少研究者将 time-homogeneous 直译为"时间齐次",但我们认为这一翻译没有直观表达出其背后的经济含义,也与数学上"齐次"的概念不一致。所以我们将其译为"参数非时变性"或者"非时变参数",并将 time-inhomogeneous 相应译为"参数时变性"或"时变参数"。

模型。HJM 分析框架的一类重要应用是 LIBOR 市场模型（LIBOR market model）。此类模型通过假设市场的远期利率或远期互换利率在不同测度下的过程，可以很快求解得到较简单的利率期权产品（如利率顶、利率底和互换期权）的价格，从而可以方便地运用这些简单期权产品的市场价格信息校准参数，再为复杂利率衍生品定价。我们将在第三节中介绍 HJM 分析框架。

总的来看，动态利率期限结构模型的发展过程遵循的是从均衡到无套利、从单因子到多因子、从特殊到一般的路径，其发展动力来源于更好地拟合市场利率期限结构的形态和变化，以及获得更好的可操作性。遵循这一思路，我们在本章中对动态利率模型的介绍将淡化"均衡"、"无套利"这些早期的概念色彩，更关注模型本身发展的主线。我们在下一节中将从基础模型开始，一步步向读者展示各种常用模型如何在前人的基础上进行改进，在哪些方面提高了模型对于市场利率期限结构的刻画能力以及可操作性。

第二节 仿射利率期限结构模型

仿射利率期限结构模型①是一类动态利率模型的统称。这类模型的最大优势是能够获得相对简单的利率产品价格的解析解，且债券和部分利率衍生品价格的解析解还具有一般形式，这无疑给模型的使用者带来了极大的方便。本节我们从最简单的 Merton 模型入手，阐释动态利率模型分析和应用的一般过程；之后我们以经典的 Vasicek 模型和 CIR 模型为基础，深入讨论仿射模型的基本性质和发展演变；最后，我们对仿射模型的一般形式及其特征进行了总结。在介绍每个模型时，我们都先给出该模型对瞬时利率随机过程的具体设定形式，之后给出该模型设定下零息债价格与欧式零息债期权价格的解析解，最后再对模型的特点进行总结。为使行文清晰易读，本节的正文部分略去了不必要的数学推导，在附录中读者可以看到本章中涉及的一些随机微积分知识。关于其他更为复杂的推导，感兴趣的读者可参考相关的参考文献。

一、引例：最简单的动态利率模型

1. Merton 模型的基本形式

Merton（1973）提出了最早也是最简单的动态利率模型。他将对股票收益

---

① 为方便起见，以下将仿射利率期限结构模型简称为仿射模型。

率的设定形式移植到利率模型中来,提出在风险中性测度 $\widetilde{Q}$ 下,瞬时利率的变化服从如下普通布朗运动:

$$\mathrm{d}r(t) = \tilde{\mu}\mathrm{d}t + \sigma \mathrm{d}\tilde{z}(t) \tag{7.27}$$

其中,$\tilde{\mu}$ 和 σ 均为常数,$\mathrm{d}\tilde{z}(t)$ 为测度 $\widetilde{Q}$ 下的标准布朗运动。这就是利率期限结构的 Merton 模型。实际上,例 7.1 就是一个 Merton 模型的例子。进一步看,给定初始时刻 t,风险中性测度下任一时点 T 的瞬时利率 $r(T)$ 可表示为:

$$r(T) = r(t) + \tilde{\mu}(T-t) + \sigma \int_t^T \mathrm{d}\tilde{z}(s) \tag{7.28}$$

2. Merton 模型下的资产价格与利率期限结构

基于式(7.27)和式(7.28),我们可以运用第一节中介绍的风险中性定价基本原理推出 Merton 模型下的资产定价公式和即期利率的一般公式。

首先,运用式(7.4)可以计算 t 时刻零息债的价格。由于对式(7.28)积分可得

$$\begin{aligned}\int_t^T r(s)\mathrm{d}s &= \int_t^T r(t)\mathrm{d}s + \int_t^T \tilde{\mu}(s-t)\mathrm{d}s + \int_t^T \sigma \int_t^s \mathrm{d}\tilde{z}(u)\mathrm{d}s \\ &= r(t)(T-t) + \frac{1}{2}\tilde{\mu}(T-t)^2 + \int_t^T \sigma(T-u)\mathrm{d}\tilde{z}(u)\end{aligned} \tag{7.29}$$

因此,t 时刻零息债的价格公式为

$$\begin{aligned}B(t,T) &= \widetilde{E}_t\left[e^{-\int_t^T r(s)\mathrm{d}s}\right] = e^{\{\widetilde{E}_t[-\int_t^T r(s)\mathrm{d}s] + \frac{1}{2}\mathrm{Var}_t[-\int_t^T r(s)\mathrm{d}s]\}} \\ &= e^{-\alpha(t,T) - \beta(t,T)r(t)}\end{aligned} \tag{7.30}$$

其中

$$\alpha(t,T) = \frac{1}{2}\tilde{\mu}(T-t)^2 - \frac{1}{6}\sigma^2(T-t)^3$$

$$\beta(t,T) = T - t$$

很容易证明式(7.30)满足式(7.18)给出的偏微分方程。同时由式(7.5),我们还可以推出 Merton 模型隐含的即期利率公式为:

$$R(t,T) = r(t) + \frac{1}{2}\tilde{\mu}(T-t) - \frac{1}{6}\sigma^2(T-t)^2 \tag{7.31}$$

注意,这里虽然我们运用的是风险中性测度下的参数,但得到的资产价格和即期利率结果同样适用于现实世界,这就是风险中性定价法的特点。

3. Merton 模型的基本性质

Merton 模型的意义在于它首次将随机过程的分析框架引入利率的研究,从而可以刻画利率的动态变化,但根据第一节中的评价标准,Merton 模型存在众多的不足之处。由于这些评价都是基于模型对现实利率的描述是否合理,因此在分析模型的基本性质时,有必要将其转化为现实测度下的随机过程。

在第一节中我们谈到,只要市场风险价格 $\lambda(r,t)$ 存在,就可以实现风险中性测度与现实测度的转换,随机过程的漂移率会发生变化。对于 Merton 模型来说,如果市场风险价格 $\lambda(r,t)$ 存在且为常数,运用式(7.19)可以得到现实测度下瞬时利率的随机过程为

$$dr(t) = \mu dt + \sigma dz(t) \qquad (7.32)$$

其中

$$\mu = \tilde{\mu} + \lambda\sigma$$

也就是说,λ 为常数时,瞬时利率在现实测度和风险中性测度下均服从 Merton 模型,而且瞬时利率的波动率不变,但漂移率水平发生了变化。相应地,在现实世界中,给定初始时刻 t,任一时点 T 的瞬时利率 $r(T)$ 可表示为

$$r(T) = r(t) + \mu(T-t) + \sigma\int_t^T dz(s) \qquad (7.33)$$

基于式(7.32)和式(7.33),我们可以考察 Merton 模型的设定形式存在的不足之处,具体包括:

第一,在 Merton 模型下可能出现负利率。从式(7.33)可以看出,由于参数 μ 和 σ 只是简单的常数,由标准布朗运动的性质,我们很容易证明 $r(T)$ 服从正态分布,当 $dz(t)$ 中的 ε 随机取值为很大的负数时,Merton 模型下可能会出现负的瞬时利率,进而导致即期利率为负(从式(7.31)可以看出这一点),这显然与实际不符。

第二,Merton 模型无法刻画利率期限结构的基本静态特征。首先,从式(7.31)的性质来分析,当 T 趋于无穷时,t 时刻的长期即期利率 $R(t,\infty)$ 将趋于负无穷,无法收敛,而在现实中我们可以观察到利率期限结构的长端通常是水平的,也就是说长期趋于一个有限的利率水平;其次,式(7.31)还表明 Merton 模型下得到的即期利率期限结构是关于剩余期限 $T-t$ 的开口向下的抛物线,这显然无法捕捉现实市场中灵活多变的利率曲线形状。

第三,在刻画利率动态特征方面,Merton 模型也存在很大的缺陷。

首先,Merton 模型下的利率不存在均值回归特征。由式(7.33)求 $r(T)$ 在现实世界中的条件均值和条件方差分别为

$$E_t[r(T)] = r(t) + \mu(T-t)$$
$$Var_t[r(T)] = \sigma^2(T-t) \qquad (7.34)$$

也就是说,当 T 趋于无穷时,瞬时利率的均值和方差都将趋于无穷大,相应地,未来 T 时刻的即期利率的均值和方差都将趋于无穷大。这显然与利率通常围绕长期均值上下波动的特征是不符的。

其次,Merton 模型无法刻画利率波动率的典型特征。运用伊藤引理可以得

到即期利率在现实测度下服从的随机过程可以表示为

$$dR(t,T) = \left(\mu - \frac{1}{2}\tilde{\mu} + \frac{1}{3}\sigma^2(T-t)\right)dt + \sigma dz(t) \quad (7.35)$$

可以看出,在 Merton 模型下,即期利率的波动率为常数,与剩余期限、利率水平都无关。

最后,在 Merton 模型下,瞬时利率发生变动时,无论剩余期限长短,整条利率期限结构都会发生平移,从式(7.31)可以看出这一点。这就是单因子模型的缺陷所在,即无法描述长短期利率受到不同因素影响发生不同变化的现象。

总之,Merton 模型的提出为研究利率期限结构问题开拓了一种新的思路,但除了简单易用,它几乎在所有的评价标准方面都无法达标。其根本原因在于它将瞬时利率简单设定为服从普通布朗运动,也就是假定漂移率 $\mu_r(r(t),t)$ 和波动率 $\sigma_r(r(t),t)$ 都是常数,显然这个假定非常苛刻。后来的研究者有的放宽 $\mu_r(r(t),t)$ 和 $\sigma_r(r(t),t)$ 为常数的假定,有的提出多因子模型,从各个方面改善 Merton 模型的种种缺陷,从而产生了众多的动态利率模型。

当然,上述结论都是在瞬时利率风险价格为常数的前提下得出的。因为在这种假定下,瞬时利率在现实测度与风险中性测度下都遵循 Merton 模型。我们如此假设仅仅是为了分析 Merton 模型的设定形式是否能够刻画现实市场的利率特征。实际上,如果瞬时利率市场风险价格的函数形式不同,风险中性测度下的 Merton 模型可能转换为现实测度下的其他模型。因此,改变模型设定的另一条路径就是改变瞬时利率风险价格函数形式的设定,使之与现实世界利率的特征相符。[①] 关于利率风险价格函数形式的设定已经超出了本书的范围,有兴趣的读者可以阅读郑振龙等(2010)。

二、Vasicek 模型及其扩展

(一) Vasicek 模型

1. Vasicek 模型的基本形式

Vasicek 模型解决的是 Merton 模型不能刻画利率的均值回归特征这一问题。Vasicek(1977)设定风险中性测度下瞬时利率的变化服从如下 Ornstein-Uhlenbeck 过程(O-U 过程):

$$dr(t) = \tilde{\kappa}(\tilde{\mu} - r(t))dt + \sigma d\tilde{z}(t) \quad (7.36)$$

其中,$\tilde{\kappa}$、$\tilde{\mu}$ 和 σ 均为大于零的常数。这样,在风险中性测度下,给定初始时刻 t,

---

[①] 这点也适用于其他利率动态模型的讨论,下面不再赘述。

任一时点 T 的瞬时利率 $r(T)$ 可表示为

$$r(T) = \mathrm{e}^{-\tilde{\kappa}(T-t)} r(t) + \tilde{\mu}(1 - \mathrm{e}^{-\tilde{\kappa}(T-t)}) + \int_t^T \sigma \mathrm{e}^{-\tilde{\kappa}(T-s)} \mathrm{d}\tilde{z}(s) \quad (7.37)$$

与 Merton 模型相比，Vasicek 模型保留了相同的波动率结构，其最大特色是对漂移率的设定。可以看出，如果当前利率水平 $r(t)$ 小于 $\tilde{\mu}$，Vasicek 模型的漂移率将大于 0，未来利率的平均趋势是向上漂移；反之，$r(t)$ 大于 $\tilde{\mu}$ 则意味着小于 0 的漂移率和向下的漂移趋势。因此，$\tilde{\mu}$ 是风险中性测度下瞬时利率的长期均值水平，利率偏离均值时将呈现出均值回归的趋势，$\tilde{\kappa}$ 则决定了均值回归的速度。

如果市场风险价格是瞬时利率的线性函数，即 $\lambda(r,t) = a + br(t)$（a 和 b 为常数），运用式(7.19)可以得到现实测度下瞬时利率的随机过程为

$$\mathrm{d}r(t) = \kappa(\mu - r(t))\mathrm{d}t + \sigma \mathrm{d}z(t) \quad (7.38)$$

其中，κ 和 μ 都是常数。也就是说，当 $\lambda(r,t)$ 是瞬时利率的线性函数时，瞬时利率在现实测度和风险中性测度下均服从均值回归的 O-U 过程，波动率不变，漂移率的形式也不变，但漂移率的参数值发生了变化。

这样，在现实测度下的瞬时利率 $r(T)$ 为

$$r(T) = \mathrm{e}^{-\kappa(T-t)} r(t) + \mu(1 - \mathrm{e}^{-\kappa(T-t)}) + \int_t^T \sigma \mathrm{e}^{-\kappa(T-s)} \mathrm{d}z(s) \quad (7.39)$$

2. Vasicek 模型下的资产价格与利率期限结构

运用式(7.18)或式(7.26)，可以解出无风险零息债价格的解析解为

$$B(t,T) = \mathrm{e}^{-\alpha(t,T) - \beta(t,T)r(t)} \quad (7.40)$$

其中

$$\beta(t,T) = \frac{1}{\tilde{\kappa}}[1 - \mathrm{e}^{-\tilde{\kappa}(T-t)}]$$

$$\alpha(t,T) = \left(\tilde{\mu} - \frac{\sigma^2}{2\tilde{\kappa}^2}\right)[(T-t) - \beta(t,T)] + \frac{\sigma^2}{4\tilde{\kappa}}\beta(t,T)^2$$

相应地，Vasicek 模型下的利率期限结构公式为，

$$R(t,T) = \frac{\alpha(t,T)}{T-t} + \frac{\beta(t,T)}{T-t} r(t) \quad (7.41)$$

假设一个 T 时刻到期的欧式看涨期权，其标的资产为 T^* 到期 ($T^* > T$) 的无风险零息债，执行价格为 X。显然，该期权价格是利率和时间的函数，T 时刻的边界条件为 $\max(B(T, T^*) - X, 0)$。运用式(7.18)可以求出该看涨期权的定价公式为①

---

① 运用期权平价公式可以很容易地推出相应的看跌期权定价公式，这里就不再详细写出。

$$c^{X,T,T^*}(r,t) = B(t,T^*)N(d_1) - XB(t,T)N(d_2) \tag{7.42}$$

其中，c 为看涨期权价格，$N(\cdot)$ 为标准正态分布的累积概率分布函数。

$$d_1 = \frac{1}{v(t,T,T^*)}\ln\left(\frac{B(t,T^*)}{XB(t,T)}\right) + \frac{1}{2}v(t,T,T^*)$$

$$d_2 = d_1 - v(t,T,T^*)$$

$$v(t,T,T^*) = \sigma\sqrt{\frac{1-\mathrm{e}^{-2\tilde{\kappa}(T-t)}}{2\tilde{\kappa}}}\beta(T,T^*)$$

3. Vasicek 模型的基本性质

如前所述，Vasicek 模型的最大优点是反映了利率的均值回归动态特征。从另一个角度来看，由式(7.39)可得现实测度下 $r(T)$ 的条件均值和条件方差分别为

$$\begin{aligned} E_t[r(T)] &= \mu + (r(t) - \mu)\mathrm{e}^{-\kappa(T-t)} \\ \mathrm{Var}_t[r(T)] &= \frac{\sigma^2}{2\kappa}[1 - \mathrm{e}^{-2\kappa(T-t)}] \end{aligned} \tag{7.43}$$

可以看出，与 Merton 模型不同，当 T 趋于无穷时，Vasicek 模型生成的瞬时利率的条件均值和条件方差都将是有界的，其中条件均值将趋于 μ，证实 μ 的经济含义确实是瞬时利率的长期均值。同时，当 κ 趋于无穷时，瞬时利率的条件均值趋于 μ 而条件方差趋于 0；当 κ 趋于 0 时，瞬时利率的条件均值趋于当前的瞬时利率 $r(t)$，说明 κ 的确代表着均值回归的速度。进一步由式(7.41)可以推知，即期利率也具有均值回归特性。

相比 Merton 模型，Vasicek 模型在刻画利率期限结构的静态特征方面也有了较大的改善。一方面，从式(7.41)很容易证明当 T 趋于无穷时，t 时刻的长期即期利率 $R(t,\infty)$ 将收敛于 $\mu - \frac{\sigma^2}{2\kappa^2}$，这一点符合实际利率期限结构末端趋于水平的特征；另一方面，式(7.41)中的参数相对取值不同，可以得到不同形状的利率曲线。例如，如果 $r(t) \leq R(t,\infty) - \frac{\sigma^2}{4\kappa^2}$，利率期限结构将随期限增加单调上升；如果 $r(t) \geq R(t,\infty) + \frac{\sigma^2}{4\kappa^2}$，利率期限结构将随期限增加单调下降；如果 $r(t)$ 介于两者之间，则收益率曲线先升后降。①

Vasicek 模型对 Merton 模型的改善还体现在它对利率波动率特征的刻画上。从伊藤引理可以推知，在 Vasicek 模型下，现实测度中即期利率 $R(t,T)$ 的

---

① 更详细的分析可参考 Vasicek(1977)。

波动率为

$$\sigma_R = \frac{\sigma}{\kappa(T-t)}(1 - e^{-\kappa(T-t)}) \tag{7.44}$$

对其求$(T-t)$的一阶导可得$\frac{\partial \sigma_R}{\partial(T-t)} < 0$,这意味着短期利率的波动大于长期利率的波动,这显然优于Merton模型利率波动为常数的结果。

总之,由于采用O-U过程刻画瞬时利率的变化,Vasicek模型比Merton模型有了较大的改进,但它仍然存在诸多不足之处,具体表现在:

第一,在Vasicek模型下仍有可能出现负利率。从式(7.39)可以很容易证明Vasicek模型下的瞬时利率和即期利率仍然服从正态分布,从而可能出现负利率。

第二,在刻画利率期限结构静态特征方面,尽管$R(t,\infty)$不再发散而是收敛于一个常数,但现实中经济繁荣时的长期利率往往相对较高,而经济萧条时的长期利率则较低。也就是说,$R(t,\infty)$不仅应该是有界的,还应该是时变的,Vasicek模型无法反映这一点。另外,由于Vasicek模型属于均衡模型,其参数设定为常数,对于复杂的利率期限结构形状,Vasicek模型仍然难以完全一一拟合。

第三,Vasicek模型下的利率波动率尽管与剩余期限长短有关,但却无法描述常见的驼峰状的利率波动率曲线,而且利率波动率与利率水平仍然是无关的,因此还没有很好地反映现实中利率波动率的特征。

第四,Vasicek模型仍然是单因子模型,因此无法描述短期利率与长期利率的不同变动,由此导出各种不同期限的债券价格相关度过高。

(二) Hull-White单因子模型

1. Hull-White单因子模型的基本形式

在Vasicek模型中,瞬时利率长期均值μ为常数的假设制约了该模型所能刻画的利率期限结构形态。Hull-White单因子模型解决的正是这一问题。Hull-White单因子模型对瞬时利率过程的设定与Vasicek模型非常接近,不同的是Hull and White (1990)以及Hull and White (1994)引入了时变的长期均值,从而将Vasicek模型拓展为更灵活的无套利模型。Hull-White模型将风险中性测度下的瞬时利率设为如下过程:

$$dr(t) = \tilde{\kappa}(\tilde{\mu}(t) - r(t))dt + \sigma d\tilde{z}(t) \tag{7.45}$$

其中,σ和$\tilde{\kappa}$均为常数,与在Vasicek模型中一样,分别表示波动率和均值回归速度,唯一不同之处在于其将长期均值$\tilde{\mu}(t)$设定为时变的函数,其函数形式由式(7.46)给出。

$$\tilde{\mu}(t) = \frac{1}{\tilde{\kappa}}\frac{\partial f(0,t)}{\partial t} + f(0,t) + \frac{\sigma^2}{2\tilde{\kappa}^2}(1 - e^{-2\tilde{\kappa}t}) \tag{7.46}$$

其中,$f(0,t)$ 表示 0 时刻、从 t 时刻开始计算的瞬时远期利率。[①] 注意到,如果 t 为 0,则 $f(0,0)$ 退化为 0 时刻的瞬时利率 $r(0)$。

2. Hull-White 单因子模型下的资产价格与利率期限结构

对 Hull-White 单因子模型运用式(7.18)或式(7.26),可以解出零息债价格的解析解为

$$B(t,T) = e^{-\alpha(t,T)-\beta(t,T)r(t)} \tag{7.47}$$

其中

$$\beta(t,T) = \frac{1}{\tilde{\kappa}}[1 - e^{-\tilde{\kappa}(T-t)}]$$

$$\alpha(t,T) = \tilde{\kappa}\int_t^T \tilde{\mu}(s)\beta(s,T)\mathrm{d}s + \frac{\sigma^2}{4\tilde{\kappa}}\beta(t,T)^2 + \frac{\sigma^2}{2\tilde{\kappa}^2}[\beta(t,T) - (T-t)]$$

将式(7.47)代入式(7.7),我们还可以得到瞬时远期利率的公式[②]

$$\begin{aligned} f(0,T) &= -\frac{\partial \ln B(0,T)}{\partial T} = \frac{\partial \alpha(0,T)}{\partial T} + \frac{\partial \beta(0,T)}{\partial T}r(0) \\ &= \tilde{\kappa}\int_0^T \tilde{\mu}(s)e^{-\tilde{\kappa}(T-s)}\mathrm{d}s + \frac{\sigma^2}{2\tilde{\kappa}^2}[2e^{-\tilde{\kappa}T} - e^{-2\tilde{\kappa}T} - 1] + e^{-\tilde{\kappa}T}r(0) \end{aligned}$$
$$\tag{7.48}$$

对式(7.47)作进一步整理,我们可以将其中的 $\alpha(t,T)$ 写成更清晰的形式,即

$$\begin{aligned} \alpha(t,T) = & \ln B(0,t) - \ln B(0,T) - \beta(t,T)f(0,t) \\ & + \frac{\sigma^2}{4\tilde{\kappa}^3}(e^{-\tilde{\kappa}T} - e^{-\tilde{\kappa}t})^2(e^{2\tilde{\kappa}t} - 1) \end{aligned} \tag{7.49}$$

此外,很容易证明,Hull-White 单因子模型下的利率期限结构公式与零息债欧式期权的定价公式在形式上与 Vasicek 模型下的对应公式是一样的,只是其中的 $\alpha(t,T)$ 和 $\beta(t,T)$ 应使用式(7.47)中的相应定义。

3. Hull-White 单因子模型的基本性质

Hull-White 单因子模型的优势在于:对瞬时利率长期均值的时变设定使其可以完全拟合当前时刻市场上的利率期限结构。在任意时刻,从当时市场的利率期限结构中可以提取 $f(0,t)$ 的信息,将其代入式(7.46)即可得到该时刻的长

[①] 注意在这里,t 代表任意给定的时刻,而 0 代表定价时所处的当前初始时刻。在文中其他地方,t 有时用于表示一般的初始时刻。

[②] 式(7.48)对 T 求导,即可得到式(7.46)。

期均值 $\tilde{\mu}(t)$，再代入即期利率公式就可求出整条利率期限结构的表达式。显然，这样得到的利率曲线与当时市场上真实的利率期限结构是完全一致的，从而保证了模型能够完全拟合市场利率曲线。这是无套利模型的重要特征。因此，Hull-White 模型往往也被称为是 Vasicek 均衡模型的"无套利化"，而时变的长期均值项 $\tilde{\mu}(t)$ 就是模型与市场的无套利接口。

由于 Hull-White 单因子模型的无套利性质和相对简单的模型结构，其在实际中应用甚广。但由于 Hull-White 单因子模型并未针对 Vasicek 模型的其他缺陷加以改善，因此仍存在 Vasicek 模型的其他不足，包括有生成负利率的可能、仍为单因子模型、利率的波动依然与利率水平无关等。

(三) Hull-White 双因子模型

1. Hull-White 双因子模型的基本形式

针对单因子模型的不足之处，Hull and White (1994) 在 Hull-White 单因子模型的基础上进一步提出了 Hull-White 双因子模型。具体而言，该模型将风险中性测度下瞬时利率的随机过程设为①

$$dr(t) = [\tilde{\mu}(t) + \tilde{\theta}(t) - \tilde{\kappa}r(t)]dt + \sigma_1 d\tilde{z}_1(t) \quad (7.50)$$

其中，$\tilde{\theta}(t)$ 的初始值为 0，其在风险中性测度下又服从如下随机过程：

$$d\tilde{\theta}(t) = -\tilde{b}\tilde{\theta}(t)dt + \sigma_2 d\tilde{z}_2(t) \quad (7.51)$$

$d\tilde{z}_1(t)$ 和 $d\tilde{z}_2(t)$ 都是风险中性测度下的标准布朗运动，两个风险源允许存在相关关系，瞬时相关系数为常数 ρ，即 $d\tilde{z}_1(t)d\tilde{z}_2(t) = \rho dt$。可以证明，此时的 $\tilde{\mu}(t)$ 满足②

$$\tilde{\mu}(t) = \frac{\partial f(0,t)}{\partial t} + \tilde{\kappa}f(0,t) + \frac{\partial \varphi(0,t)}{\partial t} + \tilde{\kappa}\varphi(0,t) \quad (7.52)$$

其中

$$\varphi(t,T) = \frac{1}{2}\sigma_1^2 \beta(t,T)^2 + \frac{1}{2}\sigma_2^2 \phi(t,T)^2 + \rho\sigma_1\sigma_2 \beta(t,T)\phi(t,T)$$

$$\beta(t,T) = \frac{1}{\tilde{\kappa}}[1 - e^{-\tilde{\kappa}(T-t)}]$$

$$\phi(t,T) = \frac{1}{\tilde{\kappa}(\tilde{\kappa}-\tilde{b})}e^{-\tilde{\kappa}(T-t)} - \frac{1}{\tilde{b}(\tilde{\kappa}-\tilde{b})}e^{-\tilde{b}(T-t)} + \frac{1}{\tilde{\kappa}\tilde{b}}$$

2. Hull-White 双因子模型下的资产价格与利率期限结构

Hull-White 双因子模型下的无风险零息债价格的解析解为

---

① 式(7.50)本质上与式(7.36)、式(7.45)是一致的，都是均值回归过程。此处采用这一写法仅仅是为了推导方便。

② 具体证明过程请参见 Hull and White(1994)。

$$B(t,T) = e^{-\alpha(t,T)-\beta(t,T)r(t)-\phi(t,T)\tilde{\theta}(t)} \qquad (7.53)$$

其中

$$\alpha(t,T) = -\ln\frac{B(0,T)}{B(0,t)} - \beta(t,T)f(0,t) + \eta(t,T)$$

$\beta(t,T)$ 和 $\phi(t,T)$ 由式(7.52)给出,而 $\eta(t,T)$ 的形式由下式给出:

$$\eta(t,T) = \frac{\sigma_1^2}{4\tilde{\kappa}}(1 - e^{-2\tilde{\kappa}t})\beta(t,T)^2 - \rho\sigma_1\sigma_2[\beta(0,t)\phi(0,t)\beta(t,T) + \gamma_4 - \gamma_2]$$
$$- \frac{1}{2}\sigma_2^2[\phi(0,t)^2\beta(t,T) + \gamma_6 - \gamma_5]$$

其中,各参数的公式为

$$\gamma_1 = \frac{e^{-(\tilde{\kappa}+\tilde{b})T}[e^{(\tilde{\kappa}+\tilde{b})t} - 1]}{(\tilde{\kappa}+\tilde{b})(\tilde{\kappa}-\tilde{b})} - \frac{e^{-2\tilde{\kappa}T}(e^{2\tilde{\kappa}t} - 1)}{2\tilde{\kappa}(\tilde{\kappa}-\tilde{b})}$$

$$\gamma_2 = \frac{1}{\tilde{\kappa}\tilde{b}}\left[\gamma_1 + \phi(t,T) - \phi(0,T) + \frac{1}{2}\beta(0,T)^2 + \frac{t}{\tilde{\kappa}} - \frac{e^{-\tilde{\kappa}(T-t)} - e^{-\tilde{\kappa}T}}{\tilde{\kappa}^2}\right]$$

$$\gamma_3 = -\frac{e^{-(\tilde{\kappa}+\tilde{b})t} - 1}{(\tilde{\kappa}+\tilde{b})(\tilde{\kappa}-\tilde{b})} + \frac{e^{-2\tilde{\kappa}t} - 1}{2\tilde{\kappa}(\tilde{\kappa}-\tilde{b})}$$

$$\gamma_4 = \frac{1}{\tilde{\kappa}\tilde{b}}\left[\gamma_3 - \phi(0,t) - \frac{1}{2}\beta(0,t)^2 + \frac{t}{\tilde{\kappa}} + \frac{e^{-\tilde{\kappa}t} - 1}{\tilde{\kappa}^2}\right]$$

$$\gamma_5 = \frac{1}{\tilde{b}}\left[\frac{1}{2}\phi(t,T)^2 - \frac{1}{2}\phi(0,T)^2 + \gamma_2\right]$$

$$\gamma_6 = \frac{1}{\tilde{b}}\left[\gamma_4 - \frac{1}{2}\phi(0,t)^2\right]$$

相应地,即期利率公式为

$$R(t,T) = \frac{\alpha(t,T)}{T-t} + \frac{\beta(t,T)}{T-t}r(t) + \frac{\phi(t,T)}{T-t}\tilde{\theta}(t) \qquad (7.54)$$

最后,在 Hull-White 双因子模型下,欧式期权价格的解析解形式与 Vasicek 模型下的式(7.42)仍然相同,不同之处在于 v 项被定义为

$$v^2(t,T,T^*) = \int_t^{T^*}\left\{\begin{array}{l}\sigma_1^2[\beta(u,T) - \beta(u,T^*)]^2 + \sigma_2^2[\phi(u,T) - \phi(u,T^*)] \\ + 2\rho\sigma_1\sigma_2[\beta(u,T) - \beta(u,T^*)][\phi(u,T) - \phi(u,T^*)]^2\end{array}\right\}du$$
$$(7.55)$$

3. Hull-White 双因子模型的基本性质

Hull-White 双因子模型的意义在于对风险源的设定取得了很大突破,在瞬时利率的均值回归项中不仅有时变项 $\tilde{\mu}(t)$,还增加了一个随机变量 $\tilde{\theta}(t)$,从而在模型中引入了两个相关的不同风险源:$d\tilde{z}_1(t)$ 影响短期利率波动,其波动率为 σ_1,而 $d\tilde{z}_2(t)$ 则进入瞬时利率的漂移部分,主要作用于长期利率变动,波动率

为 σ_2。

因此,在 Hull-White 双因子模型的设定下,短期利率和长期利率都有各自的风险源,并且允许这两个风险源之间存在一定的相关性。这使得 Hull-White 双因子模型对现实数据的拟合能力大为提升:一方面,短期利率和长期利率不再是完全相关的变量,从而使得模型能够更好地刻画利率期限结构多种复杂的动态变化;另一方面,模型对波动率的设定形式更为复杂,参数 σ_1、σ_2 和 ρ 共同影响 Hull-White 双因子模型所生成的波动率期限结构,这使得驼峰状的波动率期限结构曲线成为可能。但这种拟合能力的提高却是以模型结构的急剧复杂化为代价的,从前文可以看到债券价格和期权价格解析解的形式都变得非常复杂,从而提高了参数估计与校准的难度。如果模型进一步复杂化,求解债券价格与期权价格的解析解将变得更加困难,甚至不可能。动态利率模型的设定总是在提高拟合度与降低复杂度的矛盾中反复进行权衡。

三、CIR 模型及其扩展

(一) CIR 模型

1. CIR 模型的基本形式

Vasicek 模型及其扩展模型最重要的特征在于引入 O-U 过程,刻画了利率的均值回归特征,但此类模型一直没有解决负利率问题。Cox, Ingersoll and Ross (1985) 在保留 Vasicek 模型瞬时利率均值回归这一特点的基础上,将瞬时利率的平方根引入波动率,并对参数施加了非负性约束。具体而言,CIR 模型假设风险中性测度下瞬时利率服从如下过程:

$$\mathrm{d}r(t) = \tilde{\kappa}(\tilde{\mu} - r(t))\mathrm{d}t + \sigma\sqrt{r(t)}\mathrm{d}\tilde{z}(t) \quad (7.56)$$

其中,$\tilde{\kappa}$、$\tilde{\mu}$ 和 σ 均为大于 0 的常数,且 $2\tilde{\kappa}\tilde{\mu} > \sigma^2$。各参数的经济含义与 Vasicek 模型相似。

CIR 模型与 Vasicek 模型的不同之处在于:第一,CIR 模型对参数施加了限制,要求 $2\tilde{\kappa}\tilde{\mu} > \sigma^2$,从而避免了瞬时利率出现负值;第二,CIR 模型的波动率中包括了瞬时利率的平方根,这就使得 CIR 模型生成的利率波动率与利率水平正相关。利率水平越高,CIR 模型生成的利率波动率越大,反之亦然。相对于 Vasicek 模型常数波动率的设定来说,这是一个很有意义的突破。

在风险中性测度下,给定初始时刻 t,在 CIR 模型下任一时点 T 的瞬时利率 $r(T)$ 可表示为

$$r(T) = \mathrm{e}^{-\tilde{\kappa}(T-t)}r(t) + \tilde{\mu}(1 - \mathrm{e}^{-\tilde{\kappa}(T-t)}) + \int_t^T \sigma \mathrm{e}^{-\tilde{\kappa}(T-s)}\sqrt{r(s)}\mathrm{d}\tilde{z}(s) \quad (7.57)$$

式(7.57)表明,在 CIR 模型下,瞬时利率不再服从正态分布,而是服从非中心 χ^2 分布。

如果我们假定瞬时利率风险价格 λ 的函数形式为 $\lambda = b\sqrt{r(t)}$ (b 为常数),则现实测度下的风险源 $dz(t)$ 与风险中性测度下的风险源 $d\tilde{z}(t)$ 满足如下关系:

$$d\tilde{z}(t) = dz(t) + b\sqrt{r(t)}dt \tag{7.58}$$

代入式(7.56),就可得到瞬时利率在现实测度下服从

$$dr(t) = \kappa(\mu - r(t))dt + \sigma\sqrt{r(t)}dz(t) \tag{7.59}$$

其中

$$\kappa = \tilde{\kappa} - b\sigma, \quad \mu = \frac{\tilde{\kappa}}{\tilde{\kappa} - b\sigma}\tilde{\mu}$$

这样,在现实测度下的瞬时利率 $r(T)$ 公式为

$$r(T) = e^{-\kappa(T-t)}r(t) + \mu(1 - e^{-\kappa(T-t)}) + \int_t^T \sigma e^{-\kappa(T-s)}\sqrt{r(s)}dz(s) \tag{7.60}$$

同样服从非中心 χ^2 分布。

2. CIR 模型下的资产价格与利率期限结构

在 CIR 模型的设定下,零息债价格由式(7.61)给出。

$$B(t,T) = e^{-\alpha(t,T) - \beta(t,T)r(t)} \tag{7.61}$$

其中

$$\beta(t,T) = \frac{2(e^{\gamma(T-t)} - 1)}{(\gamma + \tilde{\kappa})(e^{\gamma(T-t)} - 1) + 2\gamma}$$

$$\alpha(t,T) = -\frac{2\tilde{\kappa}\tilde{\mu}}{\sigma^2}\left\{\ln 2\gamma + \frac{1}{2}(\gamma + \tilde{\kappa})(T-t) - \ln[(\gamma + \tilde{\kappa})(e^{\gamma(T-t)} - 1) + 2\gamma]\right\}$$

$$\gamma = \sqrt{\tilde{\kappa}^2 + 2\sigma^2}$$

相应地,即期利率的公式是

$$R(t,T) = \frac{\alpha(t,T)}{T-t} + \frac{\beta(t,T)}{T-t}r(t) \tag{7.62}$$

由于不再服从正态分布,CIR 模型对应的零息债期权价格解析解就不再与 Vasicek 模型下的形式一致,而是要复杂得多,具体公式为

$$c^{X,T,T^*}(r,t) = B(t,T^*)\chi^2\left\{2\Gamma[\xi + \psi + \beta(T,T^*)]; \frac{4\tilde{\kappa}\tilde{\mu}}{\sigma^2}, \frac{2\xi^2 r(t)e^{\gamma(T-t)}}{\xi + \psi + \beta(T,T^*)}\right\}$$

$$- XB(t,T)\chi^2\left\{2\Gamma(\xi + \psi); \frac{4\tilde{\kappa}\tilde{\mu}}{\sigma^2}, \frac{2\xi^2 r(t)e^{\gamma(T-t)}}{\xi + \psi}\right\} \tag{7.63}$$

其中 $\chi^2\{\cdot;n,a\}$ 代表自由度为 n、非中心参数为 a 的非中心 χ^2 分布累积概率密度函数,并且

$$\xi = \frac{2\gamma}{\sigma^2(e^{\gamma(T-t)}-1)}$$

$$\psi = \frac{\tilde{\kappa}+\gamma}{\sigma^2}$$

$$\Gamma = \frac{-\alpha(T,T^*)-\ln X}{\beta(T,T^*)}$$

3. CIR 模型的基本性质

从前文可以看到,CIR 模型对漂移率的设定和 Vasicek 模型一致,因此其保留了 Vasicek 模型均值回归等一系列优点。

例如,对式(7.60)求一阶矩和二阶矩,可以得到瞬时利率在现实测度下的条件期望与条件方差分别为

$$E_t[r(T)] = r(t)e^{-\kappa(T-t)} + \mu[1-e^{-\kappa(T-t)}]$$
$$\mathrm{Var}_t[r(T)] = r(t)\frac{\sigma^2}{\kappa}[e^{-\kappa(T-t)}-e^{-2\kappa(T-t)}] + \mu\frac{\sigma^2}{2\kappa}[1-e^{-\kappa(T-t)}]^2 \quad (7.64)$$

可以看出,与 Vasicek 模型一样,CIR 模型所生成的瞬时利率也是有界的。给定初始时刻 t,当 T 趋于无穷时,CIR 模型下的瞬时利率均值同样趋向于长期均值 μ,方差趋向于 $\mu\sigma^2/2\kappa$。同样,当 κ 趋于无穷时,瞬时利率的条件均值趋于 μ 而条件方差趋于 0;当 κ 趋于 0 时,瞬时利率的条件均值趋于当前的瞬时利率 $r(t)$,说明 CIR 模型中的 κ 也代表着均值回归的速度。

又如,从式(7.62)很容易证明当 T 趋于无穷时,t 时刻的长期即期利率 $R(t,\infty)$ 将收敛于 $\frac{\tilde{\kappa}\tilde{\mu}(\tilde{\kappa}-\gamma)}{\sigma^2}$ 的水平,而不会像 Merton 模型一样在利率期限结构的末端趋于发散。

与 Vasicek 模型相比,CIR 模型在两个方面进行了重要的改善。首先,它通过对参数的约束以及非中心 χ^2 分布的设定避免了负利率的可能;其次,CIR 模型将瞬时利率的平方根引入波动率,从伊藤引理可以推知现实测度中即期利率 $R(t,T)$ 的波动率为

$$\sigma_R = \frac{\beta(t,T)\sigma\sqrt{r(t)}}{T-t} \quad (7.65)$$

也就是说,在 CIR 模型下,即期利率的波动率不仅和剩余期限($T-t$)有关,还和利率水平有关。特别地,对其求 $R(t,T)$ 的一阶导可得 $\frac{\partial\sigma_R}{\partial R}>0$,也就是说,利率水平高时,利率波动率较高,反之亦然,这一点与现实是符合的。

总而言之,由于同时具有利率非负、均值回归和较为合理的利率波动率特征,CIR 模型成为最常用的动态利率模型之一。但由于仍然是单因子均衡模型,CIR 模型的局限性也是显而易见的,即仍然难以充分拟合实际的利率期限结构,也难以刻画短期利率与长期利率的不同变动。具体来看,针对 CIR 模型的扩展思路大体有两个方面:一方面,与 Hull-White 单因子模型的思路类似,通过在漂移率中引入时变因素,建模者可以引入模型与市场数据的无套利接口,发展出相应的无套利模型;另一方面,与 Hull-White 双因子模型的思路类似,通过引入更多风险源,建模者可以扩展单因子 CIR 模型拟合利率期限结构变化以及波动率期限结构的能力。但由于 CIR 模型形式本身相对复杂,因此直接基于 CIR 模型扩展的无套利模型在实际中并不常用。所以接下来,我们直接转入对双因子 CIR 模型的探讨。

(二) Longstaff-Schwartz 模型①

Longstaff and Schwartz(1992)在均衡模型的框架下将 CIR 模型拓展到了双因子形式。在这里,我们主要介绍利率模型的设定。而其具体的推导比较烦琐,因此,我们只简要介绍其思路,对推导过程不作具体介绍。该模型的基本思路是:假设经济中有两个服从 CIR 过程的状态变量,而消费者的投资收益的漂移率和波动率则是这两个状态变量的函数。之后,通过最优化消费者的效用函数并将无风险利率与期望边际效用变化率相联系,Longstaff and Schwartz(1992)得到了瞬时无风险利率所服从的随机过程。

首先,标准化的状态变量所服从的随机过程为

$$\begin{aligned} dx_1(t) &= (\gamma - bx_1(t))dt + \sqrt{x_1(t)}dz_1(t) \\ dx_2(t) &= (\eta - ex_2(t))dt + \sqrt{x_2(t)}dz_2(t) \end{aligned} \quad (7.66)$$

其中,$x_1(t)$ 与 $x_2(t)$ 之间相互独立,即 $dz_1(t)dz_2(t) = 0$。通过求解一般均衡,Longstaff and Schwartz(1992)证明在上述设定下,瞬时利率可以表示成两个状态变量的函数,即

$$r(t) = \alpha x_1(t) + \beta x_2(t) \quad (7.67)$$

瞬时利率的瞬时方差率可以表示为

$$V(t) = \alpha^2 x_1(t) + \beta^2 x_2(t)$$

其次,由式(7.66)与式(7.67),通过伊藤引理可得到,瞬时利率与瞬时利率方差率的随机过程为

$$dr(t) = \left[\alpha\gamma + \beta\eta - \frac{\beta b - \alpha e}{\beta - \alpha}r(t) - \frac{e - b}{\beta - \alpha}V(t)\right]dt$$

---

① 为方便起见,以下简称 Longstaff-Schwartz 模型为 L-S 模型。

$$+ \alpha \sqrt{\frac{\beta r(t) - V(t)}{\alpha(\beta - \alpha)}} \mathrm{d}z_1(t) + \beta \sqrt{\frac{V(t) - \alpha r(t)}{\beta(\beta - \alpha)}} \mathrm{d}z_2(t)$$

$$\mathrm{d}V(t) = \left[\alpha^2 \gamma + \beta^2 \eta - \frac{\alpha\beta(b - e)}{\beta - \alpha} r(t) - \frac{\beta e - \alpha b}{\beta - \alpha} V(t) \right] \mathrm{d}t$$

$$+ \alpha^2 \sqrt{\frac{\beta r(t) - V(t)}{\alpha(\beta - \alpha)}} \mathrm{d}z_1(t) + \beta^2 \sqrt{\frac{V(t) - \alpha r(t)}{\beta(\beta - \alpha)}} \mathrm{d}z_2(t) \quad (7.68)$$

式(7.68)是 L-S 模型的最终形态,从以上的推导可以看出,L-S 模型实际上是一个双因子的 CIR 模型,其中一个因子是瞬时利率,另一个是瞬时利率的波动率。

Longstaff and Schwartz(1992)给出了零息债和零息债期权价格的解析解,由于公式非常复杂,限于篇幅,我们不在此给出详细形式,感兴趣的读者可自行参阅相关文献。

总的来看,尽管 L-S 模型的形式复杂,但由于模型存在解析解,它在实际中的应用还是较为方便的。无疑,与单因子 CIR 模型相比,L-S 模型在拟合利率期限结构的变化以及波动率期限结构上有了更大突破,这与 Hull-White 双因子模型相对单因子模型的拓展是一致的。但与 Hull-White 双因子模型不同的是,L-S 模型本质上仍然属于均衡模型,缺少无套利的市场接口。

四、仿射模型的一般形式

前面我们探讨的六种模型都是仿射利率期限结构模型的特殊形式。之所以称它们为仿射模型,是因为这些模型的瞬时利率可以写成是某些状态变量的线性函数,并且经过求解后,即期利率同样也是状态变量的线性函数。在推导 L-S 模型时,式(7.67)反映的正是这一点。接下来,我们将讨论仿射模型的一般形式。

设定瞬时利率 $r(t)$ 由 N 维状态向量 $\boldsymbol{Y}(t) = [Y_1(t), Y_2(t), \cdots, Y_N(t)]$ 决定。瞬时利率与状态向量之间满足如下仿射关系:

$$r(t) = \delta_0 + \sum_{i=1}^{N} \delta_i Y_i(t) = \delta_0 + \boldsymbol{\delta}_y' \boldsymbol{Y}(t) \quad (7.69)$$

在风险中性测度下,这些状态向量服从如下随机过程:

$$\mathrm{d}\boldsymbol{Y}(t) = \widetilde{\boldsymbol{K}}(\widetilde{\boldsymbol{\mu}} - \boldsymbol{Y}(t)) \mathrm{d}t + \widetilde{\boldsymbol{\Sigma}} \sqrt{\boldsymbol{S}(t)} \mathrm{d}\widetilde{\boldsymbol{z}}(t) \quad (7.70)$$

其中,$\tilde{z}(t)$ 表示风险中性测度下 N 维相互独立的标准布朗运动,$\widetilde{\boldsymbol{K}}$ 与 $\widetilde{\boldsymbol{\Sigma}}$ 均为 $N \times N$ 的系数矩阵,$\tilde{\boldsymbol{\mu}}$ 为 N 维向量,$\boldsymbol{S}(t)$ 为 $N \times N$ 的对角矩阵,其第 i 个对角元素为

$$(S(t))_{ii} = a_i + b_i' Y(t)$$

其中,a_i是一个常系数,b_i是一个$N \times 1$的系数向量。

从式(7.69)和式(7.70)可以看出,在仿射模型的框架下,瞬时利率是状态向量的仿射函数,状态向量随机过程中的漂移率和方差率也都是状态向量的仿射函数。

注意到式(7.70)中,我们给出的是风险中性测度下状态变量所遵循的随机过程。事实上,在一定风险价格的形式假设下,我们可以将风险中性测度下的仿射随机过程转化为现实测度下的仿射随机过程。如果风险的市场价格满足

$$\Lambda(t) = \sqrt{S(t)} c \tag{7.71}$$

其中,c为$N \times 1$的常数向量,运用式(7.19)就可得到现实测度下状态向量$Y(t)$的随机过程为

$$dY(t) = K[\mu - Y(t)]dt + \widetilde{\Sigma} \sqrt{S(t)} dz(t) \tag{7.72}$$

其中,$z(t)$为现实测度下N维相互独立的标准布朗运动向量;$K = \widetilde{K} - \widetilde{\Sigma}\Phi$;$\mu = K^{-1}(\widetilde{K}\widetilde{\mu} + \widetilde{\Sigma}\Psi)$;$\Phi$为$N \times N$维矩阵,第$i$行为$c_i b_i'$;$\Psi$为$N$维向量,$\Psi_i = c_i a_i$。显然,在式(7.71)的设定下,瞬时利率在现实测度下也是仿射随机过程。

Duffie and Kan(1996)证明了在仿射模型的设定下,无风险零息债价格可表示为

$$B(t,T) = e^{-\alpha(t,T) - \beta(t,T)' Y(t)} \tag{7.73}$$

其中,$\alpha(t,T)$为标量,$\beta(t,T)$为$N \times 1$维函数向量,它们的形式由如下常微分方程组给出:

$$\begin{cases} \dfrac{d\alpha(t,T)}{d(T-t)} = \widetilde{\mu}' \widetilde{K}' \beta(t,T) - \dfrac{1}{2} \sum_{i=1}^{N} [\widetilde{\Sigma}' \beta(t,T)]_i^2 a_i + \delta_0 \\ \dfrac{d\beta(t,T)}{d(T-t)} = -\widetilde{K}' \beta(t,T) - \dfrac{1}{2} \sum_{i=1}^{N} [\Sigma' \beta(t,T)]_i^2 b_i + \delta_y \end{cases}$$

该常微分方程组的初始条件为:$\alpha(t,t) = 0$,$\beta(t,t) = 0$。相应地,即期利率的公式为

$$R(t,T) = \alpha(t,T) + \beta(t,T)' Y(t) \tag{7.74}$$

仿射模型的优势在于,给定瞬时利率的随机过程,我们并不需要求解偏微分方程(7.18)或式(7.26),而直接通过求解式(7.73)就可以很方便地得到债券价格的解析解。这极大地降低了模型分析的工作量。需要特别指出的是,在构建仿射模型的过程中,风险价格的设定式(7.71)是非常关键的一步。[1] 不同

---

[1] 郑振龙等(2010)在仿射模型框架下详细比较了利率风险价格不同形式设定的优劣。

的风险价格形式意味着同一个风险中性瞬时利率过程对应着现实测度下不同的瞬时利率随机过程。反过来，同一个现实测度下瞬时利率过程也可能因为风险价格形式的差异对应了风险中性测度下瞬时利率不同的随机过程，有的甚至可能是非仿射过程。这时，我们就无法按照上述步骤方便地计算债券价格的解析解形式。

此外，需要说明的是，仿射模型同样存在不足之处。最明显的一点在于仿射模型采用线性形式，而对仿射模型定价误差的研究表明，仿射模型定价误差的存在可能是由于忽略了一些非线性因素。这也引发了研究人员考虑更复杂的模型形式，例如二次模型，或者考虑更多的风险源，例如跳跃模型等。但总的来看，这些改进并未取得突破性进展。一方面，引入较复杂的随机过程后，求解债券价格和期权价格的解析式变得异常复杂，有时甚至没有解析解，给模型的使用带来了极大的困难；另一方面，引入过多风险源后，一部分风险源对应着不可交易的资产。这些风险无法被市场定价，也没有办法在交易过程中得到对冲，所以考虑这些风险并没有太多的实际意义。因此，总的来看，仿射模型依然是当今动态利率期限结构建模最常使用的模型形式。

第三节　HJM 分析框架与无套利模型

在上一节中，我们曾经提到，Hull-White 模型通过引入时变的长期均值项，使模型能够完全拟合当前市场的利率期限结构。这是所有无套利模型的共同特点。但是，不同的无套利模型设置市场数据接口的具体方式并不完全相同，因而从表面上看，不同模型在设定形式上似乎有很大差别。那么我们能不能在一个统一的框架下对无套利模型展开一般性讨论呢？

Heath, Jarrow and Morton (1992) 提出的 HJM 分析框架解决了这一问题。这个框架给出了无套利模型的一般形式，几乎所有的无套利模型都可以看成是 HJM 框架下的特例。在本节中，我们首先介绍 HJM 分析框架的基本原理，之后以该分析框架为基础展开对无套利模型的讨论。由于无套利模型在实际产品定价中使用非常广泛，因此在这一部分，除了在传统的连续时间框架下论述之外，我们还将加入对模型离散形式的讨论，为读者用数值方法实现模型提供必要的技术储备。本节的最后，我们将讨论一类特殊的无套利模型——LIBOR 市场模型。LIBOR 市场模型的建模对象为市场中可直接观测的远期 LIBOR 利率或远期互换利率，由这些模型得到的利率顶、利率底以及利率互换期权等产品的定价公式非常简单。因此，LIBOR 市场模型逐渐成为近年来固定收益衍生品定价当中最流行的模型。

一、HJM 分析框架

与传统利率动态模型针对瞬时利率建模不同，HJM 分析框架直接使用瞬时远期利率建模。从式(7.6)和式(7.8)可以看出，瞬时远期利率与即期利率和零息债价格的关系要比瞬时利率更为直接和简单。事实上，Hull-White 单因子模型就是以瞬时远期利率为接口，将市场的利率期限结构数据直接引入模型。具体来看，HJM 分析框架从设定瞬时远期利率在现实测度下的随机过程出发，将当前的利率期限结构作为输入变量，基于无套利条件推出风险中性测度下瞬时远期利率所应遵循的随机过程，进而求解债券与衍生品价格。这就是 HJM 分析框架的基本思路。

HJM 分析框架首先假设瞬时远期利率在现实测度下服从如下随机过程：

$$\mathrm{d}f(t,T) = \mu_f(t,T,\omega)\mathrm{d}t + \sum_{i=1}^{n}\sigma_{f,i}(t,T,\omega)\mathrm{d}z_i(t) \qquad (7.75)$$

其中，$\mu_f(\cdot)$ 和 $\sigma_f(\cdot)$ 分别对应现实世界中瞬时远期利率的漂移率和波动率，$\mathrm{d}z_i(t)(i=1,2,\cdots,n)$ 为现实测度下 n 个相互独立的标准布朗运动。与前面介绍过的 Vasicek 和 CIR 等简单的利率模型相比，HJM 分析框架明显的一个不同之处在于引入信息集 ω，它表示直到 t 时刻为止发生的所有事件。[①] 这意味着 HJM 框架中的利率并不一定服从马尔可夫过程[②]，历史事件对于未来依然可能有影响。

通过式(7.75)的两边对 t 积分，我们可以得到 t 时刻瞬时远期利率的表达式为

$$f(t,T) = f(0,T) + \int_0^t \mu_f(v,T)\mathrm{d}v + \sum_{i=1}^{n}\int_0^t \sigma_{f,i}(v,T)\mathrm{d}z_i(v) \qquad (7.76)$$

其中，右边的第一项 $f(0,T)$ 为 0 时刻观测到的瞬时远期利率，也就是初始时刻的利率期限结构信息；第二项和第三项则代表从 0 时刻到 t 时刻的信息更新过程。由式(7.76)，我们可以很快得到瞬时利率的表达式：

$$r(t) = f(t,t) = f(0,t) + \int_0^t \mu_f(v,t)\mathrm{d}v + \sum_{i=1}^{n}\int_0^t \sigma_{f,i}(v,t)\mathrm{d}z_i(v) \qquad (7.77)$$

由式(7.6)给出的瞬时远期利率与零息债间的关系，我们可以得到

[①] 为书写方便，在后续推导中如无特殊需要，我们都将省略 ω。

[②] 通俗地说，所谓马尔可夫过程，是指只有变量的当前值与未来的预测有关，变量过去的历史和变量从过去到现在的演变方式与未来的预测无关。

式(7.76)形式下零息债价格的表达式为

$$\ln B(t,T) = -\int_t^T f(0,s)\,\mathrm{d}s - \int_t^T \left[\int_0^t \mu_f(v,s)\,\mathrm{d}v\right]\mathrm{d}s - \sum_{i=1}^n \int_t^T \left[\int_0^t \sigma_{f,i}(v,s)\,\mathrm{d}z_i(v)\right]\mathrm{d}s$$

$$= \ln B(0,T) + \int_0^t [r(v) + b(v,T)]\,\mathrm{d}v - \frac{1}{2}\sum_{i=1}^n \int_0^t a_i^2(v,T)\,\mathrm{d}v$$

$$+ \sum_{i=1}^n \int_0^t a_i(v,T)\,\mathrm{d}z_i(v) \tag{7.78}$$

其中

$$a_i(v,T) = -\int_v^T \sigma_{f,i}(v,s)\,\mathrm{d}s$$

$$b(v,T) = -\int_v^T \mu_f(v,s)\,\mathrm{d}s + \frac{1}{2}\sum_{i=1}^n a_i^2(v,T)$$

根据伊藤引理,我们可以得知现实测度下零息债价格所遵循的随机过程为

$$\frac{\mathrm{d}B(t,T)}{B(t,T)} = [r(t) + b(t,T)]\,\mathrm{d}t + \sum_{i=1}^n a_i(t,T)\,\mathrm{d}z_i(t) \tag{7.79}$$

HJM分析框架的一个重要假设是无套利条件成立。从第一节所学的知识我们知道,无套利条件成立就意味着市场风险价格存在,也就是一定存在一个风险中性测度,在该测度下零息债的漂移率为无风险利率。而且,现实测度和该风险中性测度总满足如下关系:

$$\mathrm{d}\tilde{z}_i(t) = \mathrm{d}z_i(t) + \lambda_i(t)\,\mathrm{d}t \tag{7.80}$$

其中, $\lambda_i(t)$ 代表风险源 $\mathrm{d}z_i(t)$ 对应的市场风险价格。将式(7.80)代入式(7.75),我们很容易得到风险中性测度下零息债价格所遵循的随机过程为

$$\frac{\mathrm{d}B(t,T)}{B(t,T)} = [r(t) + \tilde{b}(t,T)]\,\mathrm{d}t + \sum_{i=1}^n a_i(t,T)\,\mathrm{d}\tilde{z}_i(t) \tag{7.81}$$

其中

$$\tilde{b}(t,T) = -\int_t^T \mu_f(t,s)\,\mathrm{d}s + \frac{1}{2}\sum_{i=1}^n a_i^2(t,T) - \sum_{i=1}^n a_i(t,T)\lambda_i(t)$$

由于风险中性测度下零息债价格的漂移率一定是无风险利率,这意味着式(7.81)给出的 $\tilde{b}(t,T)$ 必须为0。因此,参数 μ_f、$\sigma_{f,i}$ 和 $\lambda_i(t)$ 必然满足如下关系:

$$\int_t^T \mu_f(t,s)\,\mathrm{d}s = \frac{1}{2}\sum_{i=1}^n a_i^2(t,T) - \sum_{i=1}^n a_i(t,T)\lambda_i(t)$$

$$= \frac{1}{2}\sum_{i=1}^n \left[-\int_t^T \sigma_{f,i}(t,s)\,\mathrm{d}s\right]^2 + \sum_{i=1}^n \left[\int_t^T \sigma_{f,i}(t,s)\,\mathrm{d}s\right]\lambda_i(t)$$

$$\tag{7.82}$$

对式(7.82)取微分,有

$$\mu_f(t,T) = \sum_{i=1}^{n} \sigma_{f,i}(t,T)\left[\int_t^T \sigma_{f,i}(t,s)\,\mathrm{d}s + \lambda_i(t)\right] \quad (7.83)$$

将式(7.83)和式(7.80)代回式(7.75),我们可以写出 HJM 框架下瞬时远期利率的风险中性随机过程为

$$\mathrm{d}f(t,T) = \tilde{\mu}_f(t,T)\mathrm{d}t + \sum_{i=1}^{n} \sigma_{f,i}(t,T)\mathrm{d}\tilde{z}_i(t) \quad (7.84)$$

其中

$$\tilde{\mu}_f(t,T) = \sum_{i=1}^{n} \sigma_{f,i}(t,T)\left[\int_t^T \sigma_{f,i}(t,s)\,\mathrm{d}s\right] \quad (7.85)$$

这样我们可以推知风险中性测度下瞬时利率的表达式

$$r(t) = f(t,t) = f(0,t) + \int_0^t \tilde{\mu}_f(v,t)\mathrm{d}v + \sum_{i=1}^{n} \int_0^t \sigma_{f,i}(v,t)\mathrm{d}\tilde{z}_i(v) \quad (7.86)$$

和瞬时利率的随机过程

$$\mathrm{d}r(t) = \left[\frac{\partial f(0,t)}{\partial t} + \tilde{\mu}_f(t,t) + \int_0^t \frac{\partial \tilde{\mu}_f(v,t)}{\partial t}\mathrm{d}v + \sum_{i=1}^{n} \int_0^t \frac{\partial \sigma_{f,i}(v,t)}{\partial t}\mathrm{d}\tilde{z}_i(v)\right]\mathrm{d}t$$

$$+ \sum_{i=1}^{n} \sigma_{f,i}(t,t)\mathrm{d}\tilde{z}_i(t) \quad (7.87)$$

并可运用式(7.26)求出利率产品的价格。

在上述推导中,式(7.85)是 HJM 分析框架的核心结论。它意味着在无套利条件下,风险中性测度下瞬时远期利率的漂移率是波动率的函数,波动率完全决定了瞬时远期利率的风险中性过程,而在 HJM 分析框架下,风险中性测度和现实测度下的波动率是相同的。这表明,与一般均衡模型不同,在 HJM 框架下,市场风险价格 λ 的设定并不影响瞬时远期利率和瞬时利率在风险中性测度下的漂移率,从而也就不会对资产定价产生影响。进一步从式(7.86)和式(7.87)可以看出,在 HJM 框架下,只要给定波动率,同时运用当前 0 时刻的利率期限结构信息(即 $f(0,t)$),就可以为利率产品定价。

注意在 HJM 分析框架中,无套利是其根本性的假设。在运用其为利率产品定价时,要用到 $f(0,t)$ 的信息。在这里,$f(0,t)$ 就是模型与市场数据的接口,因此 HJM 在性质上属于无套利的模型。

但我们在分析式(7.75)时也提到,在 HJM 分析框架下,随机过程不一定是马尔可夫过程,这给模型的应用带来了一定的困难。因为在非马尔可夫过程的情况下,一方面我们很难得到利率产品的解析解;另一方面非马尔可夫过程将

带来数值方法中二叉树①节点的不重合,导致节点数呈几何级递增,极大地增加了数值计算的复杂程度。最后,需要强调的是,HJM 分析框架并没有具体设定波动率的形式,因而不能直接用于求解利率产品的价格,这正是它只能被称为一种分析框架的原因。在使用 HJM 分析框架时,我们首先必须给出波动率的结构,再根据式(7.85)设定瞬时远期利率在风险中性测度下的随机过程并求解利率产品的价格。

二、无套利模型

(一) 连续时间的无套利模型

作为一般的无套利模型分析框架,设定波动率的具体形式之后,由 HJM 框架就可以得到具体的无套利模型,用于利率产品定价。在这一部分,我们用两个例子来说明这一问题。

1. 单一风险源且波动率为常数

如果只有一个风险源且 $\sigma_f(t,T) = \sigma$,其中 σ 为常数。由式(7.85)易知,风险中性测度下瞬时远期利率的漂移率 $\tilde{\mu}_f(t,T)$ 等于 $\sigma^2(T-t)$,从而瞬时远期利率的风险中性过程为

$$\mathrm{d}f(t,T) = \sigma^2(T-t)\mathrm{d}t + \sigma\mathrm{d}\tilde{z}(t) \qquad (7.88)$$

0 时刻的瞬时远期利率由市场利率期限结构直接输入,即

$$f(0,T) = f^M(0,T) \qquad (7.89)$$

其中,$f^M(0,T)$ 为 0 时刻市场上的瞬时远期利率。进一步由式(7.87)可知,风险中性测度下瞬时利率所遵循的随机过程为

$$\mathrm{d}r(t) = \left[\frac{\partial f(0,t)}{\partial t} + \sigma^2 t\right]\mathrm{d}t + \sigma\mathrm{d}\tilde{z}(t) \qquad (7.90)$$

将式(7.90)中的漂移率记为 $\tilde{\mu}(t)$,则瞬时利率的风险中性随机过程可写为

$$\mathrm{d}r(t) = \tilde{\mu}(t)\mathrm{d}t + \sigma\mathrm{d}\tilde{z}(t) \qquad (7.91)$$

比较式(7.91)与 Merton 模型的设定(7.27),可以发现其基本形式是一致的,但式(7.91)引入了时变的漂移率,并在时变的漂移率中通过瞬时远期利率为模型引入了市场的无套利接口,如式(7.90)。这一动态期限结构模型被称为 Ho-Lee 模型(Ho and Lee,1986)。与 Hull-White 单因子模型扩展 Vasicek 模型相似,Ho-Lee 模型也是对 Merton 模型的无套利扩展。读者可以参照我们在第

---

① 关于二叉树定价方法的介绍,请参见郑振龙和陈蓉(2008)。在下文我们将直接讨论二叉树方法在利率模型中的应用。

二节中分析 Merton 模型、Vasicek 模型和 Hull-White 单因子模型的思路来讨论 Ho-Lee 模型的特性。

在 Ho-Lee 模型下,无风险零息债价格公式为

$$B(t,T) = \frac{B(0,T)}{B(0,t)}e^{\{-(T-t)[r(t)-f(0,t)]-[\frac{\sigma^2(T-t)^2 t}{2}]\}} \quad (7.92)$$

相应的零息债看涨期权价格公式为

$$c^{X,T,T^*}(r,t) = B(t,T^*)N(d_1) - XB(t,T)N(d_2) \quad (7.93)$$

其中

$$d_1 = \frac{1}{v(t,T,T^*)}\ln\left[\frac{B(t,T^*)}{XB(t,T)}\right] + \frac{1}{2}v(t,T,T^*)$$

$$d_2 = d_1 - v(t,T,T^*)$$

$$v(t,T,T^*) = \sigma(T^* - T)\sqrt{T-t}$$

2. 单一风险源且波动率为时间的函数

如果只有一个风险源且波动率的结构为 $\sigma_f(t,T) = \sigma e^{-\tilde{\kappa}(T-t)}$,其中 σ 和 $\tilde{\kappa}$ 均为常数。由式(7.85)我们很容易写出瞬时远期利率的风险中性过程为

$$df(t,T) = \frac{\sigma^2}{\tilde{\kappa}}e^{-\tilde{\kappa}(T-t)}[1 - e^{-\tilde{\kappa}(T-t)}]dt + \sigma e^{-\tilde{\kappa}(T-t)}d\tilde{z}(t) \quad (7.94)$$

同样,0 时刻的瞬时远期利率由市场利率期限结构直接输入:$f(0,T) = f^M(0,T)$。

风险中性测度下的瞬时利率可写为

$$r(t) = f(t,t) = f(0,t) + \int_0^t \frac{\sigma^2}{\tilde{\kappa}}e^{-\tilde{\kappa}(t-v)}(1 - e^{-\tilde{\kappa}(t-v)})dv + \int_0^t \sigma e^{-\tilde{\kappa}(t-v)}d\tilde{z}(v)$$

对上式两边求导,可得瞬时利率的风险中性随机过程为

$$dr(t) = \tilde{\kappa}\left[\frac{1}{\tilde{\kappa}}\frac{\partial f(0,t)}{\partial t} + f(0,t) + \frac{\sigma^2}{2\tilde{\kappa}^2}(1 - e^{-2\tilde{\kappa}t}) - r(t)\right]dt + \sigma d\tilde{z}(t) \quad (7.95)$$

与式(7.45)和式(7.46)对比,很容易发现这就是曾经介绍过的 Hull-White 单因子模型。

从以上两个例子可以看出,HJM 分析框架的确是无套利模型的一般框架。值得注意的是,尽管 HJM 模型本身可以将随机过程设定为非马尔可夫过程,但具体设定下得到的 Ho-Lee 模型和 Hull-White 模型都是马尔可夫过程。

(二) 离散的无套利模型

到目前为止,我们所介绍的具体动态利率模型都具有形式相对简单的优点,都可以写出零息债价格和对应期权价格的解析解。但在实际应用中,许多模型,特别是含有市场数据接口的无套利模型,很难得到解析解,从而大大提高了模型运用的难度。这个时候,我们就需要借助数值技术来为利率产品定价。

在这里,我们介绍利率产品定价中常用的二叉树数值方法,其基本思路就是用大量离散的小幅度二值运动来模拟连续的资产价格运动,得到未来的利率分布树图,从而为利率产品定价。注意以下二叉树定价过程都是在风险中性测度下进行的。

1. Ho-Lee 的离散模型

作为 Merton 模型的无套利模型,Ho-Lee 模型在很多方面与 Merton 模型有类似的不足之处,限制了它的可应用性。但由于它非常简单,我们用其来解释将连续时间无套利模型离散化的过程。

我们从单期模型开始。假设离散时间间隔为 τ,以期限为 τ 的利率 $r(t,t+\tau)$ 为例。在 t 时刻,$r(t,t+\tau)$ 是已知的,设为 r_0。到了下一时刻(即 $t+\tau$ 时刻),Ho-Lee 模型设定利率 $r(t+\tau,t+2\tau)$ 只有两种可能的取值,或者以 0.5 的概率上升至 r_u,或者以 0.5 的概率下降至 r_d,用图 7.1 表示如下:

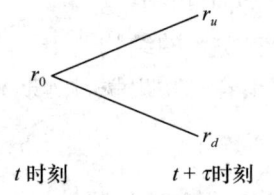

图 7.1 $r(t,t+\tau)$ 的单期利率树图

其中

$$\begin{cases} r_u = r_0 + \tilde{\mu}(t)\tau + \sigma\sqrt{\tau} \\ r_d = r_0 + \tilde{\mu}(t)\tau - \sigma\sqrt{\tau} \end{cases} \quad (7.96)$$

$\tilde{\mu}(t)$ 表示利率 $r(t,t+\tau)$ 在 t 时刻的漂移率,而 σ 表示波动率。因为在此设定下,下一时刻利率 $r(t+\tau,t+2\tau)$ 的条件期望值和方差分别为

$$\tilde{E}_t[r(t+\tau,t+2\tau)] = 0.5r_u + 0.5r_d = r_0 + \tilde{\mu}(t)\tau$$

$$\begin{aligned}\tilde{\text{Var}}_t(r(t+\tau,t+2\tau)) &= 0.5(r_u - \tilde{E}_t[r(t+\tau,t+2\tau)])^2 \\ &\quad + 0.5(r_d - \tilde{E}_t[r(t+\tau,t+2\tau)])^2 \\ &= \sigma^2\tau\end{aligned}$$

显然与 Ho-Lee 模型(即式(7.91))中瞬时利率的期望值和方差是相符的。[①]

离散无套利模型的核心就是用市场中的利率期限结构信息确定树图上每个节点的值,以保证不存在套利机会。根据式(7.96),参数 $\tilde{\mu}(t)$ 和 σ 一旦确定,树图节点的取值也就随之确定了。一般来说,σ 由对利率波动率的先验看

---

① 由统计学原理可知,二项分布的极限就是正态分布。

法、历史数据或用隐含波动率来外生给定，$\tilde{\mu}(t)$ 则在无套利的原则下运用利率期限结构信息来加以确定。

在外生给定 σ 的情况下，如何运用无套利原则确定 $\tilde{\mu}(t)$ 呢？相对于图 7.1 中的利率变动，$t+2\tau$ 时刻到期的零息债价格 $B(t,t+2\tau)$ 也将以 0.5 的概率分别上升或者下降。图 7.1 中的单期利率树图对应的是图 7.2 中的两期零息债树图。

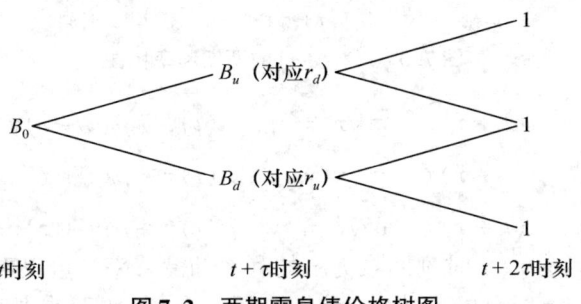

图 7.2　两期零息债价格树图

由现金流贴现原理，每一时刻债券的价格为下一期债券价格期望的现值。我们从树图的末端向前倒推。在 $t+2\tau$ 时刻，由于债券到期，其价格为 1 元，因此在 $t+\tau$ 时刻，债券的价格应为（注意，此时该债券的剩余期限仅为 τ）

$$B_u = e^{-r_d \tau}$$
$$B_d = e^{-r_u \tau} \quad (7.97)$$

再向前推一期，有

$$B(t,t+2\tau) = (0.5B_u + 0.5B_d) e^{-r_0 \tau} \quad (7.98)$$

将式(7.96)、式(7.97)代入式(7.98)，就可以将 t 时刻的债券价格 $B(t,t+2\tau)$ 表达为 $\tilde{\mu}(t)$ 的函数，令 $B(t,t+2\tau)$ 等于 t 时刻真实的债券市场价格 B_0，就可以由市场信息倒推得到参数 $\tilde{\mu}(t)$，进而根据式(7.96)求得 r_u 和 r_d，从而画出图 7.1 中的单期利率树图。

但是，在实际运用中，我们需要的往往不是单期树图，而是多期树图。从单期拓展到多期往往需要考虑树图节点重合(recombining)的问题。例如，图 7.3 中给出的两期利率树图，如果先上升后下降到达的 r_{ud} 与先下降后上升到达的 r_{du} 不能重合于同一个节点并持续下去，在第 i 期末树图的节点数将达到 2^i 个，出现几何级数增长；但如果 r_{ud} 与 r_{du} 能够重合于同一个节点并持续下去，在第 i 期末树图的节点数将只有 $i+1$ 个，大大降低了模型分析的难度。

为了实现节点的重合，我们先来看看第 2 期末各个节点的利率公式。各个利率公式分别为

$$r_{uu} = r_u + \tilde{\mu}(t+\tau)\tau + \sigma\sqrt{\tau} = r_0 + \tilde{\mu}(t)\tau + \tilde{\mu}(t+\tau)\tau + 2\sigma\sqrt{\tau}$$

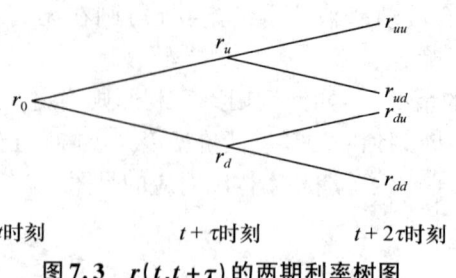

图 7.3 $r(t, t+\tau)$ 的两期利率树图

$$r_{ud} = r_u + \tilde{\mu}(t+\tau)\tau - \sigma\sqrt{\tau} = r_0 + \tilde{\mu}(t)\tau + \tilde{\mu}(t+\tau)\tau$$

$$r_{du} = r_d + \tilde{\mu}(t+\tau)\tau + \sigma\sqrt{\tau} = r_0 + \tilde{\mu}(t)\tau + \tilde{\mu}(t+\tau)\tau$$

$$r_{dd} = r_d + \tilde{\mu}(t+\tau)\tau - \sigma\sqrt{\tau} = r_0 + \tilde{\mu}(t)\tau + \tilde{\mu}(t+\tau)\tau - 2\sigma\sqrt{\tau}$$

其中，$\tilde{\mu}(t+\tau)$ 表示 $t+\tau$ 时刻期限为 τ 的利率的漂移率。可以看到在 Ho-Lee 模型的设定下，$t+2\tau$ 时刻的 r_{ud} 与 r_{du} 已经自然重合了，从而使得第 2 期期末的利率树图节点只有 3 个。但要求得具体树图节点上的利率值，还要确定时变参数 $\tilde{\mu}(t+\tau)$ 的值。运用 3 期以后到期的零息债 $B(t, t+3\tau)$ 的市场价格，用逐步贴现的方法，就可以将 $B(t, t+3\tau)$ 表示为 $\tilde{\mu}(t+\tau)$ 的函数，从而由市场价格倒推出 $\tilde{\mu}(t+\tau)$ 的值。以此类推，利用市场上的多个债券价格信息（也就是利率期限结构信息），我们就可以逐渐建立起利率的多期树图，从而得到未来利率分布的信息，并用其为利率产品定价。

2. BDT 模型

Ho-Lee 的离散模型胜在简单易用，但它是基于 Merton 模型的普通布朗运动设定发展而来，因而存在利率可能为负等不合理的现象。以下我们介绍两个更为合理和常用的离散无套利模型：BDT 模型（Black，Derman and Toy，1990）和 B-K 模型（Black and Karasinski，1991）。

BDT 模型的基本假设是利率服从对数正态分布，以保证利率始终为正，相应的离散形式同样是上升下降概率均为 0.5 的二值运动，但由于漂移率和波动率的具体设定形式不同，因此二叉树的具体扩散过程与 Ho-Lee 模型不同。BDT 模型最重要的特征是漂移率 $\tilde{\mu}(t)$ 和波动率 $\sigma(t)$ 都是时变的，以同时拟合每个时刻市场的利率期限结构和波动率期限结构。我们用一个具体的例子来帮助读者理解 BDT 模型。

假设当前时刻为 0，离散时间间隔为 1 年，先考虑单期模型。1 年期即期利率 $r(t, t+1)$ 在 1 年后或者以 0.5 的概率上升至 r_u，或者以 0.5 的概率下降至 r_d，如图 7.4 所示。

第七章　利率期限结构：动态模型　271

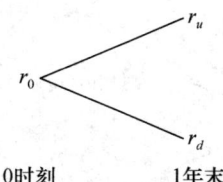

0时刻　　　　　　　1年末

图7.4　1年期即期利率的单期利率树图

如何运用当前的市场信息构造树图呢？假设当前市场上的零息债的到期收益率及其波动率期限结构的信息如表7.1所示。

表7.1　零息债到期收益率及其波动率期限结构

剩余期限(年)	到期收益率	波动率
1	10%	
2	11%	19%
3	12%	18%

我们知道当前的1年期即期利率 r_0 就等于市场上1年期零息债的到期收益率10%。接下来，BDT模型用市场上的2年期零息债的信息来估计 r_u 和 r_d。

首先，要使得二叉树模型所隐含的2年期零息债价格等于其市场价格。与11%的到期收益率对应，2年期债券的当前市场价格为 $e^{-11\% \times 2} = 0.8025$。运用与Ho-Lee离散模型类似的倒推法，我们可以用 r_u 和 r_d 来表达2年期债券的价格，在无套利条件下，这个2年期债券的价格应等于市场价格0.8025，即

$$B(0,2) = (0.5 \times e^{-r_d} + 0.5 \times e^{-r_u}) \times e^{-10\%} = 0.8025 \quad (7.99)$$

由此，我们写出了求解 r_u 和 r_d 的第一个方程。

其次，令二叉树模型隐含的波动率等于当前市场的波动率，我们将得到求解 r_u 和 r_d 的第二个方程。事实上，关于波动率的方程的写法有两种，我们这里介绍BDT模型的原始写法。在BDT模型的原文中，该方程是关于0时刻的2年期零息债到期收益率的波动率，如图7.5所示。注意0时刻的到期收益率 $y(0,2)$ 就是表7.1中的11%，而1年后，该债券的剩余期限只剩下一年，因此其对应的两种可能的到期收益率分别为 $y_u(1,2)$ 和 $y_d(1,2)$，也就是说，到期时刻不变而剩余期限发生了变动，该到期收益率的一般表达式为 $y(t,2)$。这与我们所要估计的图7.4是不同的，图7.4刻画的是期限始终为1年的即期利率 $r(t,t+1)$ 在每个时点的变动。

由于假设利率服从对数正态分布，$\ln y(t,2)$ 服从的是正态分布，在1年末，$\ln y(1,2)$ 的期望值和方差分别为

$$\tilde{E}_t[\ln y(1,2)] = 0.5\ln y_u(1,2) + 0.5\ln y_d(1,2)$$

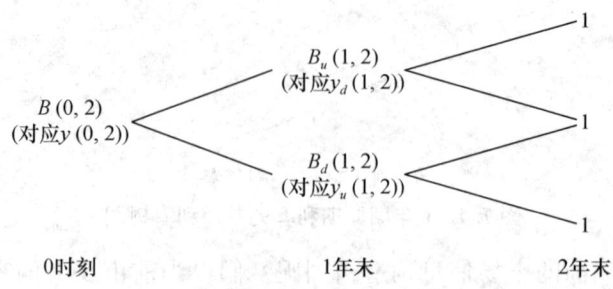

图 7.5 2 年期零息债价格与到期收益率树图

$$\widetilde{\text{Var}}_t[\ln y(1,2)] = 0.5(\ln y_u(1,2) - \widetilde{E}_t[\ln y(1,2)])^2 + 0.5(\ln y_d(1,2) - \widetilde{E}_t[\ln y(1,2)])^2$$

$$= \frac{1}{4}\left(\ln \frac{y_u(1,2)}{y_d(1,2)}\right)^2$$

方差开方即可得到 $\ln y(1,2)$ 的波动率。结合表 7.1 中的市场波动率信息,我们可以写出第二个方程为

$$\frac{1}{2}\ln\left(\frac{y_u(1,2)}{y_d(1,2)}\right) = 19\% \qquad (7.100)$$

由于 1 年后,$y(1,2)$ 就是期限为 1 年的即期利率,因此式(7.100)可以写为

$$\frac{1}{2}\ln\left(\frac{r_u}{r_d}\right) = 19\% \qquad (7.101)$$

联立式(7.99)和式(7.101),就可以直接求出市场数据隐含的 r_u 和 r_d 分别为 14.32% 和 9.79%,从而完成单期树图。

接下来,我们要将树图拓展至多期。此时我们同样要考虑图 7.3 中节点的重合问题。与 Ho-Lee 离散模型节点自然重合不同,从 BDT 模型迄今为止的给定信息中,我们无法保证节点的自然重合,需要施加外生的约束。具体来说,在第 2 年年末时,无论 1 年期即期利率是从 r_u 变动至 r_{uu} 或 r_{ud},还是从 r_d 变动至 r_{du} 或 r_{dd},其波动率都应该是相等的。基于对数正态分布的假设,我们有

$$\frac{1}{2}\ln\left(\frac{r_{uu}}{r_{ud}}\right) = \frac{1}{2}\ln\left(\frac{r_{du}}{r_{dd}}\right)$$

如果让节点重合,即 $r_{ud} = r_{du}$,我们就可以得到第 2 年年末的第一个方程

$$r_{uu}r_{dd} = r_{ud}^2 \qquad (7.102)$$

第 2 年年末的另外两个方程则由市场中 3 年期零息债价格及其波动率的信息得到。观察图 7.6 中的债券价格树图,可以逐步倒推写出

$$B_{uu}(2,3) = e^{-r_{uu}}, \quad B_{ud}(2,3) = e^{-r_{ud}}, \quad B_{dd}(2,3) = e^{-r_{uu}}$$

$$B_u(1,3) = (0.5B_{uu}(2,3) + 0.5B_{ud}(2,3))e^{-9.79\%}$$
$$B_d(1,3) = (0.5B_{dd}(2,3) + 0.5B_{ud}(2,3))e^{-14.32\%} \quad (7.103)$$
$$B(0,3) = (0.5B_u(1,3) + 0.5B_d(1,3))e^{-10\%}$$

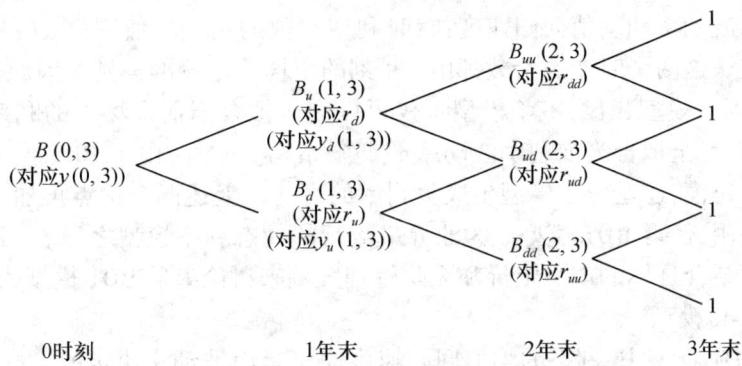

图 7.6　3 年期零息债价格与到期收益率树图

从而可以将 3 年期债券价格 $B(0,3)$ 表达为 r_{uu}、r_{ud} 和 r_{dd} 的方程。波动率方程的构造则基于图 7.6 中的到期收益率 $y(t,3)$ 的波动率进行。同样,基于对数正态分布的假设,$y(t,3)$ 的波动率方程为

$$\frac{1}{2}\ln\left(\frac{y_u(1,3)}{y_d(1,3)}\right) = 18\% \quad (7.104)$$

根据债券定价的基本原理,我们有

$$B_u(1,3) = e^{-y_d(1,3)\times 2}, \quad B_d(1,3) = e^{-y_u(1,3)\times 2}$$

因此,我们可以将波动率也表达为 r_{uu}、r_{ud} 和 r_{dd} 的方程。联立式(7.102)、式(7.103)和式(7.104),就可求出这三个节点的取值分别为 19.42%、13.77% 和 9.76%。以此类推,我们就可以用市场的利率期限结构和波动率期限结构信息构造出利率树图,从而为利率产品定价。

在上述分析中,值得注意的是波动率的计算环节。首先,BDT 模型所使用的是利率对数的波动率;其次,表 7.1 中的零息债到期收益率的波动率度量的是固定到期日的零息债的到期收益率的波动率。由于波动率反映的是未来的波动信息,因此在二叉树模型中需要运用 1 年后的数据进行计算,而 1 年后的债券剩余期限将减少 1 年,因此 n 年后到期的零息债的波动率实际上等于剩余期限为 $n-1$ 年的即期利率的波动率。

Black, Derman and Toy(1990) 最早只提出了 BDT 模型的上述离散形式,Hull and White(1990) 给出了 BDT 模型的连续形式,即

$$\mathrm{d}\ln r(t) = \left[\tilde{\mu}(t) + \frac{\sigma'_t(t)}{\sigma(t)}\ln r(t)\right]\mathrm{d}t + \sigma(t)\mathrm{d}\tilde{z}(t) \quad (7.105)$$

其中,$\sigma_t'(t)=\dfrac{\partial\sigma(t)}{\partial t}$。BDT 模型的连续形式清晰地展现了该模型的结构特点。BDT 模型实际上是假设瞬时利率对数服从参数时变的 Vasicek 模型,因此是一个无套利的均值回归模型。该模型只有两个待估参数:$\sigma(t)$同时决定了瞬时利率对数的波动率和均值回归速度;瞬时利率对数的长期均值则由 $\tilde{\mu}(t)$ 和 $\sigma(t)$ 共同决定。这两个时变的参数都由 t 时刻的市场数据校准得到。因此,与 Hull-White 单因子模型相比,BDT 模型不仅可以完全拟合当前市场上的利率期限结构,还可以完全拟合当前利率波动率的期限结构。此外,由于 BDT 模型使用利率的对数建模,还避免了模型生成负利率的可能。上述两个优点再加上操作上的简单易用,使得 BDT 模型成为业界最流行的动态利率模型之一。[①] 我们将在后面两章结合具体的产品定价和风险管理案例来讨论离散 BDT 模型的应用。

3. B-K 模型

在 BDT 模型中,利率的均值回归速度完全是由波动率决定的,这一设定过于严格,而且可能并不合理。Black and Karasinski(1991)在 BDT 模型的基础上引入了第三个参数单独刻画利率的均值回归速度,发展出 B-K 模型,其连续形式由式(7.106)给出。

$$\mathrm{d}\ln r(t)=\tilde{\kappa}(t)[\ln\tilde{\mu}(t)-\ln r(t)]\mathrm{d}t+\sigma(t)\mathrm{d}\tilde{z}(t) \qquad (7.106)$$

式(7.106)与式(7.105)最大的区别在于引入了时变的均值回归速度 $\tilde{\kappa}(t)$,可以视为 BDT 模型的一般化。因此,与 BDT 模型相比,B-K 模型的灵活度更高。而且,正如我们在第一节中提到的,由于多引入了一个待估参数,B-K 模型的样本内拟合效果必然会优于 BDT 模型。但是,这同时也意味着拟合该模型所需的市场信息将增加,且样本外的定价和预测结果并不必然优于 BDT 模型。

在实际应用时,B-K 模型通常也以离散的二叉树形式出现。与 BDT 模型相似,利率在间隔很短的下一期以 0.5 的概率上升为 r_u,或者以 0.5 的概率下降为 r_d。将式(7.106)离散化代入树图,自然有:

$$\begin{aligned}r_u&=re^{\tilde{\kappa}(t)(\ln\tilde{\mu}(t)-\ln r_0)\tau+\sigma(t)\tau}\\ r_d&=re^{\tilde{\kappa}(t)(\ln\tilde{\mu}(t)-\ln r_0)\tau-\sigma(t)\tau}\end{aligned} \qquad (7.107)$$

其中,τ 为时间间隔。在拓展到多期树图时,如果要使得节点重合,就需要令

$$\tilde{\kappa}(t)=\dfrac{\sigma(t)-\sigma(t-\tau)}{\sigma(t)\cdot\tau}$$

其中,$\sigma(t-\tau)$ 表示上一期的波动率。这实际上就回到了 BDT 模型。如果不想

[①] 例如,Matlab 软件就自带了 BDT 模型的软件包,使用者只需按要求输入当前的利率期限结构和波动率期限结构即可得到利率树图并为利率产品定价。

使用这一条件又希望节点重合,在二叉树图中,就只能令每一步的时间间隔变动,即调整 τ 的取值,而均值回归速度则为

$$\tilde{\kappa}(t) = \frac{1 - \dfrac{\sigma(t) \cdot \sqrt{\tau(t)}}{\sigma(t-\tau) \cdot \sqrt{\tau(t-\tau)}}}{\tau(t-\tau)}$$

其中,$\tau(\cdot)$ 表示不同时刻的时间间隔。另一种解决方法则是用三叉树图来刻画利率的变动,使得利率在下一时刻有三种演变的可能性,以此多获得一个自由度,以保证节点的重合。具体内容本书就不再详细介绍。

三、LIBOR 市场模型

HJM 分析框架是从瞬时远期利率开始建模的,而瞬时远期利率在市场中是不可直接观测的,这使得模型相对不易理解,而且也增加了用利率产品市场价格校准模型参数的难度。基于这一不足,Brace, Gatarek and Musiela(1997),Jamshidian(1997)和 Miltersen,Sandman and Sondermann(1997)等在 HJM 框架下提出了一套对市场利率的建模方法。这一模型最早被称为 BGM 模型,后续学者在此基础上进行了大量改进。由于 LIBOR 往往被视为衍生产品市场中的基准利率,在实际运用中这些模型的建模对象多是市场可直接观测到的基于 LIBOR 的利率[①],因此,此类模型被称为 LIBOR 市场模型(LIBOR market models,LMM)。LMM 模型的优点在于:第一,直接针对交易者熟悉的可观测利率建模;第二,在 LMM 框架下,很多常见的利率衍生品,如利率顶、利率底和利率互换期权等都可以直接由简单的 Black 公式导出,这极大地方便了参数的校准。这两个特点都方便了 LMM 模型在实际中的应用,使其逐渐成为近年来最流行的模型。

要理解 LMM 模型,我们必须首先对衍生产品定价中的另一个知识点——测度转换有所了解。因此,我们将首先简要介绍与本书有关的测度转换的知识。而依照所选测度的不同,LMM 模型又可细分为对数正态远期 LIBOR 市场模型(longnormal forward-LIBOR model,LFM)和对数正态互换模型(lognormal swap model,LSM)。

(一) 测度转换

在本章第一节中,我们学习了如何从现实测度转换至风险中性测度。测度的转换是为了便于定价,例如在风险中性测度下,无论风险多大,可交易资产价格对数的漂移率总为无风险利率,而且经无风险利率贴现的资产价格将服从鞅

[①] 在模型中我们通常对无风险利率建模,在实际中很多利率衍生产品则通常是基于 LIBOR 的。

过程,即未来期望等于当前值,这些性质可能大大降低定价的难度。然而很多时候,我们会发现对于某些金融产品,即使转换至风险中性测度,其定价也不是最便利的,如果转换至其他一些特定的测度中进行效果可能会更好。

所谓测度转换,可以理解为计价单位(numéraire)的转变。一般情况下,人们总用货币单位为资产价格计价。事实上,我们可以用任意一种资产价格作为计价单位,其他资产的价格都用该资产来表示。而在哥萨诺夫定理下,只要设定市场风险价格为不同的值,就可得到不同的等价测度。我们可以找到某些测度,其对应的计价单位是市场中人们熟悉的资产,而在这些测度下,某些特定变量服从鞅过程,从而为某些金融资产定价变得非常便利。以下的定理为我们转换至等价鞅测度并进行资产定价奠定了基础[①]:

定理 设两种资产在风险中性测度下分别服从如下过程:

$$dP(t) = r(t)P(t)dt + \boldsymbol{\sigma}(t)P(t)d\tilde{\boldsymbol{z}}(t)$$
$$dN(t) = r(t)N(t)dt + \boldsymbol{v}(t)N(t)d\tilde{\boldsymbol{z}}(t)$$

其中,$\tilde{\boldsymbol{z}}(t) = (\tilde{z}_1(t), \tilde{z}_2(t), \cdots, \tilde{z}_n(t))'$,表示风险中性测度下的 n 维标准布朗运动;$\boldsymbol{\sigma}(t) = (\sigma_1(t), \sigma_2(t), \cdots, \sigma_n(t))$;$\boldsymbol{v}(t) = (v_1(t), v_2(t), \cdots, v_n(t))$。那么,用 $N(t)$ 作为计价单位的资产的价格 $P^N(t) = \dfrac{P(t)}{N(t)}$ 在测度 Q^N 下是鞅过程,即

$$\frac{P(t)}{N(t)} = E_t^N \left[\frac{P(T)}{N(T)} \right] \tag{7.108}$$

其中,E_t^N 表示 Q^N 测度下的条件期望。概率测度 Q^N 的定义为

$$\frac{dQ^N}{dQ} = \exp\left(-\int_0^t (-\boldsymbol{v}(s))d\tilde{\boldsymbol{z}}(s) - \frac{1}{2}\int_0^t \|\boldsymbol{v}(s)\|^2 ds \right)$$

也就是说,在 Q^N 测度下的市场风险价格是资产 $N(t)$ 的波动率 $\boldsymbol{v}(t)$。在 Q^N 测度下,$d\boldsymbol{z}^N(t)$ 是标准布朗运动,并有

$$d\boldsymbol{z}^N(t) = d\tilde{\boldsymbol{z}}(t) - \boldsymbol{v}(t)'dt$$

接下来,基于这一定理,我们介绍几个常用的等价鞅测度。

1. 风险中性测度

假设我们采用货币市场账户 $M(t)$ 为计价单位。由于 $M(t)$ 过程的波动率为 0[②],因此以货币市场账户 $M(t)$ 作为计价单位的测度中,风险价格为 0,而风险价格为 0 的测度正是我们前面介绍的风险中性测度。

进一步根据式(7.108),我们有

[①] 该定理的证明请参见 Shreve(2004)的第九章。
[②] 从 $M(t)$ 的随机过程式(7.2)中,可以看到其波动率为 0。

$$\frac{P(t)}{M(t)} = \tilde{E}_t\left[\frac{P(T)}{M(T)}\right] \tag{7.109}$$

根据前文对 $D(t)$ 的定义,即

$$D(t) = \frac{1}{M(t)} = e^{-\int_0^t r(s)ds}$$

我们有

$$D(t)P(t) = \tilde{E}_t[D(T)P(T)]$$

上式与前文的式(7.25)显然是相同的。因此,传统的风险中性测度实际上就是以货币市场账户作为计价单位的测度。

2. 远期测度

如果采用 T 时刻到期的零息债价格 $B(t,T)$ 作为计价单位,相应得到的测度通常称为远期测度。远期测度是我们在为利率产品定价时最常用的测度。

在远期测度下,根据(7.108)以及零息债到期价值为 1 的性质,有

$$\frac{P(t)}{B(t,T)} = E_t^T\left[\frac{P(T)}{B(T,T)}\right] = E_t^T[P(T)] \tag{7.110}$$

其中, $E^T[\cdot]$ 表示在以 $B(t,T)$ 作为计价单位的远期测度下的期望值。从而可得资产 $P(t)$ 以货币单位表示的价格为

$$P(t) = B(t,T)E_t^T[P(T)] \tag{7.111}$$

也就是说,只要知道 T 时刻到期的零息债价格以及 $B(t,T)$ 远期测度下资产到期回报的期望值,我们就可以得到该资产在 t 时刻的价格。

此外,远期测度还有一个重要的性质,在利率产品定价中常常用到。令 $R(t,T,T^*)$ 表示 t 时刻从 T 到 T^* 的远期利率,由远期利率的定义有[1]

$$R(t,T,T^*) = \frac{1}{T^* - T}\left[\frac{B(t,T) - B(t,T^*)}{B(t,T^*)}\right] \tag{7.112}$$

令

$$P(t) = \frac{B(t,T) - B(t,T^*)}{T^* - T}$$

则有

$$R(t,T,T^*) = \frac{P(t)}{B(t,T^*)}$$

注意到 $P(t)$ 等式右边的分子是两个不同剩余期限的零息债的价差,因此 $P(t)$ 对应了一项可交易资产,从而可以运用测度转换的原理得知, $\dfrac{P(t)}{B(t,T^*)}$ 在以

---

[1] 为了便于证明,在这里我们采用的是普通复利的远期利率,这一结论也适用于连续复利计息方式下的远期利率。

$B(t,T^*)$ 作为计价单位的远期测度下是鞅过程,即

$$R(t,T,T^*) = \frac{P(t)}{B(t,T^*)} = E_t^{T^*}\left[\frac{P(T)}{B(T,T^*)}\right]$$

$$= E_t^{T^*}\left[\frac{1}{T^*-T} \cdot \frac{B(T,T)-B(T,T^*)}{B(T,T^*)}\right]$$

$$= E_t^{T^*}[R(T,T^*)] \tag{7.113}$$

其中,$E_t^{T^*}[\cdot]$ 表示在以 $B(t,T^*)$ 作为计价单位的远期测度下的期望值。也就是说,在以 $B(t,T^*)$ 作为计价单位的远期测度下,远期利率服从鞅过程,当前的远期利率就是未来即期利率的期望。

3. 互换测度

定义 t 时刻的年金现值因子为

$$A(t) = \sum_{i=0}^{N-1}(T_{i+1}-T_i)B(t,T_{i+1}) \tag{7.114}$$

其中,T_0 为年金的起始时刻,T_{i+1} 为每次现金流发生的时点,$i=0,1,\cdots,N-1$,而 $t \leqslant T_0$。如果以 $A(t)$ 作为计价单位,根据式(7.108),我们有

$$\frac{P(t)}{A(t)} = E_t^A\left[\frac{P(T)}{A(T)}\right] \tag{7.115}$$

其中,$E^A[\cdot]$ 表示在以 $A(t)$ 作为计价单位的测度下的期望值。从式(7.115)可以看出,以年金现值因子 $A(t)$ 作为计价单位的资产在该测度下服从鞅过程。事实上,在这一测度下,可以证明远期互换利率服从鞅过程,因此该测度常常被用于为互换的衍生产品定价,从而被称为互换测度。下面我们来讨论这一性质。

在第三章中我们已经学过,利率互换可以分解为固定利率债券与浮动利率债券的组合。考虑一个 T_0 时刻开始、T_N 时刻到期的标准利率互换,固定利率和浮动利率的交换时点为 T_{i+1},其中 $i=0,1,\cdots,N-1$。设定在 t 时刻($t \leqslant T_0$)的(远期)互换利率为 $s(t)$①,运用式(7.114)定义年金贴现因子,该利率互换分解得到的固定利率债券在 t 时刻的价值可以写成

$$s(t)A(t) + B(t,T_N)$$

而浮动利率债券的价值在 T_0 时刻应等于 1,相应地,在 t 时刻的价值为 $B(t,T_0)$。由于互换利率是使互换价值为 0 的利率,因此合理的互换利率公式为

$$s(t) = \frac{B(t,T_0)-B(t,T_N)}{A(t)} \tag{7.116}$$

与远期测度相似,式(7.116)右端的分子对应了一个可交易的资产组合,因

---

① 显然,如果 $t=T_0$,这就是一个即期开始的利率互换;如果 $t<T_0$,这就是一个远期开始的利率互换。

此我们可以运用式(7.115)推知(远期)互换利率在以年金现值因子 $A(t)$ 作为计价单位的互换测度下是一个鞅过程。

（二）LFM 模型

LFM 模型就是最初的 BGM 模型。根据式(7.113)，在以 $B(t,T^*)$ 作为计价单位的远期测度下，远期利率是一个鞅过程。具体地，LFM 模型将该测度下的远期利率的随机过程设定为

$$\mathrm{d}R(t,T,T^*) = \sigma_R(t)R(t,T,T^*)\mathrm{d}z^{T^*}(t) \quad (7.117)$$

其中，$\mathrm{d}z^{T^*}(t)$ 为 $B(t,T^*)$ 远期测度下的标准布朗运动，$\sigma_R(t)$ 是时间的确定性函数。[①] 这样，根据伊藤引理，我们有

$$\mathrm{d}\ln R(t,T,T^*) = -\frac{1}{2}\sigma_R^2(t)\mathrm{d}t + \sigma_R(t)\mathrm{d}z^{T^*}(t) \quad (7.118)$$

这意味着在 LFM 模型中，远期利率在 $B(t,T^*)$ 远期测度下服从对数正态分布，而 $\sigma_R(t)$ 为远期利率对数的波动率。LFM 模型因此而得名。相应地，由于未来 T 时刻的即期利率 $R(T,T^*)$ 可以写成 $R(T,T,T^*)$，因此也服从对数正态分布。

随机变量一旦服从对数正态分布，其良好的数学性质将大大方便其衍生品的定价。我们将在第八章结合利率顶和利率底的定价进行具体讨论。

（三）LSM 模型

LSM 模型由 Jamshidian(1997) 提出，其思路与 LFM 模型相似，即找到一个测度，使该测度下互换利率服从对数正态分布，从而为利率互换期权定价。

前文我们已经知道，在以年金现值因子 $A(t)$ 作为计价单位的互换测度下，（远期）互换利率是一个鞅过程。LSM 模型相应将该测度下的远期互换利率的随机过程设定为

$$\mathrm{d}s(t) = \sigma_s(t)s(t)\mathrm{d}z^A(t) \quad (7.119)$$

其中，$\mathrm{d}z^A(t)$ 为 $A(t)$ 互换测度下的标准布朗运动，$\sigma_s(t)$ 是时间的确定性函数。同样，根据伊藤引理，可以得到

$$\mathrm{d}\ln s(t) = -\frac{1}{2}\sigma_s^2(t)\mathrm{d}t + \sigma_s(t)\mathrm{d}z^A(t) \quad (7.120)$$

这意味着在 LSM 模型中，远期互换利率在 $A(t)$ 互换测度下服从对数正态分布，从而大大方便了利率互换期权的定价。我们也将在第八章对此加以讨论。

（四）LFM 模型与 LSM 模型的关系

从推导过程可以看出，LFM 模型和 LSM 模型具有高度的相似性。两者都

[①] 在第一节中我们已经提到，在波动率是时间的确定性函数的情况下，测度转换时波动率不变，因此公式中的波动率没有标注测度符号。下文的式(7.119)也有同样的情况。

是给出了某一测度下某种利率遵循的鞅过程,并通过假设某种测度下的波动率为时间的确定性函数得到该利率的分布,并由此得出相应产品价格的解析解。两者的相似并非偶然,观察式(7.118)和式(7.120),其中的漂移率都是波动率的函数,波动率完全决定了整个随机过程,因此 LFM 和 LSM 模型实质上都是 HJM 分析框架下的无套利模型。

LFM 模型和 LSM 模型的不同之处在于两者研究的是不同测度下不同利率的变化过程,从而可以解决不同的定价问题。LFM 模型考察的是远期测度下的远期利率过程,其结论是远期利率在该测度下服从对数正态分布,这一结论可以方便地为利率顶和利率底定价;而 LSM 模型考察的是互换测度下的远期互换利率过程,并得出远期互换利率在该测度下服从对数正态分布的结论,进而据此得到利率互换期权的解析解。

事实上,LFM 模型和 LSM 模型存在内在的矛盾。LFM 模型认为远期利率服从对数正态分布,而 LSM 则认为远期互换利率服从对数正态分布。① 由于互换可以拆成多个远期的组合,这两者的关系决定了互换利率和远期利率不可能同时满足对数正态分布的假定。② 事实上,LFM 的实用性略优。因为互换利率也可以表示为远期利率的组合,而且 LSM 模型的测度转换(互换测度)要难于 LFM 模型下的测度转换(远期测度)。此外,在 LFM 模型下,通过一系列的测度变换和变量代换,我们依然可以近似求得互换期权的解析解。

第四节 动态利率模型参数的估计与校准

在前三节中,我们详细讨论了各种动态利率模型的一般原理、具体设定、特征和求解,从理论上完成了建模步骤。在实际应用时,我们还必须学会如何从历史的利率时间序列以及当前市场利率产品的价格中提取模型参数。

动态利率模型的参数提取具体可分为估计(estimation)和校准(calibration)两种方法。所谓估计,是指用过去某段时间内的利率历史数据直接对利率模型进行拟合,求出模型的参数,并通过均方根误差(root-mean-square error,RMSE)、残差平方和(residual sum of squares,RSS)、似然比(likelihood ratio,LR)等统计指标对模型的优劣进行检验。但值得注意的是,由于理论模型往往建立在一定

---

① 注意,测度转换不会改变分布,只会改变分布的参数。进一步来说,在波动率非随机的假设下,测度转换只会改变漂移率。

② 由于推导过程较为复杂,本书不详细讨论,具体过程可参见 Nawalkha, Beliaeva and Soto(2007)的第12章。

的假设条件基础上,而这样估计得到的参数对模型的准确性依赖很大,因此用估计得到参数再为利率产品定价时,常常与实际市场价格存在定价误差。此外,在不少情况下,用这种方法得到的是现实测度下的参数,而衍生品定价用的是风险中性测度下的参数,两者间需要通过市场风险价格来转换。因此,用历史时间序列估计得到的参数常常主要用来研究一段时间内利率期限结构的变化情况,较少用于衍生品的定价。校准则是利用市场的价格数据,通过令模型定价结果与市场价格的误差最小倒推出参数的最优取值。显然,校准得到的参数反映了市场的实际信息,因而成为目前国际金融市场为利率产品定价时主要使用的参数提取方法。然而,校准对数据的要求比较高,常常需要衍生品价格来进行校准,当市场中交易的资产品种缺乏时,就难以使用这一方法。例如,目前中国市场上没有大规模的债券期权、利率上限、利率下限和互换期权等利率衍生产品在交易,因而制约了校准方法的使用。

在本节中,我们将对上述两种参数提取方法进行简要介绍。这两种方法在使用中都需要运用大量的统计和计量知识。由于本书并非计量经济学教材,因此在涉及具体计量方法时仅作介绍,详细的方法说明请参见相关的计量书籍。

一、动态利率模型的参数估计

常用的利率模型参数估计方法主要有两种:极大似然估计与广义矩估计。我们以 CKLS 框架(Chan, Karolyi, Longstaff and Sanders, 1992)为例介绍模型参数的估计方法。CKLS 框架实际上是一类动态利率模型的一般化,其在现实测度下的模型形式由下式给出:

$$dr(t) = [a - br(t)]dt + \sigma[r(t)]^\gamma dz(t) \quad (7.121)$$

其中,a、b、σ 和 γ 均为常数。对式(7.121)的参数施加不同约束即可得到前文介绍过的均衡模型。例如,令 γ 等于 0.5,CKLS 模型就退化为 CIR 模型;令 γ 等于 0,CKLS 模型就退化为 Vasicek 模型。

(一) 极大似然估计

极大似然估计(maximum likelihood estimation, MLE)是一种常用的参数估计方法,其核心思想是利用残差的分布函数写出样本的联合分布函数(似然函数),并对似然函数求最大值求得参数的估计值。因此,要运用 MLE 方法,需要已知(或假设)分布。

用 MLE 估计动态利率模型参数的基本步骤如下:第一,离散化瞬时利率动态过程,得到待估模型的离散形式;第二,写出待估模型的对数似然函数;第三,将样本期的短期利率时间序列数据代入,极大化似然函数,估计出离散化模型的参数。

以 CKLS 模型的参数估计为例,第一步首先将 CKLS 模型离散化,得到
$$r(t+1) - r(t) = a + br(t) + \sigma[r(t)]^\gamma \varepsilon(t+1) \qquad (7.122)$$
其中,$\varepsilon(t+1)$ 为模型的误差项,服从标准正态分布,而且各个时点的误差项相互独立。

第二步,写出模型的对数似然函数。由于误差项服从标准正态分布,模型的对数似然函数为
$$\ln L(\boldsymbol{\theta}) = -\frac{1}{2}\sum_{t=1}^{T}\{\ln 2\pi + [\varepsilon(t+1)]^2\} \qquad (7.123)$$
其中,$\boldsymbol{\theta}$ 为待估参数向量 $[a, b, \sigma, \gamma]$①,且
$$\varepsilon(t+1) = \frac{r(t+1) - r(t) - a - br(t)}{\sigma[r(t)]^\gamma}$$
其中,$r(t)$ 和 $r(t+1)$ 为样本的利率时间序列数据。

第三步,将历史的时间序列数据代入式(7.123),并令其最大化,我们就可以得到 CKLS 模型参数的 MLE 估计值。

(二) 广义矩估计

广义矩方法(general method of moments,GMM)是另一种常用的参数估计方法。与 MLE 相比,其优点在于不需要对利率的分布进行假定,同时还能够很好地处理异方差、自相关等问题。在对动态利率模型进行 GMM 估计时,其基本步骤也分为三步:第一,给出待估模型的离散形式;第二,根据模型的设定写出矩条件;第三,将样本数据代入,求出模型的待估参数值。GMM 方法的关键在于矩条件的设定。

我们同样用 CKLS 模型的参数估计来说明 GMM 的基本步骤。第一步,同样进行式(7.122)所示的离散化过程,不同的是此时我们并不限定误差项 $\varepsilon(t+1)$ 的分布。

第二步,根据式(7.122)写出模型的矩条件为
$$f_t(\boldsymbol{\theta}) = \begin{bmatrix} \varepsilon(t+1) \\ \varepsilon(t+1)r(t) \\ [\varepsilon(t+1)]^2 - \sigma^2[r(t)]^{2\gamma} \\ \{[\varepsilon(t+1)]^2 - \sigma^2[r(t)]^{2\gamma}\}r(t) \end{bmatrix} \qquad (7.124)$$
其中,$\boldsymbol{\theta}$ 为待估参数向量。显然,上述矩条件的无条件期望值均为 0,即
$$E[f_t(\boldsymbol{\theta})] = 0 \qquad (7.125)$$

---

① 在不少情况下,γ 的取值已经给定,即模型的基本形式已设定,这时待估参数就只剩下 a、b 和 σ 三个。

第三步,根据上述矩条件,我们构造样本矩并估计参数。式(7.125)所对应的样本矩为:

$$g_T(\boldsymbol{\theta}) = \hat{E}[f_t(\boldsymbol{\theta})] = \frac{1}{T}\sum_{t=1}^{T}f_t(\boldsymbol{\theta}) \qquad (7.126)$$

GMM 要求对式(7.126)所给出的矩条件加权最小化。最常用的权重函数为样本矩的方差—协方差矩阵 $W_T(\boldsymbol{\theta})$:

$$W_T(\boldsymbol{\theta}) = E[f_t(\boldsymbol{\theta})f_t'(\boldsymbol{\theta})] \qquad (7.127)$$

因此,GMM 的目标函数为

$$J_T(\boldsymbol{\theta}) = g_T'(\boldsymbol{\theta})W_T(\boldsymbol{\theta})g_T(\boldsymbol{\theta}) \qquad (7.128)$$

代入历史数据并对 $J_T(\boldsymbol{\theta})$ 函数最小化,即可得到 CKLS 模型的 GMM 估计量。

二、动态利率模型的参数校准

如前所述,动态利率模型的参数校准实质上是一个最小化的过程。为了获得理想的参数,我们必须最小化既定的目标函数,而目标函数的选择则可以根据模型使用者的具体要求确定。校准函数一般形式可以表示为

$$\boldsymbol{\theta} = (\theta_1, \theta_2, \cdots, \theta_n) = \underset{(\theta_1, \theta_2, \cdots, \theta_n)}{\arg\min} \left\{ \sum_{i=1}^{n} w_i g[l_i(\text{model}_i) - l_i(\text{market}_i)] \right\}$$
$$(7.129)$$

其中,$\boldsymbol{\theta}$ 为待估参数向量;$g(\cdot)$ 为非负的凸函数,且 $g(0)=0$,代表了对于模型定价误差某种形式的变换;$l_i(\cdot)$ 为某单调函数;model_i 和 market_i 分别代表由模型计算出的和市场实际的利率产品 i 的某种可观测变量(通常是价格);w_i 为第 i 种产品的权重。参数的校准就是通过不断微调获得一组参数,这组参数使得以某种方式加权的模型所得的可观测变量(如价格等)和市场上实际可观测变量的差异最小化。

参数校准是一个非常灵活的过程。根据模型使用者的不同偏好,式(7.129)在使用时可以进行很多调整。例如,如果认为流动性较差的产品价格信息不可靠,会影响参数校准的准确性,在设定权重函数时,就可以扭曲权重 w_i,给予流动性较差的金融产品较小的权重,而给予流动性较好的金融产品较大的权重。但参数校准的难点也正在于此。如何设定权重函数,选择合理的 $g(\cdot)$ 和 $l_i(\cdot)$ 的函数形式,都需要结合具体的市场状况、投资者的偏好及经验进行综合考虑。

此外,过去人们通常采用当前时点的横截面市场价格或可观测变量来进行参数的校准。近年来,一些更为复杂的校准方法越来越多地在动态利率模型的

估计中得到了应用,如卡尔曼滤波(Kalman filter)方法和 MCMC(Markov chain Monte Carlo)方法等。这两种方法校准时采用的数据不限于当前时点,而是同时使用横截面和时间序列的价格信息。由于过程较为复杂,本书在此不作详细介绍,感兴趣的读者可参阅 Tsay(2005)等的相关内容。

本章小结

1. 动态利率模型从假设瞬时利率或瞬时远期利率所服从的随机过程开始,采用偏微分方程方法或等价鞅测度方法为利率衍生品定价。

2. 动态利率期限结构模型的用途与静态利率期限结构模型不同,静态模型更适用于拟合当前利率期限结构,而动态模型则主要用于利率衍生品定价。

3. 动态利率模型的评价标准包括是否出现负利率、是否能够较好地拟合利率期限结构的静态特征和动态特征、是否易于使用等。

4. 动态利率模型中的仿射模型都有比较统一的解析解形式,其中常见的 Vasicek 模型、CIR 模型等都属于仿射模型。

5. HJM 框架是无套利模型的一般框架,其基本特征是波动率完全决定了瞬时远期利率的风险中性过程。

6. LIBOR 市场模型属于无套利模型。其中,LFM 是基于远期测度的模型,而 LSM 是基于互换测度的模型。

7. 动态利率模型的参数可以用估计和校准两种方法提取,估计法得到的参数常常用于刻画利率的真实变动规律,而校准得到的参数则主要用于利率衍生品定价。

习题

1. 请思考并说明动态利率期限结构模型与静态利率期限结构模型的差异及其各自的适用范围。

2. 请回顾并说明动态利率期限结构模型优劣的判断标准。

3. 试证明 Vasicek 模型与 CIR 模型中,现实测度下瞬时利率的长期均值均为 μ。

4. 试证明 Vasicek 模型与 CIR 模型中,现实测度下瞬时利率的方差将分别趋于 $\frac{\sigma^2}{2\kappa}$ 与 $\mu\frac{\sigma^2}{2\kappa}$。

5. 请对 CIR 模型进行离散化,并仿照 CKLS 方法,写出 CIR 模型的似然函数。

6. 写出 CIR 模型所对应的矩条件。

7. 回顾并说明 LFM 与 LSM 的差异。

附录

一、标准布朗运动

设 Δz 代表变量 z 在一个小的时间间隔 Δt 内的变化,如果变量 z 遵循标准布朗运动或维纳过程,那么 Δz 将满足以下两个特征:

特征1 Δz 和 Δt 的关系满足

$$\Delta z = \varepsilon \sqrt{\Delta t} \tag{7A.1}$$

其中, $\varepsilon \sim N(0,1)$,即 ε 表示标准正态分布的一个随机取值。

特征2 对于任意两个不同时间间隔 $\Delta t, \Delta z$ 的值相互独立。

根据特征1可知, Δz 也服从正态分布,其均值为0,方差为 Δt,标准差为 $\sqrt{\Delta t}$;根据特征2可知,遵循标准布朗运动的变量具有独立增量的性质。

进一步分析,我们用 $z(T) - z(t)$ 表示变量 z 在一个较长时间段 $T - t$ 的变化量,如果把总时间分成 N 个小的时间段 $t = t_0 < t_1 < \cdots < t_N = T$,每个小时间间隔为 $\Delta t_i = t_i - t_{i-1}$,那么变量 z 在 $T - t$ 内的变化量可以看做是在 N 个独立的时间间隔 Δt_i 内变化的累加,满足

$$z(T) - z(t) = \sum_{i=1}^{N} \Delta z(t_i) = \sum_{i=1}^{N} \varepsilon_i \sqrt{\Delta t_i} \tag{7A.2}$$

其中, $\varepsilon_i (i=1,2,\cdots,N)$ 是标准正态分布的随机抽样值。再由特征2,不同时间间隔 Δt_i 之间的 ε_i 相互独立,因此根据式(7A.2), $z(T) - z(t)$ 也具有正态分布的特征,其均值为0,方差为 $\sum_{i=1}^{N} \Delta t_i = T - t$,标准差为 $\sqrt{T - t}$。

可见,遵循标准布朗运动的变量具有方差可加的特点,在任意长度的时间间隔 $T - t$ 中,其变化值服从均值为0、方差为时间间隔 $T - t$ 的正态分布。

当 $\Delta t \to 0$,就可以得到连续形式的标准布朗运动,表达式为

$$\mathrm{d}z = \varepsilon \sqrt{\mathrm{d}t} \tag{7A.3}$$

标准布朗运动常用于描述金融变量的随机变动部分,这主要是由其良好的数学性质决定的。首先,标准布朗运动用正态分布来刻画变量服从的分布,而经验研究表明,现实中很多金融资产收益率近似服从正态分布;其次,根据独立增量的性质,遵循标准布朗运动的变量服从一个马尔可夫过程(Markov stochastic process),即变量未来预测值只依赖于当前值,而与历史值无关,这与金融学中的弱式效率市场假说相一致。此外,标准布朗运动对时间处处不可导和二次变分(quadratic variation)不为零的性质,与金融变量在时间上存在转折尖点等性质也较为符合。

二、普通布朗运动

标准布朗运动刻画了变量的随机变动部分,然而现实中大部分变量的运动过程不仅包含随机波动,可能还存在时间趋势等特征,并且随机波动的方差不一定等于时间长度。因此,为了更好地刻画变量的运动特征,就需要将标准布朗运动扩展为更一般的普通布朗运动。

要得到普通布朗运动,必须引入两个概念:漂移率(drift rate)和方差率(variance rate)。漂移率刻画了变量单位时间均值的变化,方差率则刻画了单位时间的方差。

令随机变量 X 的漂移率为常数 μ,方差率为常数 σ^2,就得到了普通布朗运动过程,表达式为

$$dX(t) = \mu dt + \sigma dz(t) \quad (7A.4)$$

其中,$z(t)$ 遵循标准布朗运动。式(7A.4)表明,变量 X 是关于时间和 dz 的动态过程,式中第一项 μdt 为其确定项,意味着 X 的每单位时间确定性变动为 μ,第二项 $\sigma dz(t)$ 为随机项,表示对 X 的时间趋势过程所添加的噪音,使变量 X 围绕着确定趋势上下随机波动,并且这种噪音是由标准布朗运动的 σ 倍给出。

根据式(7A.3)和式(7A.4),在一个很短的时间间隔 Δt,ΔX 具有正态分布特征,其均值为 $\mu \Delta t$,方差为 $\sigma^2 \Delta t$,标准差为 $\sigma \sqrt{\Delta t}$。同样地,在任意时间长度 $T-t$,X 的变动 $X(T) - X(t)$ 也具有正态分布的特征,其均值为 $\mu(T-t)$,方差为 $\sigma^2(T-t)$,标准差为 $\sigma \sqrt{T-t}$。

显然,如果令漂移率等于0,方差率等于1,普通布朗运动就退化为一个标准布朗运动。因此,标准布朗运动是普通布朗运动的一个特例。

三、伊藤过程和伊藤引理

普通布朗运动假定漂移率和方差率均为常数,而如果把普通布朗运动的漂移率和方差率放宽为变量 X 和时间 t 的函数,那么,此时 $X(t)$ 就被称为服从伊藤过程,表达式为

$$dX(t) = \mu(X,t)dt + \sigma(X,t)dz(t) \quad (7A.5)$$

一般把形如

$$dX(t) = \mu X(t)dt + \sigma X(t)dz(t) \quad (7A.6)$$

的伊藤过程称为几何布朗运动,其中 μ 和 σ 为常数。几何布朗运动在金融学中具有重要的运用,例如一般假设股票价格服从几何布朗运动。

在此基础上,以下的伊藤引理给出了伊藤过程重要的计算方法。

伊藤引理 设随机变量 $X(t)$ 服从伊藤过程(7A.5),如果函数 $f(X(t),t)$ 存在连续偏导数 $f_t(X,t)$、$f_X(X,t)$ 和 $f_{XX}(X,t)$,那么 $f(X(t),t)$ 将遵循以下过程:

$$\begin{aligned} df(X,t) &= f_t(X,t) + f_X(X,t)dX + \frac{1}{2}f_{XX}(X,t)dXdX \\ &= \left(f_t + f_X\mu + \frac{1}{2}f_{XX}\sigma^2\right)dt + f_X\sigma dz(t) \end{aligned} \quad (7A.7)$$

可以看到,$f(X(t),t)$ 过程的漂移率为 $f_t + f_X\mu + \frac{1}{2}f_{XX}\sigma^2$,方差率为 $(f_X\sigma)^2$,它们仍然是 X 和时间 t 的函数,因此 $f(X(t),t)$ 也服从伊藤过程,并且随机源与 X 相同,都为标准布朗运动 $z(t)$。

如果假设 $X(t)$ 是基础资产的价格,$f(X(t),t)$ 表示其衍生产品的价格,那么通过伊藤引理我们就可以得到基础资产价格的随机过程和衍生产品随机过程之间的关系,从而为衍生产品定价。

伊藤引理也可以扩展到多维,我们这里仅介绍二维的情形,更高维的分析方法类似。设

随机变量 $X_1(t)$ 和 $X_2(t)$ 满足以下二维伊藤过程：

$$dX_1(t) = \mu_1(X_1,X_2,t)dt + \sigma_{11}(X_1,X_2,t)dz_1(t) + \sigma_{12}(X_1,X_2,t)dz_2(t)$$
$$dX_2(t) = \mu_2(X_1,X_2,t)dt + \sigma_{21}(X_1,X_2,t)dz_1(t) + \sigma_{22}(X_1,X_2,t)dz_2(t)$$
(7A.8)

其中，$z_1(t)$ 和 $z_2(t)$ 表示互不相关的标准布朗运动，即满足 $dz_1(t)dz_2(t) = 0$。

二维伊藤引理 设随机变量 $X_1(t)$ 和 $X_2(t)$ 服从二维伊藤过程(7A.8)。如果函数 $f(X_1, X_2, t)$ 存在连续偏导数 $f_t, f_{X_1}, f_{X_2}, f_{X_1 X_1}, f_{X_2 X_2}$ 和 $f_{X_1 X_2}$，那么 $f(X_1, X_2, t)$ 将遵循以下过程：

$$\begin{aligned}df(X_1,X_2,t) &= f_t + f_{X_1}dX_1 + f_{X_2}dX_2 + \frac{1}{2}f_{X_1 X_1}(dX_1)^2 + \frac{1}{2}f_{X_2 X_2}(dX_2)^2 + f_{X_1 X_2}dX_1 dX_2 \\ &= \Big(f_t + \mu_1 f_{X_1} + \mu_2 f_{X_2} + \frac{1}{2}(\sigma_{11}^2 + \sigma_{12}^2)f_{X_1 X_1} + \frac{1}{2}(\sigma_{21}^2 + \sigma_{22}^2)f_{X_2 X_2} \\ &\quad + (\sigma_{11}\sigma_{21} + \sigma_{12}\sigma_{22})f_{X_1 X_2}\Big)dt + (\sigma_{11}f_{X_1} + \sigma_{21}f_{X_2})dz_1(t) \\ &\quad + (\sigma_{12}f_{X_1} + \sigma_{22}f_{X_2})dz_2(t)\end{aligned}$$
(7A.9)

四、测度转换及哥萨诺夫定理

在衍生品定价中，我们经常会涉及一些不同概率测度之间的转换，这里我们介绍一些测度转换相关的概念和定理。

定理 A7.1 设 (Ω, F, Q) 是一个概率空间，Y 是一个几乎确定非负的随机变量，且满足 $E[Y] = 1$。对于任意 $A \in \mathscr{F}$，如果定义

$$\widetilde{Q}(A) = \int_A Y(\omega)dQ(\omega)$$
(7A.10)

那么 $\widetilde{Q}$ 也是一个概率测度，并且对于任意随机变量 X，有

$$\widehat{E}[X] = E[XY]$$
(7A.11)

其中，$\widehat{E}[X]$ 表示 X 在测度 $\widetilde{Q}$ 下的期望值。

可以看到，式(7A.10)中的变量 Y 建立起了两个不同概率测度之间的关系，它被称为测度 $\widetilde{Q}$ 关于 Q 的 R-N 导数，并且可以表示为 $Y = \dfrac{d\widetilde{Q}}{dQ}$。

定义 A7.1 设 Q 和 $\widetilde{Q}$ 是两个概率测度，对于任意事件集 $A \in F$，如果满足

$$Q(A) = 0 \Leftrightarrow \widetilde{Q}(A) = 0$$
(7A.12)

那么，就称两个概率测度 Q 和 $\widetilde{Q}$ 是等价的。

也就是说，对于两个不同的概率测度，如果它们是等价的，那么它们对于不可能事件（相对应的确定性事件）的看法是一致的。

容易证明，在定理 A7.1 下得到的概率测度 $\widetilde{Q}$ 和 Q 是等价的。

下面介绍等价鞅测度定价法中的重要定理，即哥萨诺夫定理（Girsanov theorem）。

定理 A7.2（一维哥萨诺夫定理） 设 $z(t)$ 是概率空间 (Ω, F, Q) 下的一个标准布朗运动，$\lambda(t)$ 是 $F(t)$ 可测的一个随机过程，$0 \leq t \leq T$，如果设 R-N 导数为

$$Y(t) = \exp\left(-\int_0^t \lambda(s)\,\mathrm{d}z(s) - \frac{1}{2}\int_0^t \lambda^2(s)\,\mathrm{d}s\right) \tag{7A.13}$$

并且满足 $E\left[\int_0^T \lambda^2(s)Y^2(s)\,\mathrm{d}s\right] < \infty$，那么在式(7A.10)定义的新概率测度 $\tilde{Q}$ 下，$\tilde{z}(t)$ 是一个标准布朗运动，其中

$$\mathrm{d}\tilde{z}(t) = \mathrm{d}z(t) + \lambda(t)\,\mathrm{d}t \tag{7A.14}$$

可以看到，$\tilde{z}(t)$ 在原概率测度 Q 下并不是一个标准布朗运动，因为它在概率测度 Q 下的漂移率为 $\lambda(t)$，但是根据哥萨诺夫定理，任意一个可测过程 $\lambda(t)$ 都对应着一个新的测度，在该测度下，满足式(7A.14)的 $\tilde{z}(t)$ 是一个标准布朗运动。

一维哥萨诺夫定理可以很容易推广到以下的多维情形：

定理 A7.3(多维哥萨诺夫定理) 设 $z(t) = (z_1(t), z_2(t), \cdots, z_n(t))'$ 是概率空间 (Ω, F, Q) 下的 n 维标准布朗运动，$\boldsymbol{\lambda}(t) = (\lambda_1(t), \lambda_2(t), \cdots, \lambda_n(t))'$ 是 n 维 $F(t)$ 可测过程，$0 \leq t \leq T$，如果设 R-N 导数为

$$Y(t) = \exp\left(-\int_0^t \boldsymbol{\lambda}(s)\,\mathrm{d}z(s) - \frac{1}{2}\int_0^t \|\boldsymbol{\lambda}(s)\|^2\,\mathrm{d}s\right) \tag{7A.15}$$

其中 $\|\boldsymbol{\lambda}(s)\|^2 = \sum_{j=1}^n \lambda_j^2(s)$，且满足 $E\left[\int_0^T \|\boldsymbol{\lambda}(s)\|^2 Y^2(s)\,\mathrm{d}s\right] < \infty$，那么在式(7A.10)定义的概率测度 $\tilde{Q}$ 下，$\tilde{z}(t)$ 是 n 维标准布朗运动，其中

$$\mathrm{d}\tilde{\boldsymbol{z}}(t) = \mathrm{d}\boldsymbol{z}(t) + \boldsymbol{\lambda}(t)'\,\mathrm{d}t \tag{7A.16}$$

如果我们用 $\boldsymbol{\lambda}(t)$ 表示风险价格，在哥萨诺夫定理下，只要风险价格存在，我们就可以用风险中性定价法为衍生品定价。但是，风险价格(等价于风险中性测度)是否存在？如果存在，是否唯一？下面的资产定价基本定理回答了这两个问题。

定理 A7.4(存在性) 风险中性测度存在的充分必要条件是市场无套利。

定义 A7.2(完全市场的定义) 如果市场上所有衍生产品都可以由其他产品组合复制，那么就称市场是完全的。

定理 A7.5(唯一性) 风险中性测度唯一的充分必要条件是市场是完全的。

五、费恩曼-卡克定理

无套利定价法和等价鞅测度定价法是衍生品定价常用的两种方法，费恩曼-卡克定理(Feynman-Kac theorem)及贴现费恩曼-卡克定理(discounted Feynman-Kac theorem)则建立起了这两种方法之间的关系。

定理 A7.6(费恩曼-卡克定理) 设随机变量 $X(t)$ 满足以下过程：

$$\mathrm{d}X(t) = \mu(X,t)\,\mathrm{d}t + \sigma(X,t)\,\mathrm{d}z(t) \tag{7A.17}$$

给定函数 $h(X)$ 及 $t \in [0, T]$，定义函数

$$g(x,t) = E[h(X(T)) \mid X(t) = x] \tag{7A.18}$$

并满足 $\forall x, t, E[|h(X(T))|] < \infty$，则 $g(x,t)$ 满足以下偏微分方程：

$$g_t(x,t) + \mu(x,t)g_x(x,t) + \frac{1}{2}\sigma^2(x,t)g_{xx}(x,t) = 0 \qquad (7A.19)$$

边界条件为
$$\forall x, \quad g(x,T) = h(x)$$

定理 A7.7(贴现费恩曼-卡克定理) 设随机变量 $X(t)$ 满足以下过程:
$$\mathrm{d}X(t) = \mu(X,t)\mathrm{d}t + \sigma(X,t)\mathrm{d}z(t)$$

给定函数 $h(X)$ 及 $t \in [0,T]$,定义函数
$$f(x,t) = E[\mathrm{e}^{-\int_t^T b(X(s),s)\mathrm{d}s} h(X(T)) \mid X(t) = x] \qquad (7A.20)$$

并满足 $\forall x,t, E[|h(X(T))|] < \infty$,则 $f(x,t)$ 满足以下偏微分方程:
$$f_t(x,t) + \mu(x,t)f_x(x,t) + \frac{1}{2}\sigma^2(x,t)f_{xx}(x,t) = b(x,t)f(x,t) \qquad (7A.21)$$

边界条件为
$$\forall x, \quad f(x,T) = h(x)$$

第八章

利率期权定价

学习目标

在学习完本章之后,你应该能够理解和掌握:
- 债券期权的基本特征与常用定价方法;
- 可赎回债券与可回售债券的基本特征与常用定价方法;
- 利率顶与利率底的基本特征与定价公式;
- 利率互换期权的基本特征与定价公式;
- 利率期权定价的一般原理。

在第三章中，我们介绍了利率的远期、期货以及互换等简单利率衍生产品的定价。然而除了这些产品外，国际金融市场上还存在大量的期权类利率衍生产品。在本章中，我们主要介绍市场上常见的几种利率期权产品的基本特征与定价方法：债券期权、含权债、利率顶与利率底以及利率互换期权。在这一章中，你会了解到如何运用第七章中那些抽象的动态利率模型。

第一节 债券期权

债券是最基础的利率产品，相应地，债券期权也是最基础的利率期权产品。[①] 事实上，市场上常见的其他利率期权产品往往都与债券期权有关。例如，可赎回和可回售债券实际上是普通的不含权债券内嵌了债券期权，利率顶和利率底也可以转换成零息债期权的组合。因此，我们首先介绍债券期权的基本特征和定价方法。

在第七章中，我们已经介绍了不同动态利率模型下零息债期权价格的解析解。在这一节里，我们将其拓展到附息债期权的分析。

一、债券期权的基本特征

在第一章第三节中，我们已经介绍了债券期权的基本含义，这里我们仅给出欧式债券看涨期权到期回报的公式为

$$\max[P(T,T^*) - X, 0] \tag{8.1}$$

其中，X 为期权执行价格，$P(T,T^*)$ 为期权到期时刻 T 的标的债券价格。注意，

[①] 在交易所市场（例如 CME）中，大部分的债券期权实际上是以债券期货为期权的标的资产，但其基本原理是一样的。

该债券的到期日为 T^* 且 $T^* > T$，也就是说，期权到期时刻标的债券仍存续。相应的欧式看跌期权的到期回报公式为

$$\max[X - P(T, T^*), 0] \qquad (8.2)$$

由于债券价格与利率呈确定的反向变动函数关系，因此债券的看涨期权等价于利率的看跌期权，其多头实际上规避了利率下跌的风险；反之，债券的看跌期权等价于利率的看涨期权，其多头规避了利率上涨的风险。

二、债券期权的定价

从期权回报可以看出，债券期权定价的关键在于对标的债券价格的变动进行建模。由于债券价格与利率存在确定的函数关系，因此也可以运用第七章中的方法对利率建模，再为债券期权定价。由此产生了债券期权定价的两种思路：

第一种思路直接基于债券价格建模，将股票期权的定价方法应用于债券期权定价，主要的代表性模型是 Black 模型（Black, 1976）。Black 模型的最大好处就在于其简便性，可以直接利用形式简单的 Black 定价公式得到欧式期权价格的解析解，因而 Black 模型成为欧式债券期权定价的标准模型。但由于假设条件的限制，Black 模型在应用上仍具有局限性。

第二种思路则是基于利率建模，利用动态利率模型为债券期权定价。在这种思路下又可分为解析解和数值解两种方法。解析解定价主要应用于特定模型下的欧式债券期权定价，在这些模型下存在欧式零息债期权的解析解。这样，将附息债期权分解为零息债期权的组合，就可以得到附息债期权的解析解。数值法定价的应用则更为广泛，可以应用于由于产品本身或利率模型设定过于复杂而造成的不存在解析解的情况。在固定收益证券领域，最常用的数值方法就是第七章介绍的树图法。

在本节里，我们将主要介绍第一种思路下的 Black 模型和第二种思路下的 Jamshidian 解析解方法。在第二节介绍含权债时，我们再讨论树图方法的运用，其基本原理都是一样的。

（一）Black 模型

Black 模型是由 Fischer Black 于 1976 年提出的。这个模型最早提出时是为欧式期货期权定价，后来人们发现可以将其拓展至更广的领域，欧式债券期权定价就是其中之一。在这里，我们直接介绍该模型在欧式债券期权定价中的应用结论，对原文有兴趣的读者可参考 Black(1976)。

Black 模型对欧式债券期权定价的基本思路是，假设标的债券价格在期权

到期时刻 T 服从对数正态分布,则该债券欧式期权的定价公式为

$$c(t) = B(t,T)[F(t,T,T^*)N(d_1) - XN(d_2)]$$
$$p(t) = B(t,T)[XN(-d_2) - F(t,T,T^*)N(-d_1)] \quad (8.3)$$

其中

$$d_1 = \frac{\ln\left(\frac{F(t,T,T^*)}{X}\right) + \frac{1}{2}\sigma_P^2(t,T) \times (T-t)}{\sigma_P(t,T) \times \sqrt{T-t}}$$

$$d_2 = d_1 - \sigma_P(t,T) \times \sqrt{T-t}$$

这里,$c(t)$ 和 $p(t)$ 分别为欧式看涨期权和欧式看跌期权在 t 时刻的价值,X 为执行价格,$N(\cdot)$ 为标准正态分布的累积概率分布函数,期权和标的债券的到期时刻分别为 T 和 T^*,$\sigma_P(t,T)$ 为 t 至 T 期间标的债券价格对数的波动率,$F(t,T,T^*)$ 为 t 时刻标的债券的远期价格,远期到期时刻为 T。根据第三章中的债券远期定价原理,$F(t,T,T^*)$ 的定价公式为

$$F(t,T,T^*) = \frac{P(t,T^*) - I}{B(t,T)} \quad (8.4)$$

其中,$P(t,T^*)$ 为标的债券在 t 时刻的价格,I 为标的债券在期权的存续期间(从 t 至 T)所支付息票的现值。

值得强调的是,距离债券到期时刻越近,债券价格的波动越小。因此,式(8.3)中的波动率 $\sigma_P(t,T)$ 实际上只是确定了债券价格的对数在 $T-t$ 期间的标准差为 $\sigma_P(t,T) \times \sqrt{T-t}$,并不一定意味着此期间任意瞬间的波动率为 $\sigma_P(t,T)$。

我们可以看到,用 Black 模型对债券期权进行定价,其形式与标的资产为支付红利的股票的期权价格非常相似。应该注意的是,如果标的债券在 T 时刻不服从对数正态分布,那么 Black 公式就不能使用。另外,对于美式期权,由于没有利率动态过程的信息,Black 模型也不适用。

(二) Jamshidian 模型

由于附息债可以视为零息债的组合,Jamshidian(1989)的基本思路是将附息债期权表示为零息债期权的组合,再运用我们在第七章中得到的 Vasicek 或 CIR 等单因子模型下的零息债期权价格的解析解,得到附息债期权价格的解析解。

首先,在单因子模型的假设下,瞬时利率发生变动时,整条利率期限结构将发生相应变动,且长短期利率的变动方向将是一致的。给定某个单因子模型,记为 Model,在该模型下,任意到期期限的零息债价格都可以写成当前瞬时利

率的函数

$$B(t,\cdot) = \text{Model}^j[r(t);\cdot]$$

其中，$\text{Model}^j[r(t);\cdot]$ 中的"·"表示其他参数[①]；$B(t,\cdot)$ 为 t 时刻的零息债价格的一般表达形式，其中"·"表示债券到期时刻；$r(t)$ 则是 t 时刻的瞬时利率。虽然这个函数的形式可能根据模型选择不同而变化，但该函数必定关于瞬时利率单调递减。

其次，由于附息债的价格可以表示为零息债价格之和，即

$$P(t,T_N) = \sum_{i=1}^{N} c_i B_i(t,T_i)$$

其中，T_i 为附息债每次现金流入的时刻，c_i 为每次对应的现金流，T_N 为附息债到期时刻，而加和并不改变函数的单调性，因此附息债价格也可以写成当前瞬时利率的单调递减函数，即

$$P(t,T_N) = \sum_{i=1}^{N} c_i \text{Model}_i^j[r(t)]$$

这样，在期权到期的 T 时刻，欧式附息债看涨期权的回报可以写成

$$\max[P(T,T_N) - X, 0] = \max\left[\sum_{i=1}^{N} c_i \text{Model}_i^j[r(T)] - X, 0\right] \quad (8.5)$$

由于附息债价格是瞬时利率的单调函数，因此必然存在一个瞬时利率 r_X，使得

$$X = \sum_{i=1}^{N} c_i \text{Model}_i^j(r_X)$$

这样，我们实际上是把执行价格 X 表示成标的债券在 T 时刻与瞬时利率 r_X 对应的价格。因此，式(8.5)可以写成

$$\max[P(T,T_N) - X, 0] = \max\left[\sum_{i=1}^{N} c_i \text{Model}_i^j[r(T)] - \sum_{i=1}^{N} c_i \text{Model}_i^j(r_X), 0\right]$$

$$(8.6)$$

值得注意的是，在式(8.6)中，瞬时利率 $r(T)$ 是影响附息债及其包含的零息债的唯一随机因素。因此，只要 $r(T) < r_X$，则对于任意现金流时刻 T_i，都有 $\text{Model}_i^j[r(T)] > \text{Model}_i^j(r_X)$，而对于整个附息债，我们也有 $\sum_{i=1}^{N} c_i \text{Model}_i^j[r(T)] > \sum_{i=1}^{N} c_i \text{Model}_i^j(r_X)$；反之亦然。因此，式(8.6)又可以写为

$$\max[P(T,T_N) - X, 0] = \max\left\{\sum_{i=1}^{N} c_i [\text{Model}_i^j[r(T)] - \text{Model}_i^j(r_X)], 0\right\}$$

[①] 为书写方便，以下都略去其他参数。

$$= \sum_{i=1}^{N} c_i \max\{\text{Model}_i^j[r(T)] - \text{Model}_i^j(r_X), 0\}$$

$$= \sum_{i=1}^{N} c_i \max\{B(T, T_i) - X_i, 0\} \tag{8.7}$$

其中，$X_i = \text{Model}_i^j(r_X)$。观察式(8.7)，我们实际上已经将附息债期权的回报转换成一系列零息债期权回报的组合。这样，运用第七章中介绍的特定单因子模型下的零息债欧式期权定价公式，我们就可以很快写出附息债欧式期权定价的解析解。

第二节 可赎回与可回售债券

在本节中，我们将介绍市场上常见的两类含权债——可赎回债券与可回售债券的基本特征，并以市场上的真实案例帮助读者了解中国含权债的一些基本情况。之后，我们将以可赎回债为例介绍如何用BDT模型为含权债定价。

一、可赎回债与可回售债的基本特征

可赎回债是在普通债券的基础上附加了赎回条款，规定债券的发行人有权在债券到期前以事先约定的价格将债券买回；可回售债中内嵌的条款则规定了债券的持有者有权在到期前按照约定的价格将债券卖还给发行者。若在约定的行权期间未行权，则这些债券都与普通不含权债券一样按合同约定还本付息。

我们首先来分析可赎回债的基本特征。假设当前时刻为t，可赎回的时刻为T，债券到期日为T^*，约定的赎回价为X。在可赎回时刻T，债券发行者的回报可以表达为

$$\max[-P(T, T^*), -X] = -P(T, T^*) + \max(P(T, T^*) - X, 0) \tag{8.8}$$

式(8.8)的左边表示发行者有权选择较低的负债水平，右边则表示对于债券发行者而言，发行一份可赎回债，等价于发行一份普通的不含权债券，并持有一份以该债券为标的资产、以赎回价X为执行价格、T时刻到期的看涨期权多头。基于债券价格与到期收益率之间的反向函数关系，也可以看做发行者持有一份利率的看跌期权多头。利率下跌时，发行者便可借新债还旧债，将旧债提前赎回，降低利息负担；利率上升时，发行者可以弃权。可赎回债的投资者则刚好与之相反，等于持有一份普通不含权债券，并拥有该债券看涨期权(或利率看跌期

权)的空头。

类似地，在可回售时刻 T，可回售债投资者的回报为

$$\max\left[P(T,T^*),X\right] = P(T,T^*) + \max(X - P(T,T^*),0) \quad (8.9)$$

也就是说，可回售债赋予了投资者选择较高资产价值的权利，从而使得对于投资者来说，投资一份可回售债，等价于拥有一份普通的不含权债券，并持有一份以该债券为标的资产、以回售价 X 为执行价格、T 时刻到期的看跌期权多头，相应地，就是利率看涨期权的多头。利率上升时，持有者有权提前回售债券，再将拿回的资金进行再投资，获取更高的收益；利率下跌时则可弃权。反之，可回售债的发行者则等于发行一份普通的不含权债券，并拥有该债券看跌期权(或利率看涨期权)的空头。

当然，由于获得期权多头需要支付期权费，因此可赎回债的价格通常低于同等条件的不含权债券的价格，而可回售债的价格则通常高于同等条件的不含权债券的价格。换个角度说，可赎回债的到期收益率通常高于同等条件的不含权债券的到期收益率，而可回售债的到期收益率则通常低于同等条件的不含权债券的到期收益率。

二、中国市场上的含权债案例

表 8.1 展示了国家开发银行在 2008 年发行的一只可回售债的具体条款。

表 8.1　可回售债 08 国开 23 基本条款

债券名称	国家开发银行 2008 年第二十三期金融债券	债券简称	08 国开 23
发行人	国家开发银行股份有限公司	上市市场	银行间债券
债券类型	金融债	上市日期	2008-12-19
期限(年)	3 + 7	发行价格(元)	100.00
债券面值	100.00	发行规模(亿元)	300.00
票面利率（%）	2.1000	息票品种	附息
利率类型	累进利率	年付息次数	每年付息 1 次
利率说明	20081215—20111214，票面利率为 2.1%；20111215—20181214，票面利率为 3.6%	付息日说明	每年 12 月 15 日付息，节假日顺延

(续表)

内含特殊条款	回售条款	特殊条款说明	回售条款：投资人可选择在2011年12月15日向发行人全部或部分回售该债券(回售价格为100元/百元面值)或继续持有该债券至2018年12月15日。
起息日期	2008-12-15	到期日期	2018-12-15
摘牌日期	2018-12-12		

数据来源：Wind 资讯。

如表 8.1 所示，该债券由国家开发银行股份有限公司发行，是一只 10 年期固定利率(息票率调整一次)的可回售债券。这只可回售债券的起息日为 2008 年 12 月 15 日，到期日为 2018 年 12 月 15 日，面值为 100 元。其中，前 3 年的票面利率为 2.1%，后 7 年的票面利率为 3.6%，每年付息一次。其可回售条款表明，发行 3 年后，即 2011 年 12 月 15 日，债券持有人有权按面值 100 元将该债券回售给债券发行人，即国家开发银行。显然，后 7 年票面利率的上升有助于降低 3 年后债券持有人回售债券的可能性。在不考虑其他交易成本的条件下，只有当 3 年后的同信用等级和流动状况的 7 年期投资回报率超过 3.6% 时，债券持有者提前回售才是有利的选择，因为其可以将回售收回的资金以较高的利率进行再投资；反之，就不应该执行回售期权，债券持有者出售债券或继续持有债券都比行使回售权要更为有利。

在国际金融市场上，为了增加债券对投资者的吸引力，满足市场交易制度安排或是发行者的某些特殊需求，含权债的具体条款往往相当详细复杂，例如可赎回时刻不是一个时刻，而是一系列赎回日程，且不同时刻的赎回价格不一致等。与之相比，在中国市场上，由于市场还不发达，利率衍生产品的设计相对比较简单。

三、含权债的定价

我们已经知道，含权债总是可以拆分成不含权债券和债券期权的组合，因此，含权债的定价就是计算不含权债券和债券期权的价值之和。从理论上说，运用我们已经学过的债券定价和债券期权定价方法，就可以为含权债定价。然而，市场中的含权债往往具有一些较为复杂的条款，在很多情况下我们很难甚至无法得到含权债的解析解。因此，在实际中，对含权债定价的最常用方法是数值方法，尤其以树图方法最常见。下面我们介绍如何用第七章中学过的二叉树方法为含权债定价。

用二叉树方法为含权债定价,一般可分为以下四步:

第一步,选定某个动态利率模型来刻画利率的变动,并且根据市场数据估计模型参数,画出利率树图。

第二步,根据利率树图得到不含权债券价格的树图。

第三步,采用倒推法,首先根据债券价格树图得到赎回(或回售)时刻期权的回报,并利用利率树图进行逐步贴现,得到每个节点上期权的价值。

第四步,将树图第一个节点的不含权债券价格与期权价值相减(加),就得到了可赎回债券(或可回售债券)的价格。

为了帮助读者更好地理解上述定价过程,下面我们通过一个简单的可赎回债的例子来具体实现以上步骤。

例 8.1　用 BDT 模型为可赎回债定价

假设现有一只剩余期限 5 年、面值 100 元、息票率 5%、每年付息一次的附息债,发行者有权在 3 年后以面值赎回该债券。设市场上对应期限零息债的收益率期限结构(连续复利)及其波动率期限结构如表 8.2 所示,试用 BDT 模型为该可赎回债券定价。

表 8.2　零息债到期收益率和波动率期限结构

期限(年)	1	2	3	4	5
到期收益率	4.80%	4.90%	5.00%	5.10%	5.20%
波动率		14.00%	13.00%	12.00%	11.00%

分析该债券,对于债券持有者来说,该可赎回债可以分解为一只 5 年后到期、面值 100 元、息票率为 5% 的不含权附息债多头和一个 3 年后到期、执行价格为 100 元、以该债券为标的资产的欧式看涨期权的空头。

第一步,根据第七章介绍的 BDT 模型的建模方法以及市场数据,我们构建了一个 5 期(每 1 期代表 1 年)的 BDT 模型二叉树图,第一个节点就是当前的 1 年期利率,如图 8.1 所示。

第二步,根据利率树图构造不含权附息债的价格树图,如图 8.2 中每个节点上面一行的数值所示。具体计算采用倒推法:在最后一期的每个节点上[①],债券价格必然等于 100,而前面每期的每个节点上债券的价格等于后一期两个节

---

① 对于每个节点,我们假设息票刚刚支付完毕。

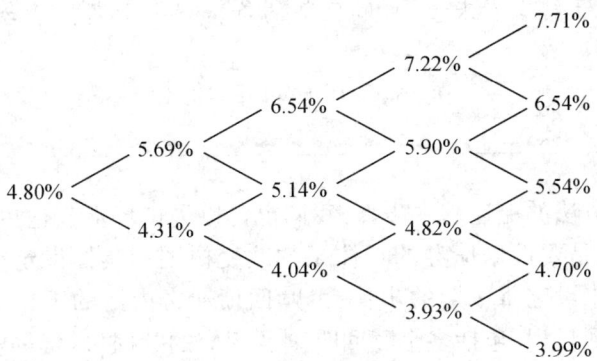

图 8.1 利用 BDT 模型构建的利率树图

点的价格加上息票的总和按照图 8.1 所对应的 1 年期利率进行折现,例如第二列的上面一个节点由下式给出:

$$[(101.48+5)\times 0.5+(98.66+5)\times 0.5]e^{(-4.31\%)}=101.64$$

第三步,计算内含期权的价值,如图 8.2 中每个节点下面一行的数值所示。我们首先从期权到期日(第 3 年末)的期权价值开始。到期时的期权价值就等于期权的回报,由于可赎回债券中内含的是债券的看涨期权,因此我们比较到期日各节点债券的价值与赎回价 100 的大小,如果债券价格大于 100,那么期权价值等于两者差额,否则期权价值为零。然后,我们依次倒推计算前面三期每个节点上的期权价值。每个节点期权的价值同样可以由后面的节点贴现得到,以第二列的上面一个节点为例,对应期权价值为:

$$(0\times 0.5+0.7203\times 0.5)e^{(-4.31\%)}=0.3450$$

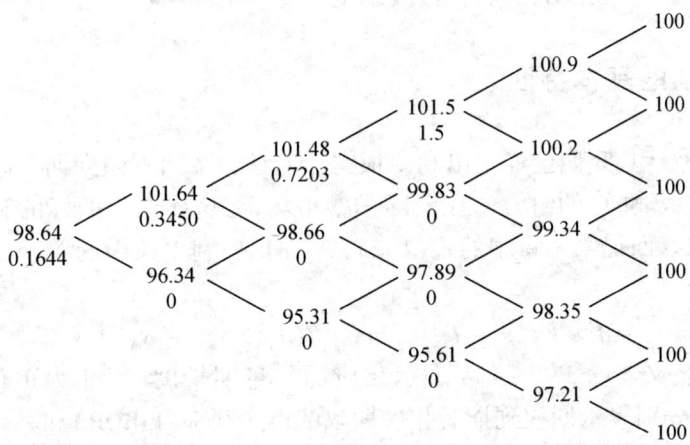

图 8.2 BDT 模型下的不含权债券价格以及内含期权价值树图

第四步,对于持有者来说,可赎回债的价格就等于期初不含权附息债的价格减去内含期权的价值:

$$98.64 - 0.1644 = 98.48$$

运用树图方法的上述基本步骤,我们也可以为市场上其他更为复杂的可赎回债券定价,只是要根据债券的具体条款改变树图的具体设定。例如,最好根据付息的频率来设定每一期的步长;可赎回债通常内嵌的不是一个欧式期权,而有具体的赎回日程,包括多个赎回时刻及相应的赎回价格,等等。类似地,可回售债券的定价也可以用类似的方法进行。

第三节 利率顶和利率底

利率顶和利率底也是国际利率期权市场上的基础性产品,它们都是一系列利率期权的组合。事实上,由于其基础性的市场地位和高成交量,利率顶和利率底的市场价格常常被用来进行动态利率模型的参数校准,是国际金融市场上最主要的动态利率模型校准工具(calibration instruments)。在第一章中,我们已经介绍了利率顶和利率底的基本知识。在本节中,你将在此基础上进一步深入理解这两种产品的本质特征,并学习如何运用第七章中所学的 LIBOR 市场模型和 Black 模型为其定价。由于利率顶和利率底的基本原理是一致的,因此我们主要以利率顶为例介绍相关内容,其结论可简单拓展至利率底的情形。

一、利率顶的基本特征

在第一章中,我们已经指出利率顶实际上是一系列不同到期期限的利率的看涨子期权(caplet)的组合。在国际金融市场上,这些期权的标的利率多被设定为 LIBOR。回忆第一章中的式(1.2),T_{i+1} 时刻,利率顶中的单个子期权的回报可以写成

$$M \times (T_{i+1} - T_i) \times \max(R(T_i, T_{i+1}) - R_X, 0) \qquad (8.10)$$

其中,M 为名义本金,$T_{i+1} - T_i$ 表示相应的计息期长度(以年为单位),$R(T_i, T_{i+1})$ 和 R_X 分别表示期权到期时相应期限的市场利率(LIBOR)和利率期权中的行权利率(均为每年计息 $1/(T_{i+1} - T_i)$ 次的年利率)。对式(8.10)进行简单变换,T_i 时刻,可以将利率顶中单个子期权的回报写为

$$\max\left[M - \frac{M(1 + R_X(T_{i+1} - T_i))}{1 + R(T_i, T_{i+1}) \cdot (T_{i+1} - T_i)}, 0\right] \qquad (8.11)$$

也就是说,由于利率与债券的反向函数关系,利率顶也可以理解为一系列零息债看跌期权的组合。其中,M 可以被看成是零息债期权的执行价格,$\frac{M(1 + R_X(T_{i+1} - T_i))}{1 + R(T_i, T_{i+1}) \cdot (T_{i+1} - T_i)}$ 则代表标的零息债在 T_i 时刻的价格,该债券的本金为 $M(1 + R_X(T_{i+1} - T_i))$,到期日为 T_{i+1}。

然而,值得注意的是,在现实中,利率顶的每一个子期权和普通的债券看跌期权还是稍有差别的。因为利率顶的真实标的往往是 LIBOR 等市场交易者报出的利率,而债券看跌期权的标的则是市场上交易的某种债券。从理论上看,它们对利率的敏感性是相同的,但单个债券的价格很有可能受到市场上的其他因素的影响,比如流动性因素、信用风险以及该债券自身的特征等。所以,和债券看跌期权相比,利率顶的价格中只反映了利率变动的市场风险,这就为那些只需要对冲利率风险的交易者提供了重要的对冲工具。正因为如此,利率顶在国际利率衍生品市场上的交易量巨大,远远超过债券期权。

二、国际金融市场上的利率顶案例

接下来,我们将通过市场真实的案例让读者更好地了解利率顶。不过,由于国内市场上还没有利率顶和利率底在交易,因此我们选用的是国际金融市场上的案例。

图 8.3 是彭博上的一份关于美元 LIBOR 利率的利率顶的具体条款、报价和分解子期权描述。从图 8.3(a)中可以看出,这份利率顶的标的(index)为 US0003M,就是美元 3 个月期 LIBOR,因此利率的重置频率为季度(quarterly)。名义本金(notional)为 1 000 万美元。结合图 8.3(a)和(b)可以看出,利率顶自身的存续期是从 2009 年 8 月 5 日至 2010 年 5 月 5 日,其内含的 3 个子期权到期时间分别为 2009 年 11 月 3 日(一般以结算日前 2 天确定期权的回报)、2010 年 2 月 3 日以及 2010 年 4 月 30 日(由于周末和节假日等原因提前)。由于利率期权约定的是未来的 3 个月期利率,因此第一个子期权所针对的计息期是从 2009 年 11 月 5 日开始(图 8.3(a)中的"effective")的 3 个月,第二个子期权所针对的计息期是从 2010 年 2 月 5 日开始的 3 个月,第三个子期权所针对的计息期是从 2010 年 5 月 5 日开始的 3 个月,最终结束于 2010 年 8 月 5 日(图 8.3(a)中的"maturity")。

图 8.3 还给出了这份利率顶的市场价格、定价参数和风险管理参数的相关

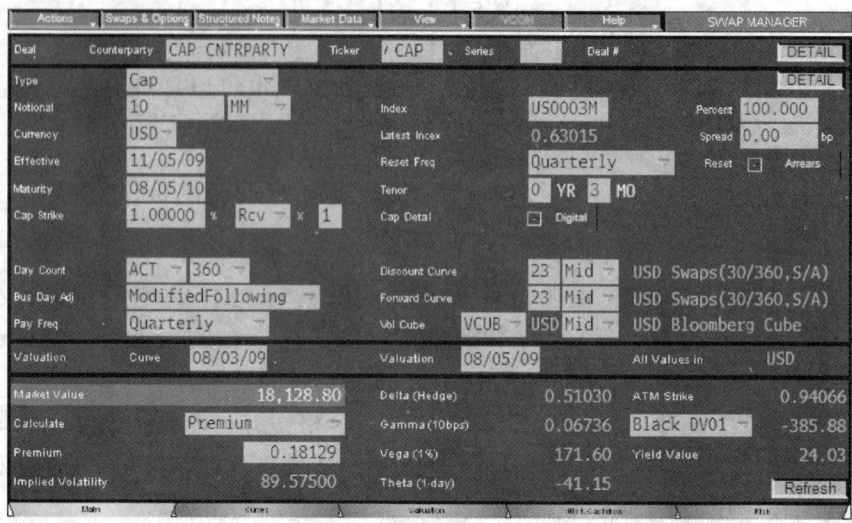

(a) 利率顶合约

(b) 利率顶中的每个子期权

图 8.3　美元 3 个月期 LIBOR 的利率顶合约(2009 年 8 月 5 日)

2009 © Bloomberg All Right Reserved. Reprinted with permission.

信息。可以看到，整个利率顶合约的当时市价为 18 128.8 美元，约为本金的 0.18129%。基于 Black 公式，该市价的隐含利率波动率(implied volatility)为 89.575%。从图 8.3(b)中可以看到各个子期权内在价值的现值(intrinsic PV)和子期权价值的现值(PV)。可以看到，当时只有第三个子期权具有内在价值，因为在期权执行价格为1%的情况下,只有第三个期权对应的市场重置利率(reset rates)高于1%,为1.282644%,市场重置利率是从当前利率期限结构中提取出来的参考利率。此外,彭博还给出了基于特定模型(图中为Black公式)计算的希腊字母[①]Delta、Gamma、Vega和Theta,以及基点价格值(DV 01)和价格变动收益率值(yield value)。值得一提的是,图中还说明计算这些参数所使用的数据分别来自美元互换利率(USD swaps S/A)中提取得到的即期利率期限结构(discount curve)和远期利率期限结构(forward curve)以及彭博提供的波动率曲面(vol cube)。

三、利率顶的定价

由于利率顶可以拆分为一系列利率看涨期权的组合,因此利率顶的价值可以表示为

$$\mathrm{cap}(t) = \sum_i c_i(t) \tag{8.12}$$

其中,$\mathrm{cap}(t)$和$c_i(t)$分别表示利率顶和每个子期权的价值。进一步看,从子期权的回报公式(8.10)来看,在定价的t时刻($t<T_i$),每个子期权的标的资产实际上都是远期利率,而第七章中介绍的LFM模型刻画的正是远期利率的动态过程,因而可用于为利率顶定价。

LFM模型是在远期测度下构建的模型,远期利率$R(t,T,T^*)$只有在以$B(t,T^*)$作为计价单位的远期测度下才服从鞅过程。由于利率顶中的不同子期权的标的资产分别是不同期限内的远期利率,因此需要对每个子期权运用不同的远期测度分别定价。对于第i个子期权来说,由于其在T_i到期,但标的资产是期限从T_i至T_{i+1}的远期利率,因此采用的是以$B(t,T_{i+1})$作为计价单位的远期测度。根据远期测度定价公式(7.111)并代入式(8.10),我们有

$$\begin{aligned} c_i(t) &= B(t,T_{i+1})E_t^{t_{i+1}}[c_i(T_{i+1})] \\ &= M \times (T_{i+1} - T_i) \times B(t,T_{i+1}) \times E_t^{t_{i+1}}[\max(R(T_i,T_{i+1}) - R_X, 0)] \end{aligned} \tag{8.13}$$

运用LFM模型的结论,即$R(t,T_i,T_{i+1})$在$B(t,T_{i+1})$远期测度下服从对数正态分布,式(8.13)可以求解为

$$c_i(t) = M \times (T_{i+1} - T_i) \times B(t,T_{i+1}) \times \{E_t^{t_{i+1}}[R(T_i,T_{i+1})]N(d_1) - R_X N(d_2)\} \tag{8.14}$$

---

① 关于希腊字母的知识,读者可参见郑振龙和陈蓉(2008)第十四章。

其中

$$d_1 = \frac{\ln\left(\dfrac{E_t^{t_{i+1}}[R(T_i, T_{i+1})]}{R_X}\right) + \dfrac{1}{2}\sigma_i^2(t, T_i) \times (T_i - t)}{\sigma_i(t, T_i) \times \sqrt{T_i - t}}$$

$$d_2 = d_1 - \sigma_i(t, T_i) \times \sqrt{T_i - t}$$

$\sigma_i(t, T_i)$ 为 t 至 T_i 期间 $\ln R(t, T_i, T_{i+1})$ 的波动率。由于 LFM 模型假设瞬时波动率是时间的确定性函数,因此该波动率实际上是瞬时波动率在时间上的积分,即

$$\sigma_i(t, T_i) = \sqrt{\frac{1}{T_i - t}\int_t^T \sigma_i^2(u)\,\mathrm{d}u}$$

又因为在 $B(t, T_{i+1})$ 远期测度下,远期利率 $R(t, T_i, T_{i+1})$ 服从鞅过程,即

$$R(t, T_i, T_{i+1}) = E_t^{t_{i+1}}[R(T_i, T_i, T_{i+1})] = E_t^{t_{i+1}}[R(T_i, T_{i+1})]$$

代入式(8.14)就可得到子期权的定价公式为

$$c_i(t) = M \times (T_{i+1} - T_i) \times B(t, T_{i+1}) \times \{R(t, T_i, T_{i+1})N(d_1) - R_X N(d_2)\} \tag{8.15}$$

其中

$$d_1 = \frac{\ln\left(\dfrac{R(t, T_i, T_{i+1})}{R_X}\right) + \dfrac{1}{2}\sigma_i^2(t, T_i) \times (T_i - t)}{\sigma_i(t, T_i) \times \sqrt{T_i - t}}$$

$$d_2 = d_1 - \sigma_i(t, T_i) \times \sqrt{T_i - t}$$

事实上,式(8.15)和 Black 模型的定价公式在前提条件(对数正态分布)和形式上是一致的,因此人们往往把这一定价公式看做是 Black 模型的一个应用。对每个子期权的价值进行加总,就得到了利率顶的价值。

注意,在以上定价过程中,每个子期权都在各自对应的远期利率的波动率 $\sigma_i(t, T_i)$ 下定价,这种波动率被称为点波动率(spot volatilities)。另一种做法是对一个利率顶合约下的所有子期权都统一使用同一个波动率,被称为水平波动率(flat volatilities)。前者相对准确,但同时也增加了参数和模型的复杂性;后者忽略了单个子期权的定价信息,相对粗糙,但较为简单,且利率顶价格与该波动率存在一一对应关系,方便了利率顶整体的报价与比较。因此,最终使用哪种波动率结构,取决于使用者的偏好和需求。

四、利率底的基本特征与定价

利率底和利率顶刚好相反,它是一系列利率的看跌子期权(floorlet)的组

合,在国际金融市场上同样交易活跃。由于基本原理相同,不少细节相似,我们只补充介绍利率底的一些结论性的特征和定价公式。利率底的标的资产同样为市场上的某种浮动利率(多为 LIBOR),其每一个子期权的回报可以写为

$$M \times (T_{i+1} - T_i) \times \max(R_X - R(T_i, T_{i+1}), 0) \tag{8.16}$$

基于与利率顶同样的原理,利率底也能够表示成一系列零息债看涨期权的组合,单个期权的回报公式为

$$\max\left[\frac{M(1 + R_X(T_{i+1} - T_i))}{1 + R(T_i, T_{i+1}) \cdot (T_{i+1} - T_i)} - M, 0\right] \tag{8.17}$$

同时,利率底的价值也可以表示为每个子期权价值之和,即

$$\text{Floor}(t) = \sum_i f_i(t) \tag{8.18}$$

在 LFM 模型的假设下,每个利率底子期权的定价公式为

$$f_i(t) = M \times (T_{i+1} - T_i) \times B(t, T_{i+1}) \times \{R_X N(-d_2) - R(t, T_i, T_{i+1}) N(-d_1)\} \tag{8.19}$$

其中的变量含义与式(8.15)相同。

值得一提的是,运用式(8.15)和式(8.19),我们可以为利率顶和利率底定价;反过来,由于这些产品在市场上交易活跃,基于其市场交易价格,这些定价公式还可以用于为 LFM 模型进行参数校准。

第四节 利率互换期权

利率互换期权也是在国际市场上交易活跃的利率衍生品。与利率顶和利率底是一系列期权的组合不同,利率互换期权是一系列现金流组合的期权。因此,利率互换期权的定价与利率顶、利率底的定价也不同。在第一章,我们曾简要介绍过利率互换期权。在这一节里,读者将对欧式利率互换期权[①]的基本特征有更深入的了解,并学会如何再次运用第七章中所学的 LIBOR 市场模型和 Black 模型为欧式利率互换期权定价。

一、利率互换期权的基本特征

首先,让我们简要回顾一下第一章关于利率互换期权的介绍。欧式利率互换期权赋予其多头一个未来的权利,在期权到期日有权决定是否开始一个事先

---

① 在本书中我们只讨论欧式利率互换期权。

设定好合约内容的互换。根据互换方向的不同，利率互换期权可以分为支付方互换期权和接收方互换期权。以支付方期权为例，在期权到期时刻，期权多头有权决定自己是否要成为特定互换的多头（即支付约定的固定利率，收到浮动利率），显然如果到时候的市场互换利率高于双方约定的固定利率（即执行价格），多头就执行期权，否则就弃权。假设期权到期时刻为 T_0，支付方期权多头的回报公式为

$$c(T_0) = M \times \sum_{i=0}^{N-1} \left[B(T_0, T_{i+1}) \times (T_{i+1} - T_i) \times \max(s_{T_0} - s_X, 0) \right] \tag{8.20}$$

其中，$c(T_0)$ 表示支付方互换期权在 T_0 时刻的价值，M 为名义本金，N 为互换的总次数，$T_i(i=1,2,\cdots,N)$ 表示每次互换的时刻，$T_{i+1} - T_i$ 表示每次的互换间隔（以年为单位），s_{T_0} 表示 T_0 时刻标的互换合约的市场互换利率（每年计息 $1/(T_{i+1} - T_i)$ 次的年利率，下同），s_X 则为事先约定的执行互换利率。

我们用一个实际的例子来帮助理解式(8.20)。假设一个一年后到期的支付方互换期权，标的为 2 年期、每半年互换一次、名义本金为 100 万美元的利率互换，事先约定的执行互换利率为 3%。假设一年后期权到期时这样一个互换的市场互换利率为 4%，对于期权多头来说，如果执行期权，显然在互换中只要支付 3% 而非 4%，因此必然选择行权。行权的结果是，互换期限内的每半年末，对于每 1 元名义本金，期权多头都会盈利

$$(T_{i+1} - T_i) \times (s_{T_0} - s_X) = \frac{1}{2} \times (4\% - 3\%)$$

当然，如果一年后的真实互换利率是 2%，期权多头必然弃权，从而回报为 0。将每期的回报乘以名义本金，并贴现至 T_0 时刻，就得到了式(8.20)。

基于类似的分析，我们可以很快推出期权到期时刻 T_0，接收方互换期权多头的回报为

$$p(T_0) = M \times \sum_{i=0}^{N-1} \left[B(T_0, T_{i+1}) \times (T_{i+1} - T_i) \times \max(s_X - s_{T_0}, 0) \right] \tag{8.21}$$

其中，$p(T_0)$ 表示接收方互换期权在 T_0 时刻的价值。可以看出，支付方互换期权是互换利率的看涨期权，而接收方互换期权则是互换利率的看跌期权。

二、国际金融市场上的利率互换期权案例

虽然利率互换期权在国际利率衍生品市场上的交易量很大，但在国内金融

市场上迄今并无交易。因此,我们仍然采用国际金融市场的案例来帮助大家了解现实中的利率互换期权。由于支付方互换期权和接收方互换期权在原理上基本一致,我们仅以接收方互换期权的一个例子来加以说明。

图 8.4 是 2009 年 8 月 6 日彭博上的一份欧式接收方互换期权的具体条款和报价。从图中可以看出,这份互换期权的名义本金为 1 000 万美元。标的互换的存续期是从 2010 年 8 月 10 日到 2012 年 8 月 10 日,标的互换每半年收一次固定利息,约定的固定利率为年利率 3.0755%,每季度支付一次浮动利率,浮动利率为 3 个月期美元 LIBOR。利率互换期权本身的存续期是从 2009 年 8 月 6 日至 2010 年 8 月 6 日,在 2010 年 8 月 10 日结算,因此该互换期权的期限表达为 1 年 × 2 年(见图 8.4 中的"1 YR × 2 YR")。除了这些基本信息,我们还可以看到图 8.4 的下方给出了互换期权本身的市场价格(option premium)以及给定模型下的隐含波动率、希腊字母、基点价格值、价格变动收益率值等。

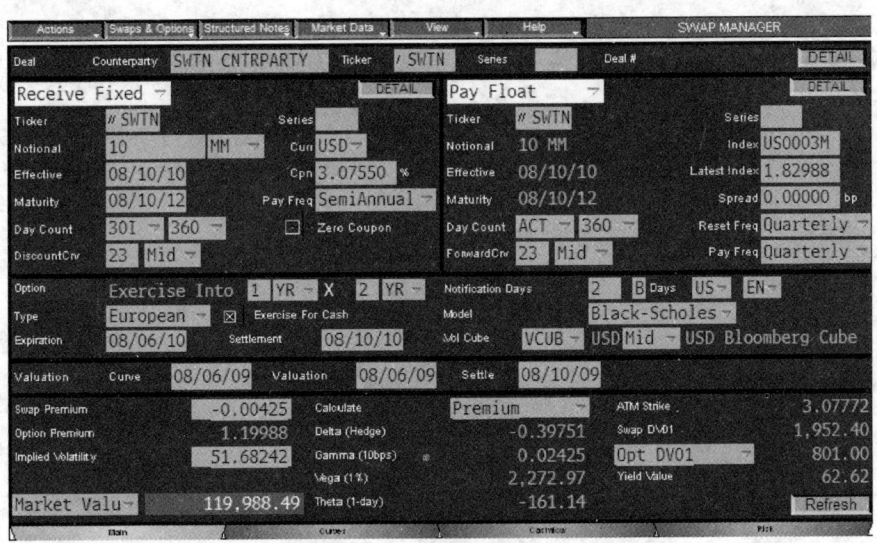

图 8.4　美元 3 个月期 LIBOR 的互换期权合约(2009 年 8 月 6 日)
2009 © Bloomberg All Right Reserved. Reprinted with permission.

三、互换期权的定价

在这一部分,我们将用 LSM 模型和 Black 模型来为欧式利率互换期权定价。首先我们讨论支付方互换期权的定价。假设定价时刻为 t,其他变量的定义与式(8.20)相同。由于远期互换利率在与之现金流对应的年金现值因子

$A(t)$ 作为计价单位的互换测度下服从鞅过程,其中

$$A(t) = \sum_{i=0}^{N-1} (T_{i+1} - T_i) \times B(t, T_{i+1}) \qquad (8.22)$$

因此,我们在这一测度下为互换期权定价。根据第七章中的式(7.117),我们有

$$\frac{c(t)}{A(t)} = E_t^A \left[\frac{c(T_0)}{A(T_0)} \right] \qquad (8.23)$$

其中,$c(t)$ 表示支付方互换期权的价值。代入式(8.20)和式(8.22)可以得到

$$c(t) = A(t) \times E_t^A [M \times \max(s_{T_0} - s_X, 0)] \qquad (8.24)$$

而根据 LSM 模型,远期互换利率在 $A(t)$ 互换测度下服从对数正态分布。同时,根据远期互换利率在互换测度下的鞅性质,与利率顶定价公式的求解过程类似,式(8.24)可以写为

$$\begin{aligned} c(t) &= M \times A(t) \times \{ E_t^A [s_{T_0}] N(d_1) - s_X N(d_2) \} \\ &= M \times A(t) \times [s(t) N(d_1) - s_X N(d_2)] \end{aligned} \qquad (8.25)$$

其中,$s(t)$ 是 t 时刻的远期互换利率,其计算公式为式(7.116),即

$$s(t) = \frac{B(t, T_0) - B(t, T_N)}{A(t)}$$

同时,

$$d_1 = \frac{\ln\left[\frac{s(t)}{s_X}\right] + \frac{1}{2}\sigma_s^2(t, T_0) \times (T_0 - t)}{\sigma_s(t, T_0) \times \sqrt{T_0 - t}}$$

$$d_2 = d_1 - \sigma_s(t, T_0) \times \sqrt{T_0 - t}$$

其中,$\sigma_s(t, T_0)$ 为 t 至 T_0 期间 $\ln s(t)$ 的波动率。由于 LSM 模型同样也假设瞬时波动率是时间的确定性函数,因此有

$$\sigma_s(t, T_0) = \sqrt{\frac{1}{T_0 - t} \int_t^{T_0} \sigma_s^2(u) \mathrm{d}u}$$

由于式(8.25)的前提条件(对数正态分布)和形式都与 Black 模型一致,因此人们往往将其看成是 Black 模型的一个应用。

以此类推,接收方互换期权的定价公式为

$$p(t) = M \times A(t) \times [s_X N(-d_2) - s(t) N(-d_1)] \qquad (8.26)$$

运用式(8.25)和式(8.26),我们可以为欧式利率互换期权定价;反过来,由于利率互换期权在市场上交易活跃,因此与利率顶、利率底类似,基于互换期权的市场交易价格的定价公式还可以用于为 LSM 模型进行参数校准。

本章小结

1. 债券的看涨期权可视为利率的看跌期权,债券的看跌期权则可视为利率的看涨期权。

2. 假设期权到期时债券价格服从对数正态分布,就可以用 Black 模型为欧式债券期权定价。

3. 树图方法是可赎回债券和可回售债券最常用的定价方法。

4. 利率顶和利率底既可以看做是利率期权的组合,也可以看做是债券期权的组合。其定价一般在远期测度下运用 LFM 模型进行,常见的定价公式是 Black 公式。

5. 互换期权的定价一般在互换测度下运用 LSM 模型进行,常见的定价公式也是 Black 公式。

习题

1. 请读者仿照对可赎回债券定价的方法,用 BDT 模型对与例 8.1 中到期时间、执行价格等条款相同的可回售债券进行定价。

2. 请读者利用期权平价公式推导标的相同、条款相对应的可赎回债与可回售债价格之间的关系,并用这个关系来验证习题 1 与例 8.1 的定价结果。

3. 请读者根据第三节第二部分的利率顶具体条款以及相应信息,运用式(8.15)对利率顶进行定价。

4. 请读者根据第四节第二部分的利率互换期权具体条款以及相应信息,运用式(8.25)对利率互换期权进行定价。

第九章

高级利率风险管理

学习目标

在学习完本章之后,你应该能够理解和掌握:
- OAS 的基本概念;
- OAS 的计算;
- 有效久期和有效凸性的计算;
- VaR 的概念;
- VaR 计算的常用方法;
- 各种常见利率产品的 VaR 计算。

第九章 高级利率风险管理

在本书第四章,我们介绍了如何运用久期和凸性对简单利率产品及其组合进行风险管理,但是,对于未来现金流不确定的含权类复杂利率产品的风险管理[①],这些方法将不再适用。在本章中,我们将介绍两种适用于复杂利率产品的风险管理方法——期权调整利差(OAS)分析法和在险值(VaR)分析法。

第一节 期权调整利差分析法

在债券的传统分析中,到期收益率以及基于到期收益率的利差[②],往往是人们分析债券风险收益关系的重要指标。然而,随着利率波动的加剧和含权债券[③]的蓬勃发展,到期收益率及其利差指标的内在缺陷日益凸现:首先,到期收益率假定未来所有时刻的即期利率都相等,这显然和实际中利率期限结构存在多种形状的现实不符;其次,由于在含权债券中可能包含着发行者的期权(如可赎回或可提前偿付的债券)或是投资者的期权(如可回售债券),未来利率的波动可能会改变未来债券的现金流(债券可能部分或全部提前偿还本金),而到期收益率并未考虑这一不确定性,从而基于到期收益率的传统久期、凸性等指标也不再适用于期权类产品的风险管理。因此,随着市场中的含权债的日益增多和日趋复杂,投资者开始广泛使用一个综合考虑了期限结构和内含期权影响的收益率指标——期权调整利差(option-adjusted spread,OAS),用以替代到期收益率对含权债的定价和风险管理进行分析。尤其在抵押贷款支持类证券(MBS)中,由于其所含的期权相当复杂,OAS分析方法已经成为此类债券的重

[①] 这里的未来现金流不确定的产品主要指期权以及含权类的产品,而浮动利率债券等同样未来现金流不确定的产品不在此列,这些在前文已有介绍。

[②] 即债券到期收益率与同样到期期限的可比国库券到期收益率的差异。

[③] 主要包括可赎回债券、可回售债券和 MBS 类证券(即由金融机构的抵押贷款进行资产证券化而形成的债券)。

要定价和分析管理模型之一。而基于 OAS 计算的有效久期和有效凸性,也替代了传统的久期和凸性,成为此类产品重要的风险管理指标。

一、OAS 的基本定义及理解

我们通过对比同一家公司发行的其他条件相同的可回售债券 A 与普通债券 B 为例来介绍 OAS。由于 A 含有回售期权,该期权价值一定大于 0,因此 A 的价格一定高于 B,相应地,A 的到期收益率就低于 B。这样我们就无法通过这两种债券到期收益率的高低来判断投资哪只债券更合算。如果我们从 A 的到期收益率中剔除其所包含的期权价值,得到 A 不含权的收益率,就能跟 B 对比。A 不含权到期收益率与 B 到期收益率之差就是期权调整利差(OAS)。

因此,所谓 OAS 是指在根据内含期权调整未来的现金流之后,为了使债券未来现金流的贴现值之和正好等于债券当前的市场价格,基准利率期限结构需要平行移动的幅度。

从数学上看,OAS 可以通过对如下方程进行单变量求解得到:

$$P_{\text{market}} = \frac{1}{N} \sum_{n=1}^{N} \sum_{t=1}^{T} \frac{CF_{t,n}}{\prod_{i=1}^{t}(1 + r_{i,n} + OAS)} \tag{9.1}$$

其中,P_{market} 表示含权债的市场价格,N 表示未来利率变动可能的路径数目,T 表示债券的期限,i 表示模拟时间间隔点,$r_{i,n}$ 表示对应时间和路径上的短期基准利率水平,$CF_{t,n}$ 表示 t 时刻在第 n 条路径上的期权调整后的现金流。

容易发现,OAS 是一个平均值的概念,对每个节点上的利率都使用了同一个 OAS 值进行调整,反映的是市场价格相对于理论价格隐含的一个贴现率平均调整水平。

对于 OAS 的经济含义,不少人可能会错误地理解为 OAS 就是用利差表示的内含期权的价值,然而,事实正好相反。从定义中我们可以看到,计算 OAS 所用的未来现金流是经过了期权影响调整的现金流,因此 OAS 表示的是在剔除期权的影响后含权债收益率相对于基准利率的利差。如果我们定义静态利差为含权债在不考虑未来现金流对期权的调整,即假设未来现金流是确定不变的情况下,债券的收益率相对于基准利率的差额,那么 OAS、静态利差以及用利差表示的内含期权价值三者之间满足以下关系:

静态利差 = OAS + 期权价值

可见,静态利差表示含权债相对于基准利率的总利差,而 OAS 则表示总利差在剔除期权价值后剩余的部分。这部分利差主要包含两方面的综合:第一,剔除期权影响后对投资者承担的风险的补偿。这里的风险主要包括该债券相对于基准利率的信用风险和流动性风险[①]等，还包括计算过程中由于使用了特定模型及参数产生的模型风险。第二，OAS中包含了债券被错误定价程度的信息。OAS的大小反映了债券的相对昂贵程度，理论上讲，如果在考虑了所有风险补偿后，OAS仍不等于零，那么就说明该债券存在错误定价。然而，由于现实中我们很难准确剔除各种风险溢酬，因此我们一般都是采用比较的方法，通过比较具有相似风险的债券之间的OAS大小，来确定各种债券间相对的错误定价程度。

二、OAS的计算

相对于传统收益率指标，OAS的计算过程较为复杂，因为其计算过程要考虑未来利率的变动对现金流的影响，因此需要依赖复杂的动态利率模型和数值方法，具体过程如下：

（1）选定某一动态利率模型来刻画短期基准利率的变动过程，然后估计出模型中的参数，并用树图或蒙特卡罗模拟等数值方法生成基准利率未来的可能路径。

（2）根据债券中所含期权的性质，分别计算每个节点上对应不含权债及内含期权的价值，从而求得含权债的理论价格。

（3）若(2)得到的债券理论价格不等于市场价格，则把原路径中每个利率节点都加上一定量的利差水平得到新的利率路径图，并利用新的利率路径图重新定价，不断调整该利差水平，直到最终计算出的理论价格等于市场价格，此时对应的利差水平就等于OAS。

为了更好地理解OAS的含义和计算方法，下面我们通过例9.1来具体实现以上步骤。

例9.1 可赎回债的OAS计算

假设市场上存在一个4年期可赎回国债，当前市场价格为100.20美元，该债券的息票率为4%，每年支付一次利息，并且债券发行人有权在债券到期的前一年以面值100美元赎回该债券。我们用前面介绍的BDT模型为该债券定价，并根据以上步骤求解OAS。

[①] 如果基准利率使用的是同一发行人的利率，那么OAS中就不包含信用风险溢酬。

设当前作为模型输入的市场零息债的到期收益率(连续复利)期限结构及其波动率期限结构如表9.1所示。

表9.1 零息债到期收益率和波动率期限结构

期限(年)	1	2	3	4
利率(%)	3.10	3.20	3.40	3.60
波动率(%)		15.00	13.00	12.00

第一步,我们根据BDT模型的基本思想[①]和表9.1的数据输入估计出模型的参数,得到基准利率树图,如图9.1所示,其中每个节点上的值表示该时刻的一年期利率(连续复利),第一个节点表示当前时刻,前后节点之间的时间间隔为一年。

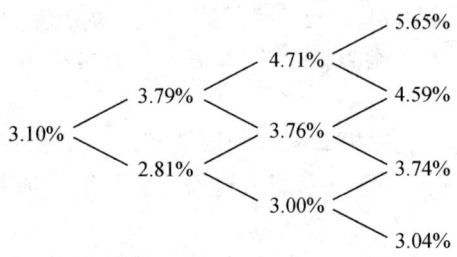

图9.1 短期利率二叉树图

第二步,根据短期利率树图分别计算每个节点上对应不含权债及内含期权的价值,并以此计算含权债的理论价格。该债券内含期权可理解为期限为3年、行权价为100美元的欧式看涨期权,根据倒推法,我们得到每个节点上的不含权债价值(除息)及内含期权价值图,如图9.2所示。计算得知,该可赎回债当前理论价格为101.13美元(101.29−0.16)。

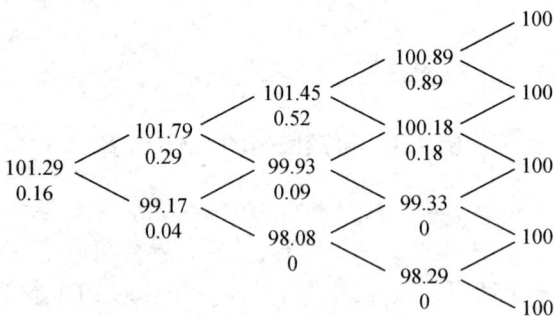

图9.2 不含权债及内含期权的价格树图

---

① 详见第七章。

第三步，由于计算得到的理论价格为 101.13 美元，大于市场价格 100.20 美元，因此需要对利率树图 9.1 进行调整，在每个节点上都加上一定的利差，并重新计算理论价格。不断调整该利差水平，直到理论价格等于市场价格，最终得到的 OAS 为 27 个基点，新的理论价格为 100.17 美元(100.27 - 0.10)，在误差范围内等于市场价格，对应的根据 OAS 调整的利率树图和价格树图分别如图 9.3 和图 9.4 所示。

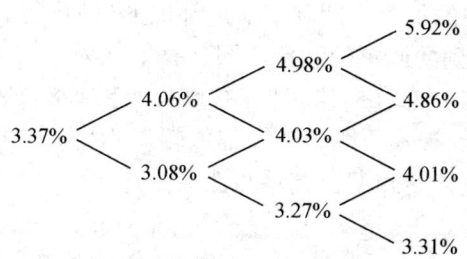

图 9.3　OAS 调整的利率二叉树图

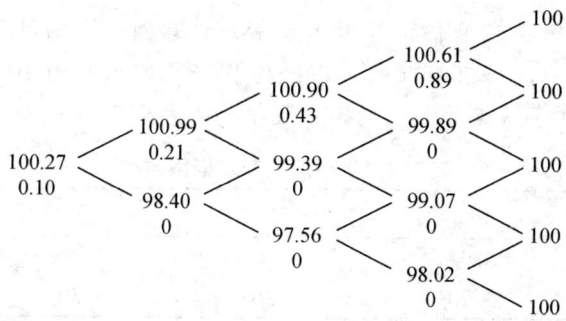

图 9.4　OAS 调整的不含权债及内含期权的价格树图

三、基于 OAS 的风险管理——有效久期和有效凸性

在第五章中，为了应对复杂固定收益产品的风险管理，我们简单引入了有效久期和有效凸性的概念，它们分别由式(5.4)和式(5.14)给出。在这里，我们着重介绍如何基于 OAS 计算复杂利率产品的有效久期和有效凸性，而这也正是 OAS 最重要的应用之一。

以含权债为例，计算其有效久期和有效凸性，关键在于计算 V_- 和 V_+，即当基准利率分别下降和上升 Δy 时的债券价格。要计算 V_- 和 V_+，我们首先得计算出该债券的OAS,然后在OAS不变的假设下重新计算利率平移后的价格。同样地,计算有效久期和有效凸性的整个过程也依赖于一定的动态利率模型和数值方法,具体步骤如下：

（1）根据一定的利率模型计算含权债的OAS;

（2）将基准利率期限结构向下(上)平移一定的基点Δy,并以此为基础重新估计利率树图;

（3）将新树图中的每个短期利率节点都加上(1)中得到的OAS;

（4）根据(3)得到的调整的利率树图计算$V_-(V_+)$;

（5）根据式(5.4)和式(5.14)计算有效久期和有效凸性。

可见,有效久期和有效凸性的计算都依赖于不变的OAS水平,因此它们也常常被称为期权调整久期和期权调整凸性。

例9.2　有效久期和有效凸性的计算

继续前面的例9.1,我们根据以上步骤来计算例子中的可赎回债的有效久期和有效凸性。假设当前基准利率期限结构平移的水平为10个基点,那么向上和向下平移10个基点后基准利率期限结构如表9.2所示。

表9.2　平移后的利率期限结构

期限(年)	1	2	3	4
下移(%)	3.00	3.10	3.30	3.50
上移(%)	3.20	3.30	3.50	3.70

第一步,根据例9.1,我们已经得到该债券的OAS为27个基点。

第二步,根据表9.2的利率期限结构,分别重新估计利率树图,图9.5给出了基准利率期限结构向下平移10个基点后新的利率树图。

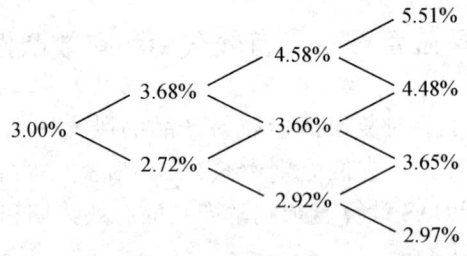

图9.5　向下平移后的基准利率二叉树图

第三步,用OAS对利率树图9.5进行调整,得到调整的利率树图9.6。

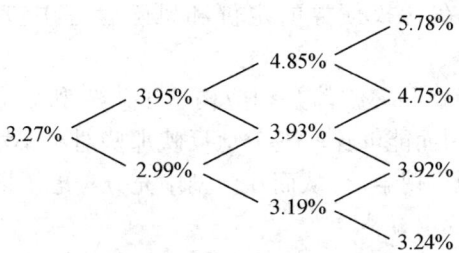

图9.6 OAS调整的利率二叉树图

第四步,根据调整的利率树图9.6重新定价,得到价格树图如图9.7所示,对应的 V_- 为100.59美元。同理可知,向上平移后的价格 V_+ 为99.83美元。

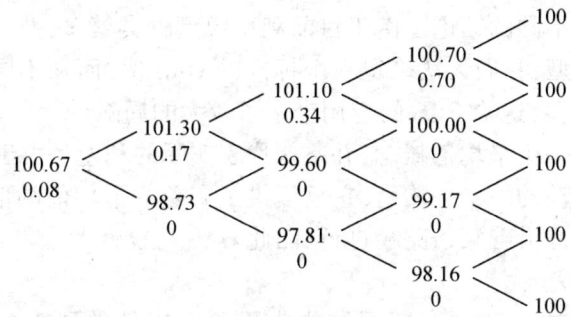

图9.7 利率向下平移后不含权债及内含期权的价格树图

第五步,根据公式计算有效久期和有效凸性,最终得到的结果为

$$D = \frac{100.59 - 99.83}{2 \times 100.20 \times 0.001} = 3.79$$

$$C = \frac{100.59 + 99.83 - 2 \times 100.20}{2 \times 100.20 \times (0.001)^2} = 99.80$$

四、OAS法的优缺点

(一) OAS法的主要优点

OAS法的主要优点包括:

(1) OAS用一个数字给出了含权债券所蕴涵的风险和套利空间的有关信息,是含权债券未来超额收益期望值的直观体现,到目前为止,还没有其他方法可以提供如此直接的衡量指标。

(2) 由于基于相同的基准利率期限结构,不同含权债的OAS之间具有可比性,可以认为这是它在含权债券的定价和风险管理中应用日益广泛的根本原因。

(3) OAS 是在考虑利率波动并相应构造了未来利率变动各种可能路径的背景下计算得到的,因而能够比较充分地反映那些对利率水平或是利率变动路径具有敏感性的不确定现金流,从而在模型中充分考虑了期权的影响。

(二) OAS 法的主要缺点

尽管具有上述优点,但我们必须注意到,OAS 方法也有相当大的缺陷,在运用的时候需要谨慎使用。OAS 的主要缺点包括:

(1) OAS 是一个模型依赖的指标。在计算 OAS 的过程中,可以看到,我们得到的都是某个特定动态利率模型下的结果,对于不同的利率模型假定,我们可能会得到截然不同的结论。由于目前利率模型种类繁多,并且没有一个被广泛认可的标准模型,我们无法确定一个标准的 OAS 值,而在不同模型下得到的 OAS 值不具可比性,这给 OAS 的应用带来了较大的局限。

(2) OAS 是一个平均值概念,并不能代表实际的利差。由于 OAS 是对所有短期利率水平移动的一个平均值,它只提供了利差的平均值的信息,而事实上,未来利率变动只是沿着某条路径进行,因此 OAS 与投资者未来实际获得的利差可能会存在较大差异。

(3) OAS 无法反映利率期限结构水平移动以外的风险的影响。在计算 OAS 的过程中,我们对所有的短期利率都是移动一个相同的利差水平,有效久期和有效凸性的计算也只是针对基准利率期限结构水平的移动。因此,OAS 方法只能用于利率期限结构水平移动风险的管理,对于利率期限结构的非水平变动以及其他风险如信用、流动性等因素的变动,OAS 将不再适用。

(4) 组合的 OAS 不具有可加性。过去人们常常用各个证券 OAS 的加权计算组合的 OAS,事实证明,这一方法是不对的。目前的一般观点认为,固定收益证券组合的 OAS 应该将所有的证券的现金流加起来计算。

第二节 在 险 值

我们在前文介绍了债券风险管理中的久期、凸性以及基于 OAS 的有效久期、有效凸性等概念和方法。可以看到,所有这些都属于利率敏感性分析指标,只衡量了债券价格对到期收益率或利率期限结构水平移动的一阶或二阶敏感度。但是,现实情况往往更加复杂,例如利率期限结构的变动往往并不只是水平移动,不同期限利率变动的相关系数不等于 1,并且债券价格的变动还可能由其他风险因素的变动导致,如信用风险及流动性风险等。因此,仅考虑利率水平变动单个风险因子的各种久期和凸性指标只是作为一种粗略的风险衡量方法,当我们对风险管理要求更为精确,需要考虑多个风险的综合影响时,这些传统近似的方法显然就无法满足要求。

VaR 是一种综合衡量各种风险的方法,与传统风险指标相比,它可以通过一个简单的数字来描述投资组合所面临的整体风险状况。VaR 几乎适用于所有的金融工具,不仅适用于度量市场风险,而且还适用于信用风险、操作风险等其他类型金融风险的衡量。因此,VaR 目前已被全球的金融机构、监管机构及资产管理公司等广泛采纳。

本部分我们将介绍 VaR 的基本概念、性质及各种计算方法,并介绍 VaR 方法在固定收益证券产品中的应用。①

一、VaR 的基本定义和描述

在险值(value at risk, VaR)是指在市场正常波动时,在一定的置信水平 $\alpha\%$ 下,某资产或资产组合的价值在未来一定期限内预期的最大可能损失。例如,如果我们知道某资产在 99% 的置信水平下,期限为 10 天的 VaR 为 100 万美元,那么我们就可以说,该资产在未来 10 天内的损失有 99% 的可能不会超过 100 万美元,或者说该资产在未来 10 天内的损失只有 1% 的可能会超过 100 万美元。这样,通过 VaR,我们就可以用一个简单易懂的数字来概括资产的未来风险。从本质上讲,VaR 描述的是资产组合价值或收益率变动分布的一个尾部特征。如果置信水平为 $\alpha\%$,那么 VaR 就是该分布的尾部水平 $1-\alpha\%$ 的分位数,用公式表示为

$$P(\Delta V < -\text{VaR}) = 1 - \alpha\% \tag{9.2}$$

其中,ΔV 表示资产价值在给定期限内的变动,P 表示概率。图 9.8 给出了对应的 VaR 示意图。

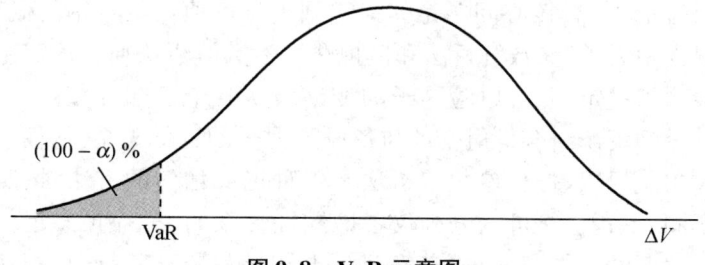

图 9.8 VaR 示意图

---

① 本章介绍的 VaR 主要是基于市场风险的 VaR。

从定义中我们可以看到，VaR 值可以是在考虑了所有可能风险的情况下的一个综合性的风险度量值，无论风险的种类和数量，我们只需要得到在各种风险下资产组合的未来分布，那么在给定置信水平和期限下就可以计算出其 VaR，VaR 越大表示组合面临的风险越大。

置信水平和期限是计算 VaR 的两个重要参数，在其他条件相同的情况下，置信水平越大、期限越长，VaR 值就越大。然而，这两个参数的选择目前还没有一个统一的标准，具体取决于使用者的需求或偏好。关于置信水平的选取，取决于风险管理者对于风险的厌恶程度，风险厌恶程度越高的投资者希望得到把握更大的预测，因此其可能选择的置信水平也越高，从而得到的 VaR 就更大，相应地，根据 VaR 确定的风险管理成本也越大。从实际情况来看，不同机构都对置信水平设置了不同的标准，例如 J. P. Morgan 的 RiskMetrics 采用的是 95% 的置信水平，而《巴塞尔协议》则要求 99% 的置信水平。关于期限的选取，一般取决于所管理资产的特点，对于投资期限短、流动性较强的头寸，往往需要在较短期限内计算其 VaR，比如一天或一周；而对于期限较长或流动性较差的投资品种，则可以采用月度甚至更长期限的 VaR。在实际中，J. P. Morgan 的 RiskMetrics 采用的期限为 1 个交易日，这也是大多数金融机构选用的期限，而《巴塞尔协议》规定的 VaR 期限为 10 个交易日。在独立同分布的假设下，不同期限的 VaR 值可以通过以下公式转化：

$$N \text{ 天 VaR 值} = M \text{ 天 VaR 值} \times \sqrt{\frac{N}{M}} \tag{9.3}$$

因此，在实际计算中，一般可以先求出 1 天的 VaR，然后通过式(9.3)转化为所需期限的 VaR。

二、VaR 的计算

计算组合的 VaR，核心问题是如何得到组合价值或收益率的概率分布，其方法主要分为两大类：参数解析法和模拟法。参数解析法通常假定组合价值由一系列风险因子决定，并且风险因子的变动服从某个已知分布，然后运用敏感性分析方法得到资产组合价值变动与各风险因子的近似关系，从而求得资产组合近似的 VaR。可以看出，参数解析法是一种局部估值的方法，按照所用的敏感性指标不同，解析法又可以分为仅考虑线性关系的 Delta 正态近似法和引入二阶非线性关系的 Delta-Gamma 近似法。与参数解析法不同，模拟法采用的是模拟技术，首先通过一定的方法模拟风险因子在未来的各种可能情景，然后根据组合价值与风险因子的关系，使用完全估值的方法，得到在不同情景下投资组合的价值,从而得到组合价值分布的模拟,进而求得组合的 VaR。按照模拟方法的不同,模拟法又可以分为历史模拟法和蒙特卡罗模拟法。下面我们将具体介绍 VaR 的各种计算方法,并分析比较各种方法的优劣。

(一)参数解析法

1. Delta 正态近似法

设资产组合的价值 V 由 n 个风险因子 $\{S_i\}_{i=1,2,\cdots,n}$ 决定,满足 $V_t = V(S_{1,t}, S_{2,t},\cdots,S_{n,t})$,并假设各个因子在短时间内(如一个交易日)的变动率服从均值为零的联合正态分布,即满足

$$r \sim N(0, \Sigma) \tag{9.4}$$

其中,$r_i = \dfrac{dS_i}{S_i}$,$r = (r_1, r_2, \cdots, r_n)'$,$\Sigma$ 表示各风险因子变动率的方差协方差矩阵。

Delta 正态近似法仅考虑组合价值与风险因子之间的一阶线性关系,将资产组合价值和风险因子之间的关系近似地表示为线性的,此时资产组合的价值变动本身也服从正态分布,这在很大程度上方便了资产组合 VaR 的求解。令

$$\Delta_i = \frac{\partial V}{\partial S_i} \tag{9.5}$$

Δ_i 表示组合价值对风险因子 S_i 的一阶敏感系数,那么在 Delta 正态近似法的假设下,根据泰勒展开的一阶近似,组合价值变动可近似地表示为

$$dV = \sum_{i=1}^{n} \Delta_i dS_i$$

$$= \sum_{i=1}^{n} \Delta_i S_i r_i \tag{9.6}$$

为了求组合 VaR,我们对式(9.6)两端求方差,得

$$\sigma_{dV}^2 = \sum_i \sum_j \rho_{ij} \Delta_i \Delta_j S_i S_j \sigma_{r_i} \sigma_{r_j} \tag{9.7}$$

其中,σ_{r_i} 表示 r_i 的标准差,ρ_{ij} 表示 r_i 与 r_j 之间的相关系数。

这样,根据式(9.7)我们就可以求出资产组合在 $\alpha\%$ 的置信水平下,1 天的 VaR 值为

$$\text{VaR} = -N^{-1}(1-\alpha\%)\sigma_{dV} = -N^{-1}(1-\alpha\%)\sqrt{\sum_i \sum_j \rho_{ij}\Delta_i\Delta_j S_i S_j \sigma_{r_i}\sigma_{r_j}} \tag{9.8}$$

其中,$N^{-1}(1-\alpha\%)$ 表示标准正态分布对应左尾 $1-\alpha\%$ 的分位数。如果用 VaR_i 表示风险因子 S_i 的 VaR 水平,即 VaR_i 满足

$$\text{VaR}_i = -N^{-1}(1-\alpha\%)S_i\sigma_{r_i} \tag{9.9}$$

那么,通过式(9.8)同样容易求得组合的 VaR 与各风险因子的 VaR 之间的关

系，即

$$\text{VaR} = \sqrt{\sum_i \sum_j \rho_{ij} \Delta_i \Delta_j \text{VaR}_i \text{VaR}_j} \qquad (9.10)$$

在很多情况下，我们都是把组合中包含的某些资产价格 S_i 作为风险因子。然而，在固定收益证券领域，到期收益率与债券价格存在一一对应关系，并且到期收益率经常比债券价格有更好的性质，因此我们也经常转而将到期收益率 y_i 作为风险因子，此时计算组合的 VaR 就需要先进行一步转换。由于债券价格 S_i 与到期收益率 y_i 之间满足

$$\text{d}S_i = -D_i S_i \text{d} y_i \qquad (9.11)$$

其中，D_i 表示债券的修正久期。对式(9.11)进行简单变形，可得

$$\frac{\text{d}S_i}{S_i} = -D_i y_i \frac{\text{d}y_i}{y_i} \qquad (9.12)$$

根据式(9.12)，可以得到债券价格变动率的波动率与到期收益率变动率的波动率之间的关系为

$$\sigma_{r_i} = D_i y_i \sigma_{\text{d}y_i/y_i} \qquad (9.13)$$

其中，$\sigma_{\text{d}y_i/y_i}$ 表示到期收益率变动率的标准差。这样，如果把到期收益率作为风险因子，通过式(9.13)的转换，我们同样可以计算出组合的 VaR。

可见，对于 Delta 正态近似法，要计算组合的 VaR，关键在于求出资产组合价值对各个风险因子的敏感性指标 Δ_i 以及风险因子的方差协方差矩阵 Σ。对于只包含普通债券、利率远期、利率互换等产品的组合，由于它们都可以分解为一系列零息票债券的组合，我们通常用映射技术把资产组合的价值映射到几个关键期限的零息票债券上，并把这些关键期限的零息票债券的价格或即期利率作为风险因子，这样组合价值的变动就是这些风险因子变动的线性组合。通过把组合价值分解为各个期限上的头寸以及对风险因子方差协方差矩阵的估计，我们就可以根据式(9.8)计算出组合的 VaR，此时 Delta 正态近似法就是一种快速有效的 VaR 计算方法。

然而，如果组合中含有期权类产品，组合的价值和风险因子的关系就会呈现较大非线性，此时如果因子变动较大，那么只考虑线性关系的 Delta 正态近似法就显得过于简化。Delta-Gamma 近似法在 Delta 正态近似法的基础上引入了二阶 Gamma 项，是对 Delta 正态近似法的一个改进。

2. Delta-Gamma 近似法

同样假设组合与风险因子之间满足关系 $V_t = V(S_{1,t}, S_{2,t}, \cdots, S_{n,t})$，为了考虑资产组合与风险因子之间的二阶关系，令

$$\Gamma_{ij} = \frac{\partial^2 V}{\partial S_i \partial S_j} \qquad (9.14)$$

那么,根据泰勒展开二阶近似,资产组合价值的变动就可近似表示为

$$\mathrm{d}V = \sum_{i=1}^{n} \Delta_i \mathrm{d}S_i + \frac{1}{2} \sum_i \sum_j \Gamma_{ij} \mathrm{d}S_i \mathrm{d}S_j$$

$$= \sum_{i=1}^{n} \Delta_i S_i r_i + \frac{1}{2} \sum_i \sum_j \Gamma_{ij} S_i S_j r_i r_j \quad (9.15)$$

可以看到,由于引入了二阶项,即使风险因子的变动率仍服从正态分布,资产组合价值变动也不再服从正态分布。此时,求解组合 VaR 不仅要考虑组合变动(9.15)的均值和方差,还要考虑更高阶项。运用 Cornish-Fisher 展开式[①],我们可以得到组合变动(9.15)的均值 μ_{dV}、方差 σ_{dV}^2 和偏度系数 ξ,通过偏度调整后就可以得到 $\alpha\%$ 的置信水平下资产组合的 VaR,表达式为

$$\mathrm{VaR} = -\mu_{dV} - \left(z_\alpha + \frac{1}{6}(z_\alpha^2 - 1)\xi\right)\sigma_{dV} \quad (9.16)$$

其中,$z_\alpha = N^{-1}(1 - \alpha\%)$ 表示标准正态分布左尾 $1 - \alpha\%$ 的分位数。

对于 Delta-Gamma 近似法的求解,还有一种方法,就是结合后面将介绍的蒙特卡罗模拟,即首先用蒙特卡罗模拟法模拟出风险因子 $\{S_i\}_{i=1,2,\cdots,n}$ 的联合变动路径,然后运用式(9.15)求出二阶近似下对应的组合价值变动的路径,从而根据模拟结果求得组合的 VaR。由于该方法不是对资产组合价值变动完全的模拟,因此也被称为半模拟法。

可以看到,Delta-Gamma 近似法虽然因引入了二阶项可以更好地捕捉组合与风险因子之间的非线性关系,但同时也使得 VaR 计算的复杂性大大增加,所需的计算量随风险源个数增加呈几何级数增长,因此在实际中对于风险源个数较多的情况往往并不适用。

(二) 模拟法

1. 历史模拟法

历史模拟法是一种较为简单和直观的 VaR 计算方法。该方法没有对风险因子作任何具体分布的假定,而是假定风险因子的变动是一种简单的重复历史的过程,因而我们就可以用历史变动来模拟因子未来的变化情景,然后再根据组合与因子之间的关系计算组合的 VaR。历史模拟法的主要实施步骤如下:

第一,确定影响组合价值变动的 n 个风险因子 $\{S_i\}_{i=1,2,\cdots,n}$ 以及组合与风险因子之间的关系式 $V_t = V(S_{1,t}, S_{2,t}, \cdots, S_{n,t})$。

第二,选定历史观察期,并记录在每个观察期内各风险因子的变动情况。事实上,历史观察期个数的选取决定了我们对风险因子未来变动模拟的次数。

[①] 对该方法详细内容的讨论已超出本书范围,有兴趣的读者可参考 Hull(2006)。

第三,根据风险因子当前值及第二步的结果来模拟各种历史情景下风险因子未来一期的值。如果假设当前时期为 t,模拟 $t+1$ 期的值,历史观察期选为时期 $t-N$ 至 t,用 $S_{i,t-m}$ 表示因子 S_i 在第 $t-m$ 时期的观察值,那么因子 S_i 在 $t+1$ 时期的第 m 种历史情景下模拟结果为

$$S_{i,t+1}^m = S_{i,t} \frac{S_{i,t-(m-1)}}{S_{i,t-m}}, m = 1,2,\cdots,N \qquad (9.17)$$

第四,根据每种历史情景下风险因子的模拟值计算出对应情景下组合的价值,即根据第三步的模拟结果,计算组合价值在 $t+1$ 时刻的第 m 种历史情景下的变化为

$$dV_{t+1}^m = V_{t+1}^m - V_t = V(S_{1,t+1}^m, S_{2,t+1}^m, \cdots, S_{n,t+1}^m) - V_t, m = 1,2,\cdots,N \qquad (9.18)$$

第五,根据第四步的结果,对组合价值变化的 N 个模拟结果 dV_{t+1}^m ($m=1,2,\cdots,N$) 由小到大进行排序,然后根据给定的置信水平找到对应的分位数,就得到了组合的 VaR。

历史模拟法的优点是显而易见的:首先,它无须对因子的分布作任何假设;其次,它是一种非参数方法,避免了对因子建模及对方差协方差矩阵等参数的估计,从而避免了模型风险和参数估计风险;最后,历史模拟法是一种完全估价法,可以更准确地处理非线性关系的情况。然而,历史模拟法也存在一定的局限性:首先,模拟次数受到历史样本数量的限制,如果历史样本数据有限,那么该方法就无法有效地进行,并且模拟结果对历史数据长度和质量都较为敏感;其次,历史模拟法的可靠性依赖于历史分布对未来分布的近似程度,而现实中历史分布与未来分布常常出现较大差异,这就在很大程度上降低了历史模拟法的优势;最后,历史模拟法在处理复杂的投资组合时,通常也必须采用简化的方法,此时就可能会失去其完全估价法的优势。

2. 蒙特卡罗模拟法

蒙特卡罗模拟是一种最为流行的模拟方法。如同解析法一样,蒙特卡罗模拟法首先对风险因子的分布作了一定的假设,通常假定为联合正态分布(但不限于正态分布);然后采用蒙特卡罗模拟方法对风险因子未来变化情景进行模拟,并计算出对应的组合价值,把各种情景下的组合价值从小到大排列,形成组合价值未来的分布,根据置信水平寻找分位数就可以求出 VaR。具体来看,蒙特卡罗模拟法的实施步骤如下:

第一,确定影响组合价值变动的 n 个风险因子 $\{S_i\}_{i=1,2,\cdots,n}$ 以及组合与因子之间的关系式 $V_t = V(S_{1,t}, S_{2,t}, \cdots, S_{n,t})$。

第二步,对各风险因子变动率 r 的联合分布作一定假设,并根据历史数据估

计该分布的各个参数。

第三步,根据第二步的分布对风险因子变动率进行随机抽样,产生风险因子在 $t+1$ 时刻的一组模拟值 $\{S_{i,t+1}^m\}_{i=1,2,\cdots,n}$。

第四步,根据第三步中产生的风险因子模拟值计算出对应情景下组合价值的变动,即

$$dV_{t+1}^m = V_{t+1}^m - V_t = V(S_{1,t+1}^m, S_{2,t+1}^m, \cdots, S_{n,t+1}^m) - V_t$$

第五步,不断重复第三步和第四步,得到 N 种情景下组合价值的模拟值,并按从小到大的顺序进行排序,就得到了组合价值未来分布的一个模拟。

第六步,根据给定的置信水平选定分位数,求得对应的 VaR 值。

可以看出,蒙特卡罗模拟法在某种程度上是解析法和历史模拟法的结合,因此具有较大的优势。第一,相对于历史模拟法而言,蒙特卡罗模拟法采用的是随机抽样的形式,因此可以进行大量的模拟,而无须受到历史数据样本数量和质量的限制。第二,相对于参数解析法而言,蒙特卡罗模拟法采用的是完全估值法,可以更精确地处理非线性问题。第三,在风险因子分布假定上,蒙特卡罗模拟法可以根据经验假设更合适的分布,而无须限制在正态分布的假定上,并且也可以方便地处理波动率的时变性、分布的结构性变化等各种复杂的情形。正是由于这些特点,蒙特卡罗模拟法目前被认为是计算 VaR 最灵活、准确的方法,应用也最为广泛。然而,高精确性要以较高的计算成本为代价。蒙特卡罗模拟法最大的局限就在于其计算复杂和耗时长。特别是对于复杂的资产组合,可能在计算组合价值时本身就需要模拟,形成了模拟中套模拟,最终甚至可能会由于过度复杂而导致无法实施。此外,蒙特卡罗模拟法假定了因子的具体分布形式,并且在计算组合价值时采用了特定的定价模型,这两者都会造成该方法存在一定的模型风险和参数估计风险,这也是蒙特卡罗模拟法的局限性之一。

(三) 各种方法的比较

以上介绍的几种 VaR 计算方法,应该说都有各自的优缺点,很难简单地说孰优孰劣,不同方法适用于不同情形,其差异主要体现了计算效率与准确性的取舍问题。

解析法采用了一种局部近似的估值方法,相对于模拟法的完全估值法是一种简化的方法,其中 Delta 正态近似法仅考虑了组合与风险因子的线性关系,是一种最为简化的方法,在实际应用中易于操作,但该方法无法刻画非线性关系及非正态分布的特性,应用于非线性程度较高的资产组合时会产生很大误差。Delta-Gamma 近似法则是在 Delta 正态近似法上加入了二阶项来更好地处理非线性问题,但在实际应用中比 Delta 正态近似法更为复杂,并且该方法同样摆脱

不了局部估值及正态分布假设的局限。历史模拟法是一种较容易实现的模拟法,改进了解析法的两个最大缺陷,可以较准确地处理非线性关系和非正态分布的问题,然而该方法效果好坏依赖于历史分布对未来分布预测的准确性。蒙特卡罗模拟法应该说是一种功能最强的方法,它可以同时改进其他方法的缺陷,具有高度灵活的特点,能灵活地设定因子各种分布和处理各种特殊情形,通过大量的抽样模拟,可以得到较为精确的结果,但该方法计算成本相当高,需要强大的计算机设备支持,并且需要较长的计算时间。

总之,我们必须充分了解各种 VaR 计算方法的关联和差异。在实际应用中,我们应该结合具体问题来分析选择适当的方法。比如,处理一个规模巨大但线性关系占主导地位的投资组合,并且在风险因子分布接近正态分布的情况下,Delta 正态近似法显然是最合适的方法;对于一个风险源较少但非线性风险占主导地位的投资组合,Delta-Gamma 近似法可能是一种成本较低而精确度较高的方法;对于一个复杂的高度非线性风险主导的投资组合,蒙特卡罗模拟法可能是最佳选择;而当完全估值过于复杂时,最佳的选择又可能是蒙特卡罗模拟法与参数解析法的结合。

三、映射方法的应用

在前面介绍的几种计算 VaR 的方法中,我们可以看到,无论什么方法都必须采取一个重要步骤,那就是确定组合与风险因子之间的关系,即把组合的头寸映射到选定的各个风险因子上。映射方法主要就是为解决如何将复杂的资产组合头寸分解为少量风险因子头寸组合的问题,是基于 VaR 进行风险管理的核心技术之一。

对于一个资产组合,从理论上来讲,我们可以把组合中的每种资产都作为一个单独的风险因子来考虑,组合的总价值就等于所有资产价值的简单加总,计算组合的 VaR 就只需得到各种资产的联合分布。然而,组合中往往包含大量资产,这就要求我们同时对大量的风险因子建模,所耗费的时间及计算成本都将过于浩大,无法满足实际风险管理的需求。事实上,很多资产价值的变动往往具有较强的关联性,它们经常是由几个共同的风险因子驱动,如果我们能把组合中每个资产的价值映射到这些共同因子上,此时组合在各个因子上的头寸就等于每个资产在该因子上头寸的加总,那么问题就可以大大简化,我们只需要对这些共同的风险因子建模。例如,由大量不同期限和不同息票率的国债构成的组合,组合中每个债券价值的变动都完全由国债利率期限结构的变动决定,此时各种不同期限的利率或对应期限的零息票债券价格就可以作为该组合的风险因子,而风险因子个数的选择取决于组合实际情况及对风险把握的准确性要求。对于包含大量同一种标的资产的衍生产品组合,其价值的变动就由标的资产的变动决定,此时标的资产就可以作为该组合中所有资产变动的共同的风险因子。表9.3显示了映射的一个基本过程,一个由 n 种资产构成的组合,假设每个资产的价值都可以映射到三个共同的风险因子上,V_{ij} 表示资产 i 映射到风险因子 j 上的头寸,资产 i 的头寸就被分解为 $V_i = V_{i1} + V_{i2} + V_{i3}$,加总所有资产在风险因子 j 上的头寸就得到了组合价值映射到风险因子 j 上的头寸:$W_j = \sum_i V_{ij}$,这样组合总头寸就可以表示成映射到三个风险因子上的头寸加总:$V = W_1 + W_2 + W_3$。

表9.3 风险因子映射

	总头寸	因子1	因子2	因子3
资产1	$V_1 = \sum_{j=1}^{3} V_{1j}$	V_{11}	V_{12}	V_{13}
资产2	$V_2 = \sum_{j=1}^{3} V_{2j}$	V_{21}	V_{22}	V_{23}
⋮	⋮	⋮	⋮	⋮
资产n	$V_n = \sum_{j=1}^{3} V_{nj}$	V_{n1}	V_{n2}	V_{n3}
组合	$V = \sum_{j=1}^{3} W_j$	$W_1 = \sum_{i=1}^{n} V_{i1}$	$W_2 = \sum_{i=1}^{n} V_{i2}$	$W_3 = \sum_{i=1}^{n} V_{i3}$

(一) 映射方法的比较

在固定收益证券领域,映射的主要任务就是把组合价值头寸映射到某个或多个期限上,然后选择对应期限的利率或对应期限零息票债券价格作为风险因子,我们就可以通过对这些风险因子变动的分布分析来计算组合VaR。目前,应用得较多的映射方法主要有三种:本金映射、久期映射及现金流映射。本金映射忽略了债券利息支付和本金支付期限的差异,将组合头寸映射到组合中各债券加权平均到期期限上,即假设组合未来现金流只发生在所含债券加权平均到期期限上,是一种单风险因子近似的映射方法;久期映射则是将组合头寸映射到组合中各债券加权平均久期上,即假设未来现金流只发生在所含债券加权平均久期上,这也是一种单风险因子近似的映射方法;现金流映射是指将组合的头寸映射到所有产生现金流的期限上,它考虑了未来不同期限现金流对应的不同风险,是一种最为精确的多因子映射方法。下面我们通过一个简单的例子来比较这三种映射方法。

例 9.3　三种映射方法的比较

假设某债券组合由剩余期限分别为 1 年和 5 年的固息债组成，这两种债券息票率分别为 3% 和 4%，每年支付一次利息，本金都为 100 元，该组合修正久期为 2.81。各期限利率(连续复利)及零息票债券(本金为 1)收益率的日波动率由表 9.4 给出。下面我们分别用三种映射方法来计算比较该组合 95% 置信水平的 1 天 VaR。

表 9.4　各期限利率和波动率

	1 年	2 年	2.81 年	3 年	4 年	5 年
利率	3.10%	3.20%	3.30%	3.40%	3.60%	4.00%
日波动率	0.07%	0.12%	0.16%	0.17%	0.21%	0.24%

我们首先根据两种债券的性质得到它们未来现金流、组合未来现金流及组合未来现金流的现值，如表 9.5 所示。表 9.5 右边各列则给出了三种映射方法下得到的组合在各期限的头寸分配。如果把零息票债券(本金为 1)价格 B_i 作为组合的风险因子，那么组合的 VaR 可表示为

$$\text{VaR} = -N^{-1}(1-\alpha\%)\sqrt{\sum_i \sum_j \rho_{ij}\Delta_i\Delta_j B_i B_j \sigma_{r_i}\sigma_{r_j}}$$

$$= -N^{-1}(1-\alpha\%)\sqrt{\sum_i \sum_j \rho_{ij}V_i V_j \sigma_{r_i}\sigma_{r_j}} \quad (9.19)$$

其中，$V_i = \Delta_i B_i$ 表示组合映射到期限 i 上头寸的现值。

表 9.5　三种映射方法比较

期限(年)	现金流(元)			组合现值(元)	映射(元)		
	1 年债	5 年债	组合		本金映射	久期映射	现金流映射
1	103	4	107	103.73	0	0	103.73
2	0	4	4	3.75	0	0	3.75
2.81	—	—	—	—		199.71	
3	0	4	4	3.61	199.71	0	3.61
4	0	4	4	3.46	0	0	3.46
5	0	104	104	85.15	0	0	85.15
总计				199.71	199.71	199.71	199.71

下面我们分别计算三种方法下组合的 VaR 值，并进行比较分析。

对于本金映射，由于组合平均到期时间为 3 年，根据本金映射原理，组合总头寸将全部映射于 3 年期风险因子上，3 年期头寸现值为 199.71 元，其他期限

为 0 元,容易计算本金映射方法下,组合 95% 置信水平的 1 天 VaR 值为

$$VaR = 199.71 \times 1.65 \times 0.17\% = 0.560(元)$$

对于久期映射,组合头寸将完全映射于期限为 2.81 年的零息票债券风险因子上,这样容易计算该组合在久期映射方法下 95% 置信水平的 1 天 VaR 值为

$$VaR = 199.71 \times 1.65 \times 0.16\% = 0.527(元)$$

对于现金流映射,组合头寸分配于所有产生现金流的期限上。如果假设各个期限零息票债券收益率之间完全相关,那么组合 VaR 就等于分配到各个期限上的 VaR 的简单加总,即

$$VaR = 1.65 \sum_{i=1}^{5} V_i \sigma_{r_i} = 0.487(元)$$

然而,当各期限债券变动相关系数不为 1 时,计算组合 VaR 还必须考虑它们的相关系数矩阵。若 1—5 年期零息票债券收益率的相关系数矩阵由表 9.6 给出,那么组合 VaR 就可以表示为

$$VaR = 1.65 \sqrt{\sum_{i=1}^{5} \sum_{j=1}^{5} \rho_{ij} V_i V_j \sigma_i \sigma_j} = 0.452(元)$$

表9.6　各期限零息票债券收益率的相关系数

	1 年	2 年	3 年	4 年	5 年
1 年	1.00	0.92	0.85	0.76	0.65
2 年	0.92	1.00	0.93	0.86	0.78
3 年	0.85	0.93	1.00	0.90	0.88
4 年	0.76	0.86	0.90	1.00	0.92
5 年	0.65	0.78	0.88	0.92	1.00

这样,我们就分别计算出了原组合在各种映射方法下的 VaR 值。可以发现,本金映射法是最高估组合风险的一种映射方法,它相当于把利息支付都集中到了到期期限上,因而高估了利息支付的风险,对于息票率越高的债券,该方法高估越明显;相对于本金映射,久期映射更精确地考虑了利息支付的风险,在本例中它实质上是使用加权平均期限的风险来刻画组合的所有风险,这显然会造成不少误差;现金流映射法是最为精确的方法,反映了未来所有真正现金流的不同风险,并且还可以更精确地考虑各个期限风险之间的相关关系,刻画了分散化带来的组合风险减少。从计算结果中我们也可以看到,如果不考虑各期限风险的不完全相关,现金流映射法得到的 VaR 值为 0.487,而考虑不完全相关以后得到的 VaR 降为 0.452,两者 0.035 的差异刻画了风险分散化的效果。

(二) 现金流映射权重的选取

前面的内容我们讨论了固定收益证券领域常用的三种映射方法，各种方法实际上是体现了精确性与效率的不同权衡。然而，当资产组合中包含大量不同期限的固定收益产品时，本金映射和久期映射显然过于粗略而无法满足风险管理需求，而对于现金流映射法，我们就必须计算大量的波动率和相关系数，在实际操作中显然也不可行，这就要求我们使用一种更为折中的方法。在这种情况下，我们一般对实际现金流采取进一步的映射，将未来所有实际现金流映射到给定的关键期限上。这样，通过第二步的映射，我们就可以把风险因子数目进一步简化，在实际操作中更为可行。著名的 RiskMetrics 采用的就是这种方法，它给出的关键期限为 1 个月、3 个月、6 个月、1 年、2 年、3 年、4 年、5 年、7 年、9 年、10 年、15 年、20 年及 30 年，并且每天在网站上发布全球主要金融市场关键期限利率的波动率及相关系数矩阵，这样，投资者只需将实际现金流映射到这些关键期限上，并查找相关的波动率和相关系数信息就可以很容易地计算出组合的 VaR。第二步现金流映射的关键在于如何把实际现金流在邻近的两个关键期限上进行分配，以最好地体现原始现金流的风险。

久期匹配法是最简单的一种分配方法，该方法要求实际现金流与两个相邻关键期限现金流之间满足：

(1) 现值相等，即实际现金流的现值等于两个相邻关键期限现金流现值之和。

(2) 久期相等，即实际现金流的久期等于两个相邻关键期限现金流组合的久期。

如果令 w 表示分配于实际现金流左侧相邻的关键期限上的现金流现值比重，根据条件(1)，分配于右侧相邻的关键期限上的权重为 $1-w$。令 D_1、D_2、D_R 分别代表左侧期限、右侧期限和实际期限的久期，根据条件(2)有

$$wD_1 + (1-w)D_2 = D_R \qquad (9.20)$$

根据式(9.20)容易求得分配在相邻左右两期的权重分别为 $w = \dfrac{D_2 - D_R}{D_2 - D_1}$ 和 $1-w$。例如，发生在期限为 2.730 年的一个实际现金流，现值为 200 元，那么根据久期匹配原则，该实际现金流分配于 2 年期的权重为 $w = \dfrac{3-2.730}{3-2} = 0.270$，分配于 3 年期的权重为 0.730，这表示实际现金流分配于 2 年期的头寸为 54 元，而分配于 3 年期的头寸为 146 元。

久期匹配是一种较为简化的匹配法，然而这种方法得到的组合现金流的风险并不等于实际现金流的风险，因此，就引出了更为精确的方差匹配法。方差

匹配法要求实际现金流与关键期限现金流组合之间满足:
(1) 现值相等,即实际现金流的现值等于两个关键期限现金流现值之和。
(2) 方差相等,即实际现金流现值的方差等于关键期限现金流组合现值的方差。

令 σ_1、σ_2 和 σ_R 分别表示 D_1、D_2、D_R 对应期限零息票债券收益率的标准差,ρ 表示 D_1 和 D_2 对应期限零息票债券收益率的相关系数,根据方差匹配条件有

$$\sigma_R^2 = w^2\sigma_1^2 + (1-w)^2\sigma_2^2 + 2w(1-w)\rho\sigma_1\sigma_2 \qquad (9.21)$$

整理式(9.21)可得以下一元二次方程:

$$(\sigma_1^2 + \sigma_2^2 - 2\rho\sigma_1\sigma_2)w^2 + (2\rho\sigma_1\sigma_2 - 2\sigma_2^2)w + \sigma_2^2 - \sigma_R^2 = 0 \qquad (9.22)$$

解以上一元二次方程即可求得方差分配法下的权重 w。同上例,并且已知 $\sigma_1 = 1.27\%$,$\sigma_2 = 1.74\%$,$\sigma_R = 1.61\%$,$\rho = 0.991$,代入一元二次方程(9.22)并求解,得到满足条件的 $w = 0.271$,即根据方差匹配法分配到 2 年期的现值头寸为 54.2 元,分配到 3 年期的现值头寸为 145.8 元。

四、常见固定收益产品的 VaR

(一) 普通附息债

普通附息债主要分为固定利率债券和浮动利率债券两类。固定利率债券的 VaR 计算是最直观的,可以根据利息和本金的支付期限直接把债券的头寸进行分解映射,映射及计算过程在例 9.3 中已经有详细介绍,这里就不再重复。

对于浮动利率债券,其利息的支付根据市场利率调整,因此浮动利率债券未来的现金流在当前是不确定的。然而,根据浮动利率债券的特点,如果合理的贴现率等于浮动利率的参考利率(reference rate),那么其价格将在下一个利息支付后回归于本金,因此,在下一个支付日,浮动利率债券的价值是确定的,其价值等价于一个到期日为下一个利息支付日的零息票债券。

例 9.4 计算浮动利率债券的 VaR

假设有一个剩余期限为 4.5 年的浮动利率债券,本金为 100,参考利率为 1 年期 LIBOR 利率(连续复利),每年付息一次,并且上一次付息日的 1 年期 LIBOR 利率为 4%。若当前 0.5 年期 LIBOR 利率(连续复利)及其变动率的日波动率分别为 3.8% 和 2%,求该债券在 95% 置信水平下 1 天的 VaR。

根据浮动利率债券的性质,该浮动利率债券等价于本金为 $100e^{4\%}$ = 104.08、期限为 0.5 年的零息票债券。可以求出该债券的价值为

$$V = 104.08e^{-3.8\% \times 0.5} = 102.12(元)$$

然后,根据式(9.13)可得0.5年期零息票债券收益率的日波动率为

$$\sigma_r = 0.5 \times 3.8\% \times 2\% = 0.038\%$$

最后,可求得该浮动利率债券在95%置信水平下1天的VaR值为

$$\text{VaR} = 1.65 \times 102.12 \times 0.038\% = 0.064(元)$$

可见,浮动利率债券的VaR值相对于固定利率债券要小得多,主要原因在于其未来利息支付对市场利率进行了调节,无论未来利率如何变动,其价值在下一个利息支付日后瞬间必将等于面值,因此浮动利率债券只存在短期(当前距下一个利息支付日的期限)利率风险,并且在每个利息支付日前瞬间的利率风险为0。

(二) 远期利率协议

计算远期利率协议的VaR,关键也在于如何映射其未来现金流。我们通过例9.5来说明如何计算FRA的VaR。

例9.5 计算FRA的VaR

设某公司签订了一份 6×12 远期利率多头协议,协议利率为3.2%(连续复利),名义本金为100万美元,若当前6个月期和1年期利率分别为2.8%和3.0%(连续复利),对应期限零息票债券收益率的日波动率[①]分别为0.04%和0.07%,相关系数为0.90,求该FRA的VaR。

根据远期利率公式计算出6个月到1年的远期利率为 $R(0,0.5,1) = 3.2\%$,因此期初该协议的价值为0。分析该协议容易发现,该公司在未来一共将有两次现金流:第一次现金流发生在6个月后,流入现金量为100万美元,第二次发生在1年后,流出现金量为

$$100e^{3.2\% \times 0.5} = 101.61(万美元)$$

因此,该公司持有的远期利率协议多头可以分解为两个零息票债券的组合,分别为6个月期本金为100万美元的零息票债券多头和12个月期本金为101.61万美元的零息票债券空头,价值分别为

$$V_1 = 100e^{-2.8\% \times 0.5} = 98.61(万美元)$$

[①] 注意,这个例子中的波动率是收益率的标准差 σ_r,而在例9.4中波动率是利率变动率的标准差 $\sigma_{dy/y}$,它等于利率对数的波动率 $\sigma_{\ln y}$。读者要注意区分。

$$V_2 = -101.61e^{-3.0\% \times 1} = -98.61(万美元)$$

因此,可以计算出该远期利率在95%置信水平下1天的VaR为

$$\text{VaR} = 1.65 \times \sqrt{V_1^2\sigma_{r_1}^2 + V_2^2\sigma_{r_2}^2 + 2\rho V_1 V_2 \sigma_{r_1}\sigma_{r_2}} = 0.06(万美元)$$

可见,虽然未来的两笔现金流具有现值相当、方向相反的特点,导致当前FRA价值为0,但由于现金流发生在不同时期,从而具有不同的风险,因此最终导致FRA合约存在风险,其VaR不为0。

(三) 利率互换

根据前面章节的介绍,我们知道一个互换的多头可以分解为一个固定利率债券的空头与一个浮动利率债券的多头组合。因此,计算利率互换的VaR就等价于计算这个债券组合的VaR。

例9.6 计算利率互换的VaR

假设在一笔利率互换中,某公司收取一年期LIBOR,同时支付4.2%的年利率(每年复利一次),名义本金为100万美元,剩余期限为5年。当前各期限LIBOR利率(连续复利)和对应期限零息票债券收益率的日波动率如表9.4所示,相关系数由表9.6给出,求该互换95%置信水平下1天的VaR。

该公司持有一个互换多头,可以分解为一个固定利率债券的空头和一个浮动利率债券的多头,因此其未来现金流如表9.7所示。

表9.7 利率互换的现金流分解   单位:万美元

期限(年)	现金流		利率	组合现值
	固息债	浮息债		
1	-4.2	103.15	3.10%	95.93
2	-4.2	0	3.20%	-3.94
3	-4.2	0	3.40%	-3.79
4	-4.2	0	3.60%	-3.64
5	-104.2	0	4.00%	-85.31
总计				-0.75

因此,可计算该互换95%置信水平下1天的VaR为

$$\text{VaR} = 1.65\sqrt{\sum_{i=1}^{5}\sum_{j=1}^{5}\rho_{ij}V_i V_j \sigma_i \sigma_j} = 0.30(万美元)$$

（四）利率期权类产品

对于前面介绍的几种固定收益产品,我们可以发现它们都有一个共同的特点,即最终都可以分解为一系列零息票债券的组合,因此这些产品与零息票债券价格之间体现的是线性关系,都可以采用现金流映射结合简单的 Delta 正态近似法求解 VaR。然而,对于期权类产品,其未来现金流是不确定的,并且产品价值与风险因子之间存在复杂的非线性关系,因此对其现金流映射不像前面介绍的产品那么直观,需要依赖于期权定价模型,而求解期权类产品的 VaR 也往往需要运用更为复杂的 Delta-Gamma 近似法或模拟法。

对于利率期权类产品,其本身就存在多种定价方法,如 Black 期权定价公式以及一系列动态利率期限结构模型下的期权定价,这些内容在前面我们都有介绍,不同的定价模型产生不同的映射及 VaR 计算结果。例如,我们考虑用 Black 公式来对一个欧式债券期权定价,根据式(8.3),一个欧式看涨期权价格可表示为

$$c(t) = B(t,T)[F(t,T,T^*)N(d_1) - XN(d_2)]$$

其中

$$d_1 = \frac{\ln\left(\frac{F(t,T,T^*)}{X}\right) + \frac{1}{2}\sigma_P^2(t,T) \times (T-t)}{\sigma_P(t,T) \times \sqrt{T-t}}$$

$$d_2 = d_1 - \sigma_P(t,T) \times \sqrt{T-t}$$

$$F(t,T,T^*) = \frac{P(t,T^*) - I}{B(t,T)}$$

这个期权定价公式实际上是给出了标的债券价格与期权价格之间的非线性函数关系式,标的债券此时作为风险因子,在 Black 公式的假设下服从对数正态分布,通过对上式求一阶和二阶偏导数得到该期权的 Delta 和 Gamma,就可以得到期权价格变动对标的债券的一阶和二阶敏感性,然后运用 Cornish-Fisher 展开式求解期权变动的前三阶矩,从而可以运用式(9.16)求解该期权的 VaR。或者,我们也可以采用模拟法,首先用历史或蒙特卡罗法模拟标的债券价格的变动,然后通过上式得到对应期权价格变动的模拟分布,进而求得该期权的 VaR。

五、VaR 方法的优缺点

作为风险管理应用最为广泛的指标之一,VaR 有其显著的优点,概括起来,主要体现在以下几点:

第一,VaR 可以用一个简单的数字来概括资产组合所面临的整体风险,相

对于其他风险管理指标,其对风险体现得更加直观,可以更容易地被缺乏专业知识的投资者或管理者所掌握。

第二,VaR 具有较强的可比性,可以为金融监管机构提供统一、公平的管理标准。

第三,VaR 方法既能针对单个资产风险管理,也能用于管理由不同种类工具组成的复杂的投资组合;既可以管理单个风险因子的风险,又可以综合管理多种风险,并且可以考虑各种风险之间的相关影响作用。

尽管如此,VaR 方法也有其内在的局限性,主要体现在:

第一,VaR 度量的是在市场正常波动下的风险,而当市场处于极端情况下,资产的分布或它们之间的相关关系往往会发生变化,此时 VaR 方法就无法准确度量极端情形的风险。

第二,VaR 的计算依赖于对风险因子未来变动分布刻画的准确性。

第三,VaR 对资产分布尾部特征描述不够充分,它只度量了置信水平内的最大可能损失,但却无法刻画置信水平以外的情况。例如,99% 的置信水平的 VaR 刻画了资产损失有 99% 的可能性不会超过该值,但一旦另外的 1% 发生,同样的 VaR 值,不同的尾部分布对应着截然不同的风险。

本章小结

1. 普通久期、凸性等风险管理指标只适用于简单利率产品的风险管理,无法应用于未来现金流不确定的产品的风险管理。

2. 期权调整利差(OAS)是含权类利率产品的重要分析工具,它指的是在根据内含期权调整未来的现金流之后,为了使债券未来现金流的贴现值之和正好等于债券当前的市场价格,基准利率期限结构需要平行移动的幅度。通过比较具有相似风险的债券之间的 OAS 大小,可以确定各种债券间相对的错误定价程度。

3. 有效久期和有效凸性是基于 OAS 的风险管理指标,它们是对普通久期及凸性的一般性扩展,适用于含权债等未来现金流不确定的复杂利率产品的风险管理。

4. OAS 及相应的风险管理指标具有较强的模型依赖性,并且只能管理利率期限结构水平变动的风险。

5. 在险值是指在市场正常波动时,在一定的置信水平 $\alpha\%$ 下,某资产或资产组合的价值在未来一定期限内预期的最大可能损失。

6. VaR 几乎适用于所有的金融工具,不仅适用于度量市场风险,而且还适用于信用风险、操作风险等其他类型金融风险的衡量,是目前使用最为广泛的风险管理方法。

7. VaR 的计算分为参数解析法和模拟法两大类,其中参数解析法又可分为 Delta 正态近似法和 Delta-Gama 近似法,模拟法又可分为历史模拟法和蒙特卡罗模拟法。

8. 映射是计算利率产品 VaR 的重要步骤,它将组合的头寸映射到选定的各个风险因子上。

9. 映射方法可以分为本金映射、久期映射和现金流映射三种,现金流映射的权重可以根据久期匹配和方差匹配这两种原则进行分配。

10. 对于简单的线性利率产品组合,如普通债券、利率远期及利率互换等,可以通过常用的映射方法及 Delta 近似法计算 VaR;对于非线性利率产品组合,如债券期权,则需要依赖一定的定价模型,并采用更复杂的 Delta-Gamma 近似法或模拟法计算 VaR。

习题

1. 假设计算出某可赎回债的 OAS 是 30 个基点,那么这 30 个基点是表示该债券中包含的期权价值吗?如果不是,它又代表什么信息?

2. 试分析 OAS 分析法主要的优缺点。

3. 假设某金融机构持有价值 1 000 万美元的普通固定利率债券,该债券的久期为 3.5 年,并且设收益率曲线只会发生水平移动,同时 3.5 年期即期利率(连续复利)为 4%,利率变动率的日波动率为 0.8%,试用久期映射法计算该机构的头寸在 99% 的置信水平下 10 天的 VaR 值。

4. 假设某银行分别投资 1 000 万美元于两种零息票债券,期限分别为 1.5 年和 4.5 年,其中当前 1.5 年期的利率(连续复利)及其变动率的日波动率分别为 3.5% 和 0.6%,4.5 年期的利率(连续复利)及其变动率的日波动率分别为 4.2% 和 0.5%,并且这两个期限利率变动率的相关系数为 0.6,试分别计算两种债券的 VaR 值以及银行面临的总 VaR 值(均为置信水平 95%,5 天的 VaR),并比较分析两种债券 VaR 值之和与总 VaR 之间的大小关系。

5. 假设某银行持有某固息债,设该债券本金为 1 000 万美元,票面利率为 4%,剩余期限为 2.7 年,息票支付发生在未来 0.7 年、1.7 年及 2.7 年,当前市场对应期限的利率(连续复利)分别为 3.7%、4.0% 和 4.2%。试根据久期匹配法原则,将未来真实现金流的现值映射到关键期限点 0.5 年、1 年、2 年及 3 年上。设这几个关键期限利率(连续复利)分别为 3.6%、3.8%、4.1%、4.3%,利率变动率的日波动率分别为 0.82%、0.68%、0.61%、0.52%,利率变动率的相关系数如下:

	0.5 年	1 年	2 年	3 年
0.5 年	1.00	0.84	0.78	0.66
1 年	0.84	1.00	0.86	0.75
2 年	0.78	0.86	1.00	0.89
3 年	0.66	0.75	0.89	1.00

试用现金流映射原理计算该债券置信水平为 90% 的 5 天 VaR 值。

6. 考虑习题 5，如果该银行在购买固息债的同时签订了一个 6×12 的远期利率协议，名义本金为 1 000 万美元，银行为协议的多头，协议利率（连续复利）为 4.00%。请计算该银行整体头寸置信水平为 90% 的 5 天 VaR 值。

参考文献

[1] 陈蓉, 郑振龙. 期货价格能否预测未来的现货价格? 国际金融研究, 2007. 09: pp. 70—74.

[2] 唐革榕, 朱峰. 我国国债收益率曲线变动模式及组合投资策略研究. 金融研究, 2003. 11: pp. 64—72.

[3] 郑振龙. 金融资产价格的信息含量:金融研究的新视角. 经济学家, 2009. 11: pp. 69—78.

[4] 郑振龙, 陈蓉. 金融工程. 第二版, 高等教育出版社, 2008.

[5] 郑振龙, 柯鸿, 莫天瑜. 利率仿射模型下的利率风险价格形式实证研究. 管理科学学报, 2010. 09: pp. 4—15.

[6] Almeida, C. I. R., A. Duarte Jr, and C. Fernandes, Decomposing and Simulating the Movements of Term Structures of Interest Rates in Emerging Eurobond Markets. *The Journal of Fixed Income*, 1998. 8(1): pp. 21—31.

[7] Almeida, C. I. R., A. Duarte Jr, and C. Fernandes, Credit Spread Arbitrage in Emerging Eurobond Markets. *The Journal of Fixed Income*, 2000. 10(3): pp. 100—111.

[8] Barber, J. and M. Copper, Immunization Using Principal Component Analysis. *The Journal of Portfolio Management*, 1996. 23(1): pp. 99—105.

[9] Black, F., The Pricing of Commodity Contracts. *Journal of Financial Economics*, 1973. 81(3): pp. 167—179.

[10] Black, F., E. Derman, and W. Toy, A One-Factor Model of Interest Rates and Its Application to Treasury Bond Options. *Financial Analysts Journal*, 1990. 46: pp. 33—39.

[11] Black, F. and P. Karasinski, Bond and Option Pricing when Short Ratesare Lognormal. *Financial Analysts Journal*, 1991. 47(4): pp. 52—59.

[12] Brace, A., D. Gatarek, and M. Musiela, The Market Model of Interest Rate Dynamics. *Mathematical Finance*, 1997. 7(2): pp. 127—155.

[13] Brigo, D. and F. Mercurio, *Interest Rate Models-Theory and Practice: With Smile Inflation, and Credit*. 2nd Edition, Springer Finance, 2006.

[14] Carleton, W. and I. Cooper, Estimation and Uses of the Term Structure of Interest Rates. *The Journal of Finance*, 1976. 31(4): pp. 1067—1083.

[15] Chan, K. C., G. A. Karolyi, F. S. Longstaff, and A. B. Sanders, An Emprical Com-

parison of Alternative Models of the Term Structure of Interest Rates. *The Journal of Finance*, 1992. 47(3): pp.1209—1228.

[16] Cox, J.C., J.E. Ingersoll, and S.A. Ross, A Theory of the Term Structure of Interest Rates. *Econometrica*, 1985. 53(2): pp.385—407.

[17] Duffie, D. and R. Kan, A Yield-Factor Model of Interest Rates. *Mathematical Finance*, 1996. 6(4): pp.379—406.

[18] Fong, G. and O. Vasicek, A Risk Minimizing Strategy for PortfolioImmunization. *Journal of Finance*, 1984. 12: pp.1541—1546.

[19] Fong, G., C. Pearson, and O. Vasicek, Bond Performance: Analyzing Sources of Return. *Financial Analysts Journal*, Spring, 1983.

[20] Heath, D., R. Jarrow, and A. Morton, Bond Pricing and the Term Structure of Interest Rates: A New Methodology. *Econometrica*, 1992. 60(1): pp.77—105.

[21] Ho, T.S.Y. and S-B. Lee, Term Structure Movements and the Pricing of Interest Rate Contingent Claims. *The Journal of Finance*, 1986. 41(5): pp.1011—1029.

[22] Hull, J.C., *Options, Futures and other Derivatives*. 7th editon, New Jersey: Prentice-Hall, 2008.

[23] Hull, J. and A. White, Pricing Interest Rate Derivative Securities. *The Review of Financial Studies*, 1990. 3(4): pp.573—592.

[24] Hull, J. and A. White, Numerical Procedures for Implementing Term Structure Models I: Single-Factor Models. *The Journal of Derivatives*, 1994. 2(1): pp.7—16.

[25] Hull, J. and A. White, Numerical Procedures for Implementing Term Structure Models II: Two-Factor Models. *The Journal of Derivatives*, 1994. 2(2): pp.37—47.

[26] Jamshidian, F., An Exact Bond Option Formula. *The Journal of Finance*, 1989. 44: pp.205—209.

[27] Jankowitsch, R. and S. Pichler, Parsimonious Estimation of Credit Spreads. Vienna University of Technology Working Paper, 2002.

[28] Jordan B., R. Jorgensen, and D. Kuipers, The Relative Pricing of US Treasury STRIPS: Empirical Evidence. *Journal of Fianncial Economics*, 2000. 56: pp.89—123.

[29] Lardic, S., P. Priaulet, and S. Priaulet, PCA of Yield Curve Dynamics: Questions of Methodologies. *Journal of Bond Trading & Management*, 2003. 1: pp.327—49.

[30] Litzenberger, R. and J. Rolfo, An International Study of Tax Effects on Government Bonds. *Journal of Finance*, 1984: pp.1—22.

[31] Longstaff, F.A. and E.S. Schwartz, Interest Rate Volatility and the Term Structure: A Two-Factor General Equilibrium Model. *The Journal of Finance*, 1992. 47(4): pp.1259—1282.

[32] Luenberger, D.G. and Yinyu Ye, *Linear and Nonlinear Programming*. 3rd edition, New York: Springer, 2008.

[33] Martellini, L., and P. Priaulet, *Fixed-Income Securities: Dynamic Methods for Interest Rate Risk Pricing and Hedging*. John Wiley & Sons, Ltd., Baffins Lane, Chichester, 2001.

[34] McEnally, R. and C. Boardman, Aspects of Corporate Bond Portfolio Diversification. *Journal of Financial Research*, 1979. Spring: pp. 27—36.

[35] McCulloch, J., The Tax-Adjusted Yield Curve. *The Journal of Finance*, 1975. 30(3): pp. 811—830.

[36] McCulloch, J. and L. Kochin, The Inflation Premium Implicit in the US Real and Nominal Term Structures of Interest Rates. Ohio State University Department of Economics Working Paper, 1998.

[37] Merton, R., Theory of Rational Option Pricing. *The Bell Journal of Economics and Management Science*, 1973. 4(1): pp. 141—183.

[38] Miltersen, K. R., K. Sandman, and D. Sondermann, Closed-Form Solutions for Term Structure Derivatives with Log-Normal Interest Rates. *The Journal of Finance*, 1997. 52(1): pp. 409—430.

[39] Nawalkha, Sanjay K., Natalia A. Beliaeva, and Gloria M. Soto, *Dynamic Term Structure Modeling: The Fixed Income Valuation Course*. Wiley Finance, John Wiley & Sons, 2007.

[40] Nelson, C. and A. Siegel, Parsimonious Modeling of Yield Curves. *The Journal of Business*, 1987. 60(4): pp. 473—489.

[41] Priaulet, P., Structure par terme des taux d'intérêt: reconstitution, modélisation et couverture, Université Paris IX-Dauphine Thèse de Doctorat en Sciences Economiques, 1997.

[42] Shea, G., Interest Rate Term Structure Estimation with Exponential Splines: A Note. *Journal of Finance*, 1985. 40: pp. 319—325.

[43] Shreve, S. E., *Stochastic Calculus for Finance II: Continuous-Time Models*. Springer Finance, 2004.

[44] Svensson, L. and F. Hall, Estimating and Interpreting Forward Interest Rates: Sweden 1992—1994. NBER Working Paper, 1994.

[45] Tsay, R. S., *Analysis of Financial Time Series*. 2nd edition, Wiley Series in Probability and Statistics, John Wiley & Sons, 2005.

[46] Vasicek, O., An Equilibrium Characterization of the Term Structure. *Journal of Financial Economics*, 1977. 5(2): pp. 177—188.

[47] Vasicek, O. and H. Fong, Term Structure Modeling Using Exponential Splines. *The Journal of Finance*, 1982. 37(2): pp. 339—348.